GRANDES JURISTAS BRASILEIROS

GRANDES JURISTAS BRASILEIROS

Livro II

Organizadores
ALMIR GASQUEZ RUFINO
JAQUES DE CAMARGO PENTEADO

Martins Fontes
São Paulo 2006

1ª edição *2006*

Acompanhamento editorial
Helena Guimarães Bittencourt
Preparação do original
Marisa Rosa Teixeira
Revisões gráficas
Sandra Garcia Cortes
Ivani Aparecida Martins Cazarim
Dinarte Zorzanelli da Silva
Produção gráfica
Geraldo Alves
Paginação/Fotolitos
Studio 3 Desenvolvimento Editorial

Dados Internacionais de Catalogação na Publicação (CIP)
(Câmara Brasileira do Livro, SP, Brasil)

Grandes juristas brasileiros : livro II / organizadores Almir Gasquez Rufino, Jaques de Camargo Penteado. – São Paulo : Martins Fontes, 2006. – (Coleção justiça e direito)

Vários autores.
Bibliografia.
ISBN 85-366-2236-8

1. Advogados – Brasil 2. Direito – Brasil I. Rufino, Almir Gasquez. II. Penteado, Jaques de Camargo. III. Série.

05-8529 CDU-347.965(81)(092.1)

Índices para catálogo sistemático:
1. Brasil : Juristas : Biografia 347.965(81)(092.1)
2. Juristas brasileiros : Biografia 347.965(81)(092.1)

Rua Conselheiro Ramalho, 330 01325-000 São Paulo SP Brasil
Tel. (11) 3241.3677 Fax (11) 3101.1042
e-mail: info@martinsfontes.com.br http://www.martinsfontes.com.br

Índice

Apresentação

Muito embora seja costume dizer que o conhecimento da vida de um autor é menos importante do que o de sua obra, a boa receptividade deste projeto, nascido do desejo de preencher uma lacuna, serviu para demonstrar que continua vivo o interesse pelo gênero biográfico. Basta lembrar que em 2004 a Marcial Pons, prestigiada editora espanhola, publicou a grandiosa obra, verdadeira enciclopédia, intitulada *Juristas Universales*, com mais de 3.700 páginas e 500 ilustrações, distribuídas em quatro volumes. Elaborada por cerca de 500 autores e coordenada pelo professor Rafael Domingo, catedrático da Universidade de Navarra, abarca mais de mil biografias de juristas de quase todos os continentes, desde os antigos romanos até aqueles mais representativos do século XX, entre os quais Hans Kelsen e John Rawls.

Concretizando projeto mais modesto, mas não menos relevante e desafiador, esta obra, cuja segunda série é apresentada ao leitor, satisfaz-se em retratar alguns dos grandes juristas brasileiros a partir do século XIX, que, destacando-se acima dos seus contemporâneos, souberam imprimir novos rumos ao pensamento jurídico nacional. Portadores, cada qual, de uma daquelas chaves-mestras que abrem as portas a muitos tesouros, puderam descortinar a realidade normativa sob ângulos diferentes, não raro originais. Preferência pessoal à parte, todos concordarão que os juristas aqui retratados iluminaram caminhos com fachos de luz que até hoje insistem em brilhar. É verdade que todos eles já se foram, porém as obras que deixaram continuam de alguma forma disponíveis, como prova do vigor do seu pensamento, para nossa admiração e constante aprendizado.

A exemplo da primeira série, aqui estão reunidos juristas de diversos Estados, como Alagoas (Oscar Tenório e Serpa Lopes), Ceará (Clóvis Bevilaqua), Rio de Janeiro (Luiz Machado Guimarães), Rio Grande do Sul (Clóvis do Couto e Silva), Minas Gerais (Amílcar de Castro) e São Paulo (Waldemar Ferreira, Spencer Vampré, Agostinho Alvim, Magalhães Noronha, Oswaldo Aranha Bandeira de Mello, Moacyr Amaral Santos, Pimenta Bueno e Washington de Barros Monteiro).

Convenha-se que, pela dimensão, nenhum dos textos que integram esta série pode ser tido como um registro completo e final da vida e obra desses juristas, mas seguramente constitui valioso ponto de partida para estudos mais aprofundados. A par das informações consideradas básicas em trabalhos dessa natureza, são apresentados também, sempre que possível, fatos interessantes e desconhecidos do grande público. Alguns dos co-autores que conviveram com o biografado – motivo, diga-se de passagem, de sua escolha para participar do projeto – puderam enriquecer o texto com dados tirados do coração e da memória.

Machado de Assis dizia que a vida dos homens que atuaram noutro tempo e são os seus melhores representantes hão de interessar sempre às gerações que estiverem vindo. É por isso que, conquanto esta obra possa ser classificada como de referência para os estudiosos da história do Direito brasileiro, a pretensão primeira dos organizadores não é, simplesmente, a de que os textos que a integram sejam lidos com prazer e proveito. Antes, é a de que as vidas aqui reunidas sirvam de modelo e possam inspirar a carreira dos jovens bacharéis de hoje, que estão amanhecendo para o mundo do Direito. Devemos todos esperar que assim seja.

OS ORGANIZADORES

Agostinho Alvim

*Carlos Alberto Ferriani**
*Renan Lotufo***

Dimensão do homem

Num dos primeiros dias de março de 1968, não me lembro exatamente qual, tive uma oportunidade que mais tarde, não demorou muito tempo, vim a avaliar como extraordinária, venturosa. Essa oportunidade consistiu em conhecer um homem simples, de características aparentes muito serenas, comedidas. Naquela noite, apresentou-se em sala de aula o professor Agostinho Alvim, encarregado de reger a disciplina de Direito Civil da Faculdade de Direito da PUC para as duas turmas do período noturno. Foi em 1967 que a Faculdade instituiu o curso noturno de Direito. Até então, havia somente turmas do período matutino. Eu era aluno de uma das classes do período da noite, em uma sala localizada no "prédio velho" da rua Monte Alegre, quanto ainda não havia o "prédio novo".

O mestre entrou em sala às 19h50 – as aulas do curso da noite iniciavam-se exatamente naquele horário.

* Professor de Direito Civil da Faculdade de Direito da PUC de São Paulo e advogado.

** Advogado e consultor jurídico. Desembargador aposentado do TJSP. Professor de Direito Civil da graduação e da pós-graduação da PUC-SP.

Trazia consigo um livro grosso que naquele mesmo dia vim a saber ser o Código Civil, uma edição da editora Saraiva, com notas de Vieira Neto. Sentou-se à mesa colocada numa plataforma cerca de trinta centímetros acima do nível em que ficavam os alunos. Desabotoou do pulso o relógio e colocou-o sobre a mesa, alinhado à caneta tinteiro, uma Parker 51, se bem me lembro, com umas fichas de papel em que havia algumas anotações escritas à mão. Deu uma olhada geral para toda a classe, como que conferindo cada um dos seus discípulos. Ostentava no semblante uma espécie de satisfação e deixava transparecer nos pequenos olhos azuis e brilhantes um discreto sorriso. Disse-nos a que vinha.

Foi assim que conheci Agostinho Alvim, um homem que me impressionou no primeiro encontro e que serviu de referência para minha vida acadêmica e profissional, sem contar a influência enorme que exerceu também em minha vida pessoal. Senti naquele momento que estava diante de uma pessoa muito simples, mas de enorme sabedoria. Um septuagenário que trazia a luminosidade de um jovem que se encontra diante de uma empreitada que está para iniciar. O professor Agostinho Alvim era dessas pessoas que tudo o que começam a fazer parecem estar fazendo pela primeira vez. Mostrou naquele primeiro contato toda a vontade e vibração de um neófito, porém com a serenidade de um homem experimentado. Desde então, afeiçoei-me pela disciplina que ele professava, Direito Civil, tal foi a atração que a sua pessoa incutiu em mim. Não me lembro de ter perdido uma aula dele sequer durante todo o curso de graduação que, à época, começava no segundo ano da Faculdade e estendia-se até o quinto ano, com três aulas semanais.

O período durante o qual cursei a Faculdade de Direito, de 1967 a 1971, foi muito tumultuado sob o ponto de vista político. Atravessávamos um período de exceção. Muitas greves permearam nossa vida acadêmica, de modo que nem sempre as aulas eram ministradas com regularidade. Apesar de todas as interferências externas, o professor Agostinho Alvim procurava cumprir com absoluta regularidade os seus misteres, o seu horário. Às vezes, só tínhamos a primeira aula, que era a de Direito Civil. As demais eram utilizadas para manifestações políticas do centro acadêmico, ou então não eram dadas, por conta das incertezas muito freqüentes.

Durante o ano de 1968, quando estávamos estudando a Parte Geral do Código Civil, o professor Agostinho Alvim apresentou à classe seu professor-assistente, que havia sido seu aluno na turma anterior. Tratava-se de Antonio Mercado Neto, um jovem professor, brilhante, talentoso, entusiasta, que complementaria as aulas teóricas com aplicação de exercícios práticos, trazendo a exame da classe alguns casos concretos, além de inúmeros outros que "criava", para aplicar os conceitos teóricos antes apresentados em aulas expositivas. Era uma inovação que estava sendo introduzida no curso de bacharelado.

Foi também com o entusiasmo do professor Mercado que se concebeu, e mais tarde se inaugurou no ano de 1970, o Centro de Estudos Jurídicos Agostinho Alvim (CEJAA), um local para reflexões jurídicas, destinado aos estudiosos do Direito Civil. Numa casa alugada, na rua Wanderley, próximo à PUC, ajudamos, nós alunos, a montar mesas, cadeiras, escrivaninhas, estantes. Com livros doados e comprados com a pequena verba que se conseguiu amealhar, e com a presença do homenageado e sua inseparável esposa, dona Olívia, inaugurou-se o Centro. Na inauguração, compareceu um professor ligado à área do Direito Comercial, dr. Antônio Mercado Filho. Infelizmente, pouco tempo depois, o Centro desapareceria.

Quando cursávamos o terceiro ano da Faculdade, em 1969, o professor Antonio Mercado Neto trouxe à classe a notícia de que o professor Agostinho Alvim tinha sido convidado para integrar uma Comissão revisora do Código Civil. A Comissão era coordenada pelo professor Miguel Reale. Ao professor Agostinho Alvim tinha sido cometida a parte referente ao Direito das Obrigações, como ele dizia com freqüência, a parte do Direito Civil mais universal, razão por que o estudo de obras estrangeiras era indispensável. Embora a notícia tivesse sido transmitida com entusiasmo, nós, os alunos, ainda não tínhamos, à época, noção da magnitude da incumbência. Mesmo assim, num breve mas substancioso discurso escrito por um dos nossos colegas, dr. Maércio José Machado, e lido por outro, dr. Osmar Sexto Masson, lembro-me bem, o professor Agostinho Alvim foi por nós homenageado, dizendo-se-lhe que havia alcançado a glória mais significativa que pode augurar um verdadeiro jurista, qual seja, a de alçar-se a legislador. A homenagem foi singela, em sala de aula, mas recebida com muito carinho. Nós, alunos do professor Agostinho Alvim, não só aqueles aos quais estavam sendo ministradas aulas de Direito Civil naquela ocasião, mas todos os que foram seus alunos, sentimos orgulho do nosso querido mestre.

Vim a saber mais tarde, dito por ele mesmo, que a revisão do Código Civil foi assim realizada: cada um dos membros da Comissão recebeu uma tarefa. A ele, como se sabe, coube a parte do Direito das Obrigações. Deu-se um prazo para que cada qual apresentasse os resultados do seu trabalho. Esgotado o prazo, a Comissão, sob a coordenação do professor Miguel Reale, reuniu-se algumas vezes para apreciar as modificações sugeridas. Concluída essa primeira etapa, foi apresentado à sociedade o Anteprojeto de reforma do Código Civil. Sobrevieram muitas críticas, sugestões, manifestações de diversos segmentos do público especializado. Tudo foi reunido e passado aos relatores.

Na manhã de 23 de março de 1976, quando se preparava para comparecer a mais uma reunião da Comissão, convocada para que os relatores levassem suas respostas e manifestações sobre as críticas oferecidas, faleceu o professor Agostinho Alvim. Eu estava ministrando aulas de Direito Civil na Faculdade de Direito da PUC para aquela que foi a minha segunda turma, como regente, em substituição ao professor Agostinho Alvim, quando fui interrompido para ir imediatamente ao seu apartamento, na rua Oscar Freire. Vítima de um infarto, não consegui vê-lo com vida. Por resolução da Reitoria da Universidade, o reitor, professor Geraldo Ataliba, decretou luto na Universidade, durante três dias, permanecendo hasteada, a meio pau, a bandeira da Universidade.

Como disse, nunca perdi aula de Direito Civil. A figura do mestre, do homem inebriava-me. Sentava-me na primeira fileira, para não perder absolutamente nada. Ele dava suas aulas sentado e falava muito baixo. Era preciso muita atenção para não perder nada do que expunha. Com as anotações manuscritas que trazia consigo, ensinava artigo por artigo o conteúdo de cada um, numa seqüência harmônica e incomparavelmente cadenciada. Muitas vezes, demonstrava com maestria que um texto do Código, aparentemente simples, continha, entretanto, enorme quantidade de preceitos complexos, imbricados em outros tantos. A profundidade com que examinava uma regra de Direito era tal que dúvida alguma poderia ser suscitada. Eram densas as aulas de Direito Civil. O acompanhamento delas exigia elevado grau de concentração e determinada disposição de acompanhar o raciocínio do mestre. Apesar da complexidade dos assuntos, com exímia fluência suscitava as dificuldades, para em seguida dilucidá-las com tamanha simplicidade e serenidade que o que aparentava difícil ostentava-se depois de inteligência banal. Sua preocupação, dizia sempre, não era a de formar apenas advogados, juízes, promotores, delegados, mas sim legisladores. Por isso, refletia com profundidade acerca da razão do Direito que examinava em cada dispositivo legal. E referia constantemente que interpretar a lei era uma tarefa nobre, por isso recomendava a adoção plena do equilíbrio. Terminadas as aulas, eu sempre tinha uma pergunta para fazer-lhe, não porque a exposição havia deixado dúvidas, mas porque não me continha no impulso de maior aproximação. Pacienciosamente, ouvia as dificuldades que opunha e examinava-as sempre com extraordinária cortesia e delicadeza. Eu assim procedia não apenas para conhecer mais e mais o Direito Civil, mas a razão mais forte era a vontade de conversar com o mestre, senti-lo mais próximo, conhecê-lo na sua intimidade. E assim foram correndo os meses.

Em outubro de 1970, nasceu meu primeiro filho, Adriano Ferriani. O grau de proximidade com o professor Agostinho Alvim já era grande a ponto de, quando da realização da segunda prova semestral, em final de novembro, enquanto eu respondia às questões, de modo bastante discreto ele aproximou-se e perguntou-me: "Como está a criança?" Relato esse fato porque ele, que infelizmente não teve a ventura da paternidade, era, no entanto, sensível também a essa espécie de emoção. Esse fato nunca me saiu da memória.

A nossa turma terminou o curso no ano de 1971. O patrono eleito da turma foi o professor Agostinho Alvim. Recebi das mãos dele o prêmio "Clóvis Bevilaqua", que ele mesmo havia instituído em anos anteriores. O prêmio era conferido ao aluno que obtivesse durante todos os anos as melhores notas de aproveitamento em Direito

Civil. Ostento com galhardia essa honrosa homenagem. Imitando-o, mais tarde, depois de seu falecimento, encaminhei à Egrégia Congregação proposta de instituição do prêmio "Agostinho Alvim", ao aluno das turmas que eu regia e que obtivesse o melhor aproveitamento durante o curso.

Terminado o curso de Direito, angustiava-me a falta dos encontros semanais das aulas de Direito Civil. Foi assim que, para não perder o contato com o professor Agostinho Alvim, imaginei uma forma de vê-lo com a freqüência que desejava. Vê-lo para poder continuar aquela convivência que se firmara nos tempos da Faculdade. Descobri que ele costumava chegar a seu escritório após o almoço, em torno das 14h30. E sempre vinha pela avenida Nove de Julho, com seu Opala dirigido por seu *chauffeur*, como dizia sua esposa. Esperava-o na parte baixa da Galeria Prestes Maia e acompanhava-o pelas ruas São Bento e José Bonifácio, onde ele mantinha seu escritório. No percurso, embora breve, dava tempo para conversar de tudo rapidamente. Algumas vezes, despedia-me dele ao chegar no nº 233 da rua José Bonifácio; outras, subia até o 6º andar para mais uma ligeira prosinha.

Em janeiro de 1973, convidou-me para ir à sua casa, ver a sua biblioteca, ouvir música e conversar. Foi nessa oportunidade que me fez um convite memorável: a PUC estava naquele ano abrindo o curso de pós-graduação em Direito Civil e o Reitor, Geraldo Ataliba, exigia que ele fosse o professor responsável. Para assumir a pós-graduação, era preciso afastar-se da graduação, e para tanto convidou-me para sucedê-lo. Exultei. Era o que mais queria. Sabia que a missão era pesada, difícil, que a responsabilidade estava além das minhas forças. Mesmo assim ousei aceitar. Foi assim que, por proposta levada pelo professor Agostinho Alvim à Egrégia Congregação da PUC, fui contratado, em março do mesmo ano, para reger as turmas de Direito Civil, tanto as do turno matutino quanto as do noturno.

Nossas relações estreitaram-se mais e mais. Ao mesmo tempo que comecei a professar, na graduação, a disciplina que era antes ensinada por aquele notável e venerando mestre, inscrevi-me na primeira turma da pós-graduação para novamente assistir às aulas do professor Agostinho Alvim. A turma era pequena, constituída de cerca de quinze alunos apenas. Com isso, era possível ao professor Alvim dar atenção especial a cada um. Todos, sem exceção, mesmo aqueles que não haviam tido a ventura de ter sido seu aluno na graduação, maravilhavam-se com a acuidade, com a simplicidade, com a serenidade com que ele tratava os assuntos mais intrincados do Direito Civil. Suas aulas eram ministradas no período da manhã. Havia primeiramente uma exposição sobre temas do programa do semestre. Lembro-me perfeitamente com que facilidade o professor Agostinho Alvim falava dos vícios do negócio jurídico, da posse, do mandato e de outros tantos temas de Direito Civil. Seus alunos eram, então, advogados já experimentados, juízes e professores. Lembro-me de alguns, entre outros tantos, que se tornaram admiradores extremados do mestre, como Walter Ceneviva, Antônio Cezar Peluso, Theodósio Pires Pereira da Silva, José Osório de Azevedo Júnior, Renan Lotufo, Rubens de Oliveira Lima. Terminada a exposição, havia um breve "café". Todos queriam acercar-se do professor para algum comentário adicional, mas na realidade o que pretendiam era uma aproximação, um contato mais estreito, para poderem desfrutar daquele temperamento dócil e cordial que lhe era característico. Após o intervalo, o professor Agostinho Alvim fazia uma espécie de exercício por ele apelidado de "exercício de terminologia". Indagava sobre aspectos pontuais de todo o Direito Civil. Indicava previamente os temas para que nos preparássemos para a semana seguinte. Era um passeio por todo o Direito Civil. Aludia a temas da Parte Geral do Código, inclusive da Lei de Introdução. Explorava os aspectos mais intrincados dos fatos, atos e negócios jurídicos, da prescrição e decadência, do direito das obrigações, do direito das coisas. Sobre certas disquisições doutrinárias que havia, dizia às vezes que aquilo era uma questão de *lana caprina*, o que provocava troca de olhares entre os discípulos. Permeava suas observações profundas sempre com uma dose de extraordinária simplicidade. No final do curso de mestrado, seus alunos não eram só seus admiradores, mas seus amigos.

O professor Agostinho Alvim, para encerrar o curso, dividia a turma em duas partes para uma visita a sua casa, com o propósito de mostrar sua biblioteca. Em dias distintos, convidava todos e oferecia-lhes uma esmerada recepção. Nessas visitas, ele, com enorme orgulho e satisfação, tomava em suas mãos umas e outras obras e falava delas com visível prazer. Dizia quando havia adquirido, de quem e as qualidades de seu autor. Falava com entusiasmo dos grandes dicionários, quer os da língua portuguesa, quer de outras, chamando a atenção para a necessidade e a indispensabilidade que se impõem ao jurista de bem tratar o vernáculo. Exibia em êxtase o dicionário do Moraes, do Laudelino Freire, do Litré, da Real Academia de Espanha e outros. Sabia indicar, com precisão, naquela enorme quantidade de obras jurídicas, que amealhou durante anos, qualquer uma que se lhe indagasse. Era impressionante a maneira como ele zelava pela sua biblioteca. Um livreiro tradicional em São Paulo disse-me, um dia, que eram poucos os juristas que sabiam adquirir obras realmente valiosas. O professor Agostinho Alvim era um deles.

Quando o curso terminou, os seus alunos do curso de pós-graduação daquela primeira turma decidiram homenagear o mestre com um jantar. O evento foi realizado num antigo restaurante de São Paulo. Houve diversos discursos em que todos os que fizeram uso da palavra ressaltaram com veemência não somente os aspectos técnicos do jurista mas principalmente as qualidades pessoais, de um homem sensível, carismático, simples e sereno. Lembro-me de ter falado também. Mas tanto já se havia dito a respeito da pessoa do professor, do jurista, do homem, que resolvi, em brevíssimas palavras, falar de dona Olívia, sua querida e extremada esposa. Como ela gostava de falar do Agostinho! Era assim que o tratava. Era a sua companheira querida, que coibia os excessos do marido nas lidas acadêmicas e científicas. Cuidava dele com zelo, carinho e amor. Depois do falecimento do nosso querido mestre, um dia, em visita que lhe fiz, exibiu-me um broche, um dos últimos presentes que ele lhe ofertara. Abriu e mostrou uma pequena fotografia do seu inesquecível amor. Trazia-o consigo em seu peito.

Já que tive a oportunidade de desfrutar um pouco mais da intimidade do casal, posso dizer com satisfação que foram muitos os encontros e as conversas agradáveis que mantivemos. A título de exemplo, refiro-me a uma de tantas passagens. Dizia-me o professor que, quando saía com dona Olívia para fazer compras, ele não entrava com ela nas lojas. Esperava-a na porta, tal a vergonha que tinha ao vê-la pechinchar os preços.

Quando saíamos juntos para jantar, ao marcar o horário para eu ir apanhá-lo, dizia: "Pra você está bom um quarto para as nove?" Naquele horário, lá estava eu estacionando meu carro em frente do prédio, na rua Oscar Freire, nº 58. Ele morava no 4º andar. Apresentava-me sempre pontualmente. Jantávamos e depois, perto das 11 horas, ao retornar, nunca deixava de subir para tomar um licor e ouvir um pouco de música. O professor era apaixonado por Chopin, especialmente pelos *Noturnos*. Assim foram muitos os encontros com o saudoso e querido professor Alvim.

Algumas vezes, fui surpreendido com um telefonema vindo de seu escritório, dizendo que o professor Alvim queria falar comigo. Prontamente o atendia. Ao telefone ele me perguntava se eu estava muito ocupado e se não seria possível ir ao seu escritório, na rua José Bonifácio. Fossem quais fossem as minhas atribuições, interrompia o que estava fazendo e para lá me dirigia. Meio apreensivo com a "convocação", chegava ao escritório e logo ele me recebia numa pequena sala, onde havia modestas poltronas bastante surradas, uma mesinha, nada mais. Dizia o professor Agostinho Alvim: "Nada de importante, chamei-o aqui apenas para uma prosinha." Eu ficava lá o resto da tarde. E quanta coisa o mestre dizia! Que lições ele transmitia! Falava de tudo: de Direito, da situação econômica do país, dos militares no governo, da cultura dos eclesiásticos. O professor Alvim era muito religioso, freqüentava as missas todos os domingos.

Convivi com o professor Agostinho Alvim durante oito anos. De 1968 a 1976. Foi meu professor no curso de graduação e no de pós-graduação. Ele ensinou Direito Civil desde 1946, tendo sido fundador, naquela data, da Faculdade de Direito e seu professor catedrático até o dia em que faleceu, em 1976, com 78 anos de idade. Prestaram-se-lhe inúmeras homenagens. Todas absolutamente merecidas. Nenhuma, no entanto, bastante para demonstrar cabalmente quem foi o jurista, o professor, o homem.

Dados biográficos

Filho de José Manoel de Arruda Alvim (advogado) e Maria Luiza Neves Alvim, Agostinho Neves de Arruda Alvim nasceu em São Paulo em 21 de novembro de 1897, tendo sido casado com dona Olívia Sampaio de Arruda Alvim. Fez os estudos pré-universitários no Ginásio de São Bento (1908-1911) e no Ginásio Arquidiocesano (1911-1914); e os universitários, na Faculdade de Direito da Universidade de São Paulo (1915-1919), da qual saiu bacharel. Obteve o grau de doutor pela Faculdade Paulista de Direito da PUC-SP, da qual foi fundador, diretor (durante catorze anos) e chefe de departamento.

Por curto espaço de tempo, exerceu os cargos de Delegado de Polícia e Promotor Público, como também, na condição de jurista, as funções de Juiz do Tribunal Regional Eleitoral de São Paulo.

Foi membro do Instituto dos Advogados de São Paulo e, por inúmeras vezes, Conselheiro da Ordem dos Advogados do Brasil, Seção de São Paulo.

Morreu em São Paulo no dia 23 de março de 1976.

O professor Agostinho Alvim era tio do professor José Manoel de Arruda Alvim Neto.

Carlos Alberto Ferriani

Professor Agostinho Alvim e o novo Código Civil

Quando da designação pelo Governo para a elaboração do anteprojeto do Código Civil, o professor Miguel Reale convidou o professor Agostinho Alvim para elaborar o Livro do Direito das Obrigações.

Tal escolha se deveu pelo fato de o professor Agostinho Alvim ser não só um homem de conhecimento teórico sólido, como dotado de experiência prática do Direito, visto que advogado militante.

Afora tais qualidades, o mestre foi durante muito tempo colaborador efetivo da *Revista dos Tribunais,* que, à época, já era a revista jurídica mais importante editada em São Paulo.

Mas a grande obra teórica do professor era exatamente a ligada ao Direito das Obrigações, ou seja, *Da inexecução das obrigações e suas conseqüências*[1], que merecera o reconhecimento nacional. Nessa obra já se tem a análise crítica do Código de 1916 e o prenúncio das modificações que acabaram sendo propostas no projeto.

Ali os problemas de taxionomia, como os de ordem teórica, estão expostos e o que se vê de crítica se encontra como proposta de alteração ou de inovação.

Muitas questões já tinham sido postas à discussão do mundo acadêmico em artigos publicados na *Revista dos Tribunais*, quer referindo à purga da mora, ainda que relativa à locação de imóveis, quer da inexistente figura do enriquecimento sem causa.

Sua distinção de mora e inadimplemento absoluto alcançou repercussão e veio a se tornar clara no novo Direito positivo.

Suas colocações sobre o fortuito interno e o fortuito externo ensejaram melhor desenvolvimento quanto à responsabilidade objetiva, que acabou consagrada no novo Código.

Quando assumiu a cadeira de Direito Civil na pós-graduação da PUC-SP ensejou o debate com seus alunos, e trouxe ao conhecimento publicações que ficaram limitadas a círculos restritos.

A sua cultura jurídica estava presente de forma marcante nas citações que fazia, quando se negava a referir

---

1. Considerada sua obra-prima, contou com cinco edições no período de 1949 a 1980; com exceção da 3ª ed., a cargo da editora Jurídica e Universitária, 1965, Rio de Janeiro, as demais foram editadas pela editora Saraiva (1949, 1955, 1972 e 1980).

apud outro autor. Ou conhecia no original, ou não se arriscava a citar por intermédio de terceiros.

Com o acesso que ensejou ao projeto, exatamente no período de discussão na Câmara dos Deputados, permitiu que se desenvolvesse o estudo paralelo ao do Código de 1916.

Sua honestidade intelectual ensejou a publicação restrita de obras, as quais, mesmo assim, se tornaram clássicas, e que não tiveram as necessárias reedições, que tanta falta fazem no momento atual. Basta lembrar seu único volume de *Comentários ao Código Civil*[2], as monografias *Da doação*[3] e *Da compra e venda e da troca*[4], além dos estudos sobre a locação de imóveis[5].

Foi em cada estudo na busca do que existia de melhor expondo com clareza e síntese, evitando sempre as frases intercaladas, expressando-se na forma direta.

Sua defesa do projeto ganhou publicação pelo Instituto dos Advogados do Brasil, que complementa a apresentação do anteprojeto. Ali se tem ensinamento em resposta às críticas infundadas, como às críticas apressadas.

O que mais marcou sua participação no projeto foram sua postura científica, ou seja, aberto às críticas e sugestões sérias, e seu envolvimento total com a obra, como foi o seu envolvimento com a criação e o desenvolvimento da Faculdade Paulista de Direito, que veio a se tornar a PUC-SP.

---

2. Rio de Janeiro, Jurídica e Universitária, 1968.

3. Primeira edição em 1963 (RT) e a segunda e última em 1972 (Saraiva).

4. Rio de Janeiro, Forense, 1961.

5. *Comentários à lei do inquilinato: Lei nº 1.300, de dezembro de 1950* (São Paulo, Saraiva, 1951; 2ª ed., São Paulo, Saraiva, 1954); *Aspectos da locação predial* (São Paulo, Saraiva, 1940; 2ª ed., Rio de Janeiro, Ed. Jurídica e Universitária, 1966); *Notas à lei do inquilinato* – Decreto-lei nº 9.669, de 29 de agosto de 1946 (São Paulo, Saraiva, 1946).

Era um homem de tamanha dignidade que só se deu ao direito de morrer quando cumpriu seu dever ante o projeto.

No dia em que acabou de responder às emendas da Câmara dos Deputados comunicou o fato ao professor Miguel Reale e se deu o direito de sofrer o infarto que o levou.

Sua relação com o novo Código é, pois, uma relação perene.

Por ver no professor Agostinho Alvim um dos esteios dessa obra que enseja o reestudo do nosso Direito Civil é que nos sentimos honrados em coordenar a coleção em sua homenagem, que recentemente teve início.

Renan Lotufo

Amílcar de Castro
O notável jurista

*Ricardo Arnaldo Malheiros Fiuza**

Porém outros mundos têm vindo, e neles outras levas de cultores e aplicadores do Direito. Com eles e para eles Amílcar de Castro, o mestre, continua presente, porque os verdadeiros mestres se perpetuam em suas lições.

Na manhã de 25 de junho de 1978, em Belo Horizonte, um domingo frio e chuvoso, aos 85 anos de idade, faleceu o Desembargador Amílcar de Castro, ex-presidente do Tribunal de Justiça de Minas Gerais e professor catedrático e emérito da Faculdade de Direito da Universidade Federal de Minas Gerais, um dos maiores juristas do Brasil de todos os tempos.

A modéstia sempre foi a característica do homem Amílcar. Ele chegava a ter uma certa aversão por homenagens e pela publicidade em torno de seu nome, o que, às vezes, o fazia incompreendido por quem não o conhecia bem.

A propósito de sua modéstia, muito bem destacou o Desembargador José Costa Loures, em discurso proferido quando da celebração do centenário de nascimento de Amílcar de Castro, em sessão solene do Tribunal de Justiça de Minas Gerais, no dia 11 de agosto de 1992.

---

* Professor de Teoria Geral do Estado da Faculdade de Direito "Milton Campos" (BH), secretário da Presidência do Tribunal de Justiça de Minas Gerais. Ex-aluno e colaborador de Amílcar de Castro. Membro da Academia Mineira de Letras Jurídicas e da Academia Mineira de Direito Militar.

Naquela tarde, Costa Loures citou trechos do prefácio de duas grandes obras de Amílcar de Castro.

No prefácio dos *Comentários ao Código de Processo Civil de 1939*, escreveu Amílcar:

> Foi assim, pois, enfrentando o dever de bem encaminhar a solução das questões, e querendo colaborar um pouco com o progresso do direito processual civil brasileiro, que o autor procurou ouvir, para repetir em linguagem clara, as lições dos mais modernos e mais notáveis processualistas; isso modestamente, sem enfastiar o leitor com estéreis divergências doutrináveis; sem qualquer ostentação de saber; sem a estulta pretensão de passar por profundo conhecedor da matéria; mas sempre expondo francamente seu pensamento, sem o temor de divergir, às vezes, das autoridades tidas por maiores.

O mesmo sinal de sua aversão à jactância está contido no prefácio da 2ª edição de seu inigualável *Direito Internacional Privado*:

> Este compêndio vem sendo escrito há muito tempo: dia a dia, aumentado, cortado, emendado, retocado. É obra despretensiosa, sincera, valendo, talvez, menos pelo que expõe do que pelo sugere; é sempre um convite à reflexão. Destina-se a mostrar o direito internacional privado elaborado pelo autor, cujo pensamento muitas vezes se afasta da opinião dominante. Intenta aclarar lugares comuns, em forma acessível aos que ainda não conhecem a matéria; e, pelo menos, em razão do método e da singeleza do contexto, poderá esta nova edição justificar-se.

Quem se restringisse a ler essas duas modestas apresentações feitas pelo professor Amílcar de Castro não ficaria sabendo que elas se referem a duas das mais completas, substanciosas, cultas e imprescindíveis obras do mundo jurídico do século XX.

Mas, mesmo que ele não fosse adepto da *self promotion*, o nome do juiz Amílcar e do mestre Amílcar transpunha as montanhas da Serra do Curral, as divisas de Minas Gerais, descia pela América do Sul e, até mesmo, atravessava o Atlântico, sem que ele próprio o quisesse e promovesse.

O mesmo nome que, até aquela manhã fria do último domingo de junho de 1978, era a única legenda viva a ornar o salão nobre do Palácio da Justiça de Belo Horizonte, ao lado de Rui Barbosa, Clóvis Bevilaqua, Tito Fulgêncio, Pedro Lessa, Lafayette, Saraiva, Orosimbo Nonato, Nélson Hungria, Mendes Pimentel, Lopes da Costa, Hermenegildo de Barros, Artur Ribeiro, Edmundo Lins e Rafael Magalhães.

O mesmo nome que, em abril de 1978, já o sabendo doente aqui no Brasil, eu vi, com orgulho e emoção, nas relações bibliográficas de famosas livrarias jurídicas da Espanha e de Portugal, como a Pons, de Madri, e a Petrony, de Lisboa.

Aqui e agora, convidado que fui para integrar esta segunda série da oportuna obra *Grandes juristas brasileiros*, organizada por Almir Gasquez Rufino e Jaques de Camargo Penteado, contrariando a modéstia do homem, cujos passos a terra já não sente há precisos e longos 26 anos, louvarei o magistrado, o mestre, o escritor e o homem, cujas lições ainda se fazem e se farão ouvir enquanto se estudar o Direito e se aplicar a Justiça.

Amílcar Augusto de Castro nasceu no dia 20 de agosto de 1892, em Barbacena, a tradicional cidade da Serra da Mantiqueira, no coração das Minas Gerais, filho de João Clímaco de Castro e Camila Augusta de Castro. Coincidentemente, naquele mesmo ano, fundava-se, em Ouro Preto, a Faculdade de Direito de Minas Gerais, instituição à qual, anos mais tarde, o nome de Amílcar de Castro estaria ligado como um de seus mestres mais ilustres.

Em 1912, aos 20 anos, matriculou-se na tradicional Faculdade de Direito do Largo de São Francisco, em São Paulo, fundada por D. Pedro I em 11 de agosto de 1824.

Para se manter nos bancos acadêmicos, teve que trabalhar nos Correios e Telégrafos. Formou-se cinco anos depois, tendo recebido seu diploma, em ato simples e individual, na própria secretaria da Escola, por não poder comprar uma casaca, traje com o qual seus 46 colegas de turma colaram grau, em soleníssima sessão, no salão nobre das Arcadas. E assim, no dia 6 de dezembro de 1916, o Brasil ganhava um jurista e os Correios perdiam um postalista dos mais promissores.

O magistrado

Depois de formado, Amílcar de Castro retornou a Minas (para sorte de nós, mineiros...) e montou banca de advocacia em Cristina, no sul do Estado, onde ficou por dois anos.

Ele próprio diria, mais tarde, em memorável discurso proferido ao se despedir da comarca de Juiz de Fora:

> Tentei advogar na Comarca de Cristina nos anos de 1917 e 1918, mas como havia estudado com o fito de ser juiz em abril de 1919 aceitei o cargo de Juiz Municipal de Caracol.

De fato, no dia 25 de abril de 1919, empossou-se no cargo de juiz municipal de Andradas, também no sul de Minas, cidade que, àquela época, chamava-se Caracol, como a sugerir a espiral ascendente em que se constituiria a bela carreira de Amílcar de Castro na magistratura de Minas Gerais, classe que viria enriquecer com sua presença.

De 1920 a 1928, foi Juiz Municipal de Paraisópolis e de Jacutinga. Dessa última cidade, seu nome, pela primeira vez, iria projetar-se no cenário jurídico do Estado. É que lá, em meio a seus trabalhos forenses de rotina, ele escreveu a tese *Das execuções de sentenças no Estado de Minas Gerais*, com a qual obteve a medalha de ouro da Fundação Pedro Lessa.

Ele próprio narra o episódio marcante de sua vida no discurso de Juiz de Fora, acima mencionado:

> Em fevereiro de 1920, pedi remoção para a Comarca de Paraisópolis, onde servi também como Promotor de Justiça até 1923. Em outubro desse ano voltei ao cargo de Juiz Municipal no termo anexo de Jacutinga; e aí me sobrou tempo de organizar algumas notas sobre execuções de sentença. Não se me afigurava esse trabalho digno de publicação, mas unicamente a instâncias de minha querida e dedicada esposa resolvi submetê-lo a julgamento em concurso aberto pela Fundação Pedro Lessa; e, com muita surpresa e grande emoção, obtive o primeiro lugar, recebendo a medalha de ouro daquela Instituição e a impressão gratuita de meu livro na Imprensa Oficial.

Sua vitória naquele importante concurso repercutiu na capital, e o Presidente Antônio Carlos, chefe do Executivo Estadual e professor da Faculdade de Direito, o chamou, por telegrama, ao Palácio da Liberdade.

Amílcar de Castro, quando de seu 80º aniversário, contou-me o caso com o humor que lhe era característico. Disse-me que o grande político parabenizou-o pela vitória no concurso e lhe perguntou à queima-roupa se ele queria ser Juiz de Direito!

Naquele tempo, o sistema de ingresso na carreira da magistratura era a nomeação livre pelo Presidente do Estado, título que se dava ao governante estadual na República Velha.

Surpreso, aceitou o cargo e, no dia 24 de julho de 1928, o *Minas Gerais* publicava o ato de sua nomeação para Juiz de Direito da Comarca de Ipanema.

Com 35 anos de idade, enfrentou, na agitada comarca da Zona do Rio Doce, um dos períodos mais difíceis de sua carreira jurisdicional. Em sua primeira pauta do júri, foram julgados nada menos que 28 criminosos de morte!

Em fevereiro de 1931, foi promovido para a comarca de Pitangui. Aquela cidade histórica do Oeste mineiro, à qual me acho ligado por cidadania honorária, orgulha-se até hoje de ter tido Amílcar de Castro como um de seus juízes. As ladeiras seculares da antiga vila do ouro assistiram ao funeral de sua Maria Nazaré, esposa amada e nunca esquecida. Sem a dedicada mãe ficaram Amílcar Filho, Maria Felicíssima, Indiana, Cordélia e Antônio Carlos, cinco filhos aos quais o grande homem nunca deixou de assistir carinhosamente.

Em 1934, um mês após a sentida perda de sua mulher, ainda "abatido, desanimado, vencido pela dor" (em suas próprias palavras), ei-lo promovido para Juiz de Fora, onde ocupou a 1ª Vara Cível da comarca.

Ao se despedir daquela importante unidade judiciária do Estado, quando dali promovido, Amílcar de Castro assim se expressou:

> E, aqui, cumpre-me declarar que concorreu extraordinariamente, para que eu pudesse apresentar agora esse apreciável resultado [referia-se a seu saldo de sentenças e despachos], o ambiente de encantadora cordialidade que nunca faltou aos nossos trabalhos. Tenho para mim que os advogados deste pretório, senhores de elevada ética profissional, já compreenderam que o processo deve perder a feição de contenda que até há pouco vinha apresentando, para se tornar obra comum, consciente e leal, do juiz e partes na pesquisa da verdade e da mais exata solução jurídica...

Tais palavras, precisas e profundas, como todas as palavras de Amílcar de Castro, bem que poderiam constar dos códigos de ética da advocacia e dos manuais de deontologia forense dos magistrados.

Em 1936, aos 43 anos de idade, era alçado, por merecimento, ao alto posto de desembargador da então Corte de Apelação do Estado de Minas Gerais, sem ter passado pela Comarca de Belo Horizonte ou pelo cargo de Juiz Substituto de Segunda Instância, à época existente.

No Tribunal, tomou posse em 12 de fevereiro de 1936, indo ter assento em sua 1.ª Câmara Civil (e, depois, na 2.ª Câmara Civil).

O saudoso professor Celso Agrícola Barbi, discípulo, colega e, sobretudo, grande amigo e admirador de Amílcar de Castro, escreveu na *Revista da Faculdade de Direito da UFMG*, que o mestre brilhava no Tribunal,

> desde que ali chegara, destacando-se no meio de magistrados e escritores da maior projeção, como Lopes da Costa, Orosimbo Nonato, Nísio Baptista de Oliveira, José Benício de Paiva, Vilas Boas, Afonso Teixeira Lages, Sebastião de Souza, João Martins de Oliveira, Onofre Mendes Júnior, Carlos Fulgêncio da Cunha Peixoto, Newton Luz, Aprígio Ribeiro, Costa e Silva e outros.

Referindo-se a seus magistrais votos proferidos nos julgamentos de sua Câmara no Tribunal, o advogado Túlio Vieira da Costa, dirigente da Fundação 18 de Março (Fundamar), afirma, também na revista da Casa de Afonso Pena, que, nas decisões de Amílcar,

> encontra-se aquilo que se procura numa leitura de um verdadeiro livro.

E acrescenta:

> Há muita coisa de Chiovenda, Carnelutti, Calamandrei, Goldschmidt, Liebman, Leite Velho, Planiol-Ripert, Baudry, Enneccerus, Jean Cruet, Ramalho, Lafayette, Carvalho Mendonça nesses votos. Nomes citados ao acaso. A lista verdadeira e completa seria extensíssima e deveria incluir todos os grandes juristas de todas as nações.

O ilustre advogado e também amigo do mestre, querendo ressaltar a monumental cultura jurídica de Amílcar de Castro, conhecedor dos grandes juristas do mundo, os quais lia na fonte, escreveu ainda:

> Nos votos de Amílcar de Castro, tal como em seus memoráveis livros, corre aquela seiva comum, fecunda, incorporada na cultura jurídica universal, tornando as lições comunicadas e comunicantes como se exige de toda obra de valor.

Em 1954, Amílcar de Castro atingiu a Vice-Presidência do Tribunal de Justiça e, em 1957, presidiu o Tribunal Regional Eleitoral. Finalmente, em 1959, foi eleito pelos seus pares à Presidência do Tribunal de Justiça, instituindo o saudável rodízio bienal que hoje caracteriza o mandato de presidente daquela Casa.

Em 1962, a aposentadoria compulsória por implemento de idade o atingia em pleníssima capacidade intelectual. Capacidade que ele iria continuar a demonstrar em escritos e pareceres como consultor jurídico em grandes causas.

O professor Celso Barbi, já citado, analisando sua faceta de juiz, disse de seu mestre:

> Amílcar de Castro, como magistrado, foi completo, porque tinha as qualidades indispensáveis ao bom juiz: honestidade, coragem, dedicação ao trabalho, conhecimen-

to profundo do Direito, atenção para as questões de fato e senso jurídico para aplicar a norma ao fato.

Referindo-se à sua própria carreira de magistrado, Amílcar de Castro proferiu as seguintes palavras, perfeitas para o breviário de um juiz:

> Sempre me considerei abaixo dos cargos que exerci, e por isso mesmo sempre procurei desempenhar os meus deveres, por mais modestos que fossem, com a máxima exatidão, para que me pudesse sentir digno das atribuições a mim cometidas. Nunca me envolvi em questões políticas; e foi sempre com o maior desassombro, com muita energia, pronta decisão e inteira independência que atuei nos postos que me foram confiados. É também certo que minha justiça nunca foi demorada; e nunca me perturbou a ilusão de agradar a todos.

O mestre

Ao lado da notável carreira judicante, desenvolveram-se também suas atividades de mestre, verdadeiro mestre.

Em 1940, aos 40 anos de idade, com a tese *Das execuções de sentenças estrangeiras no Brasil,* Amílcar de Castro conquistou, em memorável concurso, a cátedra de Direito Internacional Privado da Faculdade de Direito da UFMG, cadeira que pertencera a Pádua Rezende, Camilo de Brito, Virgílio de Mello Franco, Raul Soares, Augusto de Lima e Tito Fulgêncio.

Dedicando o trabalho a seus saudosos pais, Amílcar de Castro assim o apresentou:

> Esta tese deve ser vista como prova didática: se o autor disputa o lugar de professor catedrático na Universidade

> de Minas Gerais é na suposição de que o melhor lente nem sempre é o mais culto, e sim o que se mostra bom intermediário entre os livros e os alunos, sabendo transmitir facilmente a estes o que naqueles for selecionando com paciência e consciência. Na opinião de Léon Duguit, as duas qualidades que dão valor a um professor de direito são a clareza e a concisão; e o autor, então, como candidato nas dificuldades de um concurso, tratou de demonstrar que pode pôr, com método e resumidamente, em linguagem simples e clara, ao alcance de qualquer aluno, não só as noções elementares, como os conceitos mais profundos e sutis, e os princípios jurídicos e filosóficos da mais alta relevância.

Em tal apresentação, escrita com o estilo e a clareza que sempre lhe foram peculiares, Amílcar de Castro mostra que a missão do professor, especialmente no bacharelado de Direito, é ensinar e não mostrar excessiva erudição e inútil gongorismo, que podem formar uma parede desastrosa entre o mestre e os seus alunos que, na verdade, não o serão, e, sim, meros espectadores aturdidos.

Ainda sobre sua magnífica tese, publicada pela Imprensa Oficial de Minas Gerais, em 1939, merece a pena citar a crítica a ela feita pelo conhecido jurista Machado Guimarães:

> O autor, processualista exímio e cultor atento do Direito Internacional Privado, superando essa dificuldade, enriqueceu a nossa literatura especializada com uma obra digna da estima e da admiração de todos os juristas. Os capítulos em que o direito processual é mais diretamente objetivado são magistrais.

Logo após assumir a cátedra, foi representante da Faculdade de Direito, do Tribunal de Justiça e do Governo de Minas, no Congresso Jurídico Nacional, realizado no Rio de Janeiro em 1943.

Em 1945 e 1946 ocupou, em substituição, a cadeira de Direito Judiciário Civil na faculdade federal. Na qualidade de professor universitário, foi convidado para integrar o quadro internacional de sócios da Associação Italiana de Estudiosos de Processo Civil e do Instituto Hispano-Luso-Americano de Direito Internacional.

Participou de bancas examinadoras de vários concursos para catedrático em Minas Gerais, na Bahia e em São Paulo. Entre seus examinandos ilustres, destacam-se Alfredo Buzaid, J. J. Calmon de Passos, Sebastião de Souza, José Olympio de Castro Filho, Celso Agrícola Barbi e Osiris Rocha.

Suas aulas de Direito Internacional Privado, ministradas no quinto ano do curso de bacharelado, cada uma valendo por uma conferência, funcionavam para nós, seus alunos quase bacharéis, como autêntico curso de pós-graduação.

Propedeuta e hermeneuta, o professor Amílcar reexaminava conosco as noções elementares de todos os ramos jurídicos, básicos para o ensino de sua cadeira e possivelmente "mal digeridas" nos primeiros anos do curso acadêmico. Aliás, seu livro de *Direito Internacional Privado*, que deve figurar na biblioteca de todos os estudiosos das ciências jurídicas, tem o mesmo mérito de suas magníficas aulas. Nele, o autor, defensor da taxinomia, colocando cada palavra no lugar exato e na significação precisa, oferece ao leitor um riquíssimo compêndio de princípios gerais do Direito.

Como professor de Teoria Geral do Estado que me atrevo a ser, sempre estou a recorrer às suas definições magistrais, como, por exemplo, as de "poder público" e "poder soberano". Para o mestre, "poder público é a competência de governar, a competência de dar ordens", enquanto "poder soberano é a competência de estabelecer as competências".

O professor Osiris Rocha, que teve a honra e a responsabilidade de suceder o Mestre na cadeira de Direito Internacional Privado na UFMG, afirma:

> A Amílcar de Castro coube uma posição ímpar no Direito Internacional Privado e que, sem dúvida, haverá de reservar-lhe lugar especial em todo estudo que, agora e sempre, se venha a fazer dessa disciplina: abandonando uma posição muito comum, de vinculação estrita a determinada corrente de pensamento, com a independência intelectual que foi, sempre, o seu grande apanágio, logrou ele, expondo o Direito Internacional Privado, retirar dos vários autores que consultara aquilo que parecera mais acertado.

E prossegue Osiris Rocha, discorrendo sobre o grande professor de Direito Internacional Privado:

> E seu grande mérito foi o de, com lucidez e realismo, demonstrar que na vida internacional não há nenhum conflito de leis, propriamente dito e, além disso, que o Direito Internacional Privado nada tem daquele romantismo de Clóvis Bevilacqua, que nele enxergava uma inexistente proteção da humanidade ou um (inseguro) universalismo de difícil realização.

Lembro-me de que, em sua primeira aula do curso, o mestre Amílcar dizia que o Direito Internacional Privado não era internacional, isso porque as normas desse ramo importantíssimo da ciência jurídica, ou melhor, da prática jurídica, destinam-se fundamentalmente a possibilitar, em cada país, solução para um fato, envolvendo o internacionalismo de lugares e de pessoas e que, por isso, entrara em contato com mais de uma jurisdição independente.

Ficou-me o seu exemplo de um "fato internacional", a ser resolvido por direitos internos de um de três Estados soberanos: uma brasileira casa-se com um senegalês na Mauritânia.

É uma questão privada aparentemente internacional, cuja solução não afetará a soberania do Brasil, do Senegal ou da Mauritânia.

Ao passo que o Direito Internacional Público, esse, sim, é mesmo internacional e os seus casos envolvem as soberanias de Estados.

Por tudo isso, lembrando-me vivamente do mestre Amílcar enquanto escrevo este trabalho biográfico e sabendo que ele me apoiaria, não posso entender que os dois ramos, Direito Internacional Público e Direito Internacional Privado, possam fazer parte da mesma cadeira universitária.

O escritor

Amílcar de Castro, escritor primoroso, deixou em vida cinco livros publicados:

- *Das execuções de sentenças no Estado de Minas Gerais* (1928);
- *Das execuções de sentenças estrangeiras no Brasil* (1939);
- *Comentários ao Código de Processo Civil de 1939* (1941 e 1963);
- *Comentários ao Código de Processo Civil de 1973* (1974 e 1977);
- *Direito internacional privado* (1956, 1968 e 1977).

De 1960 a 1977, tive a honra e a alegria de ajudá-lo na revisão cuidadosamente feita para novas edições de suas grandes obras. Considero, para mim, essa convivência, acontecida às tardes dos dias de semana e nas manhãs de sábado, na acolhedora biblioteca de sua casa, como um inigualável doutorado de Ciência Jurídica, de Pedagogia Jurídica e de Redação Jurídica.

Além dessas cinco obras clássicas e preciosas, em que o processualista e o internacional-privatista se rivalizavam em profundidade e estilo, o mestre Amílcar deixou inúmeros e magníficos artigos publicados em várias revistas jurídicas do país, em alguns dos quais aborda com a mesma proficiência de suas duas especialidades temas relativos à Filosofia do Direito e à Teoria Geral do Estado.

O professor Celso Barbi, no volume 26, n.os 19/20 da *Revista da Faculdade de Direito da UFMG* (1978), faz precioso levantamento da obra do mestre, salientando, afinal, que o seu livro *Comentários ao Código de Processo Civil de 1973* pode ser considerado

> como a mais perfeita obra processual de Amílcar de Castro, coroamento de uma vida magnífica, integralmente dedicada ao estudo, criação, ensino e aplicação do Direito.

No referido volume da *RFD*/UFMG, Celso Barbi, além dos livros e das traduções de Amílcar de Castro, elenca os seguintes artigos do mestre:

• *Artigos de Direito Processual Civil*:

a) "Concurso de credores", *Revista da Faculdade de Direito da UFMG*, Ano IX, Nova fase, out. 1957, p. 89.

b) "O Direito no âmago da sentença", *Revista da Faculdade de Direito da UFMG*, Ano XII, Nova fase, out. 1961, p. 175.

• *Artigos de Direito Internacional Privado*:

a) "A natureza da norma de Direito internacional privado", *Revista Forense*, jul./ago. 1956, vol. 134, p. 366.

b) "Da desapropriação de títulos de crédito, ações e bens corpóreos sitos no estrangeiro", *Revista Forense*, nov./dez. 1952, vol. 144, p. 16.

c) "O problema das qualificações", *Revista da Faculdade de Direito da UFMG*, Ano V, Nova fase, out. 1953, p. 35.

d) "O objeto do Direito Internacional Privado", *Revista da Faculdade de Direito da UFMG*, Ano VI, Nova fase, out. 1954, p. 79.

e) "Suposta sociedade internacional de indivíduos", *Revista Forense*, jul./ago. 1956, vol. 165, p. 7.

f) "O conceito de território", *Revista da Faculdade de Direito da UFMG*, Ano XIII, n.º 1, Nova fase, mar. 1962, p. 98.

• *Artigos de outros ramos do Direito*:

a) "Prescrição das dívidas fiscais", *Revista Forense*, abr. 1943, vol. 94, p. 5.

b) "Prescrição de direito no curso da lide", *Revista Forense*, jul. 1949, vol. 124, p. 7.

c) "Variações sobre o direito e a justiça", *Revista Forense*, maio/jun. 1958, vol. 177, p. 28.

d) "Ordem social", *Revista da Faculdade de Direito da UFMG*, Ano XI, Nova fase, out. 1959, p. 27.

e) "O conceito de direito subjetivo", *Revista da Faculdade de Direito da UFMG*, Ano XIII, n.º 1, mar. 1962, p. 156.

f) "O Direito e a ordem jurídica", *Revista Forense*, jul./set. 1968, vol. 223, p. 5.

Ainda discorrendo sobre o escritor Amílcar, mister se diga que a benemérita Fundamar, ao lado de suas realizações filantrópico-sociais, tem presenteado as estantes jurídicas brasileiras e portuguesas com verdadeiras preciosidades. Detentora que é dos direitos autorais do mestre Amílcar de Castro, a Fundamar fez publicar, em 1987 e 1996, pela Forense, a 4ª e a 5ª edições do seu monumental e inigualável *Direito Internacional Privado*, atualizada com notas de rodapé pelo professor Osiris Rocha.

Quando foi lançada a 4ª edição de seu *Direito Internacional Privado*, em 1987, escrevi artigo para a *Revista Forense* (vol. 299), no qual assim comentei a obra:

> O livro é de importância capital para quem se dedica a qualquer ramo do Direito. Isso porque, como em suas inesquecíveis aulas, o autor, nas 603 páginas da obra, "reexamina noções de outros setores jurídicos, básicas para o ensino do direito internacional privado", proporcionando sua leitura visão panorâmica do Direito.
>
> Assim é que nas "Preliminares", ele dá uma aula magistral de Teoria Geral do Estado, ensinando que "o Estado não é realidade adjacente ao homem e dele desligada; não é coisa independente que esteja fora do indivíduo, já que se compõe de relações abstratas produzidas por seres humanos". Ao falar sobre os "Conceitos Básicos" (noção, taxinomia, definição, denominação e fontes), com a precisão de suas palavras, ele conceitua o monismo e o pluralismo jurídicos, e, para situar o direito internacional privado, acaba analisando todos os outros ramos da grande chave geral do Direito.
>
> No capítulo referente à "História", o leitor é levado, com sabor e arte, ao nascimento de todos os grandes institutos jurídicos.
>
> Na "Parte Geral", a experiência didática do professor se mostra, quando ele expõe as noções de método, conexões, qualificações, a natureza de direito especial e o papel de defesa da ordem social no que diz respeito ao Direito internacional privado.
>
> Na "Parte Especial", e aí é que o livro é mais precioso, Amílcar de Castro, ao estudar a personalidade, as pessoas jurídicas, a capacidade, o casamento, o regime de bens, o divórcio e o desquite, a filiação, a proteção a incapazes,

os bens, as obrigações, a sucessão, o comércio e a indústria, à luz do direito internacional privado, antes enfoca cada um desses institutos dentro do direito pátrio.

Na "Parte Complementar", depois de examinar a competência geral e a competência específica do Supremo no processo da deliberação e das cartas rogatórias, o autor fecha a sua obra magistral, respondendo, em capítulo antológico, à pergunta: Existe uma sociedade internacional? Conclui Amílcar de Castro que "para estar com a realidade, o que se deve afirmar é que não existe sociedade de Estados politicamente organizada, estruturada em subordinação, pois apenas o que há são grupos humanos autonomamente organizados, a manter relações uns com os outros, relações particulares, às vezes regionais, sem que haja governo dessa anárquica convivência; e também não existe sociedade internacional, ou universal, de indivíduos, não obstante, considerada de certo modo, seja a humanidade um todo".

Este *Direito Internacional Privado*, agora oportunamente relançado, é uma chama de vida de Amílcar de Castro a iluminar os caminhos dos estudiosos da Ciência do Direito.

Ainda em 1996, através da revista *Jurisprudência Mineira* (TJMG), volume especial n.º 129, a Fundamar tornou possível a divulgação de seus antológicos "Pareceres" (1962 a 1972), selecionados e revisados por Stanley Frasão e Peterson Kömel Júnior. "Pareceres magistrais que", segundo Costa Loures, "abordam com o estilo, a precisão, a ciência e a clareza, características do mestre Amílcar, temas de Direito Civil, Direito Comercial, Direito Internacional Privado, Direito Constitucional e Direito Administrativo."

No primeiro semestre de 1999, a Fundamar surpreendeu os cultores do Direito com a edição, pela Forense, de sua obra *Do procedimento de execução*, que contém os magníficos comentários aos arts. 566 a 747 do CPC brasileiro de 1973, elaborados pelo mestre em 1974 e agora atualizados pelos mesmos advogados Frasão e Kömel Júnior.

O Desembargador Orlando Adão Carvalho, ao apresentar essa obra, afirmou:

> A obra de Amílcar é considerada por todos a melhor até hoje publicada sobre o tema. Basta lembrar que foi ele quem deu a melhor interpretação ao art. 747 do CPC, com referência à expressão "juízo requerido", que em um primeiro movimento trouxe perplexidade a todos os estudiosos do processo civil. A solução por ele encontrada não foi contestada por nenhum outro doutrinador e acolhida, sem rebuços, por todos os tribunais do país.

Como se não bastasse tudo isso, brindou-nos a Fundamar no primeiro semestre de 2000, sob o título de *Lições de Direito Processual Civil e Direito Internacional Privado,* lançado pela Editora do Brasil, com uma coletânea de artigos profundos, escritos por Amílcar de Castro de 1940 a 1970, cada um recebendo nessa edição cuidadosas notas de revisão redigidas pelo advogado Túlio Vieira da Costa e equipe.

Stanley Frasão, atual presidente da Fundamar, nos dá a bela notícia de que a 6.ª edição do *Direito Internacional Privado,* de Amílcar de Castro, está prestes a sair pela Forense, com notas de atualização elaboradas pela professora Carolina Cardoso Lisboa, minha ex-aluna na Faculdade de Direito "Milton Campos" e mestra pela Universidade de Lisboa, hoje lecionando em Brasília.

O escritor Amílcar destacou-se ainda no campo da tradução de artigos de grandes juristas estrangeiros. Suas traduções, valorizadas por anotações de rodapé, deixavam entrever a vastidão de seus conhecimentos e a formação jusfilosófica que alicerçavam as suas afirmativas (*RFD*/UFMG, 1978).

Exemplos marcantes dessa sua faceta de tradutor e anotador são os seguintes trabalhos:

- "Frederico II da Suábia e o nascimento do Estado moderno", de Manuel Garcia-Pelayo (*RBEP*, 1961);
- "As relações entre o Direito Interno e o Direito Internacional", de Hans Heinrich Triepel (*RFD*/UFMG, 1966);
- "Bonus Iudex", de Pietro Cogliolo (EJEF/TJMG, 1979).

Para ter uma idéia de suas substanciosas notas de rodapé, vamos a três exemplos, um de cada tradução.

- Na obra de Garcia-Pelayo:

> E assim como atrás do lúgubre crepúsculo a terra permanece fria e em trevas, mas com a segura esperança de que a aurora trará, de novo, a luz e o calor, assim volverá também o Sol da Justiça (Frederico II) a iluminar e pacificar novamente os povos. E a lenda durou tanto, que vários impostores pagaram com a vida a fraude de se fazerem passar por Frederico II ressuscitado.

Nota de A.C.:

> Assim como, por muito tempo também, grande parte do povo lusitano manteve a crença de que D. Sebastião não morrera na batalha de Alcácer-Quibir no ano de 1578, e voltaria para libertar Portugal do jugo castelhano, enquanto, ainda nesse mesmo quartel do século XVI, nada menos de quatro impostores tentaram fazer-se passar pelo rei desaparecido, sendo desmascarados e severamente punidos.

• Na obra de Triepel:

> Se as deduções que acabam de ser feitas forem exatas, delas resulta esta conclusão: o direito internacional público e o direito interno são, não somente partes, ramos distintos do direito, como também sistemas jurídicos diferentes. São dois círculos em íntimo contato mas que jamais se superpõem.

Nota de A.C.:

> Direito Internacional Público × Direito Interno – Redslob ainda melhora essa afirmativa, dizendo: são sistemas planetários, cada qual com seu centro e com suas leis de gravitação. É, pois, absolutamente impossível confundi-los, ou imaginá-los um em dependência do outro."

• Na obra de Cogliolo:

> E ainda nos períodos de civilização e, portanto, de maior, senão pleno desenvolvimento jurídico, as sentenças dos magistrados tiveram sempre uma parte criadora, excedente ao simples e imediato escopo de dirimir a controvérsia.

Nota de A.C.:

> Confirmando esse asserto, a doutrina moderna vem pondo em evidência que o direito propriamente dito só provém, e não pode deixar de provir, de decisão jurisdicional. Da ordem jurídica potencial, o direito não pode surgir, porque depende sempre da reconstituição do fato, e só à autoridade jurisdicional competente (judiciária ou administrativa) incumbe reconstruí-lo. E o fato só existe como a autoridade jurisdicional o verificou. O julgador não julga o fato efetivamente acontecido, mas a prova do fato

supostamente ocorrido; e a aprecia por critérios oficiais, que ele próprio estabelece quais sejam.

Também, na qualidade de escritor, Amílcar de Castro foi co-autor, junto com Alberto Deodato, Mário Casassanta e Orlando M. Carvalho, da preciosa *Memória histórica* da Faculdade de Direito da Universidade de Minas Gerais, publicada pela *RFD*, referente aos anos de 1892 a 1959.

Celso Barbi sintetizou muito bem a qualidade dos escritos de Amílcar de Castro, dizendo:

> Outra característica das obras de Amílcar de Castro é a clareza da exposição e a argumentação cerrada. A leitura de seus livros é fácil, não porque a matéria seja simples, mas dada sua capacidade de escrever com clareza incomum.

O homem

Dirigindo-me, agora, mais diretamente aos que não tiveram o privilégio de conhecê-lo de perto, gostaria de falar rápida e carinhosamente do homem Amílcar.

Com ele convivi como amigo de minha família, como aluno na Casa de Afonso Pena, como pesquisador-bolsista do Instituto de Direito Internacional Privado da UFMG, como servidor do Tribunal de Justiça, como tradutor da *Revista Brasileira de Estudos Políticos* e como revisor de suas obras de 1960 a 1977.

Ninguém pense que esse magistrado-cientista era um homem árido, distante e voltado exclusivamente para os seus altos e profundos estudos. Não. Sem se preocupar com a importância que tinha, já em vida, no cenário jurídico nacional, Amílcar de Castro era um homem simples. Daquela simplicidade digna que só os verdadeiramente grandes possuem.

Dono de uma prosa invejável, ele estava por dentro de todos os assuntos: política, música, literatura, cinema e até novelas de televisão, das quais não se acanhava de gostar. Ou não "fingia" se acanhar, como algumas pessoas fazem...

Aposentado em 1962, no tribunal e na cátedra, por motivo de seus 70 anos, Amílcar de Castro não se afastou do Direito e muito menos perdeu sua *joie de vivre.*

Participava efetiva e intensamente, como verdadeiro chefe querido de um clã familiar, das vitórias e dos problemas de seus filhos e filhas, genros e noras e de seus adorados netos.

Continuou estudando e pesquisando e passou a produzir magníficos pareceres, que ele mesmo datilografava no acolhedor escritório-biblioteca de sua casa da avenida Getúlio Vargas, vigiado de perto por Pelé, seu gato de estimação.

Semanalmente ia ao Tribunal de Justiça para um cafezinho no Gabinete do Diretor-Geral ou uma visita à biblioteca da Casa (que hoje muito justamente leva o seu nome), onde fazia suas anotações. Dali, ele partia, a pé, pela Afonso Pena e ia resolver os seus assuntos bancários, ver os últimos lançamentos das livrarias ou escolher um bom vinho na *delicatessen*.

Aos 82 e aos 84 anos, para surpresa de muitos, lançava, respectivamente, os *Comentários ao Novo Código de Processo Civil* e a 3.ª edição do *Direito Internacional Privado*, devidamente "aumentada e corrigida" pelo próprio autor.

Ligado a tudo o que se referia ao Direito e à Justiça, Amílcar de Castro participou prazerosamente, em 1974, como convidado especial de seu grande amigo Desembargador João Gonçalves de Mello Júnior, das comemorações do Centenário do Tribunal de Justiça e, em 1977, aplaudiu entusiasticamente a criação, pelo Desembargador Edésio Fernandes, da Escola Judicial, destinada à seleção, à preparação e ao aperfeiçoamento dos magistrados mineiros.

No dia 20 de agosto de 2002, data do 110º aniversário de nascimento do grande mestre, o Tribunal de Justiça, na presidência do Desembargador Gudesteu Biber Sampaio, inaugurou, no belo Palácio da Justiça Rodrigues Campos, a sala especial "Desembargador Amílcar de Castro", com a sua biblioteca particular (doada ao TJMG pela Fundamar), diplomas, manuscritos, fotografias e, ainda, duas preciosas obras de arte: a escultura em madeira, ferro e vidro, intitulada *A verdade bela e justa*, de autoria de seu filho Amílcar, e o retrato a óleo do Mestre, pintado por Guignard em 1945.

A propósito dessa bela escultura, disse Túlio Vieira da Costa que

> nela se pode ver refletida a verticalidade de um homem que se notabilizou pela retidão, probidade, estudo e ensinamento; o tronco de madeira em que se sustentam os demais elementos da escultura representaria a solidez de caráter; no aço se vê retratado por inteiro o juiz incorruptível e em permanente busca da verdade; e na transparência do vidro, reto e vertical, a clareza do pensamento do professor.

O adeus

Na manhã fria do dia 25 de junho de 1978, sem discursos e sem pompas fúnebres, como queria, mas cercado pelo carinho e respeito de seus colegas do Tribunal e pela saudade já evidente de seus filhos, netos, amigos íntimos e perenes discípulos, Amílcar de Castro, o homem, foi levado ao seu abrigo final neste mundo, do qual também fazemos transitória parte. Porém outros mundos têm vindo e, neles, outras levas de cultores e aplicadores do Direito.

Com eles e para eles, Amílcar de Castro, o mestre, continua presente, porque os verdadeiros mestres se perpetuam em suas lições.

Bibliografia

BARBI, Celso Agrícola. "Amílcar de Castro e sua obra de processualista". *Revista da Faculdade de Direito da UFMG*. Belo Horizonte, vol. 26, ns. 19-20, 1978.

CARVALHO, Orlando Adão. "Apresentação" do livro *Do procedimento de execução*, de Amílcar de Castro. Rio de Janeiro, Forense, 1999.

CASTRO, Amílcar de. "Muita energia, pronta decisão e inteira independência". Estudos jurídicos em homenagem a Amílcar de Castro. *Revista Brasileira de Direito Processual e Escola Judicial do TJMG* (co-edição). Uberaba, 1982.

COSTA, Túlio Vieira da. "Garantida a perenidade da obra de Amílcar de Castro". *Revista da Faculdade de Direito da UFMG*. Belo Horizonte, vol. 28, ns. 19-20, 1978.

FIUZA, Ricardo Arnaldo Malheiros. "Adeus a Amílcar de Castro". *Revista da Faculdade da Direito da UFMG*. Belo Horizonte, vol. 26, nº 19-20, 1978.

______. "Amílcar de Castro, homem, juiz e mestre". Estudos jurídicos em homenagem a Amílcar de Castro. *Revista Brasileira de Direito Processual e Escola Judicial do TJMG* (co-edição). Uberaba, 1982.

______. "Apresentação" do livro *Lições de Direito Processual Civil e Direito Internacional Privado*, de Amílcar de Castro. São Paulo, Editora do Brasil, 2000.

______. "Desembargador Amílcar de Castro: o centenário de um notável jurista". *Jurisprudência Mineira*. Belo Horizonte, vol. 119, 1992.

______. "Evocação de Amílcar de Castro e saudação a Caio Mário." *Estado de Minas*. Belo Horizonte, 1º de setembro de 1988.

______. "Inauguração da Sala Especial Des. Amílcar de Castro no Palácio da Justiça". *Jurisprudência Mineira*. Belo Horizonte, vol. 161, 2002.

______. "O centenário de Amílcar de Castro, o notável jurista". *Revista da Faculdade de Direito da UFMG* (número especial comemorativo do centenário da revista). Belo Horizonte, vol. 34, nº 34, 1994.

______. "Amílcar de Castro, o mestre sempre vivo". *Revista Forense*. Rio de Janeiro, vol. 299, ago./set. 1987.

LOURES, José Costa. "Oração em memória do Presidente Amílcar de Castro em seu centenário". *Jurisprudência Mineira*. Belo Horizonte, vol. 119, 1992.

______. "Apresentação" do volume 129 da revista *Jurisprudência Mineira*, com pareceres de Amílcar de Castro. Belo Horizonte, 1995.

ROCHA, Osiris. "Amílcar de Castro e sua contribuição para o Direito Internacional Privado". *Revista da Faculdade de Direito da UFMG*. Belo Horizonte, vol. 26, nºs 19-20, 1978.

Clóvis Bevilaqua
O codificador do Direito Civil brasileiro

*Nelson Nery Junior**

Introdução

A discussão sobre codificar ou não codificar o Direito Privado é tema recorrente e ainda atual na Teoria Geral do Direito, discussão iniciada com famosa polêmica ocorrida na Alemanha em meados do século XIX entre Thibaut e Savigny. Savigny entendia não ser conveniente codificar o Direito Civil, pois isso dificultaria o regramento do Direito, que a dinâmica da vida em sociedade exige[1]. Thibaut, ao contrário, defendia a codificação, para que houvesse mais segurança nas relações jurídicas[2]. A tese de Thibaut saiu-se vencedora e a Alemanha aprovou o Código Civil em 1896 (*Bürgerliches Gesetzbuch – BGB*), que se encontra em vigor até hoje, evidentemente que com as modificações que ocorreram ao longo do tempo.

---

* Professor titular da Faculdade de Direito da Pontifícia Universidade Católica de São Paulo (PUC-SP); professor adjunto (livre-docente) da Universidade Estadual Paulista "Julio de Mesquita Filho" – Unesp); livre-docente, doutor e mestre em Direito pela PUC-SP; procurador de justiça do Ministério Público de São Paulo, aposentado; advogado.

1. Friedrich Carl von Savigny, *Vom Beruf unserer Zeit für Gesetzgebung und Rechtswissenschaft*, 1814, 162 p.

2. Anton Friedrich Justus Thibaut, *Über die Notwendigkeit eines allgemeinen bürgerlichen Rechts für Deutschland*, 1814, 67 pp.

Por essa razão, estes últimos tempos têm sido de júbilo para o Direito Civil ocidental codificado. Referimo-nos mais especificamente à comemoração dos duzentos anos de vigência do Código Civil francês (2004), dos vinte anos de vigência do Código Civil peruano (2004) e à entrada em vigor do Código Civil brasileiro de 2002 (2003), que revogou o cognominado Código Bevilaqua, como é chamado carinhosamente o Código Civil revogado (Lei n.º 3071, de 1.º de janeiro de 1916).

Dizemos de júbilo porque, embora a questão da codificação do Direito Privado esteja sendo alvo de intensa discussão e polêmica, a prática tem demonstrado que os países ocidentais têm codificado seu Direito Privado, como se pode verificar da aprovação dos Códigos Civis de Portugal (1966), Bolívia (1975), Peru (1984), Paraguai (1986), Holanda, Quebec (1994) e, mais recentemente, do Brasil, que sancionou a Lei n.º 10.406, de 11 de janeiro de 2002, em vigor desde 12 de janeiro de 2003[3], que instituiu o Código Civil brasileiro.

Clóvis Bevilaqua, o nosso homenageado neste estudo, foi o idealizador e codificador do Código Civil de 1916, moldado por seu gênio e que prestou relevantes serviços à cidadania brasileira.

O Código Bevilaqua era um diploma legal à frente de seu tempo, como demonstrou a reação que houve quanto à aprovação de muitos de seus dispositivos e, mais ainda, quanto à não-implementação de alguns institutos da forma como cunhado pelo gênio de Clóvis.

Exemplo dessa falta de compreensão da magnitude e da modernidade do Código Civil revogado é o da inde-

---

3. O CC entrou em vigor em 12 de janeiro de 2003 (Nelson Nery Junior e Rosa Maria Andrade Nery, *Código Civil anotado e legislação extravagante*, 2.ª ed., São Paulo, Revista dos Tribunais, 2003, coment. 2 CC 2044).

nizabilidade do dano moral. O revogado Código Civil de 1916, art. 159, dizia que aquele que violasse *direito* de outrem ou causasse prejuízo tinha o dever de indenizar. Clóvis, desde a primeira edição de seus *Comentários*, afirmava ser indenizável o dano moral, conseqüência da *violação de direito*, pois a norma não discriminava de que Direito se estava tratando, se patrimonial ou moral. Onde a lei não distingue, não cabe ao intérprete fazê-lo. Essa afirmação singela de Clóvis, a par de ser autêntica, era a única que poderia decorrer do revogado Código Civil de 1916, art. 159, ficando décadas sem ser compreendida, pois doutrina e jurisprudência dominantes eram no sentido da não-indenizabilidade do dano moral.

O Supremo Tribunal Federal, já na segunda metade do século XX, passou a admitir a indenizabilidade do dano moral, mas desde que ficasse expressamente excluída a cumulação com o dano patrimonial. Mesmo assim, o valor da indenização era sempre simbólico, ou seja, a indenização não era efetiva.

Nos anos 1990, já no final do século, o Superior Tribunal de Justiça passou a, corretamente, admitir a cumulatividade da indenização dos danos morais e patrimoniais derivados do mesmo fato.

Demorou, portanto, quase um século para que a simples afirmação de Clóvis, interpretando o Código que ele mesmo cunhara, cuja letra expressa admitia a indenização do dano moral, pudesse ser aceita pela comunidade jurídica brasileira.

É a isso que nos referimos, quando falamos que Clóvis era homem adiante de seu tempo e construiu um diploma legal muito avançado para 1916.

No presente estudo faremos algumas considerações sobre a vida e a obra desse grande codificador que foi Clóvis Bevilaqua, um dos maiores juristas brasileiros.

A família

O italiano Angelo Bevilacqua, avô de Clóvis, chega ao Ceará em 1774, proveniente de Trieste, nordeste da Itália. Casa-se em Fortaleza com dona Luísa Gaspar de Oliveira, pertencente à tradicional família cearense. O casal tem dez filhos, dos quais o segundo é José Bevilaqua.

O pai de Clóvis, José Bevilaqua, segundo filho de Ângelo e de Luísa, era padre da Igreja Católica e foi ordenado em Olinda. Nasceu em Fortaleza em 5 de setembro de 1818 e, depois de ordenado, foi nomeado pároco encomendado da Freguesia de Nossa Senhora da Assunção, de Viçosa, Ceará. Padre querido e respeitado pelo povo, ingressou na política militando no Partido Conservador. "O Padre Bevilaqua era baixo, alvo, narigudo, obeso, muito tratável."[4]

Vinda do Piauí, na companhia de sua tia Soteria Aires, chegou a Viçosa moça de beleza marcante chamada Martiniana Maria de Jesus, ou Martiniana Aires, nome que alguns biógrafos lhe dão talvez por conta do sobrenome de sua tia.

O padre se encantou pela bela moça e com ela iniciou relação amorosa, passando a viver sob o que hoje se denomina união estável, isto é, assumindo perante toda a sociedade cearense o casamento de fato que mantinha com Martiniana. Esse fato era comum no interior do Brasil e os padres, mesmo havendo feito voto de castidade, viviam com mulheres de forma até ostensiva.

José Bevilaqua constituiu verdadeira família com Martiniana, com quem teve oito filhos. Cinco deles sobreviveram e o padre os reconheceu em testamento público. No testamento o padre afirma que viveu com Martiniana de

---

4. Raimundo de Menezes e Manoel Ubaldino de Azevedo, *Clóvis Bevilaqua*, São Paulo, Martins Editora, 1960, p. 37.

"portas a dentro", noticia que sua companheira morreu de febre amarela em 27 de julho de 1879 na cidade de Granja e que dessa união nasceram os filhos reconhecidos no referido testamento. O padre José faleceu em 25 de agosto de 1905 e se encontra sepultado na igreja de Viçosa, perto do altar do Coração de Maria, do lado direito da entrada.

Ainda que sua família constituída não tivesse o reconhecimento formal do Direito da época, o padre José Bevilaqua agia como um verdadeiro e bom *pater familias*. Deu aos filhos ótima educação e os homens obtiveram graus universitários. Angelino obteve o grau de engenheiro agrimensor, passando a viver no Amazonas; Euclides formou-se em Direito e, havendo ingressado na magistratura, chegou ao cargo de desembargador no Tribunal da Relação (hoje, Tribunal de Justiça) do Estado do Paraná; Clóvis, depois de terminar o curso universitário, obteve o grau de doutor em Direito. As irmãs de Clóvis, Edeltrudes e Clotilde – cujo apelido era Coló –, casaram-se, respectivamente, com o coronel João Benício Bevilacqua e com o farmacêutico Francelino de Araújo.

Clóvis Bevilaqua, filho natural[5] do padre José Bevilaqua e de Martiniana Maria de Jesus, nasceu em Viçosa, Estado do Ceará, em 4 de outubro de 1859. Seu patronímico de família originário era Bevilacqua, que depois foi simplificado para Bevilaqua[6]. A então Vila Viçosa Real se localiza na Serra de Ibiapaba, no sertão do Ceará, a quase mil

---

5. Hoje não cabe mais a qualificação, porquanto o art. 227, § 6º, da Constituição Federal, em nome dos princípios da dignidade da pessoa humana (CF, art. 1º, III) e da isonomia (CF, art. 5º, *caput* e inciso I) igualou todos os filhos e irmãos, proibindo qualquer discriminação. Este é o texto constitucional: "Art. 227. [...] § 6º *Os filhos, havidos ou não da relação do casamento, ou por adoção, terão os mesmos direitos e qualificações, proibidas quaisquer designações discriminatórias relativas à filiação.*"

6. Raimundo de Menezes e Manoel Ubaldino de Azevedo. *Clóvis Bevilaqua, cit.*, p. 43.

metros de altitude, o que tornava seu clima ameno. Foi elevada à categoria de cidade pela Lei provincial n.º 1.994, de 14 de agosto de 1882. Também nasceu em Viçosa Antonio Felipe Camarão, o índio Poti, herói brasileiro que foi comandante na primeira Batalha dos Guararapes (19 de abril de 1648), na guerra contra a invasão dos holandeses.

Casou-se, em 5 de maio de 1883, com Amélia de Freitas, casamento que ocorreu na cidade de São Luís, capital do Estado do Maranhão.

Clóvis e Amélia têm quatro filhas: Floriza, Dóris, Velleda e Vitória. Sua vida familiar é harmônica e doce. Vive para a esposa e filhas. Estas, para o pai. Essa candura de Clóvis só foi abalada por três vezes em toda a sua vida. A primeira, quando se insurgiu contra a aplicação da pena de açoite em um escravo; a segunda, quando quiseram desviar a discussão do mérito do projeto de Código Civil, com ataques sem sentido contra sua pessoa; a terceira, quando a ditadura Vargas o procurou em casa para que desse parecer jurídico que justificasse o bombardeiro de São Paulo, em 1932[7].

Faleceu no Rio de Janeiro, na madrugada de 26 de julho de 1944, na casa onde morava, na rua Barão de Mesquita, n.º 506. Foi encontrado morto, na manhã do dia 27, debruçado sobre sua mesa de trabalho, que ficava em seu quarto de dormir.

A formação acadêmica

Clóvis iniciou seus estudos com o único professor existente em Viçosa: Marcelino Freire das Virgens. Divergên-

7. Manoel Augusto Vieira Neto, "Clóvis Bevilaqua: um cearense em luta contra gigantes", *in Juristas brasileiros*, São Paulo, Instituto Histórico e Geográfico de São Paulo, 1960, p. 53.

cias políticas entre o professor e o padre Bevilaqua, pai de Clóvis, fizeram o menino sair da escola, indo para Sobral, com o professor Vicente Ferreira de Arruda.

Mais tarde, já em Fortaleza, continuou seus estudos no Ateneu Cearense, considerado o melhor colégio do Ceará, escola essa dirigida pelo professor Manoel Teófilo da Costa Mendes.

Estudou dois anos no Ateneu, quando saiu para preparar-se a ingressar no Liceu do Ceará, que era o estabelecimento oficial de ensino. Inscreveu-se em 25 de novembro de 1875 e prestou exames no mês seguinte.

Havendo ingressado no Liceu do Ceará, encantou-se com o movimento literofilosófico que lá ocorria, notadamente pelo grupo denominado Academia Francesa, fundado em 1872 por Tomás Pompeu de Souza Brasil Filho, Raimundo Antonio da Rocha Lima, João Capistrano de Abreu, João Lopes Ferreira Filho, Xilderico Araripe de Faria e Antonio José de Melo[8]. O grupo, que se reunia na casa de Rocha Lima[9], foi extinto em 1875.

Clóvis revelou-se excelente aluno e logo despertou interesse pela literatura e filosofia. Tinha temperamento tranqüilo quando estudante, sem as inconseqüências próprias da juventude. Era extremamente maduro para sua idade, mas um tanto quanto tímido e triste.

Inquieto, ainda no ginásio inicia a atividade de jornalista, publicando no jornal escolar *O Livro*, de Fortaleza.

Em 1876, com apenas 17 anos, vai para o Rio de Janeiro fazer os estudos preparatórios para a universidade. Estudou no Externato Jasper e no Mosteiro de São Bento. Freqüentou a Biblioteca Municipal do Rio de Janeiro,

---

8. Raimundo de Menezes e Manoel Ubaldino de Azevedo, *Clóvis Bevilaqua*, *cit.*, pp. 53-4.

9. Dolor Uchoa Barreira, *História do Ceará: história da literatura cearense*, Fortaleza, Instituto do Ceará, 1986, *passim*.

lendo livros de forma desordenada, mas mostrando interesse por literatura, principalmente poesia. Escreveu, aos 17 anos, estudo sobre a poesia de Musset, publicado no jornal *Laborum Litterarium*, que teve apenas três números. A memória desse primeiro ensaio literário de Clóvis foi recuperada, porquanto republicado posteriormente[10].

Ingressa na Faculdade de Direito do Recife em 1878. Conclui o curso de Direito em 8 de novembro de 1882, com 23 anos de idade. Não foi aluno que tivesse se destacado. Durante o curso chamavam-lhe a atenção aspectos da literatura mundial, mais do que os assuntos do Direito. Não se podia fazer nenhum prognóstico sobre a magnitude de jurista que adquiriria depois de formado.

Inicia sua carreira profissional como Promotor Público, nomeado em 1883 para a comarca de Alcântara, no Maranhão. Quando, pela primeira vez, visitamos Alcântara, em agosto de 1987, por ocasião da conferência que proferimos para inaugurar a Escola Superior da Magistratura do Estado do Maranhão, pudemos constatar que o solar colonial assobradado onde viveu Clóvis Bevilaqua quando Promotor Público naquela comarca ainda conservava os traços da passagem do eminente jurista por ali. A memória dessa efeméride está na placa de metal afixada na parede externa do sobrado, dando notícia de que ali vivera o jurista, Promotor Público de Alcântara, sendo um dos orgulhos da cidade maranhense.

Antes de ser nomeado Promotor Público em Alcântara, quis ser Promotor Público no Ceará, seu Estado natal. Em 13 de janeiro de 1883 requereu nomeação para referido cargo, a ser ocupado na comarca de Cascavel. Como teve seu pedido indeferido, publicou artigo criticando aqueles que não atenderam o seu pleito.

---

10. Clóvis Bevilaqua, *Revivendo o passado*, Rio de Janeiro, Apollo, 1939, 3º vol., *passim*.

Em 1884 é nomeado bibliotecário da Faculdade de Direito do Recife.

Concorre, em 1888, à cátedra de Filosofia do curso anexo à Faculdade de Direito do Recife. Seus opositores eram Virgínio Marques, Olinto Vitor e Leal de Barros.

Foi professor de Filosofia e, depois, de Legislação Comparada na Faculdade de Direito do Recife. Pertenceu à Escola do Recife, fundada por Tobias Barreto e Castro Alves, dos quais foram expoentes, além dos fundadores, Clóvis Bevilaqua, Sílvio Romero, Graça Aranha e Euclides da Cunha. Em Filosofia do Direito, Clóvis era seguidor de Rudolf von Ihering.

Foi deputado estadual constituinte, em 1891, colaborando para a elaboração da Constituição do Estado do Ceará.

Republicano de primeira hora, depois da proclamação da República aceitou o convite do general Thaumaturgo de Azevedo para assumir o cargo de Secretário de Estado no Piauí.

Em 1906 é nomeado, pelo Barão do Rio Branco, para o cargo de consultor jurídico do Ministério das Relações Exteriores, permanecendo no cargo até 1934.

Não chegou a advogar, na acepção estrita do termo. Era jurisconsulto e, como tal, emitia pareceres quando solicitado. Só cobrava daqueles que realmente podiam pagar. Seus honorários, entretanto, eram modestos.

Possuía biblioteca de mais de vinte mil volumes, da qual raramente se afastava. Gostava de trabalhar e vivia para o estudo.

Era pessoa extremamente humilde. Só vestiu *smoking* uma vez em toda a vida, para participar de solenidade de formatura de alunos no Rio de Janeiro.

Essa sua característica da humildade, aliada ao fato de ser ele pessoa desapegada a valores materiais e de coração bondoso, levou Euclides da Cunha, após uma visita ao mestre em 1905, a dar-lhe o epíteto de *sábio e santo*[11].

Obra literária, jurídica e filosófica

É vasta a bibliografia de Clóvis Bevilaqua. Seus primeiros escritos foram na área da literatura e da crítica literária. Depois vieram os estudos de Filosofia e de Direito. Deixou obra dogmática completa de Direito Civil e os famosos comentários do Código Civil. Mas seu principal trabalho, *opera prima et magna*, foi o Código Civil de 1916, que estudamos mais adiante.

Mencionaremos aqui apenas os títulos mais importantes de seus trabalhos publicados:

- *Laborum Litterarium*, Rio de Janeiro, 1876 (órgão que circulou apenas três vezes, no Colégio São Bento), com a colaboração de Silva Jardim e Paula Nei;
- *Gazeta Acadêmica*, Recife, 1878, fundada com Moniz Freire, João Peixoto e Artur Leal;
- *Vigílias literárias*, primeiro livro de Clóvis, escrito em colaboração com Martins Junior: dois folhetos com 80 páginas cada um, Recife, Tipographia Industrial, 1879 e 1882;
- *Esboço sintético do movimento romântico brasileiro*, Recife, 1882;
- *A filosofia positiva no Brasil*, Recife, 1883;
- *Phrases e phantasias*, Recife, Hugo & Cia., 1884;
- *Estudos de direito e economia política*, Recife, 1886;
- *Traços biográficos do Desembargador José Manoel de Freitas*, Recife, Tipographia Universal, 1888;

---

11. João Gualberto de Oliveira, *Clóvis centenário*, São Paulo, 1961, p. 169.

- *A hospitalidade do passado*, de Rudolf von Ihering, tradução de Clóvis Bevilaqua, Recife, 1891;
- *Resumo das licções de legislação comparada sobre o Direito Privado*, 2ª ed., Bahia, Livraria Magalhães, 1897;
- *Juristas philosophos*, Bahia, Livraria Magalhães, 1897;
- *Criminologia e Direito*, Bahia, Livraria Magalhães, 1897;
- *Esboços e fragmentos*, Rio de Janeiro, Laemmert, 1899;
- *Direito das successões*, Bahia, Livraria Magalhães, 1899;
- *Projecto de Código Civil brazileiro*, Rio de Janeiro, Imprensa Nacional, 1900;
- *Epochas e individualidades*, 2ª ed., Rio de Janeiro, Garnicr, 1900;
- *Guerras e tractados do Brazil*, memória histórica para o livro do 4º centenário, em colaboração com o general dr. Gregório Thaumaturgo de Azevedo, Rio de Janeiro, 1900;
- *Contribuição para a história do Direito* (artigos publicados na *Revista do Norte* e na *Revista Acadêmica da Faculdade do Recife*);
- *Estudos de Direito e Economia Política*, Rio de Janeiro, Garnier, 1901;
- *Silvio Romero*, Lisboa, 1905;
- *Unidade do Direito Processual*, Rio de Janeiro, 1905;
- *Em defeza do Projecto de Código Civil brazileiro*, Rio de Janeiro-São Paulo-Belo Horizonte, Livraria Francisco Alves, 1906;
- *Princípios elementares de Direito Internacional Privado*, Bahia, Livraria Magalhães, 1906;
- *Literatura e Direito*, em colaboração com Amélia de Freitas Bevilaqua, Bahia, Livraria Magalhães, 1907;
- *Theoria geral do Direito Civil*, Rio de Janeiro-São Paulo-Belo Horizonte, Livraria Francisco Alves, 1908;
- *Direito de família*, 3ª ed., Recife, Ramiro M. Costa & Filhos, 1908;

- *Direito das Obrigações*, 2ª ed., Bahia, Livraria Magalhães, 1910;
- *Direito Público Internacional*, Rio de Janeiro-São Paulo-Belo Horizonte, Livraria Francisco Alves, vol. I, 1910; vol. II, 1911;
- *Esboço do Código Penal da Armada*, Rio de Janeiro, 1911;
- *As capitanias hereditárias perante o Tratado de Tordezilhas*, Rio de Janeiro, These, 1915;
- *Estudos jurídicos (história, philosophia e crítica)*, Rio de Janeiro-São Paulo-Belo Horizonte, Livraria Francisco Alves, 1916;
- *Código Civil dos Estados Unidos do Brazil commentado*, 6 vols., 1916-1919;
- *Projet d'organization d'une Cour Permanente de Justice Internationale*, Rio de Janeiro, Imp. Besnard Frères, 1921, 51 páginas (trabalho para o Comitê de Juristas do Conselho da Sociedade das Nações);
- *Soluções práticas de Direito*, Pareceres, 4 vols., Rio de Janeiro, 1923, 1929, 1930 e 1945 (obra póstuma);
- *História da Faculdade de Direito do Recife*, comemorando o primeiro centenário do decreto que instituiu, junto com a de São Paulo, a Faculdade de Direito do Recife, 2 vols., Rio de Janeiro-São Paulo-Belo Horizonte, Livraria Francisco Alves, 1927;
- *Préface* (pp. I-L), da tradução francesa do *Código Civil brasileiro, Code Civil des États-Unis du Brésil, avec les modifications résultant de la Loi nº 3725 du 15 Janvier 1919*, traduit et annoté par P. Gouilé, C. Daguin & G. D'Ardenne de Tizac, Paris, Imprimerie Nationale, 1928;
- *Linhas e perfis jurídicos*, Rio de Janeiro, Freitas Bastos, 1930;
- *Direito das Coisas*, vol. I, 1941; vol. II, 1942.

Clóvis e a Academia Brasileira de Letras

A Academia Brasileira de Letras foi fundada em 15 de dezembro de 1896 por Lúcio de Mendonça.

Clóvis Bevilaqua é um dos fundadores da Academia, na qual ingressa em 28 de janeiro de 1897. Sua cadeira, a de n.º 14, tem Franklin Távora como patrono, escolhido por Clóvis.

Nada obstante ser membro fundador, deixou de freqüentar a Academia Brasileira de Letras depois que o sodalício recusou a inscrição de sua esposa, a escritora Amélia de Freitas Bevilaqua, sob o argumento de que, ao referir-se o estatuto da Academia a "brasileiros", ali não se permitia o ingresso de mulheres ("brasileiras").

A esposa de Clóvis era pessoa importante das letras nordestinas do início do século XX:

> Em 1921, a Academia Piauiense de Letras, através de decreto especial, admitiu como sócia Amélia de Freitas Bevilaqua, e, como patrona, Luíza Amélia de Queiroz que foi a primeira piauiense a publicar suas poesias e sua identidade nos livros *Flores incultas* (1875) e *Georgina* ou *Os efeitos do amor* (1898).
>
> Amélia de Freitas Bevilaqua certamente pode ser definida como uma mulher de vanguarda. Liderou a revista *O Lírio* (Recife – PE, 1898), influenciando a criação do *Jornal Borboleta* em Teresina – PI. Ousou muito mais, sendo a primeira mulher a se candidatar à Academia Brasileira de Letras, em 1930, mas não foi aceita porque a maioria dos acadêmicos decidiu que, ao se referir a brasileiros, o estatuto da entidade não contemplava as mulheres.
>
> Na década de 1920, Amélia Bevilaqua já era um nome reconhecido por críticos como Sílvio Romero e Araripe Júnior, tendo várias obras publicadas pela Bernard de Frères, importante editora da época. Ela era casada com o renomado jurista Clóvis Bevilaqua e à frente da Academia

Piauiense de Letras estavam seus familiares, o que facilitou seu ingresso na mencionada entidade, sem contudo reduzir-lhe o mérito.

É presumível que a projeção literária alcançada por Amélia de Freitas Bevilaqua tenha influenciado outras mulheres, especialmente as que viviam no Piauí, a publicar seus escritos[12].

A Academia dá outra versão ao fato de haver indeferido a inscrição de Amélia, circunstância que correu o mundo literário brasileiro da primeira metade do século XX[13]. Afirma que Clóvis começou a afastar-se das reuniões a partir de 1915. O jornal *A Gazeta de Notícias*, de 20 de agosto de 1926, informa que havia três acadêmicos já afastados da Academia: Oliveira Lima, Graça Aranha e Clóvis Bevilaqua. Por isso os três não votaram na eleição para a sucessão de Mário de Alencar, na cadeira nº 21. Portanto, na versão da ABL, Clóvis já estaria afastado do sodalício desde 1926.

Essas datas são importantes porque a esposa de Clóvis, Amélia de Freitas Bevilaqua, requereu sua inscrição em 29 de maio de 1930. Portanto, segundo a ABL, não foi a negativa da inscrição de Amélia que fez Clóvis afastar-se das reuniões daquele importante colegiado.

Para a ABL, o que determinou o afastamento de Clóvis foi sua escolha para saudar o acadêmico então recentemente eleito, Osório Duque Estrada, que um pouco antes havia desmerecido o trabalho literário de Amélia de Freitas:

---

12. Olívia Candeia Lima Rocha, *Escritoras piauienses, pseudônimos, flores e espinhos*, no *site* www.mafua.ufsc.br/oliviacandeia.html, consulta feita em 30 de janeiro de 2005.

13. *Clóvis Bevilaqua*, no *link* Os acadêmicos ⇒ Membros efetivos ⇒ Fundadores, da Academia Brasileira de Letras (www.academia.org.br), consulta feita em 30 de janeiro de 2005.

> Quando a Academia elegeu Osório Duque Estrada, para suceder a Sílvio Romero, designou Clóvis Bevilaqua para saudar o novo acadêmico, ignorando que Osório, pouco antes da sua eleição, havia publicado uma nota violenta, na sua seção do *Jornal do Brasil*, o "Registro Literário", diminuindo os méritos literários de Amélia de Freitas Bevilaqua. Esta é a razão do seu afastamento da Academia[14].

Não é escusado dizer, no entanto, que Clóvis realmente não gostou da atitude da Academia. Publicou artigo no *Jornal do Commércio*, do Recife, no qual afirma que "os acadêmicos não querem a companhia do sexo gentil". A imprensa explora o ataque de Clóvis: "O sr. Clóvis Bevilaqua publica um artigo no *Jornal do Comércio* criticando a Academia de Letras por não admitir a candidatura de sua esposa, a escritora Amélia de Freitas Bevilaqua, que pretende inscrever-se como candidata à vaga do sr. Alfredo Pujol"[15].

A elaboração do Código Civil brasileiro

O Direito Romano, ponto de partida do regramento da vida em sociedade nos países ocidentais, continha suas normas de forma desordenada, pois não havia uma codificação das leis, tampouco repositório organizado da doutrina e da jurisprudência romanas.

Foi no século VI de nossa era que Justiniano resolveu compilar tudo o que havia de normas, doutrina e jurisprudência de Direito Romano. Nomeou uma comissão de juristas que elaborou a tarefa que lhes tinha sido cometida pelo Imperador em quatro partes: Institutas ou Instituições, Digesto ou Pandectas, Código e Novelas.

---

14. *Clóvis Bevilaqua*, no *link* Os acadêmicos ⇒ Membros efetivos ⇒ Fundadores, da ABL, *cit*.

15. Noticiário do jornal *Folha do Norte*, de Belém (PA), em 9 jun. 1930.

As normas imperiais romanas formavam as *leges* (leis) e os escritos dos juristas o *ius* (direito). As duas principais fontes do Direito Romano eram as *leges* e o *ius*. Tudo o mais que ocorria no Império Romano (leis do povo, *senatusconsultus*, editos dos magistrados etc.) havia-se confundido com as *leges* e com o *ius*.

Justiniano, Imperador de Roma de 527 a 565, mandou que se fizesse a compilação de tudo o que existia de fontes. Nasceram o *Digesto* e o *Codex*.

> O Digesto, também denominado Pandectas, é uma coleção de fragmentos extraídos das obras de trinta e nove jurisconsultos, feita por uma comissão nomeada em fins do ano 530, sob a presidência de Triboniano e composta de dezesseis membros, dos quais onze eram advogados perante a Prefeitura do Oriente, três, professores das escolas de Beryto e Constantinopla, e dois, altos magistrados. O trabalho se concluiu em cerca de três anos e foi publicado em 533.
>
> O Código é uma coleção de constituições ou leis emanadas dos imperadores, desde Adriano até Justiniano. A primeira edição, feita por ordem de Justiniano, apareceu em 529, mas em 534, querendo o Imperador incluir nela cinqüenta constituições que promulgara e introduzir modificações para pôr o Código de acordo com o Digesto, ordenou uma nova edição do Código, que é a que atualmente existe.
>
> Mas a extensão do Digesto e do Código tornava quase impossível o estudo do Direito aos principiantes. Por isso Justiniano ordenou a Triboniano, a Teófilo, professor da Escola de Constantinopla, e a Dorotéo, professor da Escola de Beryto, que fizessem um compêndio elementar para uso da juventude. Os compiladores tomaram por fundamento as *Instituições de Gaio* e as *Coisas cotidianas*, o Digesto, as *Instituições* de Marciano, de Ulpiano e de Florentino, e as modificações introduzidas por Justiniano. São essas as *Instituições de Justiniano*. Foram publicadas antes mesmo do Digesto e receberam força legal com este, a 30 de dezembro de 533.

As Novelas, que são a quarta coleção do *Corpus Juris*, são as constituições emanadas por Justiniano, durante os trinta anos em que continuou no governo, as quais modificaram vários pontos do Direito, especialmente o de família e o hereditário.[16]

O Direito romano codificado por Justiniano ficou assim constituído, em quatro partes esparsas, até ganhar, no século XVII, uma compilação única. O jurista Gothofredo[17] juntou os quatro textos em um único livro, que batizou de *Corpus Iuris Civilis* (Corpo do Direito Romano, ou Civil), denominação que se vinculou à codificação justinianéia e se conserva até os dias de hoje.

O Direito medieval foi todo baseado no *Corpus Iuris Civilis*, havendo sofrido as influências do Direito canônico, longobardo e germânico, principalmente. Depois dessa acomodação, os países ocidentais iniciaram longo período de adaptação do Direito romano codificado às suas peculiaridades, com as naturais influências dos costumes de cada povo. Essa adaptação, que culminou com a promulgação de leis e codificações, ficou conhecida como período da *recepção do direito romano*.

Na península ibérica a recepção do Direito romano ocorreu, de forma mais visível, com as *Leyes de las Siete Partidas*, leis de Alfonso X, o Sábio, na Espanha, e com as Ordenações do Reino, em Portugal.

Dom Afonso V, rei de Portugal, faz publicar a primeira codificação portuguesa, *Ordenações Afonsinas*, em 1446. No século seguinte, D. Manuel determina a edição de ou-

16. Spencer Vampré, *Institutas do imperador Justiniano, traduzidas e comparadas com o Direito Civil brasileiro*, São Paulo, Livraria Magalhães, 1915, nota de rodapé n.º 1, pp. XV-XVI.

17. Dionysio Gothofredo, *Corpus Juris Civilis in quatuor partes distinctum*, Francofurti ad Moenum, Sumptibus Societatis imprimebat Hieronymus Polichius, 1663, *passim*.

tro corpo de normas, acrescentando às ordenações anteriores as leis que se lhe seguiram, culminando com a promulgação das *Ordenações Manuelinas*, em 1521. Posteriormente, D. Felipe, rei de Portugal e Espanha, publica as *Ordenações Filipinas*, em 1603, última das codificações portuguesas da época da recepção do Direito romano, ordenações que antecederam as grandes codificações do século XIX.

A história moderna das grandes codificações começa na França, com a aprovação do Código Civil, conhecido como *Code Napoléon* por ter sido idealizado por Napoleão Bonaparte. O Código Civil francês foi aprovado em 1803 e entrou em vigor em 1804. No ano de 2004 comemorou-se na França o bicentenário da vigência do Código Civil. A ele se seguiram vários códigos europeus e ocidentais em geral.

Alemanha e Itália, divididas, tinham suas codificações inspiradas no *Corpus Iuris Civilis* e no *Code Napoléon*, para regrar o Direito dos vários reinos e impérios (Prússia, Saxônia, Sardenha, Duas Sicílias etc.). Com as unificações da Alemanha e da Itália, esses países providenciaram a aprovação de vários códigos, entre os quais salientamos o primeiro Código Civil nacional italiano de 1865 e o Código Civil alemão (*Bürgerliches Gesetzbuch – BGB*) de 1896, que entrou em vigor em 1900. A Itália reformou sua legislação civil, editando o Código Civil de 1942, em vigor. A Alemanha mantém em vigor o BGB, com modificações que ocorreram ao longo dos séculos XX e XXI.

A história das codificações no Brasil começa no século XIX. Isso porque foi colônia de Portugal até 1822, quando aqui vigoraram as *Ordenações Afonsinas* (de 1500 a 1521), as *Ordenações Manuelinas* (de 1521 a 1603) e as *Ordenações Filipinas* (de 1603 até a entrada em vigor do Código Civil de 1916). Depois da independência (1822), as *Ordenações Filipinas* continuaram a vigorar no Brasil, por expressa determinação de lei baixada por Dom Pedro I, em 1823, mandando aplicá-las no Brasil enquanto não tivéssemos a nossa própria codificação.

A codificação brasileira iniciou-se com a Constituição do Império (1824) e da edição dos Códigos Criminal do Império (1830), do Processo Criminal do Império (1841) e, em termos de Direito Privado, do Código Comercial (Lei n.º 556, de 25 de junho de 1850).

O Direito Civil do Império do Brasil vinha sendo regido, como já dissemos, pelas *Ordenações Filipinas* e por leis esparsas que foram editadas depois da declaração de independência.

Havia muita dificuldade em saber o que estava vigorando no país em termos de Direito Civil, dada a grande quantidade de leis, decretos, alvarás, assentos e outras normas, editadas no Brasil e em Portugal, modificando as Ordenações ou simplesmente regulando matérias novas.

Por essa razão o governo brasileiro encomendou do grande jurista Augusto Teixeira de Freitas a elaboração de uma *Consolidação das Leis Civis*, para que servisse de base a um projeto de Código Civil.

Em 1858, embora não aprovada pelo Parlamento, a consolidação recebeu o *placet* do governo imperial e passou a ser utilizada no foro, dadas a sua sistematização e a facilidade que tinham os operadores do Direito em apreender e aplicar as leis civis, não mais recorrendo à legislação esparsa. Foi "o nosso primeiro *Código Civil*", segundo Clóvis, em artigo que publicou na Argentina[18].

No mesmo ano de 1858 o ministro da Justiça, Nabuco de Araújo, atendendo determinação do Imperador D. Pedro II, contrata Augusto Teixeira de Freitas para elaborar Projeto de Código Civil, tendo como base a Consoli-

---

18. Clóvis Bevilaqua, "Teixeira de Freitas", *in Revista de la Universidad Nacional de Córdoba*, Córdoba, Argentina, ano IV, n.º 1, 1917.

dação das Leis Civis. Fixa o prazo de 31 de dezembro de 1861 para a entrega do trabalho.

Teixeira de Freitas publica seu trabalho por partes, mesmo que incompleto, a fim de receber as críticas dos especialistas. Dá a esse trabalho incompleto e preliminar o nome de *Esboço*. Como não recebe nenhuma reação dos especialistas, aliado a outros fatores de ordem pessoal, Teixeira de Freitas abandona o projeto e José de Alencar, então ministro da Justiça, considera rescindido o contrato celebrado entre o jurista e o Império.

Muito embora o *Esboço* de Teixeira de Freitas não tenha sido aproveitado pelo legislador brasileiro, exerceu enorme influência na doutrina pátria e na legislação da América do Sul, notadamente na Argentina, porquanto o autor do projeto que se converteu no Código Civil Argentino, Dalmácio Vélez Sársfield, baseou-se na estrutura do *Esboço* e no texto de seus artigos. A doutrina argentina até hoje reverencia Augusto Teixeira de Freitas, citando-o nos principais tratados, manuais e comentários.

O Código Civil precisava ser feito e o governo brasileiro nomeou, em 1872, José Thomaz Nabuco de Araújo, que apresentou projeto incipiente, com poucos artigos[19].

Outro projeto, denominado por seu autor de *Apontamentos*, foi elaborado por Joaquim Felício dos Santos, em 1881[20]. Comissão formada pelos juristas Lafayette Rodrigues Pereira, Antonio Joaquim Ribas e Antonio Coelho Rodrigues não aprovou o Projeto Felício dos Santos, que foi abandonado.

Em 1889 é nomeada outra comissão, da qual fizeram parte, entre outros, o próprio Imperador, Afonso Pena e

19. José Thomaz Nabuco de Araújo, *Projecto do Código Civil brazileiro*, São Paulo, Magalhães, 1912.

20. Joaquim Felício dos Santos, *Projecto do Código Civil e commentário*, Rio de Janeiro, Laemmert, 1884.

Antonio Coelho Rodrigues, comissão que elaborou projeto posteriormente publicado[21]. Contudo, com a queda do Império, no mesmo ano de sua nomeação, a comissão foi dissolvida[22].

A convite de Epitácio Pessoa, no governo do Presidente Campos Salles, Clóvis Bevilaqua preparou o seu Projeto de Código Civil, orientado pelo *Esboço* de Teixeira de Freitas e pelos trabalhos que antecederam o BGB alemão[23], projeto esse que foi publicado em 1900[24]. Dessa tarefa se desincumbiu em apenas seis meses.

O Projeto Clóvis seguiu a estrutura do BGB alemão, cujo aspecto mais relevante é a existência de uma Parte Geral, com regramento das pessoas, bens, ato e negócio jurídico, bem como da prescrição.

Essa tomada de posição foi determinante para que o Código Civil restasse destacado dos demais diplomas civilísticos ocidentais, a maioria deles com estrutura copiada do Código Civil francês, sem Parte Geral.

No conteúdo Clóvis serviu-se do *Esboço* de Teixeira de Freitas e da melhor dogmática do Direito Privado, oriunda do Direito romano devidamente recepcionado pela escola pandectista alemã.

Sobreleva notar que um dos mais notáveis avanços dessa doutrina se encontra nas teorias da posse de Ihe-

---

21. Antonio Coelho Rodrigues, *Projecto do Código Civil brazileiro*, Rio de Janeiro, Imprensa Nacional, 1893.

22. Clóvis Bevilaqua, *Código Civil dos Estados Unidos do Brasil Commentado*, vol. I, 11.ª ed., Rio de Janeiro-São Paulo-Belo Horizonte, Livraria Francisco Alves, 1956, comentários preliminares n.º 12, p. 16.

23. Wolf Paul, *Bevilaqua, Clóvis*. Verbete no *Juristen. Eine biographisches Lexikon von der Antike bis zum 20. Jahrhundert*, coordenado por Michael Stoleiss, Munique, Beck, 1995, p. 85. Nesse importante léxico alemão, só existem verbetes relativos a três brasileiros: Clóvis Bevilaqua, Augusto Teixeira de Freitas e Francisco Cavalcanti Pontes de Miranda.

24. Clóvis Bevilaqua, *Projecto de Código Civil brazileiro*, Rio de Janeiro, Imprensa Nacional, 1900.

ring (objetiva) e de Savigny (subjetiva), muito bem assimiladas por Clóvis no seu projeto. Se para um a posse se caracteriza pela apreensão física da coisa com intenção de tê-la para si (*corpus* mais *animus*) e para outro bastava apenas o *corpus*, Clóvis adotou ambas as teorias, conforme as diferentes situações provocadas pelo fenômeno da posse. As soluções dadas por Clóvis no projeto fizeram com que o Código Civil tivesse aproveitado o que de melhor havia nas teorias de Ihering e de Savigny.

Ainda sobre a posse, Clóvis adota no projeto a idéia da *posse civil* (ou *civilíssima*), que existia por mera ficção, pois, aberta a sucessão com a morte do *de cuius*, o herdeiro já era possuidor e proprietário dos bens constantes da herança, mesmo sem ter notícia da morte do autor da herança, o que significa que o herdeiro tinha posse sem *corpus* e sem *animus*, contrariando tanto a teoria de Ihering quanto a de Savigny!

O Código Civil de 1916 estabelecia isso em seu art. 1.572, repetido no Código Civil vigente, no art. 1.784.

Os romanos não conheciam essa *posse civil*, trazida para o Direito moderno por intermédio dos institutos da *Gewere* (investidura), originária do Direito germânico medieval e da *saisine*, do Direito medieval francês.

Clóvis demonstrou conhecer toda a problemática envolvendo o direito de *saisine* e conferiu posse ao herdeiro sem *animus* ou *corpus*.

O projeto de Código Civil tramitou por longos anos no Congresso Nacional. No Senado da República recebeu veemente crítica de Rui Barbosa, que elaborou parecer desancando o texto do projeto[25], atacando-o sobretudo

25. Rui Barbosa, *Projecto do Código Civil brazileiro. Trabalhos da Commissão Especial do Senado*, vol. I, Parecer do senador Ruy Barbosa sobre a redacção do Projecto da Câmara dos Deputados, Rio de Janeiro, Imprensa Nacional, 1902.

no que tange ao vernáculo. Os assuntos jurídicos foram pouco criticados por Rui e, quando o foram, nem sempre com competência.

O senador afirmara que Clóvis tinha parcos conhecimentos da língua portuguesa, que não estavam à altura da redação de um diploma como o Código Civil.

A crítica não era procedente, pois Clóvis desde menino se dedicara às letras nacionais e estrangeiras, publicara poesias, romances e livros de Direito, além de ter sido fundador da Academia Brasileira de Letras.

Ernesto Carneiro Ribeiro, professor do ginásio da Bahia, saiu em defesa do projeto de Clóvis e rebateu as críticas de Rui Barbosa[26].

O senador Rui Barbosa aceitou o desafio de Carneiro Ribeiro e elaborou sua famosa *Réplica*, rebatendo todas as defesas que tinham sido feitas ao projeto de Clóvis[27]. Continuava a polêmica sobre as questões vernáculas do projeto de Código Civil. Praticamente nada de Direito.

O professor Carneiro Ribeiro alimentou a polêmica, editando um livro que ficou conhecido como *Tréplica*[28], no qual rebate as críticas que Rui fizera em sua réplica.

Com a humildade que lhe era peculiar, Clóvis assistia a tudo sem dizer palavra sobre a polêmica e as críticas

26. Ernesto Carneiro Ribeiro, *Ligeiras observações sôbre as emendas do Dr. Ruy Barbosa, feitas à redacção do Projecto do Código Civil*, Salvador, Officinas dos Dois Mundos (Livraria Catilina), 1902.

27. Rui Barbosa, *Projecto do Código Civil brazileiro. Trabalhos da Commissão Especial do Senado*, vol. II, Réplica do senador Ruy Barbosa às defesas da redacção do Projecto da Câmara dos Deputados, Rio de Janeiro, Imprensa Nacional, 1904.

28. Ernesto Carneiro Ribeiro, *Redacção do projeto do Código Civil e a réplica do Dr. Ruy Barbosa*, Salvador, Officinas dos Dois Mundos (Livraria Catilina), 1905. Houve reedição com o nome com que ficou conhecido: *A redacção do Projecto do Código Civil e a Réplica do Dr. Ruy Barbosa – Tréplica*, 3ª ed., cuidadosamente revista de acordo com a 1ª, de 1905, por Deraldo Ignácio de Sousa, Bahia, Livraria Progresso, 1951.

que se faziam ao seu magistral e portentoso projeto de Código Civil.

Depois das críticas de Rui, da defesa de Carneiro Ribeiro, da réplica de Rui e da tréplica de Carneiro Ribeiro, Clóvis publicou texto no qual defende o projeto, levando em consideração tudo o que se havia dito a respeito do referido projeto[29, 30].

Nesse livro mostra toda a magnitude de sua sólida formação literária, filosófica e jurídica. Revela desapontamento pelo fato de o projeto não haver recebido nenhuma crítica consistente do ponto de vista jurídico, ao mesmo tempo que denuncia a superficialidade da discussão em torno de preciosismos de vernáculo que, segundo ele, não contribuiriam para o aprimoramento das instituições jurídicas privadas.

Vale a pena transcrever parte dessa defesa, pelos termos significativos de seu conteúdo[31]:

> Por um lamentável desvio da crítica, versou a discussão muitas vezes, entre nós, sobre questões de estilo e gramática. Fugi o mais possível de envolver-me nessa contenda bizantina que um só resultado poderia ter: o de perdermos um tempo considerável e precioso, se não a oportunidade de obter a passagem do Código Civil no Congresso. Mas era impossível ficar quieto, imperturbável, quando a picareta impiedosa, derrubando a caliça e levantando nuvens de poeira fingia estar solapando a construção.
>
> Desejariam os antagonistas do Projeto vazá-lo numa língua hierática, impecável, que jamais existiu na realidade

---

29. Clóvis Bevilaqua, *Em defeza do Projecto de Código Civil brazileiro*, Rio de Janeiro-São Paulo-Belo Horizonte, Francisco Alves, 1906.

30. Clóvis escreveu o livro *Em defeza*, sem que tivesse tido acesso ao texto da *Tréplica* de Carneiro Ribeiro, conforme ele mesmo explicita (Clóvis Bevilaqua, *Em defeza do Projecto de Código Civil*, *cit.*, p. 537).

31. Clóvis Bevilaqua, *Em defeza do Projecto de Código Civil brazileiro*, *cit.*, pp. X-XI.

da vida, que jamais foi falada pelo povo, e que eles supõem idealmente criada pelos escritores de sua predileção.

Para mim a língua é o que disse Schäffle[32], "a capitalização simbólica do trabalho intelectual de um povo", continuamente a remodelar-se, a enriquecer-se de formas novas, a ganhar energia e delicadeza de expressão. Por isso bem sentenciou Araripe Júnior, quando afirmou: "o escritor que não se utiliza da língua viva de seu tempo, será um mau escritor ou um escritor incompleto".

Muitas vezes será um espírito de grande valor, atingindo as grandes alturas da forma artística, a quem a vida no seio de uma literatura estranha ou de outra época, por assim dizer, alienou do meio social contemporâneo. Sem esse voluntário afastamento, mais acentuada e fecunda seria a sua influência nas letras pátrias.

Se um Alfredo de Musset irritava-se e prorrompia em acres reprimendas porque uma vírgula fora mal colocada, não devemos imitá-lo em sua doentia preocupação[33].

A língua de que usamos deve nos merecer afetuoso cuidado, mas, como observou um escritor espanhol, as línguas vivem de heresias, a ortodoxia condu-las à morte[34]. Muitas idéias dificilmente se exprimiriam com as frases usadas pelos clássicos e é absurdo que mutilemos as idéias porque no guarda-roupa dos séculos passados não encontramos um traje talhado para ela.

Mas, ou o *Projeto* apenas pecasse contra um desarrazoado purismo ou contivesse reais defeitos de forma, é fora de dúvida que o aperfeiçoamento de sua redação, sob o ponto de vista gramatical, devia ser considerado operação secundária e jamais postergar o exame dos princípios jurídicos que o *Projeto* encarnava. Foi inconseqüência injustificável preterir a essência pela forma.

---

32. *Bau und Leben des socialen Körpers*, p. 131. [Albert Eberhard Friedrich Schäffle. *Bau und Leben des socialen Körpers*, Tübingen, H. Laupp, 1875.]

33. *Apud* Cabañes, *Revue*, set. 1903, p. 526.

34. *Apud* Manoel Ugarte, *Revue, cit.*, p. 530.

(...)

A RÉPLICA DO SENADOR RUI BARBOSA[35]

O eminente senador Rui Barbosa escreveu um volumoso *in folio*, de 214 páginas, para pulverizar as objeções feitas à crítica evidentemente inoportuna, clamorosamente injusta e desusadamente causticante, com que S. Ex.ª recebeu o *Projeto de Código Civil*. Não estranho a vastidão desse trabalho, porque estou habituado a admirar, no egrégio escritor baiano, essa faculdade surpreendente de produzir grandiosos fragmentos em que a minúcia paciente da análise corre parelhas com o fluir estrepitoso da frase. Estranho, porém, que, sendo tão extensa, não seja completa a *Réplica*.

(...)

A Réplica é sem dúvida um ótimo expositor de gramática portuguesa, gramática prática, à moda Cândido de Figueiredo, com adubos de erudição mais extensa. Não serviria, porém, para modelo de argumentação.

(...)

Avara na resposta aos pontos litigiosos e pródiga em considerações estranhas ao assunto em debate. Tal se mostra a *Réplica*, ao menos na parte que mais de perto me toca. E não tanto por nos ter dado um farto volume de filologia, após outro pouco menos volumoso, como inesperado exórdio de um debate jurídico, e sim principalmente por achar sempre meios de trazer para o pleito o que melhor seria que permanecesse fora dele.

A minha personalidade literária, já de si apagada, é sem valia, não reclamava essa marcha de flanco que a *Imprensa* começou a desenvolver, a que discursos proferidos no senado imprimiram movimento mais acelerado e que a Réplica acaba de transformar em ataque mais direito.

Entre os defeitos que me tornavam impróprio para realizar a assoberbante empresa de redigir um *Projeto* de

---

35. Clóvis Bevilaqua, *Em defeza do Projecto de Código Civil brazileiro, cit.*, pp. 449, 454, 467-71 e 476.

Código Civil, salientava a *Imprensa*[36] como primacial a ignorância da língua. "Falta-lhe um requisito PRIMÁRIO, *essencial, soberano*, para tais obras: a ciência da sua língua, a casta correção do escrever".

Eis aí: para elaborar um Código Civil, o saber jurídico é requisito secundário e subordinado; o essencial, o indispensável, o soberano, a qualidade primária é "a casta correção do escrever". Sobre essa idéia original tem sido construída toda a crítica ao *Projeto* atual. O *Parecer* e a *Réplica* são desdobramentos lógicos desse pensamento primordial. E somente por uma inconseqüência, como há muitas na *Réplica*, acha censurável o egrégio senador Ruy Barbosa que a comissão da Câmara tenha pedido ao Dr. Ernesto Carneiro, profundo conhecedor da língua e elegante escritor, o auxílio valioso da sua competência.

Se para codificar é bastante possuir a casta correção do escrever, por que exigir conhecimentos jurídicos de quem fora chamado exclusivamente para dizer sobre a linguagem?

O pregão da minha incompetência tem sido martelado sobre esta base. "Bem se vê que vive fora do idioma em que se exprime", diz a *Réplica* a chasquear[37]. E a cada passo a obsessão se revela, lampejando às vezes numa frase rápida, espraiando-se, outras vezes, em exclamações emocionantes, transpondo mesmo, em certo momento, os limites do que me parece o terreno próprio de discussões como esta.

As acusações objetivadas em fatos não são por ora mais de três. Um verbera a locução *escritor de testamento*.

Não há mais que dizer a respeito. Em atenção ao crítico que reflete a elevação de seu espírito sobre a pequenez da censura, consideremos as outras duas.

Primeiro artigo do libelo: terminei as minhas observações para esclarecimento do Projeto de Código Civil por

---

36. Número de 15 de março de 1899.

37. *Réplica*, n.º 19, p. 15, 1.ª col.

uma adversativa – *porém*. Este feio delito foi exposto à execração do Senado como característico da mais lamentável... negligência. "Eu creio que nos anais do escrever o fato é virgem. Há nesta assembléia escritores, gramáticos, homens de letras, e mesmo aos que o não são, eu estou certo, não há de deixar de produzir uma impressão de estranheza e de inverdade (?) extraordinária entre nós, verem acabar um livro por uma adversativa."[38] Na *Réplica* esta minha falta de tato gramatical e de gosto literário é novamente celebrada. O nobre senador gosta de insistir na mesma idéia, apraz-se em referir a mesma história duas, três e mais vezes.

Diz a *Réplica*: "O que ela (a tradição da língua) não tolera é encerrar com essa adversativa, períodos, parágrafos e obras, como fez o Sr. Clóvis Bevilaqua, em cuja longa introdução ao seu Projeto de Código Civil, um *porém* sem precedente na história do nosso idioma remata aquele escrito, antecedendo ao último ponto final e à assinatura do autor."[39]

Deve ter razão o ilustre censor. Mas observo, em minha defesa, que essa adversativa tem a particularidade de ser freqüentemente usada, como pospositiva, construindo-se figuradamente as frases em que ela entra. Se nos clássicos não se deparam exemplos que me apadrinhem, nem por isso me sinto mais acabrunhado. Aprendi com Aristóteles que se deve procurar não o que é antigo, mas o que é bom, e tenho sérios motivos para suspeitar que, no século vinte, o cabedal de conhecimentos da humanidade seja maior e mais sólido do que foi ao tempo dos quinhentistas.

Exclamações não são razões; portanto, enquanto estas se não revelarem, continuo a pensar que não é tão nefando o caso quanto se faz supor, e comigo pensa Maria Amália Vaz de Carvalho, escritora muito conceituada, que

---

38. *Diário do Congresso*, de 12 de novembro, pp. 4219-20.
39. *Réplica*, p. 212, 2.ª col., nota *in fine*.

não trepidou em colocar, como eu, adversativa no fim de um período[40]: "Tirem da história do mundo, em que já tem lugar primacial, toda a questão Dreyfus, e o romance de Zola talvez possa interessar-nos. Duvido, PORÉM."[41]

(...)

O que há de estranhável, de irritante mesmo, nas emendas do senador Rui Barbosa, é sobretudo o comentário onde esfuziam chufas, estridulam chanças e mal se esconde o menospreço pelo trabalho alheio. E o que pretendemos com as nossas defesas foi mostrar que houve muita injustiça nas acusações do *Parecer*, injustiça que foi

---

40. *Jornal do Commércio*, 20 de abril de 1903.

41. Add. 1905. Não se dá com o meu temperamento nem com a minha orientação literária desperdiçar o tempo a cata de um vocábulo, a ver como em 1500 o empregavam os cronistas, os vates e os predicantes. Mas, ao acaso das leituras, como ao sábio censor pareceu o caso singular e estranhou, fui sublinhando alguns empregos de pospositivas idênticas ou semelhantes, para não deixar desacompanhada a distinta escritora invocada no texto.

Eis aqui algumas amostras que não me deixam ficar *sem precedentes* ou me apontam subsequentes:

> Fale em primeiro lugar o poeta Bernardim Ribeiro:
> E vi tudo escuridão
> Cerrei meus olhos então
> E nunca mais os abri;
> Que depois que os perdi
> Nunca vi tam grande bem;
> Porém ainda mal, porém!...

São estes os últimos versos do romance *A visão* do conhecido e apreciado poeta que teve a ventura de viver no século XVI (ver *Parnaso lusitano*, t. III, p. 154).

Eça de Queirós na *Cartas de Inglaterra*, traduzindo o *Times*, escreveu estas palavras: "ainda que a natureza não dispense bem todo o trabalho do homem... não o repele todavia". E por essa adversativa termina o período. Creio que as duas adversativas, a de Eça e a minha, para o ponto questionado, se equivalem (ver a p. 216 da edição de 1905, pela Casa Chardron).

Carneiro Vilela conclui o cap. XIX de seu romance, *Os filhos do governador*, desta maneira: "Não tinha fome, PORÉM" (*Jornal pequeno*, de 10 de março de 1905, primeira página, 4ª col.).

a *alma parens* dos erros em que por sua vez caiu o ilustre senador.

O *Projeto* continha defeitos, mas o senador Rui Barbosa exagerou-os sobre posse. Exagerando-os, avolumando-os, realçando-os, inflando-os para que se tornassem mais visíveis, fez em torno desse produto legislativo um nevoeiro denso que nos tira a visão exata das coisas. E S. Ex.ª não escapou à ação perniciosa dessa caligem. Foi vítima de seu método, desviou-se da estrada segura, resvalou em alguns equívocos.

Não me interessam, porém, esses equívocos senão pelo que refletiam ou podiam refletir no contexto do *Projeto* ou na interpretação das doutrinas de que o *Projeto* se fizera expressão.

O *Em defeza* é um livro delicioso de ser lido. Profundamente dogmático, com lições inolvidáveis de Direito, é, a um só tempo, um texto literário digno da pena de um dos fundadores da Academia Brasileira de Letras, pois o estilo de Clóvis nesse livro é cáustico, veemente, mas extremamente elegante e elevado. O acadêmico soube empregar seu estilo vernacular inconfundível, fazendo com que toda e qualquer crítica que tenha sido feita a seu "pobre português" não resistisse à análise mais acurada e desprovida de preconceito. Não precisava, mas com *Em defeza* provou ser grande jurista e profundo conhecedor do vernáculo.

O projeto foi aprovado em 1916 e entrou em vigor em 1.º de janeiro de 1917[42], permanecendo em vigor até 11 de janeiro de 2003, revogado que foi pela Lei n.º 10.406, de 11 de janeiro de 2002, lei que instituiu o *Código Civil* vigente.

---

42. Lei n.º 3.071, de 1.º de dezembro de 1916 (*DOU*, 5 de janeiro de 1916, p. 133, 1.ª col.).

Foram feitas traduções do *Código Civil* de 1916 para vários idiomas. As mais importantes foram para o inglês[43], alemão[44] e francês[45].

A modernidade de Clóvis era evidente. Pertencente à Escola do Recife, tinha formação filosófica sólida. Seus conhecimentos do idioma alemão fizeram com que obtivesse formação dogmático-jurídica acima da média dos brasileiros de seu tempo, razão pela qual as críticas jurídicas a seu *Projeto* foram enfrentadas pelo nosso homenageado com tranqüilidade e serenidade. De todas saiu-se com galhardia.

Logo depois da aprovação do *Código Civil,* Clóvis iniciou a empreitada de comentá-lo. Até hoje esses comentários são consultados com proveito pelos operadores do Direito, nada obstante o CC de 1916 já tenha sido revogado. Clóvis iniciou a publicação dos comentários em 1916 e os concluiu em 1919. Os *Comentários* de Clóvis se caracterizam como o trabalho fundamental da ciência civilística brasileira, por meio do qual Clóvis mostrou a acentuada assimilação da ciência pandectística alemã e o pensamento jurídico positivo de uma nova base fundamental[46].

Estava, como se vê, além de seu tempo. Ainda hoje, quando se discute se havia ou não cláusulas gerais do Código Civil de 1916, é-se obrigado a reconhecer a sua

---

43. *The Civil Code of Brazil,* tradução de Joseph Wheless, St. Louis, The Thomas Law Book Co., 1920, 438 p.

44. *Brasilien Código Civil* ("Die Zivilgesetze der Gegenwart", Band III), coordenação de Karl Heinsheimer, tradução, introdução e notas de Pontes de Miranda e Fritz Gericke, Mannheim-Berlin-Leipzig, J. Bensheimer, 1928, 384 p.

45. *Code Civil des États-Unis du Brésil,* traduzido e anotado por P. Goulé, C. Daguin e G. D'Ardenne de Tizac, Paris, Imprimerie Nationale, 1928, 480 p.

46. Wolf Paul, *Bevilaqua, Clóvis.* Verbete no *Juristen, cit.,* p. 86.

existência, a exemplo do que ocorria e ocorre no BGB alemão. Clóvis anteviu a modernidade e a utilidade das cláusulas gerais, que foram solenemente ignoradas pela doutrina e jurisprudência do Brasil ao longo dos mais de 86 anos de vigência do revogado diploma. Portanto, mais de um século depois da apresentação de seu Projeto ao exame da sociedade brasileira, em 1900, ainda não se sabia que Clóvis havia adotado, ainda que parcialmente, a técnica legislativa das cláusulas gerais, adquirida do BGB.

O Código Civil de 1916 era diploma com estrutura sólida e bem organizada, com português castiço e claro – graças, é bom reconhecer, à longa discussão filológica por que passou o projeto no Senado da República –, havendo-se constituído em um dos mais perfeitos diplomas legais que o Brasil já produziu. Essa constatação tem sido feita por muitos juristas de países representativos da cultura ocidental.

O vigente diploma civil (Lei n.º 10.406/02) aproveitou toda a estrutura do Código Civil de 1916, rendendo homenagem a Clóvis Bevilaqua, o codificador do Direito Civil brasileiro.

Homenagens prestadas a Clóvis

Clóvis Bevilaqua foi muito homenageado pela sociedade brasileira, em vários segmentos. Abaixo damos exemplos de algumas dessas homenagens.

a) *Vias e prédios públicos*

No Rio de Janeiro morou na rua Barão de Mesquita, 506, no bairro da Tijuca, onde faleceu. Os cariocas lhe prestaram tributo, dando a uma via do bairro o nome de rua Clóvis Bevilaqua. Na Praça Paris, há um monumento erigido em honra de Clóvis, onde se pode ler: "Grande na bondade evangélica de um santo, maior ainda na autoridade pontifical de jurisconsulto".

Há, no coração da cidade de São Paulo, a Praça Clóvis Bevilaqua, onde se situa o Palácio da Justiça, sede do Tribunal de Justiça de São Paulo, em monumental edifício projetado e construído pelo arquiteto Ramos de Azevedo. A inauguração desse prédio se deu, solenemente, em 2 de janeiro de 1933[47]. Naquela altura, além do Tribunal de Justiça, funcionavam no Palácio da Justiça os fóruns Cível e Criminal, bem como os cartórios e os serviços auxiliares. Os paulistas deram ao lugar mais importante da Justiça do Estado o nome de Clóvis Bevilaqua.

Na cidade natal de Clóvis, Viçosa (CE), existe a Praça Clóvis Bevilaqua.

O Fórum de Fortaleza tem o nome de Clóvis Bevilaqua, dando cumprimento ao que determinara o art. 3º, alínea *d*, da Lei federal nº 3.426, de 10 de julho de 1958 ("inauguração no Fórum Clóvis Bevilaqua, na cidade de Fortaleza, Estado do Ceará, da cripta em que deverão ser depositados os despojos do grande jurisconsulto")[48].

b) *Emissão de selos em homenagem*

Houve duas emissões em honra de Clóvis.

---

47. Manoel Ubaldino de Azevedo, *O centenário do Tribunal de Justiça de São Paulo*, publicação do Tribunal de Justiça de São Paulo, São Paulo, Revista dos Tribunais, 1974, p. 33.

48. O Governo Federal fez dotação especial para que fosse construído, em Fortaleza, o *Fórum "Clóvis Bevilaqua"*: "Art. 1º Fica aberto, ao Ministério da Educação e Cultura, o crédito especial de Cr$ 10.000.000,00 (dez milhões de cruzeiros), como auxílio à construção e aparelhamento do Fórum Clóvis Bevilaqua e respectiva cripta, conforme dispõe o § 1º do art. 7º da Lei nº 3.426, de 10 de julho de 1958, acima indicada" (Decreto nº 47.252, de 17 de novembro de 1959, *DOU*, 20 de novembro de 1959, p. 24429, 1ª col.).

Em cumprimento ao disposto no art. 3º, alínea *f*, da Lei federal nº 3.426, de 10 de julho de 1958, os Correios do Brasil emitiram selo comemorativo do centenário de nascimento de Clóvis Bevilaqua. Esse selo, no qual está escrito "Centenário de Clóvis Bevilaqua – Fortaleza-CE", foi emitido em outubro de 1959, com o valor unitário de Cr$ 10,00 (dez cruzeiros).

Em 2001 os Correios do Brasil fazem importante homenagem a Clóvis Bevilaqua, emitindo selo de R$ 0,55 (cinqüenta e cinco centavos de real), na série Personalidades Brasileiras.

No selo, Clóvis Bevilaqua é retratado na sua época. Sua imagem aparece ao lado esquerdo e, atrás de sua figura, um maço de papéis onde está escrito Código Civil brasileiro, cuja elaboração foi o coroamento de sua brilhante carreira. A pena simboliza sua escrita e erudição. Integrando o conjunto, a representação da sociedade civil. Foi utilizada a técnica de computação gráfica.

Dados técnicos desse segundo selo:

Data da emissão: 4 de outubro de 2001

Emissão comemorativa: Série Personalidades Brasileiras: Homenagem a Clóvis Bevilaqua

Artista: Thereza Regina Barja Fidalgo

Valor facial: R$ 0,55 cada selo

Tiragem: 1.920.000 selos

Folha: 24 selos

c) *Eleição como personalidade da Justiça e da Economia*

A revista *IstoÉ* realizou pesquisa sobre *O brasileiro do século*. O objetivo era apontar as maiores personalidades do século XX nas diversas áreas do conhecimento e da atividade humanas. O resultado nominou Clóvis Bevilaqua, com 51,45% dos votos, em quarto lugar dentre os mais votados. A lista ficou assim constituída: *Justiça & Economia*: 1) Rui Barbosa; 2) Celso Furtado; 3) Mario Henrique

Simonsen; 4) Clóvis Bevilaqua; 5) Maria da Conceição Tavares; 6) Heráclito Sobral Pinto; 7) Pontes de Miranda; 8) Evandro Lins e Silva; 9) Miguel Reale; 10) Roberto Campos; 11) Antonio Delfim Netto; 12) Paul Singer; 13) Nélson Hungria.

Não deixa de ser um resultado significativo, tendo em vista que a pesquisa foi realizada já no século XXI. A dimensão de Clóvis é tão grande, que não teria sido capaz de ser medida em pesquisa de revista semanal. No Direito perdeu apenas para Rui Barbosa, mais conhecido do que ele por suas incursões políticas – candidato à Presidência da República, Ministro de Estado, representante do Brasil na Conferência Mundial de Haia, atividade como um dos melhores advogados da República.

Clóvis, ao contrário, era simples e humilde. Não exerceu os cargos importantes ocupados por Rui, tampouco se candidatou à Presidência da República. Sua obra jurídica, entretanto, é infinitamente superior à de Rui. Mais sólida, mais numerosa, mais significativa para as letras jurídicas, nacionais e estrangeiras.

Autor do anteprojeto da Constituição Republicana de 1891, Rui a idealizou à imagem e semelhança da Constituição Americana, promulgada na Filadélfia em 1787. A cópia não foi bem-feita. Damos dois exemplos: i) denominou-se o município federal, sede da capital da República, de *distrito* federal, quando a divisão política do Brasil não tinha, nunca teve e não tem o distrito como ente federativo. A cópia foi feita do *DC* (*District of Columbia*), Washington, capital do Estados Unidos da América; ii) colocou-se como Presidente do Senado Federal, na sessão de julgamento do Presidente da República por crime de responsabilidade, o Presidente do Supremo Tribunal Federal. A cópia foi feita da Constituição americana, pois nos Estados Unidos, Presidente e Vice-

Presidente da República são da mesma chapa e, além disso, o Vice-Presidente é o Presidente do Senado. Não poderia, portanto, presidir a sessão de julgamento de seu companheiro de chapa, o Presidente da República. O erro persiste até hoje. Vimos, recentemente, o Ministro Sydney Sanches, então Presidente do Supremo Tribunal Federal, presidir a sessão do Senado no julgamento do então Presidente Fernando Collor de Melo. O constrangimento foi absoluto, pois não tem nada que ver no organograma do Estado brasileiro o Presidente do STF presidir o Senado! Esse erro foi repetido nas Constituições Federais de 1934, 1937, 1946, 1967, 1969 e 1988.

Rui ganhou na pesquisa da *IstoÉ* por ter um *marketing* melhor, isto é, por ter mais visibilidade, para usarmos expressão da moda. De qualquer sorte, Clóvis foi o segundo colocado entre os juristas do século XX, o que representa significativa homenagem do povo brasileiro a um de seus maiores cientistas do direito.

d) *Prêmio "Clóvis Bevilaqua", do MEC*

O Ministério da Educação e Cultura (MEC) instituiu o prêmio "Clóvis Bevilaqua", em comemoração ao centenário de nascimento do grande jurista brasileiro.

O prêmio foi instituído pela Lei federal nº 3.426, de 10 de julho de 1958[49].

---

49. Lei nº 3.426, de 10 de julho de 1958, *DOU*, 11 de julho de 1958, p. 15541, 2ª col. Este é o texto integral da lei: "Lei nº 3.426, de 10 de julho de 1958 – *Determina providências para a comemoração do centenário de nascimento de Clóvis Bevilaqua.*

O PRESIDENTE DA REPÚBLICA, faço saber que o CONGRESSO NACIONAL decreta e eu sanciono a seguinte Lei:

Art. 1º O centenário do nascimento de Clóvis Bevilaqua, a verificar-se em 4 de outubro de 1959, deverá ser comemorado pelo Poder Executivo e instituições culturais, num preito de homenagem ao grande jurisconsulto pátrio.

A Comissão Julgadora do concurso de monografias sobre a vida e obra de Clóvis Bevilaqua foi constituída pelos professores Edgard Costa, Mário Guimarães e Gui-

---

Art. 2º Para organizar e executar o plano das comemorações do centenário do nascimento de Clóvis Bevilaqua, o Poder Executivo designará, no Ministério da Educação e Cultura, uma comissão que superintenderá todos os trabalhos e da qual façam parte, entre outros: representantes dos Ministérios da Justiça e das Relações Exteriores, Conselho Federal da Ordem dos Advogados do Brasil, Instituto da Ordem dos Advogados, Academia Brasileira de Letras, Supremo Tribunal Federal, Universidades do Brasil e do Ceará e Instituto Histórico e Geográfico Brasileiro.

Art. 3º Dentre as comemorações a serem programadas deverá constar:

a) reedição das obras completas de Clóvis Bevilaqua a ser feita pelo Instituto Nacional do Livro para distribuição entre as Bibliotecas Públicas, Centros de Estudos e Magistrados em exercício;

b) instituição de um concurso sobre o melhor trabalho a ser apresentado sobre a vida e obra do grande jurista pátrio;

c) instituição de prêmios a serem distribuídos aos universitários de todo o País a respeito dos melhores trabalhos apresentados sobre a vida e obra de Clóvis Bevilaqua em cada Universidade ou Faculdade de Direito;

d) inauguração no Fórum Clóvis Bevilaqua, na cidade de Fortaleza, Estado do Ceará, da cripta em que deverão ser depositados os despojos do grande jurisconsulto;

e) celebração de um Congresso de Direito a realizar-se em Fortaleza, Estado do Ceará;

f) emissão de selo postal comemorativo.

Art. 4º Para a efetivação do disposto na alínea *a* do art. 3º, o Instituto Nacional do Livro realizará com os legítimos portadores dos direitos autorais das obras de Clóvis Bevilaqua os acordos necessários à aquisição dos direitos e licenças relativos à reedição nesta lei determinada.

Parágrafo único. A reedição das obras completas de Clóvis Bevilaqua far-se-á mediante normas a serem fixadas por uma subcomissão organizada pelo Ministro da Educação e Cultura e subordinada à comissão de que trata o art. 2º desta lei, composta de juristas de renome, de forma que contenha as mesmas anotações destinadas a atualizar a doutrina da obra do mestre e referências à legislação brasileira atual.

Art. 5º O autor do trabalho premiado, de que trata a alínea *b* do art. 3º, fará jus ao prêmio Clóvis Bevilaqua no valor de Cr$ 200.000,00 (duzentos mil cruzeiros) e terá seu trabalho publicado pela Comissão Geral. Aos dois outros colocados serão distribuídos prêmios no valor de Cr$ 150.000,00 (cento e cinqüenta mil cruzeiros) e Cr$ 20.000,00 (vinte mil cruzeiros).

lherme Estelita. Por unanimidade resolveram outorgar o prêmio ao trabalho intitulado *Clóvis Bevilaqua, jurista-filósofo (Ensaio bio-bibliográfico)*, da autoria de Alduíno de Campos e Rui de Cárdenas, pseudônimos de Manoel Ubaldino de Azevedo e Raimundo de Menezes[50]. Foi premiado apenas esse trabalho, nada obstante o regulamento previsse a premiação de outros. A comissão entendeu que os demais trabalhos não preenchiam os requisitos necessários, estabelecidos pela Portaria Ministerial n.º 567, de 29 de novembro de 1958.

Em São Paulo, a Câmara Municipal editou a Lei n.º 786, de 4 de maio de 1959, instituindo prêmio em dinheiro em concurso de monografias sobre a biografia de

---

Art. 16.º Os prêmios, de que trata a alínea *c* do art. 3.º, serão de Cr$ 20.000,00 (vinte mil cruzeiros), Cr$ 10.000,00 (dez mil cruzeiros) e Cr$ 5.000,00 (cinco mil cruzeiros) e serão distribuídos em cada Universidade ou Faculdade autônoma de Direito, mediante concursos próprios, obedecidas as normas fixadas pelo Ministério da Educação e Cultura em acordo com a Comissão Central.

Art. 7.º Fica o Poder Executivo autorizado a abrir, pelo Ministério da Educação e Cultura, o crédito especial de Cr$ 15.000.000,00 (quinze milhões de cruzeiros) para ocorrer às despesas decorrentes desta lei.

§ 1.º Desse total, será entregue, de uma só vez ao Governo do Estado do Ceará, a importância de Cr$ 10.000.000,00 (dez milhões de cruzeiros), como auxílio à construção e aparelhamento do Fórum Clóvis Bevilacqua e respectiva cripta em construção, na cidade de Fortaleza, para ser sede do Poder Judiciário.

§ 2.º O restante de Cr$ 5.000.000,00 (cinco milhões de cruzeiros) ficará à disposição da Comissão Central para ocorrer às mais despesas previstas nesta lei.

Art. 8.º Esta lei entrará em vigor na data de sua publicação, revogadas as disposições em contrário.

Rio de Janeiro, 10 de julho de 1958; 137.º da Independência e 70.º da República. JUSCELINO KUBITSCHEK. Carlos Cyrillo Junior. Francisco Negrão de Lima. Lucas Lopes. Clovis Salgado.

50. O trabalho foi publicado em edição comercial: Raimundo de Menezes e Manoel Ubaldino de Azevedo, *Clóvis Bevilaqua*, São Paulo, Martins Editora, 1960, *passim*.

nosso homenageado, em comemoração ao centenário de seu nascimento.

A fé no Direito

Clóvis foi um idealista. Apesar das vicissitudes por que passou ao longo de sua vida, não deixou de acreditar no Direito como instrumento de transformação social e de regramento da vida das pessoas em sociedade.

Publicou artigo sobre a encíclica *Rerum Novarum*[51], promulgada pelo Papa Leão XIII, um marco na doutrina social da igreja justamente porque coloca em relevo a dignidade inalienável do trabalhador[52]. Nesse artigo, Clóvis analisa as conseqüências jurídicas provocadas pelo maior documento da Igreja Católica sobre a questão social. Suas preocupações com as transformações sociais que o Direito – bem regrado, bem aplicado e bem respeitado – poderia provocar são prova inequívoca de sua crença no poder modificador que tem a ciência que abraçou como profissão.

Tal era a sua fé no Direito que escreveu uma das mais belas páginas da literatura jurídica brasileira. Escrito em prosa, em 3 de abril de 1932, foi transformado em texto versificado em 4 de outubro de 1959. Pedimos licença para, em seguida, transcrever ambos os textos:

> Creio no direito, porque é organização da vida social, a garantia das atividades individuais. Necessidades da coe-

---

51. Clóvis Bevilaqua, *Expressão jurídica da 'Rerum Novarum'*, palestra proferida no Instituto Histórico e Geográfico Brasileiro, em 28 de maio de 1941, publicada na *Revista Forense*, vol. 87 (jul./set. 1941), pp. 336-41.

52. Pontificio Consiglio della Giustizia e della Pace, *Compendio della dottrina sociale della Chiesa*, Vaticano, Libreria Editrice Vaticana, 2004, n.os 267 a 269, pp. 149-50.

xistência, fora das suas normas não se compreende a vida em sociedade, *Io eo vivimus et sumus*.

Creio na liberdade, porque a marca da civilização, do ponto de vista jurídico-político, se exprime por sucessivas emancipações do indivíduo, das classes, dos povos, da inteligência, o que demonstra ser ela altíssimo ideal, a que somos impelidos por uma força imanente nos agrupamentos humanos: a aspiração do melhor que a coletividade obtém estimulando as energias psíquicas do indivíduo. Mas a liberdade há de ser disciplinada pelo direito para não perturbar a paz social, que por sua vez assegura a expressão da liberdade.

Creio na moral, porque é a utilidade de cada um e de todos transformada em Justiça e caridade, expunge a alma das inclinações inferiores, promove a perfeição dos espíritos, a resistência do caráter, a bondade dos corações.

Creio na justiça, porque é o direito iluminado pela moral – protegendo os bons e úteis contra os maus e nocivos, para facilitar o multifário desenvolvimento da vida social.

Creio na democracia, porque é criação mais perfeita do direito político, em matéria de forma de governo. Permite à liberdade a dilatação máxima dentro do justo e do honesto, e corresponde ao ideal da sociedade politicamente organizada, com extrair das aspirações mais generalizadas de um povo determinado o sistema de normas que o dirija.

Creio mais nos milagres do patriotismo, porque o patriotismo é forma social do amor e, como tal, é força irresistível e incomensurável; aos fracos dá alento, aos dúbios decisão, aos descrentes fé, aos fortes ilumina, a todos une num feixe indestrutível, quando é preciso agir ou resistir; não pede inspiração do ódio e não mede sacrifício para alcançar o bem comum[53].

---

53. Clóvis Bevilaqua, *Meu credo jurídico-político* (3.4.1932), *in Opúsculos*, vol. I, Rio de Janeiro, s. ed., 1939, pp. 5-6; *idem*, *Obra filosófica*, vol. II (Filosofia social e jurídica), São Paulo, Edusp/Grijalbo, 1975, p. 228.

Eu creio no direito – garantia
de toda a atividade individual;
necessidade de coexistência,
pois que não há, fora de suas normas,
a vida social.

Creio na liberdade – ideal altíssimo
da inteligência, do indivíduo,
das classes e dos povos
nos seus anseios de emancipação;
aspiração maior da coletividade,
força imanente que conduz o homem
na marcha para a civilização;
ela, entanto, há de ser disciplinada
pelo direito, a fim de que não venha
à paz social causar perturbação,
pois que ela é que assegura
ao ideal da liberdade
sua plena expansão.

Eu creio na moral – que é utilidade
de cada um e todos
transformada em justiça e caridade;
ela expunge a alma das inclinações
do caráter, enfim, ela é a bondade
dos corações.

Eu creio na justiça – que é o direito
iluminado pela sã moral,
os bons e os úteis protegendo contra
os nocivos e os maus, em benefício
do desenvolvimento multifário
da vida social.

Eu creio na democracia; ela permite,
dentro do justo e honesto, a liberdade
em sua máxima amplidão;

ideal da sociedade organizada,
ela é que extrai das generalizadas
aspirações de um povo
a sua ideal aspiração –
um sistema de normas que o dirija
como povo e nação.
Harmonioso conjunto do direito político,
ela é como forma de governo
a mais perfeita criação.

Eu creio na moral, creio na liberdade,
e creio no direito e na justiça,
no ideal democrático... mas creio
mais nos milagres do patriotismo.
Com o seu poder fascinador,
o patriotismo é a força
irresistível e incomensurável
que dá alento ao fraco, aos dúbios;
aos descrentes a fé, aos fortes ilumina,
e a todos une indestrutivelmente
quando é preciso agir ou resistir a formas
cruéis de opressão e dor;
ele não pede inspiração ao ódio,
como não mede sacrifício
para alcançar o bem comum. Eu creio
na liberdade, na moral e na justiça,
mas creio mais no patriotismo
porque ele é a forma social do amor![54]

Bibliografia

ACADEMIA BRASILEIRA DE LETRAS (ABL), *Clóvis Bevilaqua*, em www. academia.org.br, no *link* Os acadêmicos ⇒ Membros efetivos ⇒ Fundadores, acesso em 30 de janeiro de 2005.

---

54. João Gualberto de Oliveira, *Clóvis centenário*, São Paulo, 1961, pp. 11-2.

AZEVEDO, Manoel Ubaldino de. *O centenário do Tribunal de Justiça de São Paulo*. Publicação do Tribunal de Justiça de São Paulo, Revista dos Tribunais, 1974.

AZEVEDO, Manoel Ubaldino de e MENEZES, Raimundo. *Clóvis Bevilaqua* (prêmio "Clóvis Bevilaqua" do Ministério da Educação e Cultura). São Paulo, Martins Editora, 1960.

BARBOSA, Rui. *Projecto do Código Civil brazileiro. Trabalhos da Commissão Especial do Senado*, vol. I, Parecer do Senador Ruy Barbosa sobre a redacção do Projecto da Câmara dos Deputados. Rio de Janeiro, Imprensa Nacional, 1902.

______. *Projecto do Código Civil brazileiro. Trabalhos da Commissão Especial do Senado*, vol. II, Réplica do Senador Ruy Barbosa às defesas da redacção do Projecto da Câmara dos Deputados. Rio de Janeiro, Imprensa Nacional, 1904.

BARREIRA, Dolor Uchoa. *Clóvis Bevilaqua e outros trabalhos*. Fortaleza, Edições Universidade do Ceará, 1956.

______. *História do Ceará: história da literatura cearense*. Fortaleza, Instituto do Ceará, 1986.

BEVILAQUA, Clóvis. *História da Faculdade de Direito do Recife*. Rio de Janeiro-São Paulo-Belo Horizonte, Francisco Alves, 1927, 2 vols.

______. *Código Civil dos Estados Unidos do Brasil commentado*, 11ª ed., atualizada por Achilles Bevilaqua e Isaías Bevilaqua, Rio de Janeiro-São Paulo-Belo Horizonte, Francisco Alves, 1956, vol. I.

______. *Em defeza do Projecto de Código Civil brazileiro*, Rio de Janeiro-São Paulo-Belo Horizonte, Francisco Alves, 1906.

______. *Esboços e fragmentos*. Rio de Janeiro, Laemmert, 1899.

______. *Expressão jurídica da 'Rerum Novarum'*. Palestra proferida no Instituto Histórico e Geográfico Brasileiro, em 28 de maio de 1941, publicada na *Revista Forense*, vol. 87, jul./set. 1941, pp. 336-41.

______. *Juristas philosophos*. José Luiz da Fonseca Magalhães Editor, Bahia, Livraria Magalhães, 1897.

______. *Linhas e perfis jurídicos*. Rio de Janeiro, Freitas Bastos, 1930.

______. *Obra filosófica*. São Paulo, Edusp/Grijalbo, 1975, vol. II (*Filosofia social e jurídica*).

______. *Projecto de Código Civil Brazileiro*, Rio de Janeiro, Imprensa Nacional, 1900.

______. *Revivendo o passado*. Rio de Janeiro, Apollo, 1939, 3º vol.

CÂMARA, José Gomes B. *Subsídios para a história do direito pátrio*. Rio de Janeiro, Livraria Brasiliana Editora, 1966/1967, tomos III e IV.

CASTRO, Flávia Lages de. *História do direito: geral e Brasil*. Rio de Janeiro, Lumen Juris Editora, 2003.

CENEVIVA, Walter. *Barão de Ramalho: uma vida para o bem comum*. São Paulo, Saraiva, 2002.

CHACON, Vamireh. *Da Escola do Recife ao Código Civil*. Rio de Janeiro, Organização Simões Editora, 1969.

GOTHOFREDO, Dionysio. *Corpus Juris Civilis in quatuor partes distinctum*. Francofurti ad Moenum, Sumptibus Societatis imprimebat Hieronymus Polichius, 1663.

INSTITUTO DOS ADVOGADOS BRASILEIROS. *Clóvis Bevilaqua no centenário do seu nascimento: 4 de outubro de 1959*. Separata da Revista *Direito*, Rio de Janeiro-São Paulo, Freitas Bastos, 1959, 45 p. Trabalhos de Otto Gil, Miguel Maria de Serpa Lopes e Reginaldo Nunes.

LOPES, José Reinaldo de Lima. *O direito na história: lições introdutórias*, 2ª ed., São Paulo, Max Limonad, 2002.

MEIRA, Sílvio. *Clóvis Bevilaqua. Sua vida. Sua obra*. Fortaleza, Edições Universidade Federal do Ceará, 1990.

______. *O direito vivo*. Goiânia, Editora da Universidade Federal de Goiás, 1984.

MENEZES, Raimundo. "Aspectos humanos de Clóvis Bevilaqua". *In Juristas brasileiros*. São Paulo, Instituto Histórico e Geográfico de São Paulo, 1960, pp. 5-17.

MENEZES, Raimundo e AZEVEDO, Manoel Ubaldino de. *Clóvis Bevilaqua* (prêmio "Clóvis Bevilaqua" do Ministério da Educação e Cultura). São Paulo, Martins Editora, 1960.

OLIVEIRA, João Gualberto de. *Clóvis centenário*. São Paulo, s. ed., 1961.

PAUL, Wolf. *Bevilaqua, Clóvis*. Verbete no *Juristen. Eine biographisches Lexikon von der Antike bis zum 20. Jahrhundert*, coord. Michael Stoleiss, Munique, Beck, 1995, pp. 85-6.

PINTO FERREIRA, Luiz. *História da Faculdade de Direito do Recife*. 2ª ed., Recife, Ed. Faculdade de Ciências Humanas de Pernambuco & Sociedade Pernambucana de Cultura e Ensino, 1994.

PONTIFICIO CONSIGLIO DELLA GIUSTIZIA E DELLA PACE, *Compendio della dottrina sociale della Chiesa*, Vaticano, Libreria Editrice Vaticana, 2004.

RIBEIRO, Ernesto Carneiro. *Ligeiras observações sôbre as emendas do Dr. Ruy Barbosa, feitas à redacção do Projecto do Código Civil*. Salvador, Officinas dos Dois Mundos (Livraria Catilina), 1902.

______. *A redacção do Projecto do Código Civil e a Réplica do Dr. Ruy Barbosa*. Bahia, Livraria Catilina, 1923.

______. *A redacção do Projecto do Código Civil e a Réplica do Dr. Ruy Barbosa – Tréplica*, 3.ª ed., cuidadosamente revista de acordo com a 1.ª, de 1905, por Deraldo Ignácio de Sousa, Bahia, Livraria Progresso, 1951.

ROCHA, Olívia Candeia Lima. *Escritoras piauienses, pseudônimos, flores e espinhos*, no *site* www.mafua.ufsc.br/oliviacandeia.html, acesso em 30 de janeiro de 2005.

ROMERO, Lauro. *Clóvis Bevilaqua*. Rio de Janeiro, José Olympio, 1956.

SAN TIAGO DANTAS, Francisco Clementino de. *Figuras do Direito*. Rio de Janeiro, José Olympio, 1962.

STOLLEIS, Michael (org.). *Juristen. Eine biographisches Lexikon von der Antike bis zum 20. Jahrhundert*. Munique, Beck, 1995.

TÔRRES, Artur de Almeida. *Comentários à polêmica entre Rui Barbosa e Carneiro Ribeiro*. São Paulo, Companhia Editora Nacional, 1959.

VAMPRÉ, Spencer. *Institutas do Imperador Justiniano, traduzidas e comparadas com o Direito Civil brasileiro*. São Paulo, Livraria Magalhães, 1915.

VIEIRA NETO, Manuel Augusto. *"Clóvis Bevilaqua: um cearense em luta contra gigantes"*. *In Juristas brasileiros*. São Paulo, Instituto Histórico e Geográfico de São Paulo, 1960, pp. 37-54.

Brasilien Código Civil ("Die Zivilgesetze der Gegenwart", Band III). Coord. de Karl Heinsheimer, tradução, introdução e notas de Pontes de Miranda e Fritz Gericke, Mannheim-Berlin-Leipzig, J. Bensheimer, 1928, 384 p.

Code Civil des États-Unis du Brésil. Traduzido e anotado por P. Goulé, C. Daguin e G. D'Ardenne de Tizac, Paris, Imprimerie Nationale, 1928, 480 p.

The Civil Code of Brazil. Tradução de Joseph Wheless, St. Louis, The Thomas Law Book Co., 1920, 438 p.

Clóvis do Couto e Silva
Um jurista universal

*Véra Maria Jacob de Fradera**

Introdução

Clóvis Veríssimo do Couto e Silva[1], filho do casal Waldemar e Carmen do Couto e Silva, nasceu em Porto Alegre, RS, aos 6 de setembro de 1930, na casa da família, sita então na avenida 13 de Maio[2], n.º 908, no bairro

---

* Mestre e doutora em Direito pela Universidade de Paris II. Professora na Universidade Federal do Rio Grande do Sul. Advogada em Porto Alegre (RS). Membro da Academia Internacional de Direito Comparado. A autora agradece a preciosa colaboração do doutor Almiro do Couto e Silva, na coleta de dados, relativos à família do Couto e Silva, para este trabalho.

1. A respeito de Clóvis do Couto e Silva existem os seguintes trabalhos: Almiro do Couto e Silva, "Clóvis Veríssimo do Couto e Silva, advogado e jurista", Porto Alegre, 1992; Aurélio Wander Bastos, "Clóvis Veríssimo do Couto e Silva, o mestre e o jurista", extrato dos anais do VIII Seminário Nacional de Pós-Graduação e Pesquisa, realizado na Faculdade de Direito da UFRGS, de 21 a 22 de outubro de 1999; Carlos Mário da Silva Velloso, "Missão superior da Academia", *Revista de Direito Civil*, n.º 69, p. 128; Judith Martins-Costa e Véra Jacob de Fradera, "Clóvis do Couto e Silva", *Revista do Consumidor*, 1992, vol. 3, pp. 239-41; Sérgio José Porto, "Clóvis do Couto e Silva e o projeto de Código Civil", *Revista dos Tribunais*, vol. 771, jun. 2000, pp. 753-70; Véra Maria Jacob de Fradera (org.), *O Direito Privado brasileiro na visão de Clóvis do Couto e Silva*, Porto Alegre, Editora Livraria do Advogado, 1997.

2. Hoje denominada avenida Getúlio Vargas.

Menino Deus, zona aprazível da capital gaúcha, bucólica e tranqüila.

Seus pais tiveram outros dois filhos, Paulo, o primogênito, e Almiro, o caçula, também destacados advogados e professores[3].

Fato interessante, que merece ser aqui referido, é o de Clóvis ter sido alfabetizado em casa, por uma professora particular, assim como seu irmão mais velho, Paulo, e, um pouco mais tarde, Almiro. Dessa sorte, ingressou na escola, o Colégio Anchieta, dirigido por jesuítas, somente na 4ª. série do curso preliminar, no ano de 1940, concluindo os cursos fundamental e clássico em 1948.

Conforme relata Almiro[4], desde muito pequenos, os três irmãos conviviam com o mundo jurídico, pois o pai,

---

3. Clóvis descendia, pelo lado materno, do engenheiro carioca Antônio Veríssimo de Mattos, que trabalhava na empresa de Ferdinand de Lesseps, o construtor do Canal de Suez, tendo colaborado na construção do Canal do Panamá. Infelizmente permaneceu apenas um ano na região, por ter sido acometido de malária. Foi então nomeado para construir a Estrada de Ferro que deveria ligar o Rio Grande do Sul à fronteira do Uruguai. Quando estavam construindo o trecho que passaria por Cachoeira do Sul, RS, conheceu a jovem cachoeirense Maria do Carmo Trindade, com quem veio a casar-se. Duas irmãs desta mesma jovem casaram-se com outros dois engenheiros da mesma Companhia, Augusto Pestana, que prestou relevantes serviços ao Estado, e outro de sobrenome Chagas. Clóvis gostava de relatar o fato de seu avô comunicar-se, com a família, via epistolar e em língua francesa. Pelo lado paterno era trineto de Antonio Vicente da Fontoura, o herói farroupilha *que conseguiu transformar em vitória, nas negociações com o Império,* no Rio de Janeiro, a guerra que nos campos de batalha no Sul se achava perdida, desde o desastre de Porongos. Ver Paulo do Couto e Silva, O impeachment *de Olívio Dutra e o estado democrático de direito,* Porto Alegre, Fundação Paulo do Couto e Silva, 2000, p. 16.

4. *In* "Clóvis Veríssimo do Couto e Silva, advogado e jurista", discurso pronunciado em 10 de agosto de 1992 na solenidade de abertura da Semana do Advogado, da Ordem dos Advogados, Seção do Rio Grande do Sul, denominada Semana do Advogado Clóvis Veríssimo do Couto e Silva.

advogado atuante, por cujo escritório[5] transitavam personalidades do mundo político e outras ligadas às altas esferas do funcionalismo público, em suas conversas com pessoas da família, amigos e colegas, seguidamente nomeava, *com respeito e admiração*, os nomes de Ministros do Supremo Tribunal Federal, Hahnemann Guimarães, Nélson Hungria, Orosimbo Nonato e Luiz Galotti, este último amigo pessoal do dr. Waldemar[6].

Mas não só o Direito fez, desde cedo, parte da vida de Clóvis do Couto e Silva. Com efeito, para poder explicar as diferentes facetas nas quais se expressou a inteligência desse eminente jurista, é preciso retroceder no tempo e remontar ao seu ambiente familiar, rico de influências as mais variadas, para explicar a familiaridade do jurista, desde muito criança, com todas as manifestações da cultura em geral, com ênfase na literatura universal[7].

Foi na casa paterna que teve o contato precoce e permanente com as literaturas francesa e italiana, através das leituras, feitas pelo pai, em voz alta e no original, aos três filhos e demais membros da família, nos serões familiares, descritos primorosamente por seu irmão, Almiro, na belíssima oração proferida alguns meses após o desapare-

---

5. Situado na rua dos Andradas (a rua da Praia), n.º 1031, num belo prédio, em estilo *art nouveau*.

6. O dr. Paulo do Couto e Silva, primogênito do casal Waldemar e Carmem, relatou a respeito da banca fundada por seu pai: "Estou integrado ao Escritório de Advocacia de meu pai, Waldemar do Couto e Silva, há quase 80 anos, no qual ingressei há 55 anos. Foi ali a escola de bravura em que eu, meus irmãos Clóvis e Almiro e os muitos colegas que vieram trabalhar conosco, aprendemos lições definitivas de independência e de altivez" (*in O* impeachment de *Olívio Dutra e o estado democrático de direito, cit.*, p. 15).

7. A paixão pela leitura manifestou-se desde cedo, entre os irmãos Couto e Silva, sobretudo através dos clássicos infantis, como Karl May, na época *devorados* pelos irmãos Couto e Silva.

cimento de Clóvis, no Instituto dos Advogados do Rio Grande do Sul. Um pouco mais tarde, já na adolescência, Clóvis se transformaria em leitor ávido dos autores franceses mais conhecidos de sua geração, como Baudelaire e Alfred de Musset[8], admirando sobremaneira a sua obra intitulada *Les nuits*. Apreciava igualmente a prosa de Victor Hugo, sobretudo *Os miseráveis*. Essas informações constam do texto redigido por seu irmão Almiro, supracitado.

Na literatura em língua portuguesa, Clóvis leu, entre outras, as obras completas de Machado de Assis e as de Eça de Queirós, tendo relido inúmeras vezes *Os maias*[9].

No Colégio Anchieta, teve excelentes professores, sobretudo de línguas, destacando-se entre eles o professor de latim, Heinrich Bunse, alemão nato, exímio helenista e filólogo de renome internacional. No mesmo estabelecimento de ensino, teve como professor de língua e literatura inglesas um religioso alemão, de origem aristocrática, com formação na Inglaterra, que lhe transmitiu não só o conhecimento do idioma, mas também o amor pela cultura anglo-saxônica, despertando, talvez, já naquela época, o interesse que o jovem, anos mais tarde, já como jurista, haveria de desenvolver pelas soluções criadas no sistema da *Common Law*.

Desde muito cedo, afirmava querer ser advogado, objetivo que o fez ingressar na Faculdade de Direito da Universidade Federal do Rio Grande do Sul (UFRGS), em 1949, onde viria encontrar uma verdadeira plêiade de grandes professores, destacando-se, na formação do jovem acadêmico, segundo sempre afirmou, dois mestres: os professores José Luiz de Almeida Martins Costa e Ruy Cirne

---

8. Com quem travou conhecimento através da leitura da obra de Álvares de Azevedo, *Noites da taverna*.

9. Referência feita por Almiro do Couto e Silva, *op. et loc. cit.*

Lima, expoentes em suas especialidades, o primeiro, no Direito Civil, e o segundo, no Direito Administrativo. Mais: o professor Cirne Lima era profundo conhecedor dos idiomas alemão e latim, e foi por sua influência que Clóvis do Couto e Silva passou a interessar-se tanto pelo idioma como pela literatura jurídica alemã, isto já em outra fase de sua vida acadêmica, ao travar conhecimento com a pessoa e a obra de Pontes de Miranda, o *Tratado de Direito Privado*, cuja publicação se iniciara em 1953.

Outro jurista de sua grande predileção foi Emilio Betti, a quem conheceu pessoalmente durante um curso de várias semanas ministrado por Betti, na Faculdade de Direito da UFRGS.

Contudo, em seu primeiro trabalho jurídico publicado[10], Clóvis, já estudante do Instituto Goethe de Porto Alegre, refere, entre as suas fontes bibliográficas, apenas autores franceses e italianos.

Ainda estudante dos primeiros anos da faculdade, Clóvis passou a colaborar com o pai, o irmão Paulo e outros advogados, atuando no escritório da família, onde proliferavam casos versando sobre Direito Público, o que obrigou, então, o jovem acadêmico, a debruçar-se sobre outro universo do Direito, no qual atuou, até o fim da vida, com a mesma inteligência e criatividade demonstradas no Direito Privado[11].

---

10. Trata-se de um estudo intitulado "Teoria da causa no Direito Privado", *in Revista Jurídica*, 8/22, 1954. O mesmo trabalho encontra-se na coletânea, organizada por mim, intitulada *O Direito Privado brasileiro na visão de Clóvis do Couto e Silva*, Porto Alegre, Livraria do Advogado, 1997, pp. 59 ss.

11. O primeiro e talvez mais importante artigo de Clóvis do Couto e Silva no âmbito do Direito Público foi intitulado "Fontes e ideologia do princípio da supremacia da Constituição", *in Revista Jurídica*, nº 38, p. 58. Segundo Almiro, algumas das posições teóricas firmadas neste primeiro

Terminado o curso de bacharelado, Clóvis inicia o primeiro grande passo na consecução de seu objetivo de tornar-se, ademais de advogado, um jurista: a elaboração de sua tese, *A obrigação como processo*[12], com a qual concorreu à cátedra de Direito Civil na Faculdade de Direito, onde realizara seus estudos de graduação. Essa tese permanece atual, e representa um extraordinário esforço de sistematização de inúmeros aspectos da parte mais complexa do Direito Civil, as obrigações, além de ser um verdadeiro estudo de direito comparado, em sua mais perfeita acepção, pois o autor explica o modo como o legislador recepcionou um determinado conceito, qual a sua origem e como evoluiu num e noutro sistema jurídico (romano, alemão, brasileiro ou francês).

Clóvis gostava de lembrar, em conversa com seus alunos da pós-graduação, os meses em que escreveu a sua tese, relatando que, durante o verão, quando finalizava a sua redação, mudou-se para a casa da família em Ipanema, sita na av. Guaíba, nº 582, em frente do rio, onde costumava nadar e pescar, desde menino, para ter o necessário sossego e recolhimento para concluir seu árduo trabalho. Contava que se concedia apenas uma pausa, ao término de oito a dez horas de reflexão e redação, quando caminhava às margens do rio, ouvindo o som da água batendo nas pedras, observando o vôo dos pássaros e se

---

trabalho jamais seriam abandonadas por Clóvis, pois a elas retornava em suas conferências, em trabalhos como advogado e ao propor temas de dissertação de mestrado aos seus alunos da pós-graduação, da Faculdade de Direito da UFRGS. Ver *Clóvis Veríssimo do Couto e Silva, advogado e jurista, cit.*, pp. 14-5.

12. Esta tese foi publicada em 1976, em São Paulo, por José Bushatsky (ed.) e constitui leitura obrigatória aos que pretendem apreender a essência do Direito das Obrigações. Durante muito tempo, seu título provocava reações por vezes absurdas, pois havia quem relacionasse o título ao Processo (Civil), e não entendesse a ligação com a obrigação...

encantando com a visão do pôr-do-sol no Guaíba. À noitinha, retornava do passeio, lia um pouco e recolhia-se cedo, para acordar já nas primeiras horas do dia e recomeçar o trabalho de redigir a tese.

Apesar de esse ter sido um período de sacrifício, considerava-o um dos mais felizes de que tinha lembrança, pois estivera dedicado, de corpo e alma, ao seu trabalho de jurista e ao objetivo de escrever algo totalmente novo na literatura jurídica nacional.

Em 1966, ingressou, como catedrático, após concurso público, na Faculdade de Direito da UFRGS.

Contando um pouco mais de 36 anos e já catedrático, Clóvis contraiu núpcias com uma belíssima jovem, Estela Maria Gardolinsky, descendente de poloneses e, como ele, formada em Direito. O casal teve uma única filha, Luciana.

Clóvis faleceu prematuramente, aos 62 anos incompletos, no dia 21 de maio de 1992, quando em visita à Universidade Gama Filho, no Rio de Janeiro, após ter pronunciado notável conferência. A Senhora do Couto e Silva sobreviveu pouco mais de dois anos à morte de seu marido, falecendo quando ainda não havia completado 50 anos de idade.

Profundamente lisonjeada pelo fato de ter sido convidada a redigir uma biografia do insigne professor, advogado e renomado jurista gaúcho, refleti longamente acerca da maneira como iria abordar o tema, pois, de acordo com os ilustres organizadores da coleção de biografias de grandes juristas nacionais, o estudo deveria destacar, ademais da obra jurídica, outros aspectos da vida do biografado, de modo que ele fosse apresentado aos leitores sob outras perspectivas, como as de cidadão, de pai de família, amigo ou, simplesmente, como ser humano.

Tendo em vista esse propósito dos organizadores da referida coleção e sendo Clóvis dotado de uma personalidade tão rica, a ponto de torná-lo uma pessoa absolutamente singular, optei por destacar, pois premida pelo espaço previsto para o meu texto, apenas três aspectos, exatamente por chamarem a atenção de todos quantos com ele conviveram de maneira mais próxima: Clóvis e sua circunstância, visando traçar um panorama das diversas influências que marcaram sua relação com o mundo, através da amizade (I), Clóvis, o jurista comparatista (II) e sua personalidade (III).

I – Clóvis e a sua relação com o mundo jurídico nacional e europeu, através da amizade

Clóvis foi um homem de vários e fiéis amigos, cultivados com esmero ao longo dos anos, na maioria juristas ou advogados, filólogos[13] e literatos, amizades por ele mantidas ativas, com muito cuidado: aos que viviam mais próximo, telefonava, convidava para almoçar ou jantar em sua casa, ou para fins de semana em Gramado. Em relação aos habitantes de outros países, costumava escrever cartas, enviar-lhes rápidos bilhetes, por fax[14] e dar longos telefonemas.

---

13. Tinha especial apreço pelo professor Dante de Laitano, profundo conhecedor da língua e literatura brasileira e portuguesa, dono de uma invejável biblioteca. O professor Laitano era presença constante nas recepções oferecidas pelo casal do Couto e Silva. Outra pessoa que ele muito apreciava era a professora Isolda Holmer Paes, viúva de Elpídio Paes, o mais conhecido professor de Direito Romano em nossa Universidade. Este casal, dotados ambos de excepcional cultura, freqüentava todas as recepções oferecidas no apartamento da rua 24 de Outubro, para onde Clóvis mudou-se após o seu casamento.

14. Foi um dos primeiros advogados gaúchos a adquirir um fax, utilizando-o freqüentemente para enviar mensagens de saudação e/ou convites a seus amigos estrangeiros.

A) A cosmovisão de Clóvis através de um filtro voltado para a área do Direito

Clóvis estava em permanente contato com todas as culturas jurídicas, operando uma verdadeira relação dialética entre o seu conhecimento do Direito brasileiro e o dos demais sistemas jurídicos, propiciando uma melhor compreensão do Direito nacional.

Podemos perceber essas relações através de seus diferentes amigos, todos juristas de grande expressão. Assim:

a) No Brasil, era tão grande amigo e admirador de Pontes de Miranda, que o convidou para ser seu padrinho de casamento[15], do Ministro José Carlos Moreira Alves, a quem examinara no concurso à Cátedra de Direito Civil, na Universidade de São Paulo, e com quem travou memoráveis discussões a respeito da elaboração da Parte Geral do Projeto de Código Civil[16], hoje em vigor. Tinham outro interesse em comum, o amor pelos livros raros. Era particularmente devotado ao professor Miguel Reale[17], que o convidara para integrar a comissão elaboradora do Código Civil, em 1975, incumbindo-o da parte relativa ao Direito de Família; ao professor, então Desembargador no TJRS, Adroaldo Furtado Fabrício, que, além de seu amigo,

---

15. Anos mais tarde, Clóvis e sua esposa foram padrinhos do casamento de Pontes com a senhora Amnéris, sua segunda esposa. Clóvis foi também nomeado testamenteiro de Pontes.

16. Estas discussões fazem parte da obra publicada pelo Ministro Moreira Alves, *A Parte Geral do Código Civil brasileiro*, São Paulo, Saraiva, 1986, reeditada recentemente, em função da publicação do Código Civil de 2002.

17. A sua obra *O projeto do novo Código Civil* (2ª ed., São Paulo, Saraiva, 1999) foi dedicada à memória de "Agostinho Alvim, Clóvis do Couto e Silva, Sylvio Marcondes e Torquato Castro, eminentes jurisconsultos que compuseram a 'Comissão Revisora e Elaboradora do Anteprojeto de Código Civil'".

foi co-fundador do curso de pós-graduação, seu colaborador em todos os momentos; ao Ministro Paulo Brossard; a Ruy Rosado de Aguiar Júnior, seu aluno no curso de mestrado, então promotor de justiça, posteriormente integrante do TJRS, como Desembargador[18]; ao professor Aurélio Wander Bastos, da Universidade Estácio de Sá, Rio de Janeiro, um de seus incentivadores na formação do Conpedi, a cujo respeito nos referiremos mais adiante; ao professor Alfredo Baracho, de Minas Gerais, aos professores Francisco Amaral e Ricardo Lyra, da Universidade Federal do Rio de Janeiro, a Antonio Junqueira de Azevedo, examinado por Clóvis, por ocasião de sua defesa de tese de doutorado[19], em São Paulo, a Alcides Tomasetti, excelente civilista e profundo conhecedor do Direito alemão, ambos da USP, e muitos mais.

b) Com os juristas argentinos, seu contato inicial ocorreu por mero acaso. Um professor de Universidade Nacional de Rosário, Juan Malcon Dobson, passando por Porto Alegre de carro, a caminho do litoral norte com toda a família, percebeu que o seu carro estava com problemas. Parou o veículo imediatamente, deparando-se com um edifício (o prédio da nossa Faculdade), com grande jardim, onde estacionou, aproveitando para deixar a esposa e os três filhos espairecerem um pouco, à sombra

---

18. Ruy Rosado de Aguiar, hoje Ministro aposentado do STJ, foi, sem dúvida alguma, o mais importante e um dos primeiros divulgadores das idéias de Clóvis do Couto e Silva, em sua atividade jurisdicional. Suas decisões, em sua quase totalidade, refletem, à perfeição, os ensinamentos e as idéias de seu professor. Ruy Rosado de Aguiar, então já detentor do título de Mestre em Direito, colaborou intensa e permanentemente nos esforços desenvolvidos por Almiro do Couto e Silva e Adroaldo Furtado Fabrício para a manutenção do curso de mestrado da UFRGS, após o desaparecimento de seu fundador.

19. Sobre *Negócio jurídico, existência, validade e eficácia*, publicada pela Editora Saraiva, hoje em sua 3.ª edição, adaptada ao novo Código Civil.

de frondosas árvores. Abriu o capô do carro e percebeu faltar água no radiador. Tratou de buscá-la por ali mesmo, e, para tanto, dirigiu-se ao grande portão, aberto de par em par, e foi entrando, esperando obter ali a água para o carro. Já no térreo do prédio da Faculdade de Direito, encontrou o professor Clóvis, e, após se apresentarem, começaram a conversar, trocaram cartões etc., descobrindo-se, ambos, como professores de Direito. A partir de então, Clóvis estabeleceu um forte vínculo de amizade com o professor Dobson, que o introduziu nos meios acadêmicos argentinos, e Clóvis a ele entre nós. Foi Dobson quem apresentou Clóvis aos professores de Rosário, Luís Andorno, Ernesto Granados, Miguel Angel Ciuro Caldani e tantos outros. Mais tarde, em congressos organizados em nossa Faculdade e outros tantos em Rosário e Buenos Aires, Clóvis conheceu outros mestres, das universidades de Santa Fé (Mosset Iturraspe e Lorenzetti, então um jovem professor), de Mendoza (Aída Kemelmajer de Carlucci, já então uma importante jurista e magistrada), de Córdoba (Horácio Roitman) e Buenos Aires (Alterini, López Cabana, Augusto Belluscio, Ruben Stiglitz, Félix Trigo Represas, Alberto Bueres e Carlos Ghersi[20]).

20. Na obra coletiva *Daño y protección a la persona humana*, Buenos Aires, Ediciones La Rocca, 1993, há um artigo de Clóvis do Couto e Silva intitulado "El concepto de daño en el derecho brasileño" (pp. 81-95), escrito originalmente em português, com tradução para o castelhano a cargo de Ana Paula Teixeira Alves (a obra também conta com artigos dos renomados Santos Cifuentes, Luis Andorno, Kemelmajer de Carlucci, López Cabana, Mosset Iturraspe, Carlos Fernandez Sessarego, Isidoro Goldenberg e Stiglitz – Gabriel y Rubén). No prólogo, Carlos A. Ghersi afirma: "Una idea, casi diríamos de complementación, presenta el trabajo del excelente profesor brasileño, hoy lamentablemente desaparecido, doctor Clovis V. do Couto e Silva, ya que su visión apunta a la reivindicación del hombre desde las fronteras del daño como convergencia de la protección jurídica. Todos sabemos del corrimiento de las fronteras de la lesión meramente patrimonialista en derecho liberal, a la protección de la persona como

Um dos mais importantes congressos organizados na Argentina, em Buenos Aires, a cada três anos, é o *Congreso de Daños*, reputado como dos mais importantes do mundo, em matéria de responsabilidade civil. Clóvis foi convidado na oportunidade em que se prestava homenagem ao professor Jorge Mosset Iturraspe, em maio de 1991, quando dissertou sobre um tema, na época, inédito naquele país, o da *Responsabilidade alternativa e cumulativa*, partindo do problema da relação de causalidade, e da responsabilidade das massas. Ao iniciar a conferência, buscando situar o auditório, Clóvis demonstrou, uma vez mais, a sua capacidade de estabelecer relações entre as coisas, pois declarou ter lido muito, quando jovem, a conhecida obra de Ortega y Gasset, *La rebelión de las masas* (trad. bras. *A rebelião das massas*, 2.ª ed., São Paulo, Martins Fontes, 2002), afirmando que o problema da massificação havia sido posto ali, naquela obra. Essa conferência foi muito aplaudida, porque, além de ser o tema inédito, a forma como ele o tratou foi original, mediante a comparação entre Códigos Civis do mundo ocidental, no referente à causalidade em matéria de direito à indenização, destacando uma exceção, a do § 830, 2.ª parte, do BGB, onde se lê: "se várias são as pessoas que podem ser autores do dano, ou se uma pessoa poderia ser a autora, porém, não se sabe exatamente quem o causou, respondem todos solidariamente". Clóvis fez então uma analogia desse dispositivo com o delito de rinha, do Código Penal, porque esse delito apresenta semelhanças com a hipótese da 2.ª parte do § 830 do BGB (ocorrência simultânea, homogeneidade de tempo...). Essas aproximações com outras

---

integridad psicofísica. A ello apunta precisamente, con una trascendente profundidad científica, el tratamiento que brinda este importante hombre del derecho sudamericano, con una visión que sobrepasa las fronteras de lo nacional, para enmarcarse en el ámbito de lo regional" (p. 8).

disciplinas, a física e a literatura[21], no caso, tornavam as conferências de Clóvis muito atraentes, prendendo a atenção de todos, tanto a de seus colegas como a de jovens estudantes.

c) No Uruguai, correspondia-se com Nuri Olivera, conceituada advogada comercialista e professora universitária, a quem convidou para um importante congresso em Porto Alegre, em comemoração ao bicentenário da Revolução Francesa, em 1989. Clóvis acabou sendo orientador dos estudos de seu filho, Carlos Lopez, matriculado no curso de mestrado da nossa Universidade e, hoje, também professor de Direito na Universidade local, onde divulga o pensamento de seu mestre brasileiro. Ainda nesse mesmo país, era amigo dos professores Américo Plá Rodrigues, publicista, e José Ferro Astray, comercialista.

d) Na Colômbia, teve um grande e fraternal amigo, o professor Fernando Hinestrosa, Reitor da Universidade de Externado, grande civilista e membro da Academia Internacional de Direito Comparado e da Société de Législation Comparée, da qual Clóvis viria, logo após o colóquio de Bogotá, tornar-se membro ativo e muito considerado entre seus pares.

Foi justamente na Colômbia, onde fora convidado para participar de um congresso sobre arbitragem, orga-

21. Clóvis tinha especial predileção por conjugar o Direito com outras matérias e, em certa oportunidade, atribuiu a uma de suas alunas do curso de mestrado um estudo sobre o teorema de Goedel. Clóvis havia sido muito influenciado por Pontes de Miranda, impressionado por seu rigorismo científico proveniente, certamente, de sua vinculação estreita com o denominado Círculo de Viena. A presença de aspectos matemáticos na obra de Pontes de Miranda foi exposta por Clóvis em uma notável conferência, intitulada "A teoria das ações em Pontes Miranda", proferida durante a realização da Semana Pontes de Miranda, realizada em setembro de 1987 na cidade de Belém, no Estado do Pará, e cujo texto está publicado na *Revista de Informação Legislativa,* n.º 100, out./dez. 1988, pp. 249 ss.

nizado pela Universidade de Externado, com a colaboração da Société de Législation Comparée, em 1988, que Clóvis iniciou a formação de um novo círculo de amigos, os professores franceses, no caso, membros desta mesma Societé, a mais antiga sociedade jurídica do mundo[22], como veremos adiante.

e) Em razão de sua facilidade em expressar-se fluentemente em alemão, Clóvis manteve, durante longos anos, sobretudo após ter criado o curso de pós-graduação, vínculos estreitos com professores e universidades da Alemanha, tendo visitado e proferido conferências em várias Universidades desse país, até mesmo em Heidelberg, a mais famosa delas. Entre os professores alemães com quem manteve a mais longa e duradoura amizade, cultivada através de correspondência freqüente e visitas à Alemanha, está Michael Will, professor na Universidade de Saarbrücken, nos primeiros anos, e, mais tarde, em Genebra, onde Michael Will trabalhou até a sua aposentadoria, ocorrida há alguns anos. Até hoje, Michael Will refere-se a Clóvis como "meu irmão".

Clóvis lia muito, como já referido, e não apenas os autores mais conhecidos ou em voga, e isso determinava a ocorrência de fatos insólitos. Lembro-me de uma situação em que isso foi comprovado cabalmente. A Escola da Associação dos Juízes do Rio Grande do Sul, Ajuris, convidou o professor Valentin Petev, de nacionalidade búlgara, radicado na Alemanha, em Münster, onde leciona-

22. A Société de Législation Comparée foi fundada por Alexandre Ribot, Paul Jozon e Edouard Laboulaye, em 16 de fevereiro de 1869. Segundo Jean Hilaire, o *comparatisme* tem antiga tradição na França, sobretudo no âmbito da história do Direito, lembrando, para ilustrar sua afirmativa, a existência da *Revue historique de droit français et étranger*, fundada já em 1855 por Laboulaye e R. Dareste, *in* "La place de l'histoire du droit dans l'enseignement et dans la formation du comparatiste", *RIDC*, 2-1998, pp. 319 ss.

va (e ainda leciona) Filosofia do Direito, para uma série de conferências, pois um dos juízes, professor na Escola, Márcio Borges Fortes, havia lido artigos deste professor em búlgaro e, apreciando sobremaneira o pensamento de Petev, o convidou a vir ao Sul. Como professora da Escola, solicitaram-me receber, no aeroporto, o professor e sua esposa. Fui também encarregada de, nos intervalos das conferências, mostrar-lhes um pouco da cidade, convidá-los a jantar, enfim, recepcioná-los. Como estava sempre em contato com Clóvis, na Faculdade, contei-lhe sobre a visita do professor Petev, manifestando então Clóvis o desejo de recebê-lo para uma palestra aos alunos da pós-graduação. No dia e horário marcados, acompanhei o casal Petev à Faculdade, onde fomos recebidos por Clóvis em seu gabinete. Para surpresa do professor, Clóvis tinha em mãos um artigo de sua autoria, escrito alguns anos antes, em que citava longamente o colega de Münster. O professor Petev, encantado com a simpatia e os conhecimentos de seu colega brasileiro, manteve contato com Clóvis até a sua morte, ocorrida um ano após esse primeiro encontro. Dessa amizade, iniciada ao acaso, surgiram importantes vínculos entre as duas faculdades de Direito, tendo dois de nossos alunos defendido tese de doutorado na Universidade de Münster. Pelo menos uma vez ao ano, encontro o professor Petev em Paris, onde ele participa do conselho editorial dos *Archives de Philosophie du Droit*. Nessas ocasiões, invariavelmente, vêm à tona a personalidade e os escritos de Clóvis, por ele considerados fascinantes.

f) Com relação a seus amigos italianos, lembramos que Mário Losano passou um longo período entre nós, em 1991, como visitante e pesquisador, pois trabalhava, então, num livro sobre a correspondência entre Gerber e Ihering, acabando por encontrar vestígios da família de Ihering no interior de nosso Estado, pois o filho do jurista alemão havia vivido muitos anos no Rio Grande do Sul, trabalhando como botânico e estudando nossa flora. Mário e Clóvis conversavam diariamente durante este período, e, como o professor italiano também dominava o idioma alemão, suas discussões eram, em sua maioria, em torno de Ihering e Savigny. Outro assunto de sua predileção era o da influência da cultura alemã em nosso meio, levando Mário a interessar-se até mesmo pelos cadernos de receitas da culinária dos emigrantes, escritos na língua da época da chegada dos primeiros alemães ao nosso Estado. Essas constatações entusiasmavam Mário Losano, pois acreditava ter encontrado aqui uma parte da cultura européia do século XIX, perdida na Europa, tanto na Alemanha como na Itália, por causa das guerras.

g) O professor Paolo Grossi, um historiador do Direito conhecido internacionalmente, diretor da revista *Quaderni Fiorentini*, era muito próximo de Clóvis, que foi professor visitante no *Centro di Studi per la Storia del Pensiero Giuridico Moderno*, convidado pelo professor Paolo Grossi. Durante sua estada em Florença, Clóvis pronunciou uma conferência, reputada como uma das mais interessantes entre as inúmeras por ele proferidas. Trata-se de *O Direito Civil brasileiro em perspectiva histórica e visão de futuro*, na qual Clóvis descreve em síntese apertada, mas ainda assim magistral, toda a evolução de nosso Direito, para depois apontar os rumos a ser tomados por nosso Direito privado[23]. Após o falecimento de Clóvis, Paolo Grossi esteve em nossa Faculdade[24], onde pronunciou um ciclo de conferências e visitou o túmulo de Clóvis. Disse-me, na ocasião, que viera ao Brasil para cumprir com a pro-

---

23. Artigo publicado na *Revista dos Tribunais*, n.º 628, de 1988, na *Revista da AJURIS*, n.º 40, de 1987, na *Revista de Informação Legislativa*, n.º 97, 1988, e na coletânea por mim organizada, citada, p. 11.

24. A convite da professora Judith Martins-Costa.

messa feita a Clóvis, de vir a Porto Alegre, quando de sua estada em Florença.

h) Em Portugal, onde esteve em várias oportunidades, Clóvis contava com grandes amigos, destacando-se, entre todos, Mário Júlio de Almeida Costa, a quem conhecia há muitos anos. Esse professor e advogado havia sido Ministro de Salazar e, ao eclodir a Revolução dos Cravos, exilou-se no Brasil, estabelecendo-se no Rio de Janeiro, onde advogava para a colônia portuguesa local. Dado o seu renome, foi convidado a ministrar aulas em universidades paulistas. Com a anistia, retornou a Portugal, onde exerce a profissão de consultor e parecerista, além de publicar obras jurídicas de grande aceitação.

Mário Júlio de Almeida Costa foi sempre considerado, na Europa continental, o melhor especialista em Direito das Obrigações, precisamente, o tema da predileção de Clóvis. Ambos haviam se dedicado ao estudo da língua alemã, haviam lido os mesmos autores e conheciam profundamente a história do Direito português e brasileiro. Desta sorte, não é de admirar-se ter o jurista lusitano escrito sua obra *Direito das Obrigações*[25] com um sem-número de referências à obra de Clóvis e ao Direito brasileiro.

Esse professor pronunciou memoráveis conferências em nosso curso de mestrado, pretendendo Clóvis obter-lhe, da Reitoria, a concessão do título de Doutor *Honoris Causa* por nossa Universidade. Infelizmente, foi um projeto não concretizado por seu idealizador.

B) A especial relação com a doutrina francesa

No referente ao seu relacionamento com os professores franceses, seu contato teve início quando ingressou

---

25. Editora Almedina, 1994.

no grupo de Rosário, Argentina, que contava com o professor François Chabas, da Universidade de Paris XII, como visitante. Desta sorte, o mestre do Direito das Obrigações, sucessor dos irmãos Mazeaud, tornou-se também amigo de Clóvis, que o convidava a proferir conferências em nossa Faculdade. François Chabas, por sua vez, convidou Clóvis para ministrar um importante curso na Universidade de Paris XII (Val-de Marne) sobre a responsabilidade civil em Direito Comparado, brasileiro e francês[26], tendo a estância de Clóvis, acompanhado da esposa e filha, durado dois meses.

O seu círculo de amigos franceses foi ampliado gradativamente, em virtude das oportunidades, freqüentes, em que o grupo se reunia, fosse para um congresso, uma conferência ou mesmo um convite, feito por Clóvis, para permanência mais longa entre nós, como ocorreu com dois renomados professores de Paris I (Panthéon Sorbonne) e Paris II (Panthéon-Assas), respectivamente, o publicista Etienne Picard, em 1988, e a comparatista Camille Jauffret-Spinosi, em 1990, sucessora de René David, por quem nutria grande admiração e profunda amizade. Esta professora foi nomeada, em 1992, diretora do Instituto de Direito Comparado da Universidade de Paris II[27]. Mais tarde, outro professor de Paris II, Philippe Ardant, professor de Direito Público[28], proferiu palestras durante certo período de tempo, já após o falecimento de Clóvis, em 1992. Este mesmo professor chegou a orientar duas ex-alunas (e orientandas) de Clóvis, pois sua morte interrompera o

26. O curso foi escrito em francês e denominado: *Principes fondamentaux de la responsabilité civile en droit brésilien et comparé*, dat., inédito, 1988.

27. Sito no prestigioso nº 28 da rue Saint – Guillaume, no 7º *arrondissement* de Paris, em prédio vizinho ao da escola de *Sciences Politiques*.

28. O professor Ardant foi eleito Reitor da Universidade de Paris II, de 1992 a 1996.

trabalho de elaboração de suas dissertações de mestrado, até então por ele dirigidas.

Quando esteve na Colômbia, para proferir palestra sobre arbitragem em Direito brasileiro[29], foi sozinho e, com exceção do anfitrião, o professor Hinestrosa, não conhecia a ninguém. Segundo relatado pela senhora Aliette Voinnesson, Secretária da Société de Législation Comparée, o grupo francês, hospedado no mesmo hotel onde se alojava Clóvis, reuniu-se no saguão, para sair em busca de um bom local para jantar, onde Clóvis se encontrava, sentado em um sofá. A senhora Voinnesson o reconheceu, pois haviam sido apresentados quando da abertura do Congresso. Acercou-se dele, perguntando-lhe se aguardava alguém, e, respondendo ele negativamente, convidou-o a juntar-se ao grupo, ao que ele acedeu, de bom grado. De acordo com o testemunho desta senhora, foi um jantar memorável, pois Clóvis encantou a todos pela sua simpatia, pelo seu francês fluente, por sua inteligência brilhante e, sobretudo, por seus notáveis conhecimentos a respeito do Direito francês. Anos mais tarde, um dos professores presentes naquele jantar contou-me estar um dos convivas ali presentes, membro da Corte de Cassação francesa, surpreso pelo fato de Clóvis conhecer mais detalhes históricos sobre a Corte de Cassação do que ele próprio, um de seus membros.

Nessa ocasião, Clóvis fez novas e perenes amizades: os professores Xavier Blanc-Jouvan (Paris I, Direito do Trabalho), secretário-geral da Société, Jacques Robert (Paris II, Direito Público e membro do *Conseil Constitutionnel*), Roland Drago (Paris II, Direito Público), Philippe Ardant, publicista.

---

29. Texto publicado na *Revue Internationale de Droit Comparé*, número especial, vol. 8, *Journées de la Société de Législation Comparée*, 1986.

Ao retornar do evento realizado em Bogotá, acalentou Clóvis a idéia de organizar um grande congresso em nossa Faculdade, com a participação da Société de Législation Comparée, para homenagear os duzentos anos da Revolução Francesa. Refletindo melhor, optou por ampliar o evento, transformando-o nas XI Jornadas franco-latino-americanas de Direito Comparado, transcorridas de 15 a 19 de outubro de 1989, com a presença de expoentes do mundo jurídico nacional, francês e latino-americano.

A conferência de abertura, intitulada "A Revolução Francesa e o Direito Novo", foi pronunciada pelo professor Miguel Reale. No dia seguinte, pela manhã, iniciou-se o evento, ficando o primeiro tema (os poderes do Estado: parlamentarismo e presidencialismo) a cargo dos professores ministro do STF, José Carlos Moreira Alves, Philippe Ardant, Nelson Jobim, Aurélio Wander Bastos, Paulo Brossard e Nestor Sagües, este último, argentino.

Clóvis falou, no terceiro dia, sobre grupos societários[30], assunto, naquele momento, de seu maior interesse, daí por que convidara para expor, no mesmo painel, o professor Jean Stoufflet, de Paris II, um dos importantes autores franceses nessa matéria e grande conhecedor do Direito Societário norte-americano. Infelizmente, o professor Stoufflet não pôde vir ao Brasil, e seu trabalho foi lido por outra pessoa.

Nessa mesma ocasião, ocorreu um evento paralelo, a I Jornada brasileira sobre pesquisa em Direito, cujo objetivo era discutir o estado em que se encontrava então a pesquisa em Direito, e qual seria o seu futuro, na pós-gra-

---

30. Trabalho publicado na *Revista dos Tribunais*, set. 1989, vol. 647, pp. 7 ss. e, na França, no volume especial das *Journées de la Société de Législation Comparée*, 1989, pp. 447 ss.

duação. Aproveitando a presença de professores pesquisadores europeus entre nós, colheu a oportunidade para organizar conferências e mesas-redondas, delas participando intensamente e intervindo de forma decisiva, manifestando a sua concepção, na época ousada[31], a respeito de como deveria ser o ensino do direito na pós-graduação[32], assunto, até então, jamais discutido em uma faculdade de Direito. A partir de sua iniciativa, foi fundado, naqueles dias, o Condepi, Conselho Nacional de Pesquisa em Direito na pós-graduação, tendo a Clóvis como seu primeiro presidente[33].

O encerramento do evento teve como um de seus pontos culminantes a outorga a Clóvis, pelo governo francês, da maior distinção conferida a um estrangeiro, por destacar-se e empenhar-se na difusão da cultura francesa, a condecoração denominada "Palmas Acadêmicas", entregues pelo cônsul-geral da França de São Paulo.

Pelas diversas especialidades pelas quais transitavam os seus amigos, percebe-se ter sido Clóvis atuante em outros domínios do Direito, tais como o Direito Público em

---

31. Clóvis fundou o curso de mestrado em Direito da UFRGS em 1985, *concebido como um modelo ao mesmo tempo reflexivo e crítico, visualizando o direito como fenômeno cultural. A cultura jurídica era o seu centro de interesse, pois não acreditava no autoritarismo dos dogmas, sendo ele próprio, até o último de seus dias, um estudante curioso e criativo, avesso às respostas fáceis, à repetição de um pretenso saber e às verdades ditas imutáveis. In* "Clóvis do Couto e Silva", publicado na *Revista AJURIS*, 1992, vol. 5, pp. 268-71, e na *Revista Direito do Consumidor*, 1992, vol. 3, pp. 239-42. Este texto foi também publicado na *Revue Internationale de Droit Comparé*, 1993, n.º 1, pp. 175-7, de autoria de Judith Martins-Costa e Véra Jacob de Fradera.

32. Clóvis era partidário do sistema de seminários, ou seja, do curso feito pelos alunos, abandonando a velha sistemática das aulas magistrais.

33. O Conpedi segue existindo, porém bastante distante do almejado por Clóvis, tendo tomado, lamentavelmente, rumos distintos dos preconizados por seu fundador.

geral e o Direito Processual, na condição de advogado militante e bem-sucedido, em Porto Alegre e Brasília. Seus livros e escritos na área do Processo Civil[34] tiveram grande sucesso, sendo citados em nosso Tribunal do Estado, e nos superiores de nosso país[35].

Feito esse breve relato sobre a concepção de Clóvis a respeito da importância e do valor da amizade em sua vida, passaremos a descrever o traço de sua formação jurídica e intelectual, mais destacado e original, a sua vocação inata para a ciência da comparação.

II – Clóvis, um jurista comparatista

São inúmeras e interessantes as facetas da personalidade desse professor, pois além de professor, legislador do anteprojeto de Código Civil, foi excelente advogado, parecerista, escritor e processualista.

Contudo, segundo meu ponto de vista, entre as suas múltiplas atividades, talvez deva ser dada maior ênfase à sua dedicação e competência em Direito Comparado.

---

34. *Comentários ao Código de Processo Civil*, vol. XI, em dois tomos, editado pela Revista dos Tribunais, 1977. Um dos mais interessantes artigos de Clóvis em matéria processual intitula-se "Para uma história dos conceitos em Direito Civil e Processual Civil (a atualidade do pensamento de Otto Karlowa e de Oskar Bülow)", *in Revista de Processo*, jan./mar. 1985, n.º 37, pp. 238 ss. O mesmo trabalho foi publicado, com anterioridade, em língua francesa, nos *Quaderni Fiorentini* n.º 14, 1985.

35. A pesquisa recente, via internet, acessada em 29 de julho de 2004, o demonstra: nenhuma vez pelo STF, dezessete vezes pelo STJ, quatro vezes pelo TRF da 4.ª Região, uma vez pelo TRF da 5.ª Região, uma vez pelo TRF da 1.ª Região, uma vez pelo TCU, três vezes (em suas ementas) pelo TJRS, uma vez (em suas ementas) pelo TJRJ, quatro vezes pelo TJMG e 40 (quarenta) pelo TJSC.

A) O domínio dos idiomas estrangeiros

Como antes mencionado, Clóvis teve plantadas, em sua primeira infância, as raízes de sua futura vocação para o Direito e, a meu ver, para sua maior especialidade, o Direito Comparado.

Podemos iniciar nossa narrativa pelo gosto e cultivo dos idiomas, pois Clóvis lia, falava e escrevia em alemão, inglês e francês, conhecendo igualmente o italiano e o espanhol.

Mediante a leitura dos juristas alemães, tornou-se Clóvis um dos mais importantes civilistas de seu tempo, penetrando nos mistérios de nosso Direito Civil e desenvolvendo inúmeras teses, muitas delas com fulcro no Direito alemão.

Para conhecer a fundo o idioma de Savigny, Clóvis estudou primeiramente no Instituto Goethe de Porto Alegre. Mais tarde, já advogado e professor catedrático, tinha aulas particulares com uma excepcional professora, a senhora Elisabeth Charlotte (ou Liselotte) von Ortemberg Heuser, filha de um médico alemão, que contara, entre seus clientes, o *Kaiser* alemão. Essa senhora, dotada de vastíssima cultura, com o passar dos anos tornou-se sua grande amiga e confidente, pois pelo menos três vezes por semana Clóvis dirigia-se à sua casa para exercitar a conversação em alemão, discorrendo então sobre inúmeros assuntos, jurídicos e administrativos, relacionados à Faculdade[36] e também sobre arte, literatura, música, temas de cultura em geral. O casal Heuser, na condição de amigos muito queridos, costumava freqüentar as recepções oferecidas pelo casal do Couto e Silva e, seguida-

36. Clóvis foi chefe do Departamento de Direito Privado, diretor da Faculdade de Direito, membro do Conselho Federal de Educação e fundador e coordenador do curso de pós-graduação em Direito.

mente, freqüentavam-se em Gramado, formosa cidade da região serrana do Estado do Rio Grande do Sul, onde o casal do Couto e Silva possuía uma aprazível e confortável vivenda, cercada por belos jardins, onde vicejavam espécies nativas de várias partes do mundo, inclusive um autêntico cedro do Líbano, árvores francesas, alemãs, italianas, pois Clóvis buscava recriar, e de certa maneira conseguiu fazê-lo, nos limites de sua propriedade, parte das paisagens por onde havia passado, ao redor do mundo[37].

A facilidade com que lia os textos jurídicos em alemão provinha, pois, do permanente aperfeiçoamento, de uma dedicação constante a uma língua difícil, mas sedutora, porque plena de nuanças e variações, permitindo a expressão do pensamento sob várias formas, pois os verbos em alemão podem sofrer inúmeras modificações de sentido, mediante a aposição de preposições, o que dá, também, grande sonoridade à língua.

Como desde muito jovem possuía o domínio da língua francesa, não fazia aulas deste idioma, nem de inglês, idioma aprendido no curso clássico do Colégio Anchieta.

O domínio de três línguas-chave formou o alicerce para iniciar a análise comparatista no campo do Direito: o francês, o alemão e o inglês. Como se sabe, estudos especializados têm demonstrado que os bilíngües são mais sen-

37. A casa foi construída sobre um imenso terreno, de formato muito irregular, pois Clóvis o adquiriu aos poucos, comprando alguns deles e recebendo os demais a título de honorários. Muito bem planejada, a casa contava com um grande subsolo, onde Clóvis instalou uma biblioteca, e nela gostava de passar algumas horas, lendo e pesquisando, mesmo durante os fins de semana. As paredes eram adornadas por belos e valiosos quadros de pintores da região e de outras paragens. Muitos dos professores estrangeiros, integrantes de seu grande círculo de amigos, passaram dias extremamente agradáveis naquela casa. Ainda hoje, decorridos tantos anos, alguns deles indagam sobre o destino de tão bela morada, onde o casal do Couto e Silva recebia com fidalguia e grande distinção.

síveis às relações semânticas entre as palavras, são mais facilmente capazes de tratar a estrutura da frase analiticamente, gozam de maior sensibilidade social e maior capacidade de reagir com flexibilidade à assimilação cognitiva.

Claude Hagège[38] afirmou, a propósito do bilingüismo, ter sido constatado, faz muito tempo, possuírem os bilíngües, geralmente, uma maleabilidade e uma flexibilidade cognitivas superiores à dos monoglotas.

O comparatista Clóvis do Couto e Silva representou uma comprovação perfeita dessa teoria.

Através da língua francesa, cultivou a essência da cultura da França, desde a literatura[39], a arte e os grandes juristas, sobretudo os comentaristas do Code Napoléon; o alemão possibilitou-lhe a compreensão e a explicação de muitos aspectos do Direito brasileiro e, finalmente, o inglês permitiu-lhe descortinar uma original concepção do Direito, a *Common Law*, sistema pelo qual tinha grande atração, devido às suas soluções pragmáticas.

B) Clóvis e o bijuridismo: comparação entre dois sistemas jurídicos

Clóvis do Couto e Silva deu-se conta, desde muito cedo, da importância dos estudos comparatistas como instrumento essencial de cultura jurídica geral, como um poderoso coadjuvante na formação do cientista do Direito, pois o comparatista logra desvendar verdades universais, base de toda a ciência, o que não seria possível se restringisse sua pesquisa a um único sistema jurídico.

Por outro lado, percebeu também a importância prática do Direito Comparado no que diz respeito, por exem-

38. *In L'enfant aux deux langues*, Paris, Odile Jacob, 1996, p. 10.

39. Clóvis lia com especial gosto as obras de Proust, Sartre e Foucault.

plo, ao aperfeiçoamento do Direito nacional, mediante a comparação com regras e institutos de outro sistema. Uma de suas contribuições para a atualização do Direito de Família no anteprojeto de CC resultou de seus conhecimentos de Direito Comparado, qual seja, a possibilidade de alteração de regime de bens na constância do casamento foi inspirada de uma lei em vigor na Alemanha, desde 1976.

Cultivou com afinco a ciência irmã do Direito Comparado, a História do Direito, tornando-se profundo conhecedor do antigo Direito português, do Direito das Pandectas e da evolução da *Common Law*.

Foi através da pesquisa da obra jurídica de autores alemães, no original, e na História do Direito, principalmente no período clássico, que formulou sua tese *A obrigação como processo,* obra cujo grande mérito foi o de ter revelado à doutrina nacional a estrutura da relação jurídica obrigacional, vislumbrada como uma totalidade, formada por vários elementos, os direitos, os deveres, classificando os últimos em principais, secundários, dependentes e independentes, permanentes e transitórios, apontando ainda, na relação obrigacional, a existência de obrigações, exceções e posições jurídicas.

Ao estudar a maneira como a pandectística alemã, no século XIX, havia tratado a estrutura da relação obrigacional, diversamente de como a concebiam os franceses, dominados pela influência canonista, fixou um conceito de vínculo obrigacional como *uma ordem de cooperação que não se esgota na soma dos elementos que a compõem*.

Seus estudos de Direito Comparado levaram-no, pois, a desvendar aspectos ignorados de nosso Direito, pois o modelo jurídico inspirador de Teixeira de Freitas[40], no que

---

40. Clóvis foi grande admirador e profundo conhecedor da obra de Teixeira de Freitas.

tange às obrigações, não foi o napoleônico. Clóvis enfatizou sempre não ter o Código Civil brasileiro de 1916 rompido com o Direito anterior, apenas o sistematizou, dando uma configuração moderna, mas tirando proveito, para tanto, das diversas consolidações antes realizadas.

Seus estudos de Direito Comparado levaram-no a formular soluções verdadeiramente avançadas para a época, quando participou como membro da Comissão elaboradora do anteprojeto de Código Civil. Nesse sentido, sua concepção era a de que o Direito está a serviço da vida; o progresso deve ser servido e não contido ou limitado pelo Direito.

Um exemplo de utilização prática desta concepção traduz-se na divulgação entre nós dos conceitos da *Common Law*, de *Substantial performance* e de *Acts for necessaries*, por ele denominados atos existenciais, conceito mais amplo do que o de contrato, porquanto resultante do contato social e da confiança, animadora do tráfico jurídico, com larga utilização, hoje em dia, devido à massificação das relações jurídicas, pois o conceito clássico de contrato, cujo requisito básico é a capacidade do agente, tornou-se insuficiente para abarcar todas as hipóteses de contato social.

Quanto à noção de *Substantial performance*, sua divulgação teve grande importância no que tange à resolução dos contratos, pois refere-se a um adimplemento tão próximo do resultado final, que, tendo-se em vista a conduta das partes, exclui-se o direito de resolução, restando tão-somente o direito à indenização.

Ambos os conceitos tiveram acolhida no TJRS, tendo o então desembargador Ruy Rosado de Aguiar relatado as primeiras decisões que os acolheram.

O cultivo e o conhecimento dessas duas famílias de Direito, a romano-germânica e a da *Common Law*, estão presentes em muitos de seus escritos doutrinários, inclusive em seus arrazoados de advogado.

O conhecimento profundo e a capacidade de utilizar na prática conceitos originados de duas distintas famílias de Direito representam quase como uma conseqüência de seu conhecimento de línguas, pois o seu bijuridismo só foi possível devido à sua qualidade de bilíngüe. Mais ainda: a perfeita apreensão do resultado da comparação entre sistemas jurídicos foi exitosa, produziu muitos frutos, porque, ao dedicar-se a esse exercício, Clóvis vinha preparado para isso. Como disse Gademer[41], a compreensão do Direito requer uma *Vorverständnis*, uma pré-compreensão, sem a qual a comparação seria inútil.

O seu diálogo entre dois sistemas jurídicos distintos, a *civil law* e a *common law*, teve, pois, como antecedente, um diálogo entre duas culturas, uma de origem romana e outra, anglo-saxônica. Além disso, é muito grande a relação entre língua e Direito. Assim, tomemos como exemplo o termo "contrato", em português; *contrat*, em francês; *Vertrag*, em alemão. Este último vocábulo tem maior amplitude, maior alcance do que *contrato* ou *contrat*, simplesmente porque, para os alemães, o vínculo contratual é bem mais complexo. Além disso, o termo abrange qualquer acordo producente de conseqüências legais, por exemplo, o regime de bens no casamento[42].

Com relação à cultura e ao Direito, o canonismo e o protestantismo estão presentes com suas características nos sistemas jurídicos francês e alemão, contribuindo para a existência de várias diferenças.

---

41. *In Wahrheit und Methode*, 4ª ed., Tubingen, J. C. B. Mohr, 1975, p. 252 .

42. Ver Karl Renner, *The Institutions of Private Law*, Routledge & Kegan Paul, Londres e Boston, 1976, p. 67.

O professor Clóvis do Couto e Silva representou uma comprovação exitosa da teoria que reputa os bilíngües seres mais flexíveis e mais adaptáveis, aptos a se inserir rapidamente em outras culturas, no caso, em outros sistemas jurídicos.

A maneira que Clóvis do Couto e Silva encontrou para divulgar e desenvolver a riqueza de suas descobertas como comparatista foi a criação do curso de mestrado em Direito, no qual a ênfase em todas as disciplinas é a utilização do Direito Comparado. Essa, em minha opinião, foi a marca mais original por ele imprimida ao seu curso, tornando possível sua freqüência por alunos não nacionais. Tivemos, entre nós, alunos franceses, alemães, uruguaios, um senegalês e um mexicano[43], demonstrando muito bem essa abertura, essa vontade de estabelecer um permanente diálogo entre culturas jurídicas.

Mas Clóvis do Couto e Silva não foi apenas um jurista invulgar, um exímio professor e um excelente comparatista. Ele foi, igualmente, um ser humano, dotado de uma personalidade bastante forte e atraente, amante da vida e do belo.

III – A personalidade de Clóvis do Couto e Silva

Clóvis foi uma pessoa que não deixava ninguém indiferente, pois sua forma de ser, atuar, portar-se suscitava sempre alguma reação, nem sempre, é bem verdade, simpática, pois era incapaz de esconder a sua antipatia, quando alguém não lhe caía bem.

---

43. Hoje constatamos a presença de um jovem alemão, concluindo a sua tese de doutorado, e, no mestrado, três jovens sul-americanos de língua espanhola (uma boliviana, uma paraguaia e um peruano).

Em primeiro lugar, era um ser inquieto, sua mente parecia jamais estar em repouso, pois tudo ao seu redor lhe despertava interesse. Isso, de certa forma, contrastava singularmente com o seu aspecto físico, pois era bastante corpulento[44], avesso à prática de todo e qualquer esporte, apesar de apreciar futebol e assistir, eventualmente, a jogos pela televisão[45].

Sua esposa e alguns amigos mais chegados, em certa ocasião, instaram a que ele se dedicasse ao menos a caminhadas, num local muito aprazível de Porto Alegre e bem próximo de sua casa, o Parcão, onde se concentravam, e ainda o fazem, os adeptos da caminhada e da corrida em nossa cidade. Clóvis acedeu, muito contrariado, e começou a freqüentar, quando seus compromissos profissionais permitiam, o Parcão. Apenas lá chegado, não havia dado ainda quinhentos passos, já se podia vê-lo, muito bem acomodado em um dos muitos bancos ali colocados, rodeado de alunos, ex-alunos, colegas advogados, discutindo seus temas favoritos, suas últimas leituras e suas impressões a respeito de determinado julgado do tribunal local. Desta sorte, as caminhadas foram decididamente postas de lado.

Clóvis aliava em sua pessoa, ao mesmo tempo, o *gourmet* e o *gourmand*, isto é, apreciava a boa mesa e em quantidades expressivas, de modo que, com os anos, passou a

---

44. De estatura mediana para alta, cabelo e olhos castanhos, Clóvis movia-se com elegância, apesar de seu porte avantajado. Vestia-se com esmero, sempre de terno e gravata, camisas impecavelmente brancas. Que eu lembre, houve somente uma oportunidade, em muitos anos de convívio, em que recebeu um pequeno grupo para jantar, em pleno verão, vestido esportivamente. Seu apartamento era decorado de forma elegante, em estilo clássico, e situava-se no tradicional bairro Moinhos de Vento, em Porto Alegre.

45. Conforme lembra Almiro, quando menino, Clóvis não corria nem mesmo para pegar o bonde que os levaria ao colégio.

ganhar peso, preocupando sua família e os amigos. Apesar de toda essa preocupação a seu redor, jamais aceitou submeter-se a um tratamento médico, para reduzir-lhe os riscos de ter um ataque cardíaco, o que acabou, infelizmente, ocorrendo.

Penso que a boa mesa era uma das tantas paixões de Clóvis, pois possuía, em seu apartamento da rua 24 de Outubro, uma notável biblioteca de culinária, não só de receitas atuais, como também antigas, de épocas recuadas, como a Idade Média. Gostava de mostrar esses livros a seus amigos, em reuniões ou jantares mais íntimos.

Tinha grande alegria em receber convidados para jantares, alguns simplesmente suntuosos. Lembro-me da descrição de um desses autênticos banquetes, oferecido pelo casal do Couto e Silva, em Paris, num dos seus restaurantes mais requintados, o *Pré-Catalan*, situado em pleno *Bois de Boulogne* e freqüentado por magnatas do mundo inteiro. Convidou a esse estabelecimento dez amigos, todos membros da Société de Législation Comparée, oferecendo-lhes o que havia de melhor no cardápio.

Apreciava igualmente a música clássica, possuindo uma grande coleção de discos e aparelhos de última geração para ouvi-los.

A velocidade com que Clóvis pensava, a forma como as idéias lhe ocorriam, tornava impossível escrevê-las, de modo que tinha sempre em seus bolsos um pequeno gravador, à pilha, para ditar os seus artigos e arrazoados. Vários de seus trabalhos padecem de uma boa estrutura, porque, após ser ditados ao gravador, sua secretária os transcrevia, pacientemente, para o papel, ocorrendo, às vezes, alguns senões.

Quando intervinha nos seminários do curso de mestrado, falava de improviso, gesticulando bastante e, não raro, durante essas intervenções, acabava criando uma nova tese, sob o calor da discussão. Aliás, era notório que, quando apreciava sobremaneira a exposição do aluno, ele o interrompia inúmeras vezes, acrescentando bibliografia, criticando ou elogiando autores, e intervindo diretamente no teor do seminário. Se Clóvis ficasse calado ao longo da exposição, era certo que não gostara da apresentação.

Apesar de ter muitos e variados interesses, afora a paixão pelo Direito, Clóvis era bastante distraído para tudo o que não o interessasse no momento. Assim, chegava ao extremo de esquecer o local onde havia estacionado o carro. Certa feita, deu queixa à polícia, pelo "furto" do automóvel, encontrado, dois dias depois, exatamente no local onde o havia deixado, em rua próxima àquela onde estava situado o escritório de seu pai[46].

Às vezes, já como coordenador do curso de mestrado, pedia a algum aluno que o levasse de volta a casa, pois havia ido à universidade de táxi, porque não encontrara o próprio carro na garagem de seu prédio.

Sua memória era, sob certos aspectos, extraordinária, pois reproduzia textos de diferentes autores, com a maior facilidade, mas, no tocante a endereços, por exemplo, era capaz de esquecer a localização do próprio hotel onde se hospedava. Contava ele mesmo ter sido convidado para uma conferência, na Alemanha, em uma universidade cujo nome não recordo agora. Clóvis instalou-se em um hotel e dirigiu-se, horas mais tarde, para o local da palestra. Após o término da solenidade, foi convidado a jantar com os seus pares alemães, permanecendo em agradável convívio até altas horas. Quando decidiu recolher-se, não se lembrava mais do nome, nem da localização do hotel, fazendo com que os seus anfitriões percorres-

46. Este episódio ocorreu há muitos anos, quando Clóvis era um jovem advogado e ainda trabalhava com seu pai.

sem vários hotéis em busca daquele onde deveria estar hospedado. Por fim, um dos professores teve a idéia de telefonar a vários estabelecimentos, indagando se ali estava alojado o *professor Doktor do Couto e Silva, von Brasilien*. Finalmente, o endereço foi encontrado e Clóvis, depois dessa aventura, jamais saía de um hotel, quando viajava só, sem o endereço em seu bolso[47].

Clóvis foi um pai muito dedicado e extremoso, amava a sua filha, a pequena Luciana, acima de tudo no mundo, e, como se tivesse previsto que cedo a deixaria, proporcionou-lhe, enquanto viveu, magníficas viagens, inúmeros passeios e, quando criança, todos os brinquedos imagináveis. Como era filha única, Clóvis gostava de receber as amiguinhas da filha em casa, tanto em Porto Alegre como em Gramado, para que a menina convivesse com crianças de sua idade. Era comovente ver esse intelectual, assoberbado pelo trabalho, tanto do escritório como da Universidade, dedicar toda uma tarde para aprender a gravar o programa favorito de televisão da menina, em viagem com a sua mãe, visando surpreendê-la em sua volta. Luciana herdou do pai o pendor e o gosto pelo estudo dos idiomas, tendo sido destacada estudante da língua inglesa, em um excelente colégio inglês, onde foi estudar, quando contava 18 anos. Hoje é aplicada acadêmica de Direito.

Foi também grande amigo de seus irmãos, Paulo e, sobretudo, Almiro, que a ele se referiu, em seu discurso,

---

47. A distração de Clóvis já havia sido notada desde a sua infância, conforme relata seu irmão, Almiro, ressaltando, contudo, e com propriedade, que sua distração – famosa na família, no círculo de amigos e dos alunos, por vários incidentes anedóticos que a exprimiam – não era senão a face visível da intensidade com que seus olhos, seus ouvidos, sua própria voz voltavam-se para dentro, submetidos todos os seus sentidos à força dominadora do pensamento. *Op. et loc. cit.*, p. 7.

aqui antes citado, na Semana do Advogado Clóvis do Couto e Silva, como *meu amigo, meu colega e meu irmão querido.*

Outro traço marcante na personalidade de Clóvis era o de que fazia tudo com exagero, a ponto de assinar e ler dezesseis periódicos jurídicos estrangeiros. Por força disso, seu escritório possuía uma excelente biblioteca, enriquecida ainda, mês a mês, pelos livros, adquiridos em quantidade, para bem fundamentar seus trabalhos como advogado[48].

Aliás, nesse aspecto, Clóvis foi um jurista que soube aplicar e aproveitar todo o seu conhecimento acadêmico na atividade advocatícia. Clóvis deixou muitas marcas indeléveis por onde passou. Em sua família, marcou a sua forte presença, por sua inteligência e por seus feitos. Na Faculdade de Direito da UFRGS, mercê de seus notáveis conhecimentos, de sua crença no valor do saber e na sua fé nos jovens estudantes, formados à sua maneira, fez com que as idéias, recebidas de suas lições e de seus inúmeros escritos, estejam hoje sendo difundidas no Brasil afora e também no exterior, criando, desta sorte, uma Escola de Direito Privado, cujo centro formador e propagador vem sendo o seu curso de mestrado, hoje com o doutorado implantado e em pleno funcionamento. Acredito, assim como os professores da pós-graduação, estarmos colaborando para a consecução de seu objetivo maior, o de fazer da Universidade um local onde se aprende a pensar.

A vida e o pensamento de Clóvis em todas as áreas do mundo cultural se projetaram de forma extraordinária nestes doze anos após a sua morte, multiplicando-se

48. A biblioteca pessoal de Clóvis, situada em seu gabinete da rua 24 de Outubro, foi integrada à do Escritório Couto e Silva, de propriedade de seus irmãos, Paulo e Almiro, até o momento em que for reclamada pela herdeira, Luciana.

em todas as facetas nas quais ele teve atuação: na relação com a Universidade Federal do Rio Grande do Sul e as universidades estrangeiras, dada a projeção do curso por ele criado, nos Tribunais estaduais e Superiores, no novo Código Civil e até mesmo no Código de Processo Civil.

No meu entendimento, a maior revolução operada por Clóvis, na cultura jurídica brasileira, foi a sua contribuição para uma mudança na forma de visualizar o Direito, como algo em permanente evolução e um fenômeno influenciado por todas as formas da cultura.

Haveria muitos mais fatos para narrar, dada a singular personalidade de Clóvis do Couto e Silva. Discorrendo sobre a sua vida e, desta, apenas uma parcela, a que tive a fortuna de conhecer, vem-me à mente uma analogia, para tentar explicar a intensidade com que Clóvis viveu e produziu em escassos 62 anos de vida: para mim, sua passagem pela vida deu-se da mesma forma como passam entre nós os cometas, rapidamente, deixando atrás de si um rastro de luz e de indagações na mente daqueles que os observaram e que permanecem presos ao mesmo lugar.

Luiz Machado Guimarães

Um processualista

*José Carlos Barbosa Moreira**

Se disser que escrevo sobre Luiz Machado Guimarães como um filho escreveria sobre o pai, provocarei no leitor a suspeita de que arrancam só do sentimento as considerações que fizer acerca de sua obra jurídica. Contudo, uma coisa é verdade, sem que o seja a outra. Tive realmente afeto filial pelo "Dr. Machado", como lhe chamava; no entanto, a minha admiração por seus méritos de jurista não é sentimental: antecedeu o conhecimento pessoal e estou certo de que não diminuiria se nunca nos houvéssemos encontrado. Devo reconhecer, em todo caso, que o trato direto, de que me beneficiei por vários anos, em algo contribuiu para aumentá-la.

Explico-me. A produção publicada de Machado Guimarães, sem prejuízo de sua altíssima qualidade, não reflete em toda a medida, porque relativamente pouco vasta, a riqueza e a densidade de seu pensamento. Por sorte, pude receber mais do que aqueles que o conhecem apenas pela leitura. Conversar com Machado era autêntico privilégio: consentia ao interlocutor perceber como trabalhava uma mente que parecia feita de propósito para ocupar-se de questões de direito.

* Professor da Faculdade de Direito da UERJ. Desembargador (aposentado) do TJRJ.

Ninguém suponha que tal fosse o assunto exclusivo de nossas conversações: longe disso. Machado foi excelente *causeur*, e não raro me deleitava com os rasgos de seu fino humor, em comentários sobre pessoas e fatos da hora. Aqui, porém, é do jurista que me incumbe falar. E o jurista alimentava-me com os transbordamentos de sua inteligência ímpar, naqueles encontros no apartamento da Rua Leopoldo Miguez, onde se reunia semanalmente em "assembléia geral" aquilo que ele, com espírito, denominava a "Escola Processual de Copacabana". Não eram, frise-se, conversas de "mão única": a mim, iniciante, com certeza me bastaria ouvi-lo, mas ele me provocava constantemente a externar meu pensamento, a dialogar, como se estivéssemos em pé de igualdade.

Convém, todavia, cortar aqui o relato de minha experiência pessoal: não sou eu o tema deste escrito. Segundo quer a tradição, em trabalhos do gênero é obrigatório ministrar ao leitor alguns dados biográficos do homenageado. Valho-me, para tanto, de informações devidas à amabilidade de sua filha Sonia.

Dados biográficos

Nasceu Luiz de Macedo Soares Machado Guimarães em 5 de novembro de 1895, na cidade do Rio de Janeiro – e, acrescento, representou como poucos aquilo a que outrora, em tempos mais amenos, se costumava chamar o "espírito carioca". Era filho de Ernesto Machado Guimarães e de Maria de Nazareth de Macedo Soares Machado Guimarães, cujo pai, o Conselheiro Antonio Joaquim de Macedo Soares, chegou a ocupar o cargo de Ministro do Supremo Tribunal Federal. Um primo seu, Bernardino Luiz Machado Guimarães, foi professor da Universidade de

Coimbra e presidente da República Portuguesa. Luiz casou-se com Laura Brandão Machado Guimarães, que tinha vínculos de parentesco com a nobreza lusitana, e dessa união nasceu a filha Sonia. O neto Mario Rebello de Oliveira Neto é conhecido advogado criminalista.

Fez Machado no Externato Aquino aquilo que então se denominava o "curso de humanidades", e na Faculdade de Ciências Jurídicas e Sociais do Rio de Janeiro obteve em 1916 o grau de bacharel. Exerceu intensamente a advocacia. Foi orador oficial e vice-presidente do Instituto dos Advogados Brasileiros, professor de Direito Judiciário Civil (nome dado na época à disciplina de sua predileção) na Faculdade de Direito da Universidade do Brasil. Integrou os quadros da Procuradoria-Geral do antigo Distrito Federal, depois Estado da Guanabara. Foi colaborador assíduo da *Revista Forense*, que publicou grande número de trabalhos seus. Integrou a comissão revisora do Projeto de Código de Processo Civil elaborado por Alfredo Buzaid, o qual viria a converter-se no diploma de 1973, ainda em vigor. Os trabalhos de revisão, seja dito de passagem, frustraram-se na maior parte: poucas foram as sugestões da comissão revisora aceitas pelo então Ministro da Justiça, ao preparar o projeto definitivo encaminhado ao Congresso Nacional.

Faleceu Machado Guimarães no Rio de Janeiro, em 6 de setembro de 1971, vítima de problema cardíaco, quando poucos anos lhe faltavam para completar os oitenta.

Produção científica: artigos e conferências dos primeiros tempos

Para bem valorar a obra jurídica de Machado Guimarães é necessário, antes de mais nada, enquadrá-la no contexto histórico. Ela se inicia nos anos 30 do século passado, quando a ciência processual ainda engatinhava no Brasil. Houvera alguns lampejos ocasionais: na época imperial, a aguda percepção de Paula Batista, notadamente na página, sempre citada, relativa à natureza jurídica da arrematação[1]; já na era republicana, a obra de João Mendes Júnior, talvez o primeiro a tentar aplicar categorias filosóficas à doutrina processual. Fazia pouco que começara Pontes de Miranda a publicar. No plano legislativo, estava por vir a lume o primeiro código republicano nacional, o de 1939. A paisagem, numa visão de conjunto, era bastante pobre. Vínhamos do praxismo e do procedimentalismo, e não tinham desaparecido ainda os traços desses métodos menos atualizados de tratar do processo.

Em semelhante conjuntura, era natural que se concentrasse em aspectos técnicos a atenção dos estudiosos inconformados com a situação. Urgia arejar a atmosfera acanhada mediante a introdução de idéias e instrumentos de trabalho familiares à ciência européia. Não surpreende que um dos primeiros escritos de Machado Guimarães se haja proposto explorar em profundidade a temática relativa ao conceito de "instância" – até ali utilizado de modo equívoco e assistemático, fonte, por isso mesmo, de intermináveis dúvidas e controvérsias. Não visava o mestre, contudo – e ele próprio timbrou em deixá-lo explícito –, a reconstruir o instituto, senão a absorvê-lo no de relação jurídica processual. Essa era noção de que podiam descobrir-se prenúncios em textos antigos, mas que, apesar de já trabalhada na Europa, constituía ainda novidade para o pensamento jurídico brasileiro.

O ensaio pioneiro de Machado Guimarães, que com ele conquistou o título de docente-livre da então Faculda-

---

1. Ver, a respeito, Alfredo Buzaid, "Paula Batista – Atualidades de um velho processualista", *in Grandes processualistas*, São Paulo, 1982, pp. 85-6.

de Nacional de Direito, intitulou-se, significativamente, *A instância e a relação processual*. Assinalando a importância científica das investigações de Bülow, que haviam conduzido à individuação da categoria dos pressupostos processuais, Machado Guimarães avançava para analisar outra categoria próxima, a das condições da ação, igualmente estranha às cogitações habituais da antiga doutrina pátria. Consagrava-se assim o trinômio processo – ação – mérito e esclarecia-se a relevância das etapas cognitivas na economia da atividade jurisdicional. Vale a pena transcrever um passo da monografia:

> Esta obrigação, que incumbe ao juiz, de sentenciar sobre o mérito, isto é, de resolver o litígio entre as partes mediante a atuação do direito, está, todavia, subordinada à verificação prévia, por parte do mesmo juiz, da regular constituição da relação processual e, outrossim, das condições legalmente exigidas para que possa ele conhecer do mérito. Incumbe ao juiz, no exercício da sua função jurisdicional, pronunciar-se previamente sobre os chamados pressupostos da relação processual e as condições da ação.[2]

A lição pode parecer um tanto óbvia ao leitor de hoje – será mesmo? O teor de peças processuais (inclusive de decisões judiciais) dos nossos dias dá ensejo à suspeita de que tais noções ainda não foram de todo assimiladas... De qualquer sorte, tenha-se em mente que a página remonta a 1939.

É patente, apesar da distância cronológica, a afinidade entre esse trabalho e o intitulado *Carência de ação*[3].

---

2. "A instância e a relação processual", *in Estudos de Direito Processual Civil*, Rio de Janeiro – São Paulo Jurídica e Universitária, 1969, p. 69.

3. Publicado como verbete no *Repertório enciclopédico do Direito Brasileiro*, vol. VII, em 1953, e incluído no supracitado volume de *Estudos*, pp. 93 ss.

Em ambos, Machado Guimarães tratou de esclarecer o sentido de expressões usadas na linguagem do foro, e mesmo da doutrina, sem precisão científica. Em ambos, valeu-se da oportunidade para firmar conceitos, expor princípios e encaminhar à solução problemas teóricos mas de clara repercussão prática.

O ensaio posterior retoma o tema dos pressupostos processuais e das condições da ação e formula em termos explícitos o trinômio processo – ação – mérito. Pode-se discordar desta ou daquela posição defendida pelo mestre: por exemplo, a inserção da prescrição entre as condições da ação – alvitre que o vigente Código de Processo Civil rejeitaria categoricamente, conforme ressalta do disposto no art. 269, nº IV, no qual se inclui entre as sentenças *de mérito* a que acolhe a argüição de prescrição. Entretanto, permanece valiosa a máxima parte dos ensinamentos contidos no escrito. Digna de especial registro é a crítica à inclinação de muitos juízes a procrastinar a decisão sobre a legitimidade das partes, deixando-a para a sentença, em vez de resolvê-la por ocasião do "despacho saneador" (agora diríamos: por ocasião do "julgamento conforme o estado do processo"). A crítica, infelizmente, não perdeu a atualidade: ainda hoje reponta o erro aqui e ali. Muito ganhariam juízes e tribunais com a leitura atenta das linhas dedicadas por Machado Guimarães ao "princípio do saneamento" e das sugestões tendentes à superação de eventuais dificuldades na formação do convencimento judicial sobre a questão.

Dos artigos de índole eminentemente técnica, reunidos no volume de *Estudos*, quase todos conservam grande interesse. É o caso do dedicado ao *ato processual*, assunto a rigor pouco explorado na doutrina brasileira e aí estudado com fundamento na mais autorizada literatura estrangeira, que Machado passa em revista, sem esquecer a contribuição de alguns juristas brasileiros, principalmente Lopes da Costa e Pontes de Miranda. É o caso, também, do breve mas denso escrito sobre *a prova de fatos não contestados*, redigido antes do advento do Código de 1939 e publicado no volume 78 da *Revista Forense*, no qual põe o mestre em relevo a distinção entre a admissão, pelo advogado de uma das partes, de fatos alegados pela outra, e a confissão.

Noutro ensaio, intitulado *Do interesse à simples declaração*, sustentava Machado a necessidade de que o autor da ação declaratória provasse "que a declaração judicial é o *único* meio adequado a eliminar a incerteza"[4]. Passava daí à conclusão de que, se o direito já houvesse sido violado, e portanto coubesse a ação condenatória, faltaria ao respectivo titular interesse no exercício da meramente declaratória. Como se sabe, não seguiu tal orientação o legislador de 1973, que em termos expressos optou pela antítese no art. 4º, parágrafo único ("É admissível a ação declaratória ainda que tenha ocorrido a violação do direito") – franquia cuja utilização, compreensivelmente, muito escasso entusiasmo suscitou na prática.

O tema da ação declaratória voltaria a ser versado em escritos posteriores, notadamente em relatório apresentado à 2ª Conferência Interamericana de Advogados (Rio de Janeiro, 1947). Aí, corrigindo pronunciamento antes lançado, criticava Machado Guimarães a idéia da "incerteza objetiva", como pretenso pressuposto de admissibilidade desse tipo de ação; e observava com acuidade que "a expressão *incerteza objetiva* importa em puro ilogismo", pois "a incerteza não está no objeto, não reside nas relações ou situações jurídicas, mas no espírito dos respectivos sujeitos"[5].

---

4. *Estudos, cit.*, pp. 163-4.

5. *Estudos, cit.*, pp. 173-4 (cf. o trecho da p. 187, no artigo "A ação declaratória na jurisprudência").

Essa crítica, é oportuno registrar, antecipava a que se moveu ao art. 535, *caput*, do vigente Código, cuja redação primitiva incluía a "dúvida" entre os pressupostos dos embargos de declaração: basta substituir "incerteza" por "dúvida", no lanço de Machado. Reiterava o autor a inviabilidade da ação declaratória "no caso de ser possível a proposição da ação condenatória ou da ação constitutiva"; acrescentava, porém, retocando seu próprio pensamento, que isso não ocorria "por falta de interesse processual, mas em virtude de absoluta impossibilidade lógica".

Outro assunto que atraiu, mais de uma vez, a atenção de Machado Guimarães foi o litisconsórcio. Em artigo destinado ao volume de *Estudos jurídicos em honra de Soriano Neto* e publicado em 1955 na *Revista Forense*[6], procedeu o mestre a uma análise meticulosa dos dispositivos pertinentes, em particular do art. 88 do diploma de 1939, "fonte perene de dúvidas e de hesitações na doutrina e na jurisprudência". Criticava desde o início "a confusão das três figuras" aí previstas, "resultante de se não acharem determinados os respectivos limites". Não lhe escapou à percepção a maneira equívoca pela qual se aludia a "litisconsórcio necessário", ora como "o que se funda na comunhão de interesses (art. 88)", ora como "o que se verifica quando a relação jurídica litigiosa houver de ser resolvida de modo uniforme para todos os litisconsortes" (art. 90). Ajuntava: "em muitos casos de litisconsórcio ativo da primeira figura, ainda que especial (quanto à sua disciplina, *ex* art. 90), não é ele, entretanto, *indispensável* ou *obrigatório* (quanto à sua constituição)"[7].

Tocava o mestre, nesse passo, questão importante, a que dediquei, anos mais tarde, a monografia intitulada

6. "As três figuras do litisconsórcio", *in Estudos, cit.*, pp. 201 ss.
7. *Ibid.*, p. 202 (grifos do original).

Litisconsório unitário; nela me esforcei por desfazer os mal-entendidos que cercavam a figura do art. 90, relacionados, em grande parte, com a equivocidade terminológica denunciada por Machado Guimarães e refletida no emprego da expressão "litisconsórcio necessário" para designar duas entidades distintas[8]. Também se encontra a distinção, em termos mais incisivos, em parecer de 1951[9]. Aí se depara trecho de grande relevância: casos há, de comunhão de interesses, em que não é necessário o litisconsórcio, como, por exemplo, o previsto no parágrafo único do (...) art. 88, do herdeiro que poderá (se quiser) intervir nas ações em que a herança for autora ou ré. E dizia-se "mais adequado", para designar as hipóteses reguladas no art. 90, o *nomen iuris* "litisconsórcio unitário". É de lamentar que, tantos anos depois, o legislador de 1973, desatento à reflexão doutrinária já amadurecida na época, se haja enredado na confusão, que transparece da redação do art. 47, entre as figuras do litisconsórcio *necessário* (obrigatório) e do litisconsórcio *unitário* (de solução obrigatoriamente uniforme para todos os litisconsortes).

Algumas das mais densas contribuições de Machado à nossa ciência processual encontram-se em trabalhos "menores", como pareceres e comentários a decisões judiciais. Assim, *v.g.*, a resposta a uma consulta sobre o juízo arbitral previsto no Decreto-lei nº 9.529, de 26 de julho de 1946, ministrou ao mestre a oportunidade para expender substanciosas considerações, com abrangente resenha comparatística, sobre a condição do laudo não ho-

8. A equivocidade não deixou de manifestar-se até na Alemanha, quanto à expressão correspondente "*notwendige Streitgenossenschaft*": ver, por todos, Rosenberg, Schwab e Gottwald, *Zivilprozessrecht*, 16ª ed., Munique, 2004, p. 292.

9. *In Estudos, cit.*, pp. 264 ss.

mologado e outros aspectos do instituto da arbitragem, à luz do direito então vigente[10].

Notável foi o comentário de jurisprudência atinente à ação cominatória do Código de 1939: aí ficou demonstrado, em termos irretorquíveis, o erro daqueles que admitiam, para o cumprimento da obrigação de fazer, a fluência de *novo* prazo, após a sentença que julgasse procedente o pedido[11]. Ao propósito, frisava Machado, com palavras de ressonância chiovendiana e de permanente atualidade: "A interpretação das normas processuais deve ser orientada pela consideração de que têm elas por objetivo proporcionar ao credor, sempre que possível, o mesmo resultado que lhe adviria do adimplemento voluntário da obrigação."

Obrigatória deveria ser, para os juízes de tribunais de todas as instâncias, a leitura de parecer de 1943 sobre as peças necessárias no instrumento de agravo, publicado no volume 95 da *Revista Forense*[12]. A tendência amplamente dominante, sobretudo depois da reforma do capítulo do Código de 1973 levada a efeito pela Lei n.º 9.139, de 30 de novembro de 1995, é fazer de toda deficiência formal, no particular, causa de inadmissibilidade do recurso. Imputa-se ao agravante a exclusiva responsabilidade pelas imperfeições do instrumento: qualquer descuido de sua parte é punido com o não-conhecimento do agravo. O rigor é tamanho, que se nega a possibilidade de complementação ou retificação superveniente[13]. Invocava Machado, muito oportunamente, o princípio segun-

10. *Ibid.*, pp. 284 ss.

11. *Ibid.*, pp. 313 ss.

12. E incluído nos *Estudos, cit.*, pp. 391 ss.

13. Ver a jurisprudência citada em Theotonio Negrão e José Roberto F. Gouvêa, *Código de Processo Civil e legislação processual em vigor*, São Paulo, Saraiva, 36.ª ed., 2004, pp. 615, nota 1.ª ao art. 525, e 657, nota 8b ao art. 544.

do o qual, "admitindo um preceito legal interpretação liberal, no sentido de interpretação benigna e mais apta a resguardar os interesses da justiça, é de ser sempre adotada essa interpretação: *eligendum est quod minimum habeat iniquitatis*". E refutava o argumento do acórdão criticado, de que "só a parte tinha interesse em instruir completamente o seu recurso", com estas palavras lapidares: "É o interesse privado das partes, sem dúvida, que fixa o objeto do litígio e estabelece os respectivos limites: *ne eat judex ultra petita partium*; mas, uma vez que surgiu o litígio, prepondera o interesse público em que seja ele decidido de acordo com a lei."

Em matéria de recursos, todavia, assume sem dúvida relevância maior que qualquer outro tópico, na obra de Machado Guimarães, o concernente à apelação, e em especial ao seu efeito (e temas conexos). O autor versou o assunto mais de uma vez: em artigo intitulado *Efeito devolutivo da apelação*[14] e, com maior desenvolvimento, no ensaio *Limites objetivos do recurso de apelação*[15]. São páginas ricas de ensinamentos, inclusive de história do processo e de direito processual comparado. Machado traça com mão segura o itinerário percorrido pela nossa apelação desde o velho direito reinol até o sistema do Código de 1939. Detém-se particularmente no confronto entre as respectivas características e as dos recursos correspondentes nos principais ordenamentos europeus, sobretudo com o austríaco, que, como o brasileiro, consagrou o modelo "limitado" de apelação: não um *novum iudicium*, mas uma *revisio prioris instantiae*. Examina com cuidado os vários pontos em torno dos quais gravita essa problemática: o duplo grau de jurisdição, o interesse em recor-

---

14. Incluído nos *Estudos, cit.*, pp. 216 ss.

15. Publicado (com *Carência de ação*) pelo Instituto Brasileiro de Direito Processual Civil, Rio de Janeiro, 1961.

rer, a *reformatio in peius*, o recurso parcial, os capítulos de sentença. As mudanças supervenientes no regime da apelação em nosso direito de maneira alguma tornaram menos interessante e proveitosa, para os estudiosos brasileiros, a leitura dos trabalhos em foco.

O Código de Processo Civil de 1939

A preparação do Código de 1939 foi marcada entre nós por intenso movimento de exaltação da oralidade no processo. Era firme, nos setores mais avançados da doutrina, a convicção de que a adoção do chamado "processo oral" constituía o remédio mais eficaz para combater os males crônicos da nossa Justiça, em primeiro lugar o da lentidão. Machado Guimarães empenhou-se vigorosamente nessa campanha. Em artigo publicado no volume 74 da *Revista Forense*, em 1938, sob o título "O processo oral e o processo escrito", propugnou com veemência a introdução daquele princípio no ordenamento processual brasileiro. Apontou exemplos estrangeiros, nomeadamente o de Portugal, para mostrar os bons resultados que se estavam colhendo com a consagração da oralidade; e recordou manifestações favoráveis a esta, partidas de figuras eminentes do mundo intelectual pátrio, como Rui Barbosa e Carvalho Mourão.

Não deixou Machado, no entanto, de alertar contra o perigo de ver na oralidade uma panacéia, fórmula mágica cuja utilização, por si só, seria capaz de resolver todos os problemas. De resto, advertia, "não há possibilidade (...) de uma oralidade pura". Enfatizava a importância de outros aspectos da projetada reforma, que deveria a seu ver, *inter alia*, reforçar os poderes de iniciativa do juiz, na direção do feito e na atividade probatória.

A realidade forense, na vigência do estatuto de 1939, não confirmaria as expectativas, demasiado altas, dos oralistas. Como ninguém ignora, a própria audiência de instrução e julgamento, instituto emblemático do novo sistema, viu-se lamentavelmente desvirtuada na prática. O Código de 1973 renunciaria a mantê-la como passo obrigatório do *iter* processual no rito ordinário. Mas conserva atualidade a defesa de um modelo "autoritário" de processo – um modelo que não deixe ao alvedrio das partes o ritmo do pleito nem converta o juiz numa espécie de "convidado de pedra".

Da expressão "processo autoritário", Machado reconhecia que "é antipática e até suspeita": dá ensejo (ou pretexto) à confusão com "Estado autoritário". Houve, com efeito, quem tachasse de "fascista" o estatuto de 1939. O mestre, contudo, rebatia: "o Estado autoritário se caracteriza pela preponderância dos poderes conferidos ao órgão executivo e, mais precisamente, ao Chefe do Governo, em detrimento dos demais órgãos do Estado, legislativo e judiciário", ao passo que, "no processo autoritário, é o juiz, o órgão do Poder Judiciário, quem recebe novos poderes". Aditava: "concomitantemente com esses novos poderes, recebe ele uma nova tarefa, para cujo desempenho esses poderes são indispensáveis: a tarefa de colaborar ativamente na pesquisa da verdade"[16].

O tema continua a suscitar discussão, e o rumo das constantes reformas legislativas, pelo mundo afora, propende ora para um lado, ora para outro. Todavia, uma das que parecem mais bem sucedidas, dentre as recentes, deu passos decisivos no sentido de deslocar das mãos dos litigantes (e de seus advogados) para o órgão judicial

---

16. Passo da conferência "A revisão do Código de Processo Civil", *in Estudos, cit.*, p. 153.

as rédeas do processo: a levada a cabo na Inglaterra, por obra, sobretudo, das *Civil Procedure Rules* de 1998. Ela com certeza agradaria muito a Machado Guimarães; já naquela época, apontava o mestre "o exemplo da Inglaterra, que, caracteristicamente conservadora e tradicionalmente liberal, tem operado sucessivas reformas em sua lei processual, resguardando sempre, e até acentuando, a índole autoritária que caracteriza o seu processo". O exemplo inglês, hoje, poderia ser invocado com mais fortes razões.

Posto em vigor o Código de 1939, não podia faltar o nome de Machado Guimarães na lista dos convidados a colaborar na importante série de *Comentários* editados pela Forense. Coube-lhe, na divisão das tarefas, a primeira parte do Livro II, dedicado aos "processos especiais", na terminologia da época, a qual corresponderia ao volume IV da coleção. Nem todo o trabalho aí inserto, porém, saiu de sua pena. O tempo absorvido pela advocacia militante e pela regência de uma cátedra universitária não lhe permitiu desincumbir-se sozinho da empreitada. Daí haver confiado a Luiz Antônio de Andrade o encargo de comentar as disposições dos Títulos IV (Da ação em consignação em pagamento), V (Do mandado de segurança), VII (Da recuperação de títulos ao portador), X (Da ação de despejo) e XI (Da ação renovatória de contrato de locação de imóveis destinados a fins comerciais). São do próprio Machado os comentários referentes aos Títulos I (Das ações executivas), II (Da ação cominatória para prestação de fato ou abstenção de ato), III (Das ações de preempção ou preferência e do direito de opção), VI (Da ação de nulidade de patente de invenção e de marca de indústria e de comércio), VIII (Das vendas a crédito com reserva de domínio), IX (Do loteamento e venda de imóveis a prestações) e XII (Da ação de depósito), bem como os introdutórios, atinentes ao Livro IV em geral.

A relação, como se vê, compreendia assuntos variados e heterogêneos. Algumas das figuras processuais nela incluídas prendiam-se por laços muito estreitos ao direito material, e é compreensível que os respectivos comentários hajam resistido menos às subseqüentes modificações legislativas, inclusive – neste ou naquele caso, principalmente – o advento, em 2002, do novo Código Civil. De certo modo, para isso contribuiu o próprio método usado pelo autor, que não se limitava aos aspectos puramente processuais, mas dava relevo à disciplina substantiva de cada uma das matérias versadas. Sem negar nem subestimar os méritos de outros, parecem-me revestir ainda interesse especial, pelos motivos que espero tornar claros para o leitor, os comentários atinentes às ações executivas (arts. 298 a 301) e à ação cominatória (arts. 302 a 310).

No tocante às ações dos arts. 298 e seguintes, sustentou Machado que na verdade não se cuidava aí de um processo *propriamente executivo*, senão de "um misto de processo declarativo e processo acautelatório, ou um processo declarativo qualificado por uma pedida inicial acautelatória". Notava que não se exigia para a instauração, "como norma de caráter geral, a apresentação de um título executivo" e que nem sequer pressupunha ela, "em todos os casos, a existência de um direito líquido e certo". Acrescentava: "Efetuada a penhora, cuja finalidade é, aqui, evidentemente acautelatória, segue-se o processo de cognição pleno com a forma de procedimento ordinário, quer haja sido a ação contestada, quer não." Teria o Código completado um "ciclo evolutivo", isolando "nitidamente as ações chamadas executivas, erigindo-as em instituto processual autônomo, inconfundível com o da execução de sentença e dotado de caráter acentuadamente declarativo"[17].

Semelhante construção obviamente repousava sobre uma distinção rigorosa entre o processo de cognição ou declarativo e o processo de execução. Essa distinção vinha exposta de início, antes dos comentários específicos a cada dispositivo, e dela tirava o autor a conclusão de que "a execução não constitui uma parte complementar do processo de declaração, ou uma segunda fase da ação condenatória: é um novo processo, uma segunda ação". Pouco adiante, lê-se:

> A relação jurídica processual instaurada com a proposição da ação condenatória, cujos atos são coordenados no intuito de se conseguir a coisa julgada, termina com a consecução deste objetivo, isto é, com a sentença definitiva passada em julgado. Com a citação inicial para a execução, instaura-se nova relação processual, cujos atos são coordenados no intuito de restaurar o direito declarado no processo anterior.[18]

Tal viria a ser, como ninguém ignora, uma das bases estruturais do Código de 1973, que consagrou o Livro I ao processo de conhecimento e o Livro II ao processo de execução, amálgama da execução de sentença e da execução de títulos extrajudiciais, sempre e necessariamente líquidos, certos e exigíveis (art. 586, *caput*). Essa estrutura acha-se atualmente em via de profunda modificação, já

---

17. *Comentários ao Código de Processo Civil*, Rio de Janeiro, 1942, vol. IV, pp. 33-4; cf. p. 148: "De processo tipicamente executivo, fundado em título preconstituído, ou concedido por privilégio de lei – e por isso subordinado a rigorosos pressupostos de admissibilidade – transformou-se a denominada ação executiva em mero processo de cognição, qualificado pela inicial apreensão dos bens do réu."

18. *Op. cit.*, pp. 30-1.

consumada em parte, por força da Lei n.º 10.444, de 7 de maio de 2002, que estabeleceu nítida diferenciação entre a execução de sentença e a execução de título extrajudicial em matéria de obrigações de entregar coisa e de obrigações de fazer ou não fazer, convertendo a primeira modalidade (execução de sentença) em simples apêndice do processo de conhecimento. O legislador pátrio está a inclinar-se para o rompimento da unidade substancial da execução, tal como a consagrara (com as atenuações notórias) o texto primitivo do Código de 1973, e tal como a preconizara Machado Guimarães, ao escrever: "Não se justifica em doutrina a distinção entre a ação executiva fundada em título judicial e a ação executiva fundada em título preconstituído"[19]. Justamente no sentido da distinção vai o movimento do atual direito processual civil em nosso país; pode ser uma opção benéfica do ponto de vista prático, seja qual for a melhor posição doutrinária, mas qualquer juízo de valor a esse respeito terá de apoiar-se em dados empíricos, que não se está cuidando de colher, ao que parece, no quotidiano forense.

Com referência à ação cominatória, para a qual o diploma de 1973 não traçou procedimento específico, assinalava Machado seu parentesco com o processo monitório, do qual traçava o itinerário histórico e apontava as características nas mais importantes legislações estrangeiras[20]. Sustentava, porém, que a nossa ação cominatória encontrava sua fonte, "através do velho direito português, no *interdictum prohibitorium* romano"[21]. Sugestivo o confronto feito pelo autor entre a ação cominatória brasileira e o processo monitório europeu: uma e outro se iniciam por um preceito *de solvendo*, e não por simples citação; desti-

19. *Ibid.*, pp. 31-2.
20. *Ibid.*, pp. 157 ss.
21. *Ibid.*, p. 161.

nam-se "à rápida formação do título executivo mediante a preclusão do prazo assinado ao réu para a contestação"; operam "a inversão do contraditório, que só se estabelecerá se o réu contestar o preceito"; destarte, "a ausência da contestação por parte do réu será havida como aquiescência à pretensão do autor, não sendo aplicáveis as disposições legais referentes à revelia". A diferença essencial estaria em que "a ação cominatória se aplica exclusivamente às prestações cujo objeto é um fato, ao passo que o processo monitório se destina, em regra, à tutela de obrigações cujo objeto é uma prestação em dinheiro ou de coisas fungíveis"[22].

Criticava Machado a restrição do âmbito da ação cominatória às obrigações de fazer ou não fazer e recomendava a criação de "um procedimento monitório *documental*", idôneo também à tutela de créditos de outra natureza[23]. Seu voto, ainda que com muita demora, viria a ser acolhido pelo legislador pátrio por meio da Lei nº 9.079, de 14 de julho de 1995, que criou a chamada ação monitória, regulada nos arts. 1.102a e seguintes do estatuto processual. Ela compete "a quem pretender, com base em prova escrita sem eficácia de título executivo, pagamento de soma em dinheiro, entrega de coisa fungível ou de determinado bem móvel". Generalizou-se a tutela de tipo cominatório, embora não se haja chegado à instituição, igualmente preconizada pelo mestre, de um "processo monitório *puro*, a ser concedido aos comerciantes para a cobrança de dívidas até um determinado valor", protegendo-se assim créditos "habitualmente desprovidos de prova documental"[24].

22. *Ibid.*, p. 165.
23. *Ibid.*, pp. 155, 165.
24. *Ibid.*, p. 165.

O último ensaio

O último trabalho doutrinário brotado da pena de Machado Guimarães intitula-se *Preclusão, coisa julgada, efeito preclusivo* e data de poucos anos antes de seu falecimento[25]. É significativo que o mestre haja escolhido esse tema, para ensaio mais longo que a maioria dos outros, numa fase da vida em que já escrevia pouco. A coisa julgada era assunto a que Liebman dedicara a parte mais importante de sua notável obra científica. Machado tornara-se amigo do prestigioso jurista italiano, quando este, expulso da cátedra e da pátria pela insânia fascista, buscou refúgio no Brasil. Aderira, a princípio, à teoria liebmaniana, que via a essência da coisa julgada numa *qualidade* (imutabilidade) atribuída precipuamente *aos efeitos* da sentença. Mais tarde, seu pensamento mudara. Não é desarrazoado conjecturar que, por um escrúpulo de honestidade intelectual, quisesse deixar registrada a modificação de suas idéias a esse respeito. O tom do ensaio, contudo, não é de forma alguma polêmico, e nele não se depara uma crítica *ex professo* da doutrina de Liebman.

Por sua densidade e agudeza, merece esse artigo comentário mais extenso. Nele se ocupa Machado, em síntese, das relações entre a figura da preclusão e a da coisa julgada, em sua dupla modalidade (formal e material), e debruça-se atentamente sobre as várias situações preclusivas que tais conceitos exprimem. Começa por analisar, após breve referência à doutrina alemã, a noção de preclusão proposta por Chiovenda, ressaltando que, ao falar de "perda ou extinção ou consumação de uma faculdade processual", o mestre italiano na verdade juntava "obje-

25. Ocupa, no entanto, o primeiro lugar no volume de *Estudos, cit.*, pp. 9-32.

tos dissímeis – por exemplo, a *maneira* pela qual se constituem certas situações processuais e um determinado *efeito* dessas situações"[26]. Mostra como Chiovenda construíra os conceitos de coisa julgada formal e de coisa julgada material valendo-se do de preclusão: "a coisa julgada é um particular efeito da sentença, consistente na preclusão das questões suscitadas e suscitáveis, efeito este que, na coisa julgada formal, opera no mesmo processo em que foi proferida a decisão, e, na coisa julgada material, vincula os juízes de futuros processos". Salienta, em seguida, o fato de que a doutrina brasileira se deixava em geral levar pelo "extensivo e, por isso, ambíguo sentido do termo preclusão"[27].

Passa Machado à tarefa de reconstrução[28], baseada no esclarecimento dos diversos conceitos envolvidos, sempre com atenção aos dados do direito positivo: coisa julgada (formal e substancial), trânsito em julgado, preclusão. Põe em relevo que o trânsito em julgado nem sempre decorre da preclusão (omissão em recorrer), mas também pode resultar de ato voluntário da parte (aquiescência à decisão, desistência do recurso interposto). Após o trânsito em julgado, surge uma de duas situações: a coisa julgada formal ou a coisa julgada substancial, "conforme a natureza do objeto" da decisão "e da função que desempenha". Em qualquer caso, a palavra "preclusão" é empregada não só para designar fato capaz de acarretar o trânsito em julgado, mas também para "indicar um característico efeito" da coisa julgada: "mais restrito na coisa julgada formal (efeito preclusivo endoprocessual) e mais extenso na coisa julgada material (efeito preclusivo panprocessual)". Não deixa de consignar que a coisa julgada

---

26. *Op. cit.*, p. 11 (grifos do original).
27. *Ibid.*, p. 13.
28. *Ibid.*, pp. 14 ss.

não é a única situação processual dotada de efeito preclusivo: este igualmente se produz "se uma questão não foi suscitada na etapa procedimental adequada".

Os parágrafos subseqüentes do ensaio[29] são dedicados à análise dos dispositivos do Código de 1939 relativos à matéria, em especial os arts. 287 e 289. Fixa Machado o verdadeiro sentido do parágrafo único do art. 287: a solução das questões aí mencionadas, premissas lógicas do julgamento, não adquire a autoridade da coisa julgada, restrita à decisão *sobre a lide*. É atingida, todavia, pelo efeito preclusivo da coisa julgada, no sentido de que aquelas questões não podem ser de novo suscitadas noutro processo que vise a "diminuir ou extinguir os efeitos da anterior sentença imutável", conquanto inexista impedimento a que o sejam "em novo processo cujo objeto seja diverso do objeto do processo precedente". Sublinha que "não somente as questões efetivamente suscitadas (o 'deduzido'), como também as que poderiam ter sido suscitadas (o 'deduzível') são atingidas pelo *efeito preclusivo* da coisa julgada, se bem que não adquiram elas próprias e *per se* a *autoridade* de coisa julgada". É inadequado dizer, consoante às vezes se faz, que elas ficam "implicitamente julgadas"; raia até pelo absurdo "considerar implicitamente decididas as questões não suscitadas, ainda que suscitáveis fossem". Elas ficam apenas cobertas pelo *efeito preclusivo* da coisa julgada, na medida necessária e suficiente para resguardar a imutabilidade desta. Continua Machado:

> A finalidade política da coisa julgada material é realizada pelo restabelecimento da paz social, que se obtém mediante a criação da norma concreta vinculativa para as partes, e é assegurada pela *imutabilidade* desta norma. A imutabilidade da coisa julgada, por sua vez, é preservada

29. Pp. 17 ss.

> pela sua eficácia preclusiva panprocessual, que prevalece, não obstante "a injustiça da sentença e a má apreciação da prova ou errônea interpretação do contrato" (Cód. Proc. Civil, art. 800). Esta regra, da eficácia preclusiva, é de aplicação rigorosa, só derrogada em casos excepcionais, expressamente dispostos na lei, como é, por exemplo, o previsto no inciso I do citado art. 1.010.

E mais: "no que concerne (...) à sua eficácia processual, não está a coisa julgada material sujeita a limites temporais; esta eficácia é panprocessual no sentido de destinada a atuar em processos futuros, sem limites no tempo". O que pode mudar é a situação jurídica material que foi objeto do exame do juiz; não a norma concreta referida àquela situação.

Merece realce particular a afirmação de que não só as questões de fato, mas também as de direito, são atingidas pelo efeito preclusivo, "ainda que a norma abstrata aplicada pela sentença venha a ser posteriormente revogada, ou diferentemente interpretada, seja pela jurisprudência dos tribunais seja por via de lei interpretativa". Daí se infere que, no pensamento de Machado, qualquer questão relativa, por exemplo, à constitucionalidade ou inconstitucionalidade de uma lei, suscitada ou não, se despiria de toda relevância, no âmbito coberto pela coisa julgada material, como argumento para contestar o resultado do processo, ainda que pudesse ser livremente argüida e devesse ser examinada, até de ofício, em pleito relativo a lide diferente.

A disposição do art. 474 do vigente Código consagra em substância a tese de Machado sobre a eficácia preclusiva da coisa julgada material, não obstante o emprego da técnica imprópria e desnecessária da ficção jurídica: "Passada em julgado a sentença de mérito, reputar-se-ão deduzidas e repelidas todas as alegações e defesas, que a parte poderia opor assim ao acolhimento como à rejeição do pedido." Sob a redação algo tortuosa, o que se quer dizer é que, formada a coisa julgada material, o resultado do processo fica a salvo de impugnações supervenientes, em qualquer pleito, fosse qual fosse a influência que pudessem ter na respectiva solução as "alegações e defesas", neste ou naquele sentido. Se elas foram feitas sem êxito, preclusas estão. Se não foram feitas, posto que fosse possível fazê-las, também estão preclusas: com abstração das hipóteses de ação rescisória, taxativamente arroladas no art. 485, não aproveita à parte interessada tentativa alguma de demonstrar que, caso houvessem sido suscitadas, teriam influído na solução do litígio.

Parte importante do ensaio cuida de enquadrar a coisa julgada material na classificação dos fenômenos dotados de eficácia jurídica. Explorando trilha apontada por Falzea, refere-se Machado Guimarães aos três diferentes tipos de eficácia: a *constitutiva*, que pressupõe a *desconformidade* entre a nova situação jurídica e a antiga; a *declaratória*, que pressupõe a *conformidade* entre as duas situações; e a *preclusiva*, em que a nova situação jurídica se forma *independentemente* de ser conforme ou desconforme à preexistente. As duas primeiras espécies de eficácia atendem – na concepção de Falzea, que Machado acolhe – à "exigência de continuidade da realidade jurídica no tempo", ao passo que a terceira "marca o limite dentro do qual a exigência de continuidade jurídica pode ser mantida sem que surjam insuperáveis dificuldades na vida social". Em outras palavras, mais vulgares, poder-se-ia dizer que, em certos momentos da vida jurídica, importa saber se se está estabelecendo uma situação diferente da anterior, ou igual a ela; noutros momentos, ao contrário, *prescinde-se* dessa indagação: não importa o que ficou para trás, a página virada; é como se a vida jurídica estivesse recomeçando da "estaca zero". Negócio jurídico declaratório, usucapião, prescrição, transação constituem exemplos do fenômeno, ao lado da coisa julgada material.

A essa luz bem se compreende a disposição do art. 800 do Código de 1939: a eficácia preclusiva da coisa julgada material produz-se com igual intensidade quer a lide haja sido resolvida "corretamente", quer não: salvo exceção aberta pelo ordenamento, toda indagação a esse respeito passa a ser irrelevante após o trânsito em julgado. O estatuto processual em vigor não tem dispositivo que corresponda com exatidão ao art. 800 do seu predecessor. Continua a ser verdade, porém, o que ali se dizia. A eficácia preclusiva da coisa julgada material está até contemplada em termos mais explícitos, no supracitado art. 474, sem prejuízo da crítica que se pode fazer à técnica empregada pelo legislador. Em suma: após a formação da coisa julgada material, só tem sentido perguntar se a sentença é justa ou injusta na estrita medida em que se cogite de promover-lhe a rescisão, por algum dos fundamentos catalogados, em enumeração taxativa, no texto legal. Fora daí, a pergunta é ociosa e impertinente, porque, fosse qual fosse a resposta, nenhuma importância prática teria. Se me permitem uma comparação futebolística: depois do apito final do árbitro, é inútil discutir se ele acertou ou errou ao negar que estivesse impedido o jogador que marcou o gol decisivo da partida...

As características da obra de Machado Guimarães

A obra de Machado Guimarães causa admiração, antes de mais nada, pela forma. Os juristas brasileiros nem sempre atentam como cumpre nas regras do bem escrever. Não me refiro só à correção gramatical, que não é aqui a única qualidade a ser cultivada, embora seja obviamente a primeira. É certo que não se pode exigir de todo trabalho jurídico uma elegância de estilo como a que faz tão agradável, além de proveitosa, a leitura das páginas saídas, para citar um só exemplo, da pena de Calamandrei. Mas pode exigir-se que a exposição seja fluente, bem articulada, enxuta, limpa de arrevesamentos, sem digressões que distraiam a atenção do leitor. É assim a obra de Machado, a que não falta – ajunte-se – uma ocasional pitada de humor.

O conteúdo, por sua vez, certamente a situa no primeiro plano da ciência processual em nosso país. Já ficou dito que ela não é muito extensa. Outras talvez se mostrem mais recheadas de erudição. Nenhuma, entretanto, a excederá na clareza expositiva, na precisão dos conceitos, na profundidade com que estuda os problemas versados. O autor está permanentemente atento, de um lado, às coordenadas científicas; de outro, às necessidades ou conveniências práticas. Não há desmentido mais eloqüente à falsa imagem do processualista encerrado na famosa "torre de marfim".

As contribuições de Machado à teoria da relação processual, da ação declaratória, da apelação, da coisa julgada – entre outras – conservarão importância e interesse mesmo sob ordenamento que adote soluções diversas das sustentadas pelo mestre. São modelos de agudeza e de honestidade intelectual, virtude que o levou mais de uma vez a retificar, sem meias palavras, seus próprios juízos. Merecem e merecerão sempre a atenção e a reverência de todos os estudiosos do processo.

Para encerrar: uma pilhéria

Estivesse eu a falar de um jurista "solene", de um "grande bonzo" do processo, o presente trabalho naturalmente teria de finalizar em termos convencionalmente "sérios". Não sendo esse o caso, atrevo-me a supor que não fica inadequado, aqui, o relato de um episódio real, que encerra uma pilhéria de Machado Guimarães.

Ao tempo do Estado Novo, era hábito, em certos círculos, bajular o chefe do governo, como em geral acontece sob regimes autoritários – agora, é óbvio, no mau sentido do adjetivo. Em determinado momento, alguém se lembrou de organizar uma coletânea de estudos jurídicos, cada um dos quais deveria versar matéria ligada à figura do então ditador. Evidentemente logo se conseguiram várias adesões: um escreveu sobre "Getúlio Vargas e a legislação do trabalho", outro sobre "Getúlio Vargas e a reforma do ensino", e assim por diante.

O organizador convidou Machado a participar da obra, produzindo escrito que seguisse a orientação traçada. O mestre, que não gostava da idéia, esquivou-se, na esperança de que o convite acabasse por ser esquecido. O convidante, todavia, voltou à carga, uma e muitas vezes mais. Em determinado momento, praticamente exigiu que Machado pelo menos lhe comunicasse o tema sobre o qual pretendia escrever; o prazo para a entrega, esse, comportaria prorrogação. A saída que Machado encontrou é antológica: respondeu que sua contribuição se intitularia "Getúlio Vargas e o agravo de instrumento". Escusado dizer que o convite morreu ali...

Edgard Magalhães Noronha
Promotor de Justiça Bandeirante

*Jaques de Camargo Penteado**

Evocações

"Um cavalheiro!"

"Magalhães Noronha era um cavalheiro!"

Estou no Museu do Tribunal de Justiça de São Paulo e ouço as palavras do Desembargador Emeric Levai, o seu coordenador e a sua alma. Mal contenho a emoção. Com passos de menino comecei minha carreira nesse Palácio da Justiça, converso com o Desembargador Emeric Levai que, como eu, foi Promotor Público, e começamos a recordar Edgar de Magalhães Noronha, príncipe dos promotores bandeirantes.

Quero compor uma figura e afasto meu espírito de um lugar próximo, chamado Salão dos Passos Perdidos... quero saber como era Magalhães Noronha e me recordo de Vera Maria de Oliveira Nusdeo Lopes, notável Procuradora do Estado que, se referindo a um grande médico paulista, disse que ele tinha o dom de "abraçar as pessoas com os olhos"[1].

---

* Advogado, Procurador de Justiça aposentado, membro da Academia Paulista de Direito – Titular da Cadeira Alcântara Machado e titular da Academia Brasileira de Direito Criminal. Mestre e doutor pela Faculdade de Direito da USP.

1. O corpo costuma expressar a alma: "Deixando o pincel e empunhando a pena, Candido Portinari fez ciência e poesia com o corpo hu-

"Como eram os olhos de Magalhães Noronha?"

A resposta vem com a precisão de um Promotor de Justiça, a serenidade de um grande juiz e os contornos do historiador. Deixemos falar o Desembargador Emeric Levai:

> Ele tinha cerca de 1,60 metro, era cheio de corpo, calvo, mas apareciam cabelos pretos junto às orelhas, usava um chapéu *gelot*[2], preto. A sua roupa era impecável. Preocupava-se com a aparência. Trazia um lenço branco no bolso superior do paletó. Sob a lapela, o crachá do Ministério Público...
>
> Educado, gentil, afetuoso... Vejo que também "abraçava as pessoas com os olhos". Respeitoso, especialmente

---

mano ao escrever: 'Impressionavam-me os pés dos trabalhadores das fazendas de café. Pés disformes. Pés que podem contar uma história. Confundiam-se com as pedras e os espinhos. Pés semelhantes aos mapas: com montes, vales, vincos com rios (...) Pés que só os santos têm. Sobre a terra, difícil era distingui-los. Os pés e a terra tinham a mesma moldagem variada. Raros tinham dez dedos, pelo menos dez unhas. Pés cheios de nós que expressavam alguma coisa de força, terríveis e pacientes' (Portinari – "Drama e poesia", *Folha de S.Paulo,* Masp, 25 de novembro de 1997 a 1º de fevereiro de 1998). Assim são os olhos dos promotores de Justiça. Se não brilharem emitindo faíscas, que traduzem ardor heróico na persecução de seus ideais, e se, ao mesmo tempo, não mostrarem a mansidão de quem conhece a verdade e, seguro, ruma para a obtenção de justiça, estaremos diante de um técnico que nunca terá o perfil dos mapas com os seus montes, os seus rios, os seus vales, porque não tem história. Não tem vida. Não é Promotor de Justiça" (Jaques de Camargo Penteado, "Ética do Promotor de Justiça", *in Funções institucionais do Ministério Público,* org. Airton Buzzo Alves, Almir Gasguez Rufino e José Antonio Franco da Silva, São Paulo, Saraiva, 2001, p. 13).

2. Era comum o uso de chapéu pelos homens. Conta-se que o famoso criminalista Antonio da Costa Pinto que, no Tribunal do Júri, sofreu uma crise cardíaca que o matou quando proferia a expressão "Vejam, senhores jurados", removido ao pronto-socorro, amparado pela esposa e filhas, entregou a uma delas "seus documentos, um anel e o chapéu *gelot*" (Pedro Paulo Filho, *Grandes advogados, grandes julgamentos,* 3ª ed., Campinas, Millennium, 2003, p. 271).

nas bancas de concurso, não era dado a ironias... Sério, não fazia o "tipo humorado".

Culto, sereno, firme. Nélson Hungria não convivia bem com as críticas, reagia com certa ênfase e ironia... Magalhães Noronha enfrentava os debates, buscava a verdade, mantinha a calma...

Vivenciou o sofrimento e os amigos – sempre os amigos – ajudaram-no a enfrentar a dor...

Emeric Levai aperta os olhos – vejo passar em suas pupilas parte da história da Justiça – e, moldando as palavras com as mãos, recupera um valor tão importante para a formação dos novos: "Magalhães Noronha é um paradigma para os promotores!"

Não ouso perguntar a razão, anoto que devo procurar o professor Paulo José da Costa Jr. e deixo o majestoso edifício com passos lentos, passos de ir ficando... edificado.

Ficha cadastral ou história de um homem?

Filho de Mário Nogueira de Noronha e Maria Amélia de Magalhães Noronha, nasceu no dia 10 de janeiro de 1906[3], começo de ano e início de século, em Batatais, no interior do Estado de São Paulo.

Morreu em 9 de março de 1982[4] e não viu a promulgação da Constituição da República de 1988, que, na esfera da garantia das liberdades e dos direitos fundamentais, consagraria tantas de suas lições, especialmente o siste-

---

3. Nesse ano também nasceram outros grandes juristas: João Eunápio Borges, Joaquim Canuto Mendes de Almeida, José de Aguiar Dias e Sylvio Marcondes Machado.

4. Ano da morte do grande penalista Roberto Lyra (sobre este último, ver Edilson Mougenot Bonfim, *Grandes juristas brasileiros*, São Paulo, Martins Fontes, 2003, pp. 297-351).

ma acusatório, e definiria o seu Ministério Público como "instituição permanente, essencial à função jurisdicional do Estado, incumbindo-lhe a defesa da ordem jurídica, do regime democrático e dos interesses sociais e individuais indisponíveis" (art. 127, *caput*)[5].

Estudou no Ginásio do Estado de São Paulo e ingressou na Faculdade de Direito da Universidade de São Paulo. Colou grau em 7 de setembro de 1931. Alguns dias depois, em 13 de outubro desse ano, ingressaria no Ministério Público do Estado de São Paulo.

Nomeado Promotor Público, exerceu as suas funções em Monte Aprazível, São José do Rio Preto, Ribeirão Preto, Campinas e na capital. Foi Curador de Menores e titular das 2ª e 5ª Promotorias Públicas. Sempre com extraordinário brilho.

Lembro-me de que, ocupando aquela 5ª Promotoria Pública, chegaram às minhas mãos alguns autos antigos, desarquivados para apreciação de reabilitações criminais que, nada obstante o grande lapso temporal, refletiam a grandeza de Magalhães Noronha: denúncias precisas, impecável fixação da questão de fato, perfeito enquadramento jurídico, forma e fundo a serviço do justo.

Veio a promoção para o cargo de Subprocurador-Geral do Estado[6] em 28 de janeiro de 1951 e, em cerimônia presidida por J. A. César Salgado, foi saudado por Rafael de Oliveira Pirajá e Virgílio Lopes da Silva, destacados membros da instituição. Para que a emoção não o traís-

---

5. Na década de 1960, rarefeitas as liberdades públicas, sustentava a independência ministerial e a sua vocação maior: "Norteia-o soberanamente, pois, a finalidade de justiça" (*Curso de Direito Processual Penal*, 3ª ed., São Paulo, Saraiva, 1969, p. 148).

6. Designação legal da época para o cargo de Promotor de Justiça de segunda instância.

se, leu o seu discurso, cujas partes mais importantes seguem transcritas:

> Não me acomodo bem na situação que se me depara neste instante. Não é com facilidade que procuro alçar-me onde a vossa bondade me colocou, que busco exprimir minha gratidão. Dos gêneros de oratória, considero dos mais difíceis este, máxime quando a pouquidade dos recursos de quem foi saudado tem que se defrontar com a facúndia ática de quem saudou.

E passa a falar de sua paixão.

> De "gentes nostrae", como diziam os reis de antanho, somos hoje órgãos de uma instituição que, se não alcançou ainda todo o aperfeiçoamento, muito avançou no terreno das justas reivindicações. Tem ela liberdade de ação; é autônoma; não a empece nenhum poder ou nenhuma fôrça, como já dizia Canonico: "Il Público Ministero é sempre libero de conchiudere nel senso che la sua coscienza d'uomo e di magistrato gli detta. É questo il suo diritto, il suo dovere: in ció stá la sua independenza e la sua dignità."

Vislumbra o Ministério Público que, passado algum tempo, revestir-se-ia da garantia do promotor natural[7] e se qualificaria como órgão de soberania do Estado[8], presentando a sociedade em juízo.

O Ministério Público e a Magistratura Judicante constituem organizações afins, que se avizinham por propínquo

---

7. Jaques de Camargo Penteado, "O princípio do promotor natural", *Revista dos Tribunais*, São Paulo, 1987, vol. 619, p. 407.

8. Jaques de Camargo Penteado, Jarvis Viana Pinto, Paulo Edson Marques e Samuel Sérgio Salinas, "Aspectos da estrutura orgânica do Ministério Público", *in Teses e Relatórios do IX Seminário Jurídico dos Grupos de Estudos do Ministério Público do Estado de São Paulo*, São Paulo, APMP, 1981, p. 61.

parentesco: em primeiro lugar, pela identidade do fim último colimado, que outro não é senão a manutenção da ordem jurídica; em segundo lugar porque ambos corporificam a soberania da nação, pois se a Magistratura se apresenta como a manifestação viva e direta dessa soberania, erigindo-se em Poder autônomo, o Ministério Público reflete a necessidade essencial da vigilância em torno do cumprimento das leis, condição de vida de todos os Poderes.

Enfatiza que o Promotor de Justiça deve ser dinâmico e pleno de virtudes:

> Sua qualidade suprema, sem a qual seriam inúteis as demais, é o espírito de luta. Sem o destemor para enfrentar os perigos, nos embates incruentos do fôro, não realizaria sua elevada missão. As alicantinas que se insinuam nos pretórios, com pés de lã, a corrupção que se disfarça hàbilmente sob variadas formas, os interêsses feridos de grupos sociais poderosos, na política ou finanças, as campanhas demagógicas da imprensa sensacionalista são os escolhos constantes contra os quais se esboroa um oceano de boa vontade.

Com rara lucidez percebe que o Ministério Público não tem poucos inimigos e com muita atualidade enfatiza:

> Fôrça é enfrentar tais adversários, mantendo o ânimo alertado contra suas maquinações sombrias, procurando descobri-las, logo de início, porque tais inimigos não resolvem sair da vilania de suas manifestações subterrâneas, senão quando espicaçados pela lança que o Promotor ou Curador, solerte e zeloso, jamais deve abandonar. Por isso, insisto em proclamar a pugnacidade como a virtude primacial, em que se abrigam as demais qualidades do membro ideal do Ministério Público.

Compreende a solidão que caracteriza a função de Promotor de Justiça:

> Não obstante a sua missão, quantas vêzes é êle incompreendido! Quantas vêzes, principalmente em comarcas de limites estreitos, onde as paixões se exacerbam, a política avassala e o ouro corrompe, não se vê êle sòzinho no desempenho do seu ministério! Qual de nós não sentiu ainda, voltar-se contra êle, não direi o ódio, mas a hostilidade de um ambiente carregado, em que cada espectador é um pregoeiro das virtudes do réu que, cerviz baixa, parece ser a vítima do crime que praticou!

E sintetiza:

> É assim o Ministério Público: humano, porém vígil na salvaguarda dos interêsses sociais. Enganam-se os que procuram nêle posições acomodatícias. Erram os que almejam ócios ou riquezas. Êle é um apostolado.[9]

Eis o modelo. Eis o seu testamento. Ficha cadastral ou história de um Homem, o Promotor de Justiça Bandeirante? Grandes almas, jovens e velhos promotores, vale a pena...[10] Olhem Magalhães Noronha para ver as estrelas...

---

9. E. Magalhães Noronha, "Discurso proferido na sua posse no cargo de Subprocurador-Geral do Estado", *Justitia*, São Paulo, APMP, ano VIII, jan./fev./mar. 1952, vol. X, p. 346.

10. "Ó Mar Salgado, quanto do teu sal/São lágrimas de Portugal/Por te cruzarmos, quantas mães choraram/Quantos filhos em vão resaram!/Quantas noivas ficaram por casar/Para que fosses nosso, ó mar!/Valeu a pena?/Tudo vale a pena/Se a alma não é pequena/Quem quere passar além do Bojador/Tem que passar além da dor./Deus ao mar o perigo e o abysmo deu,/Mas nelle é que espelho o céu" (Fernando Pessoa, "Mar portuguez", *Mensagem*, 3ª ed., Rio de Janeiro, Nova Fronteira, 1981, p. 42).

Carreira

Humilde, confidencia as suas dificuldades ao se lembrar de sua primeira comarca, Monte Aprazível:

> Foi ali que dei os primeiros passos de vida funcional; foi ali que verdadeiramente travei conhecimento com os livros. Podeis calcular o que se me oferecia. Jejuno das letras jurídicas, tinha, entretanto, que desempenhar minhas funções. Os primeiros autos surgiram ameaçadores. Em cada página havia um mistério; uma cilada em cada articulado; em tudo ensanchas para que meu desconhecimento jurídico se patenteasse. Fiz então o que era possível fazer. Estudei e esforcei-me. À míngua de dotes naturais, havia de sobejar o esfôrço. Aos poucos, as trevas foram se tornando menos densas, os escolhos mais contornáveis e os temores menos profundos. Depois... escalando de entrância a entrância, de degrau em degrau, fiz minha carreira como qualquer outro promotor.[11]

Foi assim que trabalhou em Monte Aprazível e também deixou rastros de sua genialidade em São José do Rio Preto, Ribeirão Preto, Campinas e na capital[12]. Hoje, em Monte Aprazível, o fórum da comarca fica na rua Monteiro Lobato, nº 269, e seu nome é "Magalhães Noronha"[13].

Por diversas vezes, os seus pares elegeram-no para o Conselho Superior do Ministério Público e, decano desse órgão, ocupou a Procuradoria-Geral de Justiça, substituindo o seu titular, em inúmeras oportunidades. Representou o *Parquet* no Conselho Penitenciário.

---

11. E. Magalhães Noronha, *op. cit.*, p. 348.

12. No bairro de Aricanduva, na capital, está situada a rua Dr. Edgard de Magalhães Noronha. Em Osasco, São Paulo, também há rua com o seu nome.

13. Emeric Levai, "Magalhães Noronha – Perfil de um mestre de Direito", *Justitia*, São Paulo, APMP, ano 44, jan./mar. 1982, vol. 116, p. 332.

Conta Manoel Octaviano Junqueira Filho[14] que na prova oral de seu concurso de ingresso à carreira ministerial, argüido por um respeitável examinador, respondeu corretamente a todas as indagações e foi surpreendido com uma pergunta que, de certa forma, não constava do programa oficial e envolvia convicções pessoais do candidato.

A verve do examinador, a sagacidade do pretendente ao cargo e particulares condições da platéia geraram um ambiente algo desconfortável ao moço que lutava pela toga de Promotor de Justiça. Riam os presentes e o examinador cometeu um lapso que passou despercebido de todos, salvo do candidato que, culto e polido, dissertou sobre o tema com rara precisão e graça. Riram do examinador.

Terminado o exame oral, Manoel Octaviano Junqueira Filho confidenciou aos amigos que o cercaram que somente seria aprovado se o examinador fosse um homem superior. Foi aprovado. Seu examinador era Magalhães Noronha, que soube transformar um momento não muito feliz em superação e grandeza. Era "um cavalheiro"[15]...

Magalhães Noronha integrou várias outras bancas examinadoras de concursos de ingresso no Ministério Público Bandeirante. Aquele seu examinando foi um dos mais perfeitos promotores de Justiça de todos os tempos.

---

14. Manoel Octaviano Junqueira Filho era o "guru" de uma das mais brilhantes inteligências do Ministério Público, o professor Carlos Frederico Coelho Nogueira (*Comentários ao Código de Processo Penal,* Bauru, Edipro, 2002, dedicatória), que lhe tomava emprestado o entusiasmo inesgotável e isso é suficiente para esboçar a sua dimensão. Para mim era um pai, o protetor, o amigo... Viveu décadas preso ao seu leito, com Maria das Dores Therezinha Junqueira, sua esposa, santa, guerreira e mãe feita em sorrisos, servindo-o. Nunca reparei direito naquilo que dizem seria um leito, pois via umas grandes asas, delicadas, fortes e bonitas, que nos erguiam às estrelas e nos convidavam a subir um pouco mais, e mais não digo porque não quero molhar esse meu velho teclado...

15. Manoel Octaviano Junqueira Filho, *Fênix – Morte e ressurreição,* São Paulo, A Tribuna de Santos, 1987, p. 70.

Distinguido com o Colar do Mérito do Ministério Público de São Paulo, foi ovacionado por muito, muito tempo... Para ele, nas conversas, uma eternidade, pois levaria o carinho das palmas para o céu...

Pela obra *Crime culposo*, Magalhães Noronha recebeu o prêmio "Costa e Silva", da Associação Paulista do Ministério Público, em setembro de 1956[16]. Representou São Paulo no 1º Congresso Pan-americano de Criminologia (Rio de Janeiro, 1947).

De 25 de abril de 1947 a 2 de fevereiro de 1949, em comissão, exerceu o cargo de Diretor-Geral do Departamento de Presídios. Foi membro do Conselho Diretor do Centro do Instituto de Biotipologia Criminal de São Paulo. Empresta o seu nome ao presídio masculino de Tremembé[17].

O Ministério Público do Estado de São Paulo sempre compreendeu a importância da capacitação profissional dos seus membros e criou os chamados grupos de estudos. Um deles, da região de Araraquara, chama-se "Edgard Magalhães Noronha".

Por mais de trinta anos fez o que se espera de um promotor: justiça. Em 1958, indicado para compor o Tribunal de Alçada, declinou da honraria[18]. Aposentou-se em 21 de outubro de 1961. Voltou à advocacia e continuou Magalhães Noronha a fazer justiça.

A imprensa registrou a mudança de funções qualificando-o como "uma das figuras mais ilustres dos juris-

---

16. Essa obra foi publicada pela primeira vez em 1957, pela Saraiva, como sempre. Em 10 de fevereiro de1958 faria uma dedicatória a Manoel Octaviano Junqueira Filho, chamando-o "colega" e lhe dando "um cordial abraço".

17. Decreto Estadual nº 31.622, de 31 de maio de 1990, cria o Complexo Penitenciário de Tremembé com a denominação Dr. Edgard Magalhães Noronha (*DOE*, de 1º de junho de 1990, nº 101).

18. *Justitia*, São Paulo, APMP, ano XXVIII, 1º trim. de 1966, vol. 52, p. 25.

tas paulistas, penalista de renome internacional e autor de numerosas obras" (...) "continuará nas lides judiciárias, como professor universitário e advogado. Deixa a trincheira do Ministério Público, onde foi sem dúvida um luminar, e reingressa na advocacia, pois exerceu-a conjuntamente com a promotoria, até 1947"[19].

Professor

"Aquele que professa ou ensina uma ciência, uma arte, uma técnica, uma disciplina"[20] é um professor, um mestre. Ensinar é "transmitir conhecimentos"[21]. Magalhães Noronha conhecia Direito Penal e instruía os seus discípulos. Harmonizava ciência e humanidade. Formava, constituía o caráter de seus alunos.

Lecionou Direito Penal Militar no Curso de Formação e Aperfeiçoamento de Oficiais da Força Pública de São Paulo. Foi titular de Direito Penal na Faculdade de Direito da Universidade Mackenzie, desde sua fundação, em 1954. Trabalhou 25 anos nessa instituição. Paraninfou a primeira turma de bacharéis em Direito. Nomearam-no Professor Emérito.

Deu aulas nas faculdades de Direito de Sorocaba[22], de São Bernardo do Campo e nas Metropolitanas Unidas.

---

19. *Justitia*, São Paulo, APMP, ano XXIII, 4º trim. de 1961, vol. 35, p. 223.

20. Aurélio Buarque de Holanda Ferreira, *Aurélio – Século XXI: o dicionário da língua portuguesa*, 3ª ed., Rio de Janeiro, Nova Fronteira, 1999, p. 1644.

21. Aurélio Buarque de Holanda Ferreira, *op. cit.*, p. 765.

22. "Por iniciativa do Prefeito Municipal de Sorocaba, através do Decreto nº 4.227, de 13 de maio de 1982, foi dada a denominação rua Prof. Magalhães Noronha a uma das ruas daquela cidade, homenageando o Procurador de Justiça que por muitos anos foi professor de Direito Penal

Em Salvador, integrou a banca examinadora do concurso para a vaga de catedrático de Direito Penal da Universidade baiana. O professor Raul Chaves, "candidato que vinha regendo a cadeira há três anos foi aprovado. O professor Magalhães Noronha teve oportunidade de visitar as futuras instalações da Faculdade de Direito, tendo ficado vivamente impressionado com o vulto das obras. Além de pronunciar conferência na Faculdade, concedeu diversas entrevistas à imprensa baiana, em que abordou assuntos relevantes, inclusive pena de morte, instituição do júri e o Código Penal em geral"[23].

Ministrou curso na Faculdade Católica do Porto, em Portugal.

Recebeu a Láurea Alcântara Machado da Sociedade Brasileira de Medicina Legal e Criminologia[24].

Assistiam-no na cátedra jovens juristas que, bem formados, tornar-se-iam expoentes do Direito. Tinha a rara visão pedagógica dos grandes mestres: "Esforçamo-nos também para sermos claros, pois não há didática sem clareza."[25]

Nas Arcadas brilhava Noé Azevedo que, freqüentemente, ilustrava as suas magníficas aulas com referência às argutas lições de Magalhães Noronha, revisor do Projeto Alcântara Machado que, com proficiência, tecia algumas críticas à obra de Nélson Hungria.

---

na Faculdade de Direito local" (*Justitia*, São Paulo, APMP, ano 44, jul./set. 1982, vol. 118, p. 317).

23. *Justitia*, São Paulo, APMP, ano XXII, 3º e 4º trim. de 1960, vols. 30 e 31, p. 526.

24. Sobre Alcântara Machado, ver Jaques de Camargo Penteado, *Grandes juristas brasileiros*, São Paulo, Martins Fontes, 2003, pp. 1-14.

25. E. Magalhães Noronha, *Curso de Direito Processual Penal*, 3ª ed., São Paulo, Saraiva, 1969, prefácio.

Obra

A matriz da livraria Saraiva ficava no Largo do Ouvidor, centro da capital paulista, ponto de encontro da intelectualidade. Autores proseavam com estudantes e funcionários. Nesse ambiente se fazia presente Magalhães Noronha[26]. Atencioso com todos e cioso de seus livros, e que livros! Todos editados pelos Saraiva[27].

Em 1943, Magalhães Noronha já havia publicado um notável estudo sobre *Crimes contra os costumes*, com prefácio do professor Basileu Garcia, por sinal recebido com encômios por Nélson Hungria, o que lhe valeu justo prestígio no cenário das letras jurídicas nacionais, dando a lume posteriormente os comentários sobre *Crimes contra o sentimento religioso e contra o respeito aos mortos* (1954), que se tornaram, junto com o livro *Crimes contra o patrimônio* (1948), este em dois tomos, clássicos no gênero.

Escreveu ainda para a classe estudantil o apreciado *Curso de Direito Processual Penal*, de cunho eminentemente didático, além de um curso de *Direito Penal*, seu trabalho maior, em quatro volumes, que prima pela clareza e diafanidade do estilo, compreendendo toda a parte geral e es-

---

26. Também se podia encontrá-lo na Breno Rossi, conhecida loja de discos, onde os seus funcionários conheciam a boa música e costumavam ajudar os clientes na escolha da melhor obra. Ali, Magalhães Noronha se interessava pelos clássicos e, não poucas vezes, Jobst Dieter Horst Niemayer, outro exemplo de erudição, humanismo e retidão, via-o entretido com os trabalhos dos grandes compositores.

27. A família Saraiva fez pela cultura nacional um bem inestimável. Editou grandes obras e as financiava aos estudantes sem recurso, sem nenhuma burocracia e sem outra garantia que a palavra daqueles acadêmicos pobres que mantinham uma ficha contábil de seus débitos que, mensalmente, eram quitados e com simplicidade anotados os pagamentos. Sem isso, muitos de nós não teríamos conseguido estudar Magalhães Noronha...

pecial do vigente estatuto repressivo[28]. Essa última obra foi atualizada por Adalberto José Q. T. de Camargo Aranha.

Escreveu sobre o crime tentado na obra coletiva em homenagem a Nélson Hungria[29].

Publicou inúmeros artigos na *Revista dos Tribunais,* cujo Conselho Editorial integrou, na *Justitia,* na *Revista Forense* e na *Revista Jurídica.* O trabalho sobre os crimes contra a economia popular, veiculado pela *Justitia*[30], também foi editado pela *Revista Scientia Ivridica,* de Portugal[31].

Citado por todos os criminalistas brasileiros, foi prestigiado por doutrinadores da importância de Battaglini, Fontàn Balestra e outros[32]. Lêem-no na Universidade de Harvard, cuja biblioteca reúne as suas obras completas.

Conhecia os clássicos da literatura jurídica e geral. Como ninguém, soube extrair de escritores do porte de Machado de Assis[33] e Eça de Queirós[34] magníficas descrições que facilitam o entendimento do Direito Penal. Uma hora é Bentinho ilustrando a desistência voluntária... Outra é Juliana mostrando a coação...

A sua vida e a sua obra são um culto à pessoa humana, aos direitos e às liberdades fundamentais.

---

28. Emeric Levai, *op. cit.*, p. 331.

29. "Questões acerca da tentativa", *in Estudos de Direito e Processo penal em homenagem a Nélson Hungria,* Rio de Janeiro-São Paulo, Forense, 1962, pp. 235-48. Sobre Nélson Hungria, ver René Ariel Dotti, *Grandes juristas brasileiros,* São Paulo, Martins Fontes, 2003, pp. 205-39.

30. *Dos crimes contra a economia popular,* São Paulo, APMP, ano VIII, jan./fev./mar. 1952, vol. X, p. 7.

31. *Revista Trimestral Portuguesa e Brasileira,* t. I, 1952-1953, p. 164.

32. Battaglini citou-o no *Novissimo Digesto Italiano,* vol. 8, sob o título "Imputabilità". Fontàn Balestra a ele se referiu em "Delictos sexuales" (*Justitia,* São Paulo, APMP, ano XXVIII, 1º trim. de 1966, vol. 52, p. 26).

33. *Dom Casmurro.*

34. *O primo Basílio.*

> Não sòmente o crime e a pena dão corpo ao Direito Penal. A êsses elementos, outros se acrescentam, como o delinqüente. Erraria quem pensasse que a consideração do homem criminoso como objeto do Direito Penal é profissão de fé positivista. O crime é sobretudo um fato humano, e, no estudo dêste, não se pode olvidar o homem, para se permanecer em contemplação abstrata e formal da espécie delituosa. Ao contrário, há de se fazer o estudo jurídico do *sujeito ativo* e das situações jurídicas por êle criadas.[35]

Como J. A. César Salgado, via no "homem, mesmo desfigurado pelo crime, uma criatura à imagem e semelhança do Criador"[36] e, criticando as penas infamantes, asseria:

> Tais sanções não condizem com o estado atual do Direito Penal, pois o que infama não é a pena, é o crime. Ela é o caminho da redenção. A expiação – *quia peccatum est* – não degrada, é o princípio da reabilitação. E, além disso, não se deve olvidar o fim superior, que é o da recuperação do criminoso, o que não se poderá conseguir com o aniquilamento da criatura humana.[37]

Tratando dos crimes contra a pessoa, ensinava:

> O bem jurídico, que neste passo se protege, tem caráter eminentemente público. A vida, a intangibilidade corpórea, a honra e a liberdade do indivíduo são requisitos fundamentais para a vida comunitária, e é, portanto, no interêsse próprio que o Estado os resguarda e defende.

---

35. E. Magalhães Noronha, *Direito Penal*, 5ª ed., São Paulo, Saraiva, 1968, vol. I, p. 7.

36. Decálogo do promotor de justiça, 2º Congresso Interamericano do Ministério Público (Havana, 1956). Os ditadores de plantão parecem que não a leram e são cruéis até com inocentes...

37. E. Magalhães Noronha, *op. cit.*, p. 217.

São Direitos inseparáveis da individualidade humana, direitos *personalíssimos*, integrando o *direito de personalidade*, como escreve Maggiore, que define como o conjunto de condições de que dependem a conservação, a liberdade e a dignidade da pessoa.[38]

Em pleno regime militar, proclamava:

No regime de liberdades individuais, a custódia antes do julgamento só se pode inspirar numa razão de *necessidade*, pois priva o cidadão da liberdade, faz pesar sôbre êle a presunção do crime e causa a êle e à sua família despesas, perdas e sacrifícios.[39]

A sua vida interior mostrava a preocupação religiosa:

Não é fácil desarraigar da alma humana o sentimento religioso. Em vão se buscará – como muitos homens procuram – a felicidade no mundo exterior. Pode, por momentos, a criatura humana contentar-se, mas no recesso individual, nesse mundo infinito que cada um possui, haverá sempre intranqüilidade, existirá sempre o desejo de paz duradoura e permanente, que transcende aos esforços do homem e da sociedade e que só pode ser satisfeito pela religião.[40]

Com especial delicadeza, enaltece o amor humano:

A princípio, o ato da reprodução realizava-se com a nudez brutal do instinto, porém, com o correr dos tempos,

38. E. Magalhães Noronha, *Direito Penal*, 5ª ed., São Paulo, Saraiva, 1969, vol. II, p. 13.

39. E. Magalhães Noronha, *Curso de Direito Processual Penal*, 3ª ed., São Paulo, Saraiva, 1969, p. 158.

40. E. Magalhães Noronha, *Direito Penal*, 4ª ed., São Paulo, Saraiva, 1969, vol. III, p. 72.

com a civilização, o progresso e a cultura, um sentimento foi se desenvolvendo, a enobrecer mais a fôrça instintiva: o amor. Conquanto êste não prescinda do instinto, é mais do que êle, visto que o instinto procura exclusivamente o *tipo*, onde se conta um grande número de indivíduos, ao passo que o amor importa *seleção*, escolha de um dos indivíduos a êle pertencentes.[41]

Era daqueles que, no charco, viam os lírios a brotar e, tecendo considerações sobre a prostituição, escreveria: "Todos estão de acôrdo que a vida sexual normal e decente só encontra solução no casamento"[42].

Escreveu frases lapidares, deu ao Direito uma dimensao superior e cultuou a família:

> Realmente, é no lar, é na família que se forma a criatura. É pela criação e educação da criança que se forma o homem de amanhã. É no lar que se ensinam os bons costumes, o respeito pelos bens alheios, a solidariedade, etc., enfim, sentimentos, sem os quais impossível seria a vida em sociedade. Como escreve Manzini: "O sentimento familiar é uma fôrça potentíssima de moralidade, trabalho, sacrifício, e por isso deve ser, não só respeitado e favorecido, mas enèrgicamente protegido, tanto quanto o amor da pátria." Faltando êsses elementos, não haverá propriamente lar nem família, mas antes grupos de indivíduos já formados ou em elaboração para o crime, ou, pelo menos, para a vida parasitária e nociva aos interêsses da comunidade.[43]

Clarividência!

41. E. Magalhães Noronha, *op. cit.*, p. 90.
42. E. Magalhães Noronha, *op. cit.*, p. 241.
43. E. Magalhães Noronha, *op. cit.*, p. 290.

"Quem é esta besta?"

Nos velhos tempos, quando o Ministério Público do Estado de São Paulo funcionava no Palácio da Justiça, os seus centenários salões testemunharam um seleto grupo de profissionais do Direito como que magnetizados pela elegância e distinção de uma personagem que, voz limpa, gestos educados e extraordinária capacidade de narração, tecia comentários sobre uma das paixões nacionais, um jogador de futebol[44].

A agradável figura do narrador e a preciosidade da conversação envolvem um jovem Promotor de Justiça que se aproxima do grupo e se deleita com a descrição do que imagina ser o mais genial goleador de todos os tempos, e esse jovem se frustra quando escuta o seu nome – um goleador, sem dúvida, mas sem magia nos pés e sem inspiração na cabeça – e lhe escapa a revolta contra a heresia da dissertação:

"Quem é esta besta?"

Era Edgard Magalhães Noronha!

Contam que o jovem, mais "angustiado que um goleiro na hora do gol"[45], deixou as imaginárias arquibancadas...

Magalhães Noronha dominava a arte de narrar e de escrever. Embevecia o estudioso quando escrevia sobre as mais intrincadas teorias jurídicas e encantava os interlocutores quando falava de um "peladeiro". Aprendera nos jornais, como José Frederico Marques[46], Hélio Pereira Bicudo e tantos outros...

---

44. Fonte: Antônio Visconti, um dos mais brilhantes Promotores de Justiça de todos os tempos, memória viva de um Ministério Público democrático.

45. Belchior, *Divina comédia humana.*

46. Sobre José Frederico Marques, ver José Renato Nalini, *Grandes juristas brasileiros,* São Paulo, Martins Fontes, 2003, pp. 99-142.

Tinha uma coluna no *Diário de São Paulo* e colaborava com a *Tribuna da Justiça*. Freqüentemente, mesclava as realidades da vida com a teoria do Direito e, numa dessas oportunidades, escreveu sobre o julgamento de Cristo, nas proximidades da Semana Santa:

> Com exceção da fratura dos membros – aliás, pedida pelos hebreus – por tudo passou Jesus. Depois da farsa de Pilatos, mandando-O a Herodes, que não o julgou e O devolveu coberto por um manto branco, o manto dos loucos; depois da vacilação do governador da Judéia, que não achava culpa no Justo e por isso não O queria crucificar, lançando mão, primeiro, do indulto, que se costumava conceder pela Páscoa, mas que redundou na soltura de Barrabás; após procurar a comutação de pena pela flagelação, cedeu aquele juiz covarde, ante a frase bradada pela multidão, que o fez vacilar no alto do Litostropos: "Não temos outro rei, senão Cesar" (...) Hoje, passados vinte séculos, quando procuramos viver aquele momento supremo para todos nós, não podemos espancar da imaginação o lenho onde Jesus foi martirizado e expirou. Dir-se-ia que vemos ainda aquela cruz, ereta no outeiro do Calvário, para toda a eternidade, a atestar que de suplício infamante de escravos tornou-se um símbolo sagrado: o da redenção da humanidade.[47]

Valores

Aos seus interlocutores comuns Magalhães Noronha não costumava emitir juízos sobre temas fundamentais como família, religião, profissões... Todavia, destacava a sua escala de fatores nas dedicatórias de suas obras e na escolha de seus patronos...

No primeiro volume de sua obra mais importante evoca a memória de seu pai e ressalta a importância de sua

---

47. *"Summum Supplicium"*, *Diário de São Paulo*, 29 de março de 1959.

mãe. O segundo é dedicado ao filho e à nora. No terceiro homenageia Joaquim Inácio da Fonseca Saraiva, Jorge Saraiva e Joaquim Fonseca Saraiva Filho, seus editores e amigos.

Família, amizade, trabalho e a seguir o professor... Distingue Waldemar Martins Ferreira, "jurista, político, modelo de professores e meu mestre"[48].

No seu coração grande cabiam muitos valores e, moderno, lembra "Assis Chateaubriand, professor de Direito, político, diplomata, homem de empresa e expressão máxima do jornalismo brasileiro"[49].

Família, amizade, trabalho, Direito, política, diplomacia, empresa, jornalismo e, sobretudo, a importância da Justiça e dos juízes: "À Memória de Laudo Ferreira de Camargo, uma das mais elevadas expressões da Magistratura Pátria."[50]

Indicado para a Academia Paulista de Direito, escolheu para seu patrono Antônio de Queiroz Filho[51]. Duas palavras sobre Queiroz Filho são suficientes para realçar a dimensão de Magalhães Noronha.

Disseram-nas muitas personalidades. Separei as registradas por Alceu Amoroso Lima:

> Queiroz Filho foi, acima de tudo, um homem de bem, um homem de vida íntima e pessoal. Deve ter tido, em criança, uma educação aprimorada, pois era um "gentleman", na mais nobre acepção da palavra. E o ambiente doméstico que o cercou até o fim de sua breve mas fecunda existência não fêz senão aumentar essa elegância natu-

---

48. *Direito Penal*, São Paulo, Saraiva, vols. I a IV, década de 1960.

49. *Curso de Direito Processual Penal*, São Paulo, Saraiva, 1969.

50. *Do crime culposo*, São Paulo, Saraiva, 1974.

51. O atual titular dessa cadeira é o jurista Cândido Rangel Dinamarco, excepcional promotor de justiça, insuperável desembargador, brilhante advogado e professor inigualável.

> ral de maneiras, essa afabilidade despretensiosa, essa marca especial de cortesia que é saber ouvir sempre acompanhado de uma fala mansa, reveladora de uma alta sensibilidade. Essas virtudes pessoais de intimidade, de homem do lar, se desdobravam naturalmente na sua vocação de homem de estudo, de homem de gabinete. Sua paixão eram os livros, no meio dos quais viveu a vida inteira. Não apenas leitor. Mas ainda como professor e como autor.[52]

Nesse prefácio Alceu Amoroso Lima realça que, prematuramente morto Queiroz Filho, sua esposa e os seus amigos cuidaram de editar as preciosas lições de Direito Penal que comporiam o seu *Tratado de Direito Penal.*

Sempre as mulheres e os amigos de sempre... A esposa de Queiroz Filho chamava-se Zenaide – preparada, culta, religiosa – e era a sua inspiração, a sua força e o seu esteio. Entre seus amigos, havia Manoel Octaviano Junqueira Filho e Maria das Dores Therezinha Junqueira, que se impressionavam com a categoria humana e intelectual de Queiroz Filho.

As escolhas de Magalhães Noronha revelam os valores que cultuava.

Retorno às evocações

Com extraordinária ênfase, a mídia paulistana divulga um duplo assassinato. Prendem um jovem como suspeito e dobram as vendas de notícias. No epicentro dessa ocorrência figura um dos mais importantes advogados criminalis-

---

52. Prefácio da obra *Lições de Direito Penal,* Antônio de Queiroz Filho, São Paulo, Revista dos Tribunais, 1966, p. 9. Paulo Bomfim, prefaciando uma obra de Queiroz Filho, escreveu: "Fêz da cátedra um púlpito, da vida pública uma fonte de compreensão, da palavra falada um sôpro de esperança, e de seus escritos mensagens ligando a inquietude e o desencontro das gerações" (*Paisagens do mundo,* São Paulo, Martins, s.d., p. 6).

tas de nossa época, o professor Paulo José da Costa Jr., líder do seleto corpo de defensores que assiste o argüido.

Tenho que ouvi-lo por recomendação de Emeric Levai e o ilustre professor catedrático das Arcadas gentilmente me concede um breve espaço de tempo, precioso tempo que emprega na defesa de seu constituinte.

Lendário, apaixonado, o conhecido penalista não perde a oportunidade e critica a forma empregada para a investigação daqueles homicídios.

Senta-se e me lembra que Nélson Hungria, quando deixou a advocacia, substabeleceu-lhe seus casos. Nem preciso perguntar, ele disserta: "Magalhães Noronha era amigo de minha família" e quando comecei a estudar Direito Penal procurei-o para ser o seu assistente, na Faculdade de Direito Mackenzie[53]. Acolhido, assumi a função. Ajudou-me muito, inclusive na advocacia. Era um excelente professor. Conhecia a matéria e a expunha com clareza. Os alunos gostavam muito dele... Chegavam à admiração... Era um Promotor de Justiça... Conheceu a dor e o sofrimento... Peço-lhe que o defina numa frase". Sintético, preciso e emocionado, Paulo José da Costa Jr. termina: "Era estudioso, honrado e bom..." ou, numa frase, como iniciamos: "Um cavalheiro... "

Cidadão, cientista, estudante, professor, advogado, promotor de Justiça... eis um modelo...

Brasileiro, são grandes os seus juristas.

Bibliografia

BOMFIM, Paulo. "Prefácio" da obra *Paisagens do mundo,* de Antônio de Queiroz Filho. São Paulo, Martins, s.d.

---

53. Paulo José da Costa Jr. dedicou-lhe o segundo volume de seu *Curso de Direito Penal,* São Paulo, Saraiva, 1991.

DOTTI, René Ariel. *Grandes juristas brasileiros*. Coord. Almir Gasquez Rufino e Jaques de Camargo Penteado. São Paulo, Martins Fontes, 2003.

FERREIRA, Aurélio Buarque de Holanda. *Aurélio – Século XXI: o dicionário da língua portuguesa*. 3ª ed., Rio de Janeiro, Nova Fronteira, 1999.

JUNQUEIRA FILHO, Manoel Octaviano. *Fênix – Morte e ressurreição*. São Paulo, Gráfica A Tribuna de Santos, 1987.

LEVAI, Emeric. "Magalhães Noronha – Perfil de um mestre de direito". *Justitia*. São Paulo, APMP, ano 44, jan./mar. 1982, vol. 116, p. 332.

LIMA, Alceu Amoroso. "Prefácio" da obra *Lições de Direito Penal*, de Antônio de Queiroz Filho. São Paulo, Revista dos Tribunais, 1966.

MAGALHÃES NORONHA, Edgard de. *Curso de Direito Processual Penal*. 3ª ed., São Paulo, Saraiva, 1969.

______. "Discurso proferido na sua posse no cargo de Subprocurador-Geral do Estado". *Justitia*, São Paulo, APMP, ano VIII, fev./mar. 1952, vol. X, p. 346.

______. "Questões acerca da tentativa". *In Estudos de Direito Processual Penal em homenagem a Nélson Hungria* Rio-São Paulo, Forense, 1962, pp. 235-48.

______. "Dos crimes contra a economia popular". *Justitia*, São Paulo, APMP, ano VIII, jan./fev./mar. 1952, vol. X, p. 7.

______. *Direito Penal*. 5ª ed., São Paulo, Saraiva, 1968, vol. I.

______. *Direito Penal*. 5ª ed., São Paulo, Saraiva, 1969, vol. II.

______. *Direito Penal*. 4ª ed., São Paulo, Saraiva, 1969, vol. III.

______. *Do crime culposo*. São Paulo, Saraiva, 1974.

______. *"Summum Suplicium"*. *Diário de São Paulo*, 29 de março de 1959.

MARQUES, Paulo Edson. "Aspectos da estrutura orgânica do Ministério Público". *In Teses e Relatórios do IX Seminário Jurídico dos Grupos de Estudos do Ministério Público do Estado de São Paulo*, São Paulo, APMP, 1981, p. 61.

NALINI, José Renato. *Grandes juristas brasileiros*. Coord. Almir Gasquez Rufino e Jaques de Camargo Penteado. São Paulo, Martins Fontes, 2003.

NOGUEIRA, Carlos Frederico Coelho. *Comentários ao Código de Processo Penal*. Bauru, Edipro, 2002.

PAULO FILHO, Pedro. *Grandes advogados, grandes julgamentos.* 3ª ed., Campinas, Millennium, 2003.

PENTEADO, Jaques de Camargo. "Ética do promotor de Justiça". *In Funções institucionais do Ministério Público.* Org. Airton Buzzo Alves, Almir Gasquez Rufino e José Antonio Franco da Silva. São Paulo, Saraiva, 2001.

______. "O princípio do promotor natural". São Paulo, Revista dos Tribunais, 1987, vol. 619, p. 407.

______. "Aspectos da estrutura orgânica do Ministério Público". *In Teses e Relatórios do IX Seminário Jurídico dos Grupos de Estudos do Ministério Público do Estado de São Paulo.* São Paulo, APMP, 1981, p. 61.

______. *Grandes juristas brasileiros.* Coord. Almir Gasquez Rufino e Jaques de Camargo Penteado. São Paulo, Martins Fontes, 2003.

PESSOA, Fernando. *Mensagem.* 3ª ed., Rio de Janeiro, Nova Fronteira, 1981.

PINTO, Jarvis Viana. "Aspectos da estrutura orgânica do Ministério Público". *In Teses e Relatórios do IX Seminário Jurídico dos Grupos de Estudos do Ministério Público do Estado de São Paulo.* São Paulo, APMP, 1981, p. 61.

SALINAS, Samuel Sérgio. "Aspectos da estrutura orgânica do Ministério Público". *In Teses e Relatórios do IX Seminário Jurídico dos Grupos de Estudos do Ministério Público do Estado de São Paulo.* São Paulo, APMP, 1981, p. 61.

Moacyr Amaral Santos
Político, mestre, jurista e magistrado a serviço da nação

*Rogério Lauria Tucci**

> Sua vida de intenso e fecundo labor cultural, de par com sua eficiente atividade no plano prático da atuação do Direito, irá sempre projetar-se como farol irradiante a iluminar as caminhadas dos que se dedicam, entre nós, ao estudo e aprimoramento das ciências jurídicas, sob cujo primado devem ser estruturadas nossas instituições políticas e sociais.[1]

Dados pessoais gerais

Escrever sobre a pessoa, a vida e a obra de Moacyr Amaral Santos é tarefa, a par de honrosa, gratificante, sobretudo pela dação da possibilidade de trazer à balha facetas não muito conhecidas, e deveras expressivas, da personalidade do Emérito Mestre das Arcadas, cuja contribuição, valiosíssima, à nossa carreira universitária se deu a partir do concurso à livre-docência, como membro integrante da Comissão Examinadora.

Filho do dr. José Estevão dos Santos e de dona Branca Elisa Vaz do Amaral Santos, ele nasceu na cidade de Capivari, Estado de São Paulo, em 25 de julho de 1902; tendo

---

* Professor titular aposentado da Faculdade de Direito da Universidade de São Paulo. Advogado.

1. Palavras finais do artigo de homenagem póstuma, por ocasião de seu falecimento, de José Frederico Marques, na coluna Idéias em debate, do jornal *O Estado de S. Paulo*, de 4 de novembro de 1983, p. 29.

feito seus primeiros estudos no Grupo Escolar do Arouche e no Liceu Sagrado Coração de Jesus, em São Paulo.

Sucessivamente, bacharelou-se em Ciências e Letras, pelo Ginásio do Estado de São Paulo, em 1920; e em Ciências Jurídicas e Sociais, pela Faculdade de Direito da Universidade de São Paulo, em 1925.

Exerceu a advocacia, primeiramente em escritório montado na sua cidade natal; a seguir, de 1927 a 1936, na cidade de Piracicaba; e, depois, na capital do Estado.

Nos momentos iniciais de sua atividade profissional, de 1931 a 1936, fundou, com João Silveira Melo e Jacob Diehl Neto, e dirigiu o jornal *O Momento*, órgão oficioso do Partido Democrático (portanto, antagônico à política getulista), de tiragem diária e grande circulação na região, em Piracicaba, importante cidade paulista.

Mudando-se para São Paulo, foi Diretor-Geral da Câmara Municipal em 1936 e 1937; e, em seguida, Procurador e Chefe da Procuradoria Judicial do Departamento Jurídico da Municipalidade de São Paulo, de 1938 a 1962, tendo atuado junto com Carvalho Pinto, Meireles Teixeira, Paulo Barbosa de Campos Filho e Bandeira de Mello, formando com eles uma "plêiade a todos os títulos insuperável de juristas, a serviço da administração pública"[2].

Foi, também, fundador e consultor jurídico da Companhia Siderúrgica Paulista.

Ingressou no magistério universitário em 1950, exercendo-o ininterruptamente, mesmo tendo sido nomeado Ministro do Supremo Tribunal Federal, em 6 de outubro de 1967; permanecendo, necessariamente, na capital

---

2. Cf. discurso proferido pelo Ministro Romildo Bueno de Souza, em sessão da Quarta Turma do Tribunal Federal de Recursos, realizada em 17 de outubro de 1983, em uma das homenagens póstumas que lhe foram prestadas (*in* "Homenagem", Coletânea de julgados e momentos jurídicos dos magistrados do TRF e STF, Brasília, STJ, 2001, vol. 32, pp. 59-61).

da República, deu-lhe continuidade, como Professor Titular Extraordinário, de Direito Processual Civil, da Universidade de Brasília.

Integrou, paralelamente à vida acadêmica, numerosas instituições nacionais, e deixou uma das mais vastas e valiosas obras que a intelectualidade jurídica brasileira, até o momento, produziu.

Casou-se, em Piracicaba, em 1929, com dona Elisa Silveira Prado, tendo do matrimônio os filhos Antônio de Pádua Amaral Santos, falecido prematuramente, e Aricê Moacyr Amaral Santos, que, seguindo a trilha do pai, bacharelou-se também em Direito, empreendendo exitosa carreira, tanto na advocacia como no magistério universitário e na magistratura, tendo integrado, nomeado pelo quinto constitucional, e como Desembargador Federal, o Tribunal Regional Federal da Terceira Região, com sede em São Paulo.

Faleceu no dia 16 de outubro de 1983, em São Paulo.

Exornavam, outrossim, sua personalidade três distintas características, que não podem deixar de ser consideradas, posto que marcantes e, portanto, dignas de menção: seu ardoroso amor pela política, que tornava aquele homem simples (sim, de uma simplicidade tal que somente os bem dotados sabem ostentar) e dócil um autêntico e vibrante, pleno de empolgação, guerreiro; a gravata borboleta, complemento inafastável de seu vestir e peculiaridade inamovível de sua postura; e o cigarro de palha, singular e cuidadosamente confeccionado, a cada desejo de tragar, e até coreograficamente consumido.

O acadêmico político

Na abordagem da primeira, e importante, dessas características, tem-se que, desde logo e sempre estudioso, o acadêmico Moacyr Amaral Santos, cultuando os ideais liberais da tradicional Faculdade de Direito do Largo de São Francisco, "a velha e sempre nova Academia", mostrou seu pendor para a política, nas variegadas formas de atuação.

Assim é que, integrando-se intensamente na vida estudantil, além da colaboração prestada a jornais acadêmicos, foi diretor da *Revista XI de Agosto*, órgão do Centro Acadêmico XI de Agosto, no qual eram divulgadas idéias políticas oposicionistas ao governo da República.

Participou, igualmente, como dirigente, do denominado Partido da Oposição, tendo apresentado projeto e feito correspondente campanha pela instituição do voto secreto[3] nas eleições internas do Centro Acadêmico XI de Agosto, que, tendo vingado, redundou no primado da adoção desse sistema de votação, em nosso país.

Foi, também, um dos diretores do Centro Acadêmico da Reação, constituído para a propaganda da candidatura Nilo Peçanha-Seabra, em oposição a Artur Bernardes; e, ainda, participou da Revolução de Julho de 1924, chefiada pelo general Isidoro Dias Lopes, como membro da Guarda Municipal, formada por estudantes da Faculdade de Direito.

O homem político

Essa índole política, assim precocemente revelada, viu-se sobrelevada, cada vez mais, no transcorrer do tempo, com a sua participação na Revolução Constitucionalista de 1932, nas campanhas da Constituinte de 1934, na adesão à candidatura de Armando Sales de Oliveira à

---

3. Desenvolvida pela Liga Nacionalista de São Paulo.

Presidência da República, em oposição ao Estado Novo, e junto com Alfredo Cecílio Lopes, seu colega de escritório; Luiz de Arrobas Martins, Júlio de Mesquita Filho, Aureliano Leite e outros.

Foi, também, um dos fundadores do Partido Democrático, surgido em oposição ao Partido Republicano Paulista e ao regime então vigente; e, conseqüentemente, como ressaltado pelo seu colega de Congregação, na Faculdade de Direito da Universidade de São Paulo, professor Silvio Rodrigues, na oração proferida, como representante da Ordem dos Advogados do Brasil, em sessão plenária do Supremo Tribunal Federal[4], prestando-lhe homenagem póstuma[5], "(...) em 1929/30 foi um dos mais ardorosos propagandistas da candidatura de Getúlio Vargas, nas eleições de 1º de março de 1930, e um dos que aplaudiram com entusiasmo a vitória da revolução daquele ano (...)".

Desfeita, todavia, a passageira ilusão, geradora da euforia então experimentada, a subseqüente decepção im portou no rompimento, em 1931, do Partido Democrático com a ditadura Vargas, organizando-se, em São Paulo, uma conspiração para derrubar o presidente ditador.

Figurando entre os conspiradores, Moacyr Amaral Santos, evidenciando a coerência de seu proceder, assim que instaurada a Revolução Constitucionalista de 1932, foi um dos primeiros a alistar-se, partindo, imediatamente, para a frente da batalha; tendo sido, outrossim, ao ser preso em Silveiras, encarcerado no Presídio da Ilha das Flores, onde permaneceu até o fim da Revolução.

Do mesmo vibrante modo, combateu o golpe de Estado de 1937 e, novamente preso como rebelde, perma-

---

4. Realizada em 14 de dezembro de 1983.
5. Seu óbito, como já citado, ocorreu em 16 de outubro de 1983.

neceu enclausurado durante largo tempo, juntamente com os companheiros de rebeldia, no Presídio Político da avenida Tiradentes, em São Paulo.

E, sobrevindo a redemocratização de nosso país, filiou-se à então recém-criada União Democrática Nacional, integrando seu Diretório Estadual[6]; e tornou-se um dos líderes das campanhas eleitorais alusivas às candidaturas do brigadeiro Eduardo Gomes à Presidência da República, e de Antônio de Almeida Prado e Prestes Maia ao Governo do Estado de São Paulo.

Esse vibrante pendor político somente veio a arrefecer em 1964, quando, coincidentemente, eclodido o golpe militar de 31 de março; e chegou, naturalmente, à exaustão, quando de sua nomeação para o cargo de Ministro do Supremo Tribunal Federal, em 1967.

Vale, por fim, em inafastável complemento da visualização dessa importantíssima faceta de sua personalidade, colacionar o testemunho de outro dos seus pares na Congregação da Faculdade de Direito da Universidade de São Paulo, professor Alfredo Buzaid, quando, também Ministro do Excelso Pretório pátrio, em nome deste manifestou-se por ocasião da homenagem póstuma prestada na mencionada sessão plenária, *verbis*:

> (...) Mas o que o caracterizou, desde os bancos universitários até a ascensão ao Supremo Tribunal Federal, foi a autenticidade, a coerência de convicções e a observância de princípios éticos. Por isso era intransigente, inamolgável, irrepreensível em seus atos. Tinha entranhado amor à pátria. Sua eloqüência na defesa dos superiores interesses da nação o levava, não raro, a excessos perfeitamente

---

6. Junto, entre outros notáveis, com o professor Waldemar Ferreira, também expoente mestre da Faculdade de Direito da Universidade de São Paulo.

> compreensíveis. Pugnou, em toda a vida, sempre, com fervor e dignidade, contra a corrupção política e a favor das liberdades públicas. Durante a sua longa e laboriosa existência, nunca postulou um cargo na administração. Serviu à Pátria, mas não a governo. Onde quer que se encontrasse, dava, inequivocamente, o testemunho da pureza das suas intenções, da elevação da sua doutrina e da grandeza de sua alma. Toda a sua pregação foi mais o sonho de um idealista do que o reencontro com a áspera realidade (...).

O homem simples

Como já explicitado, característica marcante de sua personalidade foi, conotada também pela famosa e formosa gravata borboleta e pelo onipresente cigarro de palha, a sua maneira simples de ser.

A esse propósito, melhor do que quaisquer palavras que pudéssemos exprimir, vale transcrever dois tópicos das notas registrais da sessão plenária de nossa Corte Maior de Justiça, realizada em 9 de agosto de 1972, na especial homenagem alusiva à sua aposentadoria.

O primeiro deles, tirado do discurso proferido pelo Ministro Djaci Falcão, em nome do Supremo Tribunal Federal, para "interpretar os sentimentos" de seus colegas de toga:

> (...) Amaral Santos, dessas criaturas singulares, que usa gravata borboleta e fuma cigarro de palha, não para acompanhar a moda ou visando sobressair-se, mas por sentimento espontâneo, que emerge do seu íntimo. É uma figura humana que pelas suas manifestações de simplicidade, desprendimento e lealdade deixa no itinerário das suas múltiplas atividades profissionais um colorido inapagável de lembranças. Tocado de alta afetividade, a tristeza dele se apoderou ao se aproximar o momento em que haveria

> de deixar o agradável convívio, que também engrandece esta Corte. Na sua face via-se bem nítida a marca desse sublime e cálido sentimento – a saudade. Dele comungamos todos, ao ver partir o bom colega e amigo. Conforta-nos, porém, vê-lo forte e lúcido, em condições de continuar emprestando a sua contribuição à incessante tarefa de aprimoramento do Direito, à luz do qual se busca Justiça, ideal comum e perene, cada vez mais enriquecido pela experiência humana (...).

O outro, do agradecimento feito pelo homenageado, revelador inconteste de grandeza de caráter e de ímpar simplicidade, a saber:

> O Sr. Ministro Amaral Santos: "Falo de pé, Sr. Presidente, porque já falo perante Juízes quando deixei de o ser.
>
> Sempre me acostumei, pela formação moral que meus pais me conferiram e meus mestres me aprimoraram, a tirar o chapéu para o Juiz da aldeia.
>
> Recordo-me, ainda, menino eu era, quando o velho Pais de Barros atravessava a rua de minha terra e eu, como todos os meus contemporâneos, me descobria perante o Juiz.
>
> Essa educação me fez sempre um fervoroso apaixonado da Justiça.
>
> Procurei ser Juiz dentro das minhas possibilidades. Se dei dois mil votos, preferia tê-los dado em número muito menor, para que mais justos fossem.
>
> Estas primeiras palavras são de lágrimas nos olhos, porque, realmente, é lacrimejando que me despeço desta Casa, onde recebi o carinho de todos os eminentes Ministros e as bênçãos de todos aqueles com os quais convivi. Não apenas os Juízes, mas todos os funcionários. De nenhum deles tenho a menor, a mais leve queixa. Só saudade, muita saudade. Esta saudade eu a transmitirei ao meu filho, para que ele possa, por mais tempo do que eu, cultivar a memória de todos os Ministros e funcionários do Supremo Tribunal Federal.

As orações proferidas pelo eminente Ministro Djaci Falcão, pelo eminente Dr. Procurador-Geral da República e pelo ilustrado e douto amigo e colega representante da Ordem dos Advogados, foram generosas em demasia.

Na verdade, tenho um passado, como não poderia deixar de ter um homem aos 70 anos. Mas é um passado sempre de soldado, nunca de oficial. Nunca procurei galardoar-me além do título de servidor. Tenho um passado de servidor público em todos os setores, e este passado eu o respeito, eu o venero. Por este passado, agradeço tudo o que me fizeram, nas suas orações, os eminentes oradores.

Realmente, deveria ter trazido um discurso escrito, mas entendi que era mais razoável que, humildemente, me colocasse perante os Ministros do Supremo Tribunal Federal, e, a exemplo de Ruy, que beijara as mãos de Piza e Almeida, me dirigisse a cada um de meus eminentes pares e lhes dissesse:

– Beijo-lhes as mãos pelo muito que me fizeram."

Este, induvidosamente, e enfim, um verdadeiro hino de humildade e de sabedoria!

O mestre universitário

Professor vocacionado e abnegado, dedicou-se também, largamente, ao magistério universitário, tendo sido:

– Professor de Direito e Legislação da Escola de Engenharia da Universidade Mackenzie (1950-1956);

– Livre-docente, mediante concurso de títulos e provas, de Direito Judiciário Civil, da Faculdade de Direito da Universidade de São Paulo (1954);

– Professor catedrático da Faculdade de Direito da Universidade Mackenzie (1956);

– Professor catedrático, de Direito Judiciário Civil, da Faculdade de Direito da Universidade de São Paulo (1957);

– Professor de Teoria Geral do Estado e Teoria Geral do Processo do curso de especialização da Faculdade de Direito da Universidade de São Paulo – curso de doutorado (1966-1967);

– Membro do Conselho Técnico e Administrativo e do Conselho Universitário da Faculdade de Direito Mackenzie (1954-1962);

– Membro do Conselho Técnico e Administrativo da Faculdade de Direito da Universidade de São Paulo (1963-1967);

– Membro do Conselho Universitário da Universidade de São Paulo (1964-1967);

– Membro da Comissão de Legislação e Justiça do Conselho Universitário da Universidade de São Paulo (1964);

– Membro do Conselho Técnico e Administrativo da Faculdade de Arquitetura e Urbanismo de São Paulo (1965);

– Membro do Conselho Técnico e Administrativo da Faculdade de Comunicações Culturais da Universidade de São Paulo (1966); e

– Professor Titular Extraordinário de Direito Processual Civil da Universidade de Brasília, a partir de 1968.

Ainda, e como natural conseqüência, no âmbito cultural universitário, foi presidente do Instituto Brasileiro de Direito Processual Civil, seção de São Paulo; diretor da *Revista de Direito Processual Civil*, editada pela mesma entidade; membro e conselheiro do Instituto dos Advogados de São Paulo, do Conselho Diretor do Instituto Latino-Americano de Direito Processual, do Conselho Consultivo do Instituto dos Direitos Humanos de São Paulo e da Academia Paulista de Direito (ocupando a cadeira n.º 37, cujo patrono é João Mendes de Almeida Júnior).

Participou, também, em 1967, em Caracas, Venezuela, como delegado do Instituto de Direito Processual brasileiro, das IV Jornadas Latino-Americanas de Direito Processual. E, ainda, do Congresso Jurídico Brasileiro (realizado no Rio de Janeiro, em 1944), do Congresso de Direito Processual Civil (realizado em São Paulo, em 1958), e do Congresso sobre o Ensino Jurídico (realizado no Rio de Janeiro, em 1967).

Como bem observou o Ministro Djaci Falcão, ao referir-se à sua atuação como docente universitário e, particularizadamente, à sua vasta obra doutrinária, no discurso supra-referido,

> (...) O privilégio de transmitir ensinamentos não só através dos seus preciosos livros, mas também no contato direto com os alunos, contribuindo por afeição ao nobre ofício para o aprendizado de várias gerações, põe à mostra o ideal do saber a serviço da mocidade. Um ideal que vale por sua chama íntima, marcado pelo próprio anseio de servir, por vezes adornado pela recompensa da amizade e da gratidão dos discípulos. Ainda recentemente, a 23 do mês de julho, o Professor Amaral Santos figurou como patrono dos concluintes de Direito, da Universidade de Brasília, num exemplo significativo do valor do mestre e do espírito elevado dos seus discípulos.
>
> Aqui em Brasília, não obstante os pesados e sobrehumanos encargos de Juiz desta Corte, acrescidos das atribuições de Juiz do Tribunal Superior Eleitoral, o nosso homenageado ainda acorria ao chamamento do magistério, lecionando na Universidade de Brasília. Tamanha era a sua dedicação e pontualidade que, vez por outra, me fez apelo no sentido de que não fossem designadas sessões extraordinárias, no Tribunal Superior Eleitoral, para o dia de sexta-feira à tarde. Era dia de aula no curso de doutorado quando, num verdadeiro apostolado, repartia com os seus alunos não só a lição do saber jurídico, mas a própria lição da vida, tão enriquecida na sua longa caminhada. Assim, dava-se ao magistério, de espírito e coração. Um mestre, na acepção exata do termo (...).

Sim, um vocacionado e autêntico mestre, na escorreita concepção do vocábulo, que soube, sempre, em seu benfazejo magistério, apreender e ensinar que à idéia de Universidade corresponde a de comunidade; isto é, que da conjugação de esforços docente e discente, num sacerdócio do saber, sobrelevado pelo anseio do conhecer, emerge o espírito universitário, gerador da mais perfeita compreensão dos temas versados, apropriando-os ao direcionamento da conduta dos semelhantes, em prol do bem-estar social.

O jurista e escritor

Completando a difusão do seu cabedal de conhecimentos, vasta e altamente qualificada foi a obra doutrinária do sempre estudioso e laborioso mestre, certamente realizada na tranqüilidade de seu lar e no silêncio da noite, como foi por ele esclarecido no preâmbulo de seu tratado sobre a prova, intitulado *Prova judiciária no cível e no comercial*.

Fazem por merecer transcrição as respectivas palavras, reveladoras, a par da simplicidade que, como já ressaltado, caracterizava a sua personalidade, da humildade do autor, *verbis*:

> (...) Sempre entendi que o homem deve participar ativamente da vida pública de seu país. Por isso, noutros tempos, à noite, após o trabalho estafante exigido para o ganho do pão de cada dia, me dedicava a agradáveis estudos de assuntos econômicos, políticos, sociais. Era como se fosse um hábito. Mas as soluções desses problemas passaram a ser atribuíveis, com exclusividade, a uns poucos privilegiados, entre os quais eu não me incluo.

O hábito de descansar trabalhando reclamava aplicação de minhas noites em outros problemas. Enveredei para o estudo do Processo Civil, com a preocupação de quem quer divertir-se. Dele destaquei um capítulo pouco desenvolvido pelos grandes juristas brasileiros: a prova judiciária.

Assim nasceu este livro, que é mais dos autores compulsados do que meu propriamente (...).

Além dessa grandiosa obra, em cinco volumes nas primeira e subseqüentes edições, até a quinta (pela editora Max Limonad, São Paulo, e, respectivamente, sem data, e até 1965-1968), e dois em outra (assim, incompleta, e pela editora Saraiva, em 1983), escreveu vários outros livros, com a mesma seriedade científica, a saber: *As condições da ação no despacho saneador*, tese, São Paulo, 1946; *Introdução ao estudo do processo cominatório* (processo monitório no Direito brasileiro), tese, São Paulo, Max Limonad, 1953; *Direito usual para engenheiros*, São Paulo, Max Limonad, 1953; *Ações cominatórias no Direito brasileiro*, em dois volumes, São Paulo, Max Limonad, primeira edição em 1958, e a terceira e última publicada em 1962; *Da reconvenção no Direito brasileiro*, tese, São Paulo, Max Limonad, 1958, e 2ª tiragem em 1959; *Primeiras linhas de Direito Processual Civil*, São Paulo, em três volumes, as primeiras edições, a partir de 1962, pela editora Max Limonad, e as demais, já mais de vinte (volumes 1 e 2, vinte e três; e volume 3, vinte e duas), pela editora Saraiva (tendo sido as últimas revistas e atualizadas pelo seu filho, Desembargador federal Aricê Moacyr Amaral Santos); e *Comentários ao Código de Processo Civil*, Rio de Janeiro, Forense, volume IV, a primeira edição em 1976, e outras seis, a sétima também revista e atualizada pelo seu referido filho.

Fez, também, Anotações ao *Tratado de Direito Civil*, de Cunha Gonçalves, primeira edição brasileira pela editora Max Limonad, São Paulo, sem data, volumes 13, tomo II, e 14, tomo I, ambos alusivos à "prova dos direitos"; elaborou *Apostilas de Direito Judiciário Civil*, para o 3º ano do curso de graduação, São Paulo, edição do Centro Acadêmico XI de Agosto, 1965; e publicou inúmeros artigos, dos quais destacáveis, a título apenas exemplificativo, "Da fiança e alguns benefícios do fiador", *"Cautio damni infecti"*, "João Mendes Júnior, mestre de Direito Processual" (conferência) e "Contra o processo autoritário", na *Revista da Faculdade de Direito da Universidade de São Paulo*, respectivamente, anos XLIX, L, LI e LIV, em 1954, 1955, 1956 e 1959; e "Limites às atividades das partes no processo civil", na *Revista dos Tribunais*, volume 246.

Além do que, a par de incontáveis pareceres, proferiu, igualmente, inúmeras conferências, entre as quais: *A obra de Estevam de Almeida, Ruy Barbosa e a Lei Eleitoral, Da inspeção judicial no Anteprojeto de Código de Processo Civil, Dos exames periciais no Anteprojeto de Código de Processo Civil* e *Do despacho saneador no Código de Processo Civil*.

Valiosa foi, destarte, a contribuição de Moacyr Amaral Santos para o aperfeiçoamento dos estudos de Direito Processual Civil, em nosso país, tal como destacado pelo professor José Frederico Marques[7], ao analisar sua obra doutrinária, no seguinte tópico:

> (...) Além do mais, tal como outros processualistas brasileiros, Moacyr Amaral Santos engastou, com muita sabedoria na renovação de que se fazia paladino, o que de aproveitável e útil nos legaram os mestres do passado, para construir, com segurança e solidez, tendo em vista os man-

---

7. No artigo indicado na nota 2, *supra*.

> damentos do "ius scriptum", a nova Dogmática do Direito Processual Civil brasileiro.
>
> Indiscutível esse inestimável serviço que às letras jurídicas prestou o saudoso mestre. Deve-se a ele, sem nenhum favor, a penetração ampla e dilatada das novas diretrizes processuais, para fazê-las não só conhecidas, como também aplicadas nos trabalhos da doutrina e naqueles de caráter profissional (...).

Mais do que isso – permitimo-nos aduzir –, dadas a escorreita metodologia empregada, a sistemática técnica imposta, a simplicidade e a clareza do linguajar utilizado, as obras de Moacyr Amaral Santos facilitaram, como de fato facilitam, a compreensão das normas processuais e procedimentais civis por todos aqueles que, diuturnamente, as atuam nas diversas áreas da faina jurídica, de sorte que permitam que as respectivas interpretações superem, de pronto, as nugas que se põem a gosto, apenas, dos inesgotáveis amantes da complexidade.

Qualquer o ângulo visualizado, enfim, marcante e importantíssima foi a sua contribuição ao Direito Processual Civil e às letras jurídicas nacionais; tanto que, como proclamado, alto e bom som, acerca do "alto merecimento de Amaral Santos como escritor, há um juízo geral, e, pode-se acrescentar, com autoridade de coisa julgada"[8].

O magistrado

Não bastassem todos esses atributos, e para completar o elenco de dons com os quais contemplado pela dádiva divina, foi o mestre, certamente dados o notoria-

8. Do citado discurso do Ministro Djaci Falcão.

mente elevado saber jurídico e a ilibada reputação, guindado ao cargo de Ministro do Supremo Tribunal Federal; tendo sido nomeado, por Decreto de 6 de outubro de 1967, do então Presidente da República, Arthur Costa e Silva, para a vaga decorrente da aposentadoria do Ministro Cândido Motta Filho.

Foi empossado em 18 do mesmo mês de outubro, tendo permanecido na Suprema Corte de Justiça nacional até 25 de julho de 1972, quando aposentado por implemento de idade. E durante esse lapso temporal integrou o Superior Tribunal Eleitoral, como juiz substituto, a partir de 6 de novembro de 1969, e como Juiz Efetivo, desde 11 de fevereiro de 1971, até passar à inatividade.

Proferiu mais de dois mil votos, tidos sempre como altamente qualificados[9], e foi homenageado pelo Excelso Pretório em três oportunidades, a saber: quando de sua aposentadoria, na ocasião de seu falecimento e no centenário de seu nascimento.

A primeira dessas sessões plenárias teve lugar em 9 de agosto de 1972, sendo então saudado pelo Ministro Djaci Falcão, em nome do Tribunal; pelo Procurador-Geral da República José Carlos Moreira Alves, e pelo advogado Joaquim Lustosa Sobrinho, em nome da Ordem dos Advogados do Brasil; e, presente, manifestou, ao final, seu agradecimento, supratranscrito.

A segunda ocorreu em 14 de dezembro de 1983, tendo falado, pela Suprema Corte, o Ministro Alfredo Buzaid; pela Procuradoria-Geral da República, o dr. Inocêncio Mártires Coelho; e, pela Ordem dos Advogados do Brasil, o professor Silvio Rodrigues.

---

9. Além de igualmente expressivo número de atos decisórios monocráticos, em Agravos de Instrumento.

E a última realizou-se em 10 de abril de 2003, tendo usado da palavra, pelo Supremo Tribunal Federal, o Ministro Sydney Sanches; pela Procuradoria-Geral da República, o dr. Geraldo Brindeiro; e, pela Ordem dos Advogados do Brasil, o advogado Pedro Gordilho.

De tais discursos, e a evidenciar, além do que já ficou escrito, a postura de Moacyr Amaral Santos como magistrado, cumpre destacar tópicos dos do ministro Djaci Falcão e do professor Silvio Rodrigues, a seguir transcritos:

> (...) Com a visão enriquecida por invejável experiência como escritor, como professor e advogado, viu coroada sua vida de jurista ao tomar assento como Juiz da mais alta Corte de Justiça do País, passando a viver o instante supremo do Direito, o instante realmente dramático a que se referia o sábio Eduardo Couture – "aquele em que o Juiz, modesto ou eminente, ignorante ou culto, profere sua solene afirmação implícita na sentença: Esta é a Justiça, que para este caso está anunciada no preâmbulo da Constituição".
>
> (...) Amaral Santos, homem possuído de acentuada emotividade intelectual, trouxe para os debates da Corte todo o arrojo de autêntico polemista. Conhecedor profundo e apaixonado do Direito Processual Civil tornou-se, algumas vezes, belicoso, em defesa das teses em torno das quais guardava sincera e profunda convicção, por força mesmo da sua atuação como escritor e professor. Devo acrescentar que o seu espírito agudo e combativo, imbuído de alevantados propósitos, não quebrava a seriedade da especulação jurídica e a inafastável reflexão judicante (...); e,
>
> (...) Talvez a maior surpresa que os amigos de Moacyr Amaral Santos experimentaram foi a de descobrir que aquele advogado combativo, quase feroz, que aquele militante político que se exaltava facilmente e que por pouca coisa se enchia de ira, viesse a se transformar, em sua maturidade, no grande juiz que ele veio a ser. A surpresa

derivava da impossibilidade teórica de conciliar as duas personalidades (...).

Assim também, inafastável faz-se uma final referência à fala do Ministro Aliomar Baleeiro[10], ao encerrar a primeira das apontadas sessões plenárias, quando, solenemente proclamou, *verbis*:

> Acredito que, enquanto existir o Supremo Tribunal Federal, permanecerá na memória da Nação brasileira a trajetória de luz que aqui riscou o Ministro que agora se afasta de nós, o mestre pelos seus livros, o advogado militante, cuja combatividade continuou até aqui no Supremo Tribunal Federal, o político, o patriota, o homem de ação. Aqui, o Juiz, mas também o homem, o homem que aprendemos a amar, a respeitar, a admirar, com todos os seus rompantes, com suas asperezas, que não feriam, nem envenenavam, enfim, com sua pugnacidade.
>
> A figura ímpar e admirável de Moacyr Amaral Santos permanecerá enquanto esta Casa funcionar. Isto transpareceu nos discursos justíssimos, verdadeiros, e que, por muita discrição, apenas referiam esse ponto que sublinhei. O homem íntegro como um bloco, o homem que se batia pelo processo, que brigava pelo processo, leal às suas convicções, leal aos seus ideais, leal ao País, essa figura permanecerá, enquanto existir o Supremo Tribunal Federal.

---

10. Que, segundo o testemunho do Ministro Sepúlveda Pertence, invocado pelo Ministro Sydney Sanches, no discurso mencionado no texto, "costumava, nas sessões plenárias, bem-humorado, provocar a irritação de Moacyr Amaral Santos, trocando-lhe, por deliberado descuido, o nome Amaral Santos por Amaral Peixoto, Amaral de Souza, Amaral Gurgel ou Amaral Neto". Isso, todavia, não aconteceu na sessão solene de despedida, quando da aposentadoria compulsória do homenageado, ocasião em que o Ministro Aliomar Baleeiro, muito pelo contrário, e conspícua e enfaticamente, exaltou sua atuação como integrante da Corte de Justiça Maior de nosso país.

Opaco retrato

Todo o expendido, apesar de nosso esforço em ornar a personalidade do inolvidável professor Moacyr Amaral Santos, e certamente pela deficiência da explanação, tão inabilidosa como o seu subscritor, constitui opaco retrato da figura retratada.

De fato, para exornar, devidamente, esse brilhantíssimo vulto das Arcadas de São Francisco, da política e do Direito brasileiro, e dos Arcos Judicantes do Planalto, seria necessário que o expositor com ele mais tivesse convivido, haurindo mais profundamente seus sábios ensinamentos, colhendo de sua experiência os frutos do conhecimento e apreendendo da genialidade de seu modo de ser a lição de simplicidade e humildade que somente os bens dotados podem transmitir.

Fica, todavia, a certeza de que as principais facetas da personalidade do ser humano, do combativo estudante, político e advogado, do (a um só tempo, rigoroso e dócil) exemplar chefe de família, do sábio mestre e jurista, e do vibrante e justo julgador foram cumpridamente focalizadas, quando nada como ponto de partida para mais alentado estudo biográfico do grande e emérito[11] professor Moacyr Amaral Santos.

---

11. Emérito, na expressão da palavra, não somente pelo seu merecimento, supra-evidenciado, como, também, concretamente, por deliberação da Congregação da Faculdade de Direito, outorgando-lhe esse título. E, com manifesta justiça, como ressumbra da saudação proferida pelo professor José Ignácio Botelho de Mesquita, em sessão solene de homenagem póstuma, realizada no Salão Nobre das Arcadas, e da qual destacável o seguinte tópico: "Moacyr Amaral Santos, as suas lições não serão esquecidas. As suas palavras, ditas daqui mesmo de onde eu falo, ecoam ainda nestas mesmas paredes, a minha própria voz as está repetindo. Uma por uma. Aumentadas pelo selo da morte, é bem verdade. Mas aumentadas mais ainda pelas vozes que acompanham a sua, vibrando em cada uma das nossas arcadas, fazendo reacender e brilhar, a cada dia, a cada noite, ano após ano, século após século, a chama do Direito".

Oscar Tenório

*Jacob Dolinger**

O universalismo de um Jurista-Magistrado

Intensa a vida de Oscar Tenório, vastíssimo o alcance de seus interesses, muito diversificadas as disciplinas a que se dedicou com abrangência e profundidade, compondo uma obra marcante, formada ao longo de uma carreira rica e criativa.

Filho de Manoel Joaquim Tenório e de Olindina Accioly Tenório, nasceu em 6 de setembro de 1904, na cidade de Viçosa, nas Alagoas.

Foi para o Rio de Janeiro, aos 18 anos de idade, inscrevendo-se na Faculdade de Direito da então Universidade do Brasil (hoje Universidade Federal do Rio de Janeiro – UFRJ), assumindo logo uma posição de liderança no Centro Acadêmico Cândido de Oliveira.

Sua turma na faculdade incluía Afonso Arinos de Melo Franco, Adauto Lúcio Cardoso, José Bonifácio, Artur Cesar Reis, Francisco Baldessarini, Milton Barbosa, Idelfonso Mascarenhas, Helvécio Xavier Lopes, João Cabral

* Professor titular de Direito Internacional Privado da Universidade do Estado do Rio de Janeiro (UERJ), professor visitante da Universidade de Miami, conferencista da Academia de Direito Internacional, Haia.

e Vicente Faria Coelho, que se tornaram figuras importantes da vida carioca ou do cenário nacional.

Tenório foi casado com dona Minalda Villas Tenório, falecida em 2004. O casal teve três filhos: Edgardo Tenório, Lea Maria Tenório e Luís Eduardo Tenório.

Oscar Acioly Tenório tinha uma personalidade marcante por sua força de caráter, suas opiniões seguras; para os que não o conheciam de perto dava a impressão de pessoa severa, exigente e distante; já os que foram privilegiados de se aproximar do mestre, de privar de sua intimidade, descobriam um amigo verdadeiro, solidário ao extremo, interessado no progresso intelectual dos mais jovens.

Oscar Tenório faleceu no Rio de Janeiro em 11 de janeiro de 1979.

Direito e jornalismo

Durante os anos da faculdade, Tenório também se dedicou ao jornalismo, publicando em vários órgãos do Rio de Janeiro. Destacaram-se seus artigos sobre o México, reunidos em livro publicado em 1928, sob o título *México revolucionário*, que atingiu grande repercussão nos meios intelectuais do país e do exterior, por suas idéias pioneiras sobre a racionalização do petróleo e a reforma agrária. Essa obra de um jovem de 24 anos foi muito elogiada no Brasil e no exterior. Entre nós, Afonso Celso, Gilberto Amado, Ribeiro Couto, Mário de Andrade, Graça Aranha e Raquel de Queiroz vieram ao encontro do jovem ensaísta com palavras de estímulo e admiração por sua obra.

Entre seus mestres na Faculdade de Direito, destacavam-se o Conde Afonso Celso, paraninfo da turma, que profetizou o futuro brilhante de seu discípulo; João Cabral, que pediu a Tenório um prefácio para seu livro *Sistemas bancários*; e Raul Pederneiras, que incumbiu seu dileto discípulo de manter sempre atualizado seu *Direito Internacional compendiado,* encargo que Tenório cumpriu com zelo e dedicação todos os anos de sua vida.

O magistrado

Tenório inicia sua carreira como promotor público na comarca de Prata, no Triângulo Mineiro, em 1928, passando em seguida para a comarca de Miraí, onde entra para a magistratura, como juiz municipal, em 1929.

Em 1935, vamos encontrá-lo juiz substituto da Vara dos Feitos da Fazenda Pública no Rio de Janeiro, então Distrito Federal, passando no ano seguinte, por concurso, ao cargo de pretor. Entre os componentes da banca examinadora, seu conterrâneo, Pontes de Miranda. Em 1940 é promovido a Juiz de Direito, assumindo uma Vara Cível, transfere-se mais tarde para a Vara de Registros Públicos, onde, durante vários anos, teve como representante do Ministério Público de seu Juízo o ilustre professor Clóvis Paulo da Rocha.

Em 1952, Oscar Tenório é promovido a Desembargador do Tribunal de Justiça do antigo Distrito Federal, cuja Presidência vem a exercer no biênio 1961-1962, já como Tribunal de Justiça do Estado da Guanabara, oportunidade em que teve de exercer interinamente a chefia do Poder Executivo.

Foi membro do Tribunal Regional Eleitoral por quatro biênios, eleito seu Presidente em 1960, e nessa qualidade presidiu o plebiscito sobre o parlamentarismo e as eleições do Estado, diplomando o governador Francisco Negrão de Lima.

Presidente da Associação dos Magistrados Brasileiros, Tenório foi eleito em 1971, em Túnis, Presidente da União

Internacional dos Magistrados, primeiro não-europeu a ocupar este posto. Durante sua gestão, presidiu a 8ª Reunião do Conselho Central em que se organizou o colóquio "O jurista e os problemas do meio ambiente", que teve lugar no Rio de Janeiro e em Brasília em 1971, realizando-se a sessão de encerramento na Sala de Sessões do Supremo Tribunal Federal, oportunidade em que pronunciou brilhante oração, na qual assim falou sobre a liberdade:

> Na longa e árdua experiência política dos povos, o grande problema do homem é sem dúvida o da liberdade. Mais delicado ainda é o problema do emprego dos instrumentos que podem protegê-la. A luta pela liberdade que é a luta pelo direito freqüentemente se desenrola contra aqueles que querem destruí-la; daí as graves opções que se colocam a certas nações em certos momentos de sua evolução política.[1]

Como presidente da Associação dos Magistrados Brasileiros, Tenório se preocupou com a situação do juiz brasileiro em todas as partes do território nacional, tendo informado oficialmente ao Presidente da República que, em determinado Estado da Federação, o Juiz recebia salário quase igual ao carteiro que lhe entregava a correspondência.

O professor

Na comarca de Prata, onde exerceu a promotoria, iniciou-se no magistério, lecionando no Ginásio São Luiz.

Em 1931, seis anos depois de formado, submete-se a concurso para a livre-docência da cadeira de Direito In-

1. "Colloque sur le juriste et les problèmes de l'environnement", p. 40.

ternacional Público da Faculdade de Direito da Universidade do Brasil com a tese *Dos mandatos internacionais*, sendo aprovado com distinção. A tese versou o novo instituto criado pela Liga das Nações em 1919, nela tratando dos delicados problemas políticos e jurídicos referentes a esta criação do Direito Internacional Público que veio a afetar as relações entre os povos e a modificar o panorama de várias regiões do mundo.

Logo em seguida, passa a lecionar Direito Internacional Público, além de seu magistério de Geografia Geral como professor do Colégio Pedro II.

Mais tarde, conquista a cátedra de Direito Internacional Privado, disciplina jurídica à qual passa a dedicar seu maior interesse, publicando uma monografia que foi sendo ampliada ao longo de sucessivas onze edições, transformando-se em dois alentados volumes, nos quais se reflete a rica doutrina européia sobre todos os temas tratados na disciplina, obra que até hoje influencia a doutrina e a jurisprudência de nosso país em matéria de conflito de leis.

Nos cursos de doutorado da Universidade do Brasil e na Universidade do Estado da Guanabara (UEG) lecionou Filosofia do Direito, História do Direito, Direito Público Comparado e Direito Público Especializado. Também foi catedrático de política na Faculdade de Filosofia, Ciências e Letras da UEG.

Essas duas faculdades – de Direito e de Filosofia, Ciências e Letras – foram fundadas por um grupo de jovens professores, idealistas e inovadores, entre os quais o professor Oscar Tenório, que permaneceu ligado até o final de sua vida à Universidade que mais tarde foi formada por estas e outras faculdades isoladas.

Tenório foi vice-diretor da Faculdade de Direito por vários períodos e em 1956 foi escolhido de lista tríplice para dirigir a escola. Em 1967, indicado ao governador em lista quíntupla, era nomeado vice-reitor, e finalmente, em 9 de outubro de 1971, sua carreira universitária é coroada com a nomeação para o cargo de Magnífico Reitor da Universidade do Estado da Guanabara.

O reitor

Em 3 de janeiro de 1972, Oscar Tenório toma posse como reitor, cargo ao qual dedicou quatro anos de intenso trabalho na consolidação da Universidade e na construção do seu *campus*.

Trouxe para a direção da Universidade seu cabedal de experiência e de meditação sobre a filosofia da educação, sua cultura eclética, sua inteligência aguda, sua rapidez na percepção de questões novas, sua capacidade de imediata adaptação a situações inusitadas e sua compreensão psicológica de jovens e velhos.

Em discurso de saudação ao Chanceler da Universidade, o Governador do Estado, Chagas Freitas, e ao Vice-Chanceler, o Vice-Governador, disse Oscar Tenório:

> Os viadutos, as avenidas costeiras, o tráfego subterrâneo, todo o progresso material urbano pode fazer a glória de um governo, inscrever-lhe o nome nos anais históricos. Há uma glória perpétua: a da obra do espírito quando emana de fecundas condições materiais. É a glória que Vossas Excelências poderão disputar.

Em 17 de março de 1972 abriu o ano universitário com a Aula Magna "O Direito das Gentes e a Civilização Ocidental", que concluiu da seguinte forma:

> Há cerca de meio século um estudante inesperto transpunha o portão desta casa para estudar o direito. Permi-

tiu-lhe o destino dadivoso que em 17 de março de 1932 a ela voltasse para proferir a sua primeira aula de direito internacional. E mais dadivoso ainda por lhe permitir, 40 anos depois, que retornasse a esta sala com o mesmo espírito.

Atividades editorais

Ao ser publicado o Código Penal, durante a Segunda Guerra Mundial, Tenório organizou a edição do *Tratado de Direito Penal*, com vários volumes, o primeiro – que versa, entre outros temas, o Direito Penal Internacional – de sua autoria e os demais escritos por Jorge Severiano, José Duarte, Ary Azevedo Franco, Carlos Xavier, Beni Carvalho e Francisco de Paula Baldessarini.

Em 1962, como Presidente do Tribunal de Justiça fundou a *Revista de Jurisprudência do Tribunal de Justiça do Estado da Guanabara*. Anos depois, no 26º número da revista, foi publicada a seguinte comunicação pelo então Presidente do Tribunal, Desembargador Moacyr Rebello Horta:

> Com o presente volume, passa a nossa *Revista de Jurisprudência* à direção do ilustre Desembargador Olavo Tostes. O eminente Desembargador Oscar Tenório, que foi seu criador quando exerceu com tanto brilho a presidência do Tribunal de Justiça e a tem dirigido desde então, viu-se obrigado a renunciar, assoberbado pelos imensos afazeres na Justiça local, na presidência da União Internacional dos Magistrados e os de Magnífico Reitor da Universidade do Estado da Guanabara. Neste ensejo, não pode a atual direção do Tribunal deixar de manifestar a esse grande magistrado, professor e publicista o reconhecimento pela sua constante e profunda dedicação à causa da Justiça e do pensamento jurídico, como o pesar pelo seu afastamento da direção da Revista.

O pensamento filosófico-jurídico

Tenório era dono de visão larga, defensor entusiástico de uma filosofia jurídica universalista, o que manifestou em incontáveis oportunidades, algumas das quais aqui se reproduzem, a título meramente ilustrativo.

Em sua obra clássica, *Direito Internacional Privado*, ao tratar da questão da nacionalidade, aconselha ao Estado que,

> ao elaborar a legislação sobre esta matéria, não olhe apenas os próprios interesses, mas se aperceba da existência das outras nações, da intensa comunicação entre os homens, a fim de não proceder com egoísmo, como se cada país fosse hostil ao intercâmbio e estranho à interdependência.[2]

Em relatório apresentado no seminário "Problemas Jurídicos de Cooperação Internacional", no Ano de Cooperação Internacional, realizado em 1965, referiu-se à necessidade de o "legislador nacional não fechar os olhos às soluções adequadas, através do conhecimento do direito estrangeiro e de sua compreensão científica"[3].

Ao abrir os trabalhos do simpósio "O jurista e os problemas do meio ambiente", realizado no Rio de Janeiro e em Brasília, por ocasião da 8ª Reunião da União Internacional dos Magistrados, Tenório, como presidente da União e anfitrião do importante evento, assim se pronunciou: "Il est vrai que le juriste, indépendamment de l'esprit national dont il s'imprègne par l'étude des lois locales, a dans sa formation des conceptions internationales communes à tous ceux qui élaborent, interprètent et appliquent le droit (...)."

2. *Direito Internacional Privado*, vol. 1, p. 191.

3. *Revista de Jurisprudência do Tribunal de Justiça do Estado da Guanabara*, vol. 11, p. 2.

Em seus comentários à Lei de Introdução ao Código Civil, lemos: "Nenhum Estado pode viver isolado (...). Em face da intensa atividade humana e material, os Estados têm de sofrear os sentimentos particularistas da soberania, transigindo em benefício de interesses da chamada comunidade internacional."[4] No campo da cultura e da religião manteve a mesma abertura: "A unidade do mundo a que almejamos será feita pela coexistência das civilizações, poupadas as peculiaridades de cada uma delas (...)."[5]

"O universalismo teve, na última década, seu objetivo maior na religião, com progresso na área do cristianismo, graças sobretudo ao Papa João XXIII (...)."[6]

Tenório escreveu freqüentemente sobre a sociologia do Direito e proclamava que Clóvis Bevilaqua foi a figura ideal para projetar nossa legislação civil, superando Teixeira de Freitas e Lafayette Rodrigues Pereira na apreciação do fato jurídico, na compreensão do Direito com base na realidade social.

Escrevendo sobre o Código Civil francês em peça de grande valor, sob o título "Napoleão e o Código Civil", assim se manifestou:

> Não há dúvida que a história da humanidade, na sucessão dos acontecimentos, tem raízes comuns. Mas é necessário que não percamos de vista as inovações que o espírito humano leva à própria vida. Encontramos textos no Código Civil que quase reproduzem Pothier. Encontramos, também, dispositivos que se prendem ao Direito Romano. Mas é o que não encontramos num e noutro que caracteriza o Código Civil, dando-lhe expressão pioneira; a pequena área de sua originalidade é a sua grandeza.[7]

---

4. *Lei de Introdução ao Código Civil brasileiro*, 2ª ed., p. 129.

5. Prefácio à publicação da UEG, "Camões e os Lusíadas".

6. "Ecumenismo: razão e fé", no *Boletim da UEG*, outubro de 1972.

7. *Revista de Jurisprudência do Tribunal de Justiça do Estado da Guanabara*, vol. 22, p. 4.

O pensamento político

Quando promulgada a Constituição de 1934, Oscar Tenório pronunciou conferência em que criticou o amplo rol de temas introduzidos na Carta, assim se pronunciando:

> Uma Constituição deve compor-se de princípios gerais e essenciais. Nem ser lacônica declaração de direitos, nem amontoado de regras peculiares à legislação ordinária. Importante é que se estabeleçam as linhas fundamentais, de forma que, através de flutuações e necessidades, o regime se desenvolva, se ajuste à realidade, se modifique de harmonia com as necessidades. Assim não procedemos. Cada qual pensou no dilúvio, e quis, no bojo constitucional, encontrar amparo. Receosos da evolução, da mudança de programas na República, manietaram, no texto fundamental rígido, problemas que em todo momento a experiência vai retificando, consertando, aperfeiçoando. Tudo isto seria pecado venial, se adotássemos o tipo das constituições abertas. Não. A rigidez da carta de 34 torna difícil qualquer reforma, a não ser que a vontade presidencial reclame a medida, e conte com um Parlamento amigo...
>
> Fizemos obra original (...) Há na nova Constituição princípios desconhecidos das constituições atuais do mundo. É fácil compreender as dificuldades dos nossos homens públicos quando, amanhã, ante nossa realidade, caducarem as normas do presente atormentado.

Que diria o mestre se lhe fosse dado ver a Constituição de 1988!

Com referência ao Código de Processo Civil de 1939, o jornal *O Globo* entrevistou em 1º de março alguns magistrados e juristas cariocas, inclusive os Ministros do Supremo Tribunal Federal Eduardo Espínola, José Linhares e Castro Nunes. O então juiz Oscar Tenório assim se manifestou:

> Compõe-se a sociedade de três tipos de homens, o dos que defendem sem desfalecimento as forças da tradição, o dos que advogam toda ruptura com o passado e, por fim, o dos que conciliam as duas atitudes, encontrando na observação e na experiência os motivos de proceder.

Para Tenório, vingara com o novo CPC a atitude sensata, o meio-termo equilibrado e inteligente.

Em inúmeras oportunidades, Tenório discutiu a simbiose do jurídico com o político, dizendo em uma dessas ocasiões que, enquanto o estudo do poder não pode ser feito no campo puramente político – porque do Direito vem o maior contingente das origens dessa ciência –, por outro lado, o estudo da Constituição Federal não pode ser feito sem colocá-lo à luz dos fatos de nossa vida política, o que, segundo Tenório, não foi compreendido por muitos juristas brasileiros[8]. Em dois momentos importantes de sua vida revelou sua vocação política, assim se pronunciando em agradecimento em 25 de junho de 1958, quando lhe foi prestada homenagem ao deixar o Tribunal Regional Eleitoral, após ter ali servido por oito anos: "Nem sempre procuramos cumprir os sonhos da mocidade, mas aquela vocação política que encontro em mim parece que realizei, sob certa forma, neste Tribunal, ao apreciar as manifestações da vontade do povo através do voto."

Dezesseis anos mais tarde, quando se preparava para deixar a toga, assim proclamou em discurso ao Tribunal Eleitoral:

> Ex-Presidente deste Tribunal e fundador do Centro de Estudos Políticos, convenci-me de que não temos papel político direto, mas, sim, o de educar o povo no exercício da

8. *Revista de Jurisprudência do Tribunal de Justiça do Estado da Guanabara*, vol. 15, p. 42.

política. Não está em nossas mãos traçar os destinos do mundo e do Brasil. Não temos poder para tal. Mas da nossa conduta moral dependem os destinos da Pátria. Se juntarmos todas as gotas luminosas de nossas esperanças, formaremos os oceanos da felicidade coletiva, num mundo de violência incontrolável.[9]

Suas idéias políticas revelou-as bem cedo, nos artigos reunidos no livro *México revolucionário*, em que enalteceu a revolução efetuada pelos presidentes Obregon e Calles e criticou com veemência os Estados Unidos por suas indevidas intromissões nos destinos do povo mexicano, movido pelo interesse dos capitais norte-americanos no petróleo e em outras riquezas mexicanas, manifestando seu apoio à política dos dois sucessivos governantes mexicanos em todos os setores – agrário, educacional, religioso, econômico e político.

Destacamos o seguinte trecho em que se encontra uma síntese de seu pensamento político:

> Não há desdouro em proclamar o motivo das ações humanas baseadas nas aspirações econômicas. A história não se desenvolve segundo o espírito glorioso dos filósofos, nem tampouco em concordância com o desejo dos santos. A história da América, sacudida pelos lances épicos dos heróis, dos guerreiros, dos estadistas foi uma história de conflitos econômicos. A arremetida de Washington, na América do Norte, nasceu duma simples questão de pagamento de impostos. Na independência brasileira em que Gonçalves Ledo, Frei Sampaio e outras personalidades figuraram gloriosamente, portugueses exaltaram o grito lançado às margens do Ipiranga devido a causas comerciais bem conhecidas.[10]

9. *Boletim da UEG*, agosto de 1974, p. 1000.
10. *México revolucionário*, p. 54.

O pensamento social

Com relação a um dos mais graves problemas sociais do século XX, o doutrinador do Direito Penal cede a palavra ao mestre de mais de quatro décadas de ensino, que sempre esteve sintonizado com a juventude e, através da autoridade do magistrado, que após quarenta anos de serviço à Justiça de seu país se preparava para a despedida, assim proclamou no plenário do Tribunal de Justiça do Estado da Guanabara:

> A repressão aos toxicômanos deve ser mais de sentido sócio-educativo do que legal. Faz arder nas suas fogueiras a juventude inexperiente e atormentada. Ao poder político, empenhado em traçar programas fundamentais da vida nacional, cumpre o dever de reunir representantes de sua cultura para o estudo da revisão, que se torna urgente, de textos legais que agravam a tragédia da juventude nos seus descaminhos.[11]

Posições de Oscar Tenório em Direito Internacional Público e Relações Internacionais

A Constituição tem primazia em face dos tratados internacionais; estes são autônomos diante das leis ordinárias, mas subordinados às Constituições anteriores e, bem assim, posteriores.

> (...) temos de acentuar que a vitória nos campos de batalha, deslustrada pela violação das normas do direito internacional, tem fulgor transitório. A história coloca no panteon

11. "O juiz e o mundo contemporâneo", *Boletim da UEG*, março de 1974.

> da imortalidade apenas os que, mesmo na dolorosa situação da guerra, respeitam o direito, preservam a honra, procedem com justiça.
>
> Entretanto, a Carta das Nações Unidas criou o Conselho de Segurança, órgão incompatível com o princípio de igualdade de direitos de todas as Nações. As Nações Unidas, para serem democráticas, tinham de firmar a regra de que a deliberação da maioria constitui lei para todos. O chamado direito de veto escraviza a maioria à vontade de um. Daí a intranqüilidade reinante (...).

Comparando o Mercado Comum Europeu com a União Pan-Americana e a OEA, expunha a diferença entre as duas situações: enquanto na Europa há uma imensidão de interesses econômicos, financeiros e militares comuns, no continente americano não há efetivamente comunhão de interesses econômicos, somente criações jurídicas artificiais, daí o malogro da Alalc, do Pacto Centro Americano e do Pacto Andino.

Advoga a obrigatoriedade da jurisdição da Corte Internacional de Justiça, cuja competência deveria ser ampla, facultando-se, inclusive, o acesso a ela de particulares, e conclui com boa dose de realismo, sem contudo prejudicar seu idealismo: "A falta de confiança na Justiça internacional em alguns países não é motivo para não prosseguirmos no trabalho de aperfeiçoamento dos organismos existentes."

O mestre do Direito Internacional Privado

O Direito Internacional Privado foi introduzido no Brasil por Pimenta Bueno, cuja obra data de 1863[12]. Pouco

---

12. Pimenta Bueno, *Direito Internacional Privado e aplicação de seus princípios com referência às leis particulares do Brasil.*

se produziu no Brasil sobre essa disciplina no século XIX. Já no início do século XX, desponta Clóvis Bevilaqua com sua obra clássica sobre a matéria[13]. Seguem-se na década de 1920 e início da década de 1930 as obras de Rodrigo Octávio e Eduardo Espínola, ambos Ministros do Supremo Tribunal Federal. E daí em diante a doutrina da disciplina se enriquece com os trabalhos de muitos estudiosos, entre os quais se firmam e ficam consagradas as obras de Pontes de Miranda, Serpa Lopes, Amílcar de Castro, Haroldo Valladão e Oscar Tenório.

Enquanto seu *Direito Internacional Privado* foi sucessivamente publicado em novas e atualizadas edições, sua *Lei de Introdução ao Código Civil brasileiro* teve duas edições, e, ao ser convidado, Tenório não quis lançar uma nova edição, acreditando que uma moderna lei regulando o Direito Internacional Privado não tardaria. No início de sua carreira universitária escrevera e publicara *Estudos sobre a substância dos testamentos em Direito Privado Internacional.*

Em Direito da Nacionalidade, Tenório defendeu que os apátridas deviam ser computados na quota imigratória de acordo com a sua última nacionalidade, pois, "a não ser aceita esta interpretação, ficariam fechadas as fronteiras do país aos cidadãos sem-pátria, agravadas, assim, as suas desventuras".

Tenório discorda de Antoine Pillet, o catedrático de Paris, que introduzira como objeto do Direito Internacional Privado os direitos adquiridos de acordo com outra legislação. Nosso mestre argumentava que não há razão alguma para essa distinção, pois que o respeito aos atos legalmente praticados no exterior é inerente ao Direito In-

13. Clóvis Bevilaqua, *Princípios elementares de Direito Internacional Privado*, Recife, 1906.

ternacional Privado, e que a questão não é específica do DIP, pois pertence à teoria do Direito intertemporal.

Manteve-se partidário da autonomia do Direito Internacional Privado em relação ao Direito Internacional Público, sustentando que a transformação dessas disciplinas em uma só – de Direito Internacional – tem fundo idealista, mas escapa à realidade jurídica atual.

O Código Bustamante é criticado em vários trabalhos de Tenório: discorda do seu casuísmo desnecessário, da inflação do objeto dos conflitos das leis privadas e critica sua terminologia imprecisa, como "lei local", "lei territorial", que leva à confusão com *lex fori*[14].

Mas, apesar dessas críticas, é categórico quanto à preponderância dos dispositivos do Código Bustamante sobre os dispositivos do direito interno. Para Tenório, quando o direito estrangeiro é aplicado pelo juiz nacional, a norma alienígena se equipara ao direito brasileiro, passando a ser equivalente a este. Isso em frontal discordância com a doutrina italiana, que trata a lei estrangeira como incorporada no Direito local, como norma naturalizada.

Coloca-se categoricamente contra o reenvio, em plena concordância com a norma contida no art. 16 da Lei de Introdução ao Código Civil, deixando consignada sua reserva com o dispositivo do Anteprojeto Valladão – de cuja comissão revisora ele participou –, que admite o reenvio.

Sustentava que a jurisprudência estrangeira favorável ao reenvio é expressão de oportunismo e interesse. No clássico caso Forgo, por exemplo, teria prevalecido o interesse do Tesouro francês de ganhar as propriedades do falecido em detrimento de seus parentes alemães, daí ter admitido o reenvio que lhe foi feito pela lei da Bavária.

14. *Revista de Jurisprudência do Tribunal de Justiça do Estado da Guanabara*, vol. 19, p. 4, e *Direito Internacional Privado*, vol. II, p. 132.

Em matéria de domicílio, Tenório adotou um critério uno para conceituar esta conexão – seja para efeito do Direito interno como para o do Direito Internacional Privado – sempre de acordo com o estabelecido pela lei do foro. Escreveu que "os dados jurídicos para a qualificação da nacionalidade no Brasil são os do direito brasileiro, a mesma orientação tem de ser seguida quanto à qualificação do domicílio", recomendando que se siga sempre a orientação do art. 31 do Código Civil brasileiro (de 1916), afastados assim quaisquer conceitos de domicílio fornecidos pelo Direito estrangeiro, bem como a possibilidade do duplo domicílio decorrente de conceitos diferentes contidos em leis de duas ou mais soberanias[15].

Quando o Brasil mudou a conexão do estatuto pessoal da lei da nacionalidade para a lei do domicílio, Tenório foi quem com mais felicidade interpretou a nova posição do Direito conflitual brasileiro ao dizer que este apenas tornou o domicílio preponderante, mas não exclusivo, pois em muitos pontos a lei nacional do brasileiro tem aplicação, como em matéria de impedimentos dirimentes ao matrimônio, em certos aspectos da sucessão e no divórcio[16].

No que tange à autonomia da vontade em contratos internacionais para a escolha da lei aplicável, Oscar Tenório adotava uma posição singular que teve muita influência sobre a evolução do nosso Direito Contratual Internacional. Para o mestre as obrigações contraídas no Brasil não podiam ficar sujeitas à autonomia da vontade, mas uma obrigação contraída no exterior poderia sujeitar-se ao Direito brasileiro se assim tivessem pactuado as

15. *Direito Internacional Privado*, vol. 1, pp. 437-8.

16. *Revista de Jurisprudência do Tribunal de Justiça do Estado da Guanabara*, vol. 16, pp. 13-5.

partes, desde que isso fosse admitido pelo Direito do lugar do contrato. Sua oposição à autonomia em contratos firmados no Brasil decorria da comparação do art. 13 da Introdução ao Código Civil de 1916 com o art. 9º da LICC, não aceitando para o Brasil a Resolução do Instituto do Direito Internacional de 1907, sessão de Florença, amplamente favorável à autonomia da vontade[17].

O art. 18 da LICC, em sua redação original, estabelecia que os cônsules brasileiros só poderiam casar brasileiros no exterior se estes estivessem domiciliados no Brasil, requisito que Tenório considerou exagerado[18], no que foi atendido pelo legislador que reformou a redação do art. 18 e acrescentou o art. 19 sobre a mesma matéria.

Na época em que o divórcio era proibido no Brasil e muitos brasileiros obtinham divórcios no exterior, Rodrigo Octávio, seguido de outros autores, entendia que o brasileiro que se divorciava no estrangeiro e lá contraía novas núpcias praticava crime de bigamia.

Tenório saiu contra essa tese raciocinando que, se o divórcio prolatado no exterior é inexistente perante nossa lei, inexistente é também o novo casamento, celebrado em desacordo flagrante com nossa legislação. A Lei de Introdução, argumentava Tenório, não dizia que o divórcio de brasileiro no exterior era nulo no Brasil, apenas que não seria reconhecido. Em outras palavras, não reconhecíamos o divórcio e assim também não reconheceríamos o casamento. Por outro lado, acrescentava o mestre, não se podia deixar de reconhecer que, onde obtido o divórcio

---

17. *Direito Internacional Privado*, vol. II, p. 190. Esta posição de Tenório não encontra mais eco na doutrina pátria, assinando o Brasil (mas ainda não ratificando) a Convenção Interamericana sobre Lei Aplicável aos Contratos Internacionais que faculta aos contratantes escolher a lei que desejam aplicar às suas relações contratuais.

18. Arquivos do Ministério da Justiça, vol. 47.

e celebrado o novo casamento, eles eram válidos, daí a impossibilidade de se descortinar prática de crime, ante o princípio da natureza territorial dos delitos penais[19].

Em matéria de sucessões, o professor Tenório também inovou sobre vários aspectos, sendo de destacar sua posição relativa ao debate que se travava na doutrina européia do início do século sobre qual lei – da nacionalidade ou do domicílio – deve ser aplicada para fins de interpretação da vontade do testador, escrevendo assim em uma de suas teses para a Academia: "A exegese não se bitola no assunto a uma lei. Deixe-se ao Juiz a maior liberdade para saber o que quis o testador."[20]

Quanto à inclusão do Direito Penal no campo internacional, a doutrina brasileira se dividiu entre aqueles que não admitiam incluir as questões de Direito Penal Internacional no Direito Internacional Privado – destacando-se nesta orientação Clóvis Bevilaqua e Pontes de Miranda – sendo esta a posição tradicional do Brasil, tanto que Andrade Figueira, delegado brasileiro no Congresso de Montevidéu de 1889, manifestou-se contra um tratado de Direito Penal Internacional, entendendo que esse assunto seria da competência legislativa interna de cada país.

De outro lado, encontramos Pimenta Bueno e Rodrigo Octávio, que incluíram o tema em suas obras sobre DIP. Coube a Oscar Tenório dar a merecida ênfase ao Direito Penal Internacional, dedicando-lhe grande parte de sua obra *Da aplicação do Direito Penal*, primeiro volume do *Tratado de Direito Penal* que ele dirigiu. E nesse sentido assim escreveu:

---

19. *Lei de Introdução ao Código Civil brasileiro*, p. 462.

20. "Estudos sobre a substância dos testamentos em Direito Privado Internacional", p. 37.

> O direito penal internacional, como deve ser concebido objetivamente, estuda a lei penal no espaço, atendendo à existência de várias jurisdições penais e à necessidade de cooperação contra a criminalidade.
>
> O estágio da civilização ainda não permitiu que surgisse, bem sólida, a real, a verdadeira sociedade internacional. Cada país, portanto, estabelece as suas leis, mesmo as que produzem efeitos internacionais. Há, entretanto, apesar do caráter de direito público interno das normas em apreciação, uma linha demarcativa que submete os Estados a limitações recíprocas. Quando a autoridade legislativa de um Estado estabelece limites de sua jurisdição penal, deve ter em vista que existem jurisdições penais estrangeiras que precisam ser respeitadas.[21]

Apesar da denominação Direito Internacional Privado, Tenório sempre defendeu que este ramo abrange todos os conflitos de leis, tantos os do campo do Direito Privado como os do Direito Público, e que os conflitos de leis penais, fiscais, administrativas e de outros campos do Direito encontram solução na inspiração que haurem do Direito Internacional Privado, incorporando-se nele.

Ele se colocou contra a proibição constitucional de extradição de brasileiro, o que, argumentava, em muitos casos estabelece a impunidade. O crime é, em regra, a violação de preceitos territoriais; no lugar onde foi praticado encontram-se as testemunhas, os elementos necessários à segura apreciação das provas.

A visão do civilista

Oscar Tenório, mestre do Direito Internacional, foi igualmente um profundo conhecedor do Direito Civil.

---

21. *Da aplicação da lei penal*, p. 186.

Em cativante conferência intitulada "Napoleão e o Código Civil", proferida no Centro de Estudos Políticos do Tribunal Regional Eleitoral da Guanabara, Tenório chamou a atenção para críticas feitas ao Código napoleônico, na parte concernente aos direitos da mulher, visivelmente restritos em benefício do poder do marido e do pai, o que constituiria violação flagrante do princípio de igualdade proclamada pela França na Declaração dos Direitos de 1789.

Tenório mostra a improcedência da crítica: a Declaração de 1789, em seu art. 1º., efetivamente proclama que os homens nascem e permanecem livres e iguais em direito, mas trata-se aí de igualdade no campo dos direitos públicos, das garantias na sociedade política, sem influência na órbita da sociedade civil, mormente na parte do direito de família e do direito sucessório. "São esferas distintas, de tratamento distinto, mesmo em países de instituições democráticas aperfeiçoadas."[22]

Tenório tece um paralelo entre o Código francês de 1804 e o Código brasileiro de 1916, explicando que, assim como o Código Napoleão é um prolongamento da Declaração de Direitos do Homem e do Cidadão de 1789, o Código Civil brasileiro é a ordem privada oriunda da Constituição Federal de 1891: liberdade política e liberdade econômica.

O mestre faz uma síntese da filosofia do Código Civil brasileiro: liberdade de contratar, absoluta; família de feição patriarcal; o trabalhador livre, que se organizava sobre os escombros da economia escravocrata; a propriedade imóvel, cuja transmissão se processa através da transcrição, diversamente do que ocorria no Direito anterior.

---

22. *Revista de Jurisprudência do Tribunal de Justiça do Estado da Guanabara*, vol. 22, pp. 8-9.

Conta Tenório que Clóvis quis humanizar a família patriarcal brasileira, mas o Congresso desaprovou: era o século XX, em plena Primeira Guerra Mundial. A análise de Tenório sobre o pensamento de Clóvis constitui uma das mais belas apresentações de nosso Direito Civil e da obra de seu codificador. Concisa e precisa.

A passagem pela Vara de Registros Públicos está refletida em sua obra que contém grande número de trabalhos sobre questões imobiliárias, hipotecárias, transcrições, inscrições e demais atos de registro.

Participação em congressos no exterior

Em 1961, Tenório compareceu ao 8º Congresso Internacional de Direito Penal apresentando o longo e erudito relatório sobre "Os efeitos da sentença penal estrangeira no Brasil", em que cuidou das garantias processuais de origem constitucional, da coincidência na qualificação de determinados crimes, do reconhecimento da sentença estrangeira, da necessidade ou não de sua homologação, do *exequatur* de atos processuais estrangeiros, dos arts. 5º a 7º do Código Penal, da sentença penal e suas conseqüências cíveis no Brasil, da pena acessória e medidas de segurança, da reincidência e da suspensão condicional da pena, tudo examinado no âmbito da sentença penal proferida no estrangeiro, dos tratados de extradição firmados pelo Brasil, do Código Bustamante e do Tratado de Direito Penal Internacional de Montevidéu[23].

Em 1965, participou da 4ª Reunião Internacional de Magistrados, realizada em Megève, França, onde apre-

23. *Revista de Jurisprudência do Tribunal de Justiça do Estado da Guanabara*, vol. 1, pp. 1-17.

sentou o relatório brasileiro em resposta ao questionário que objetivou um estudo comparativo sobre as relações do Direito Interno com o Direito Internacional, especialmente com respeito à Convenção de Preservação dos Direitos do Homem e das Liberdades Fundamentais, firmado em Roma em 4 de novembro de 1960. Tenório intitulou seu relatório "A proteção dos direitos do homem – relações entre o Direito Interno e o Direito Internacional", em que examinou os dezoito artigos da Convenção à luz dos princípios constitucionais e das leis penais e processuais penais brasileiras para elucidar como o Brasil poderia aderir ao aludido diploma internacional[24].

O Congresso de Direito Penal, realizado em Paris em abril de 1967, ouviu o relatório de Oscar Tenório sobre "O genocídio na doutrina e na legislação brasileira", matéria que interessava sobremaneira aos europeus, pois na pauta de julgamento de nosso Excelso Pretório encontrava-se naquele ano o caso Stangl, criminoso de guerra nazista, detido em São Paulo, cuja extradição fora solicitada pelos governos da Alemanha, da Áustria e da Polônia.

O Brasil ratificara a Convenção Internacional para a prevenção e repressão do genocídio e promulgara a Lei nº 2.889, que define e pune o crime de genocídio, ajustada aos critérios da convenção.

Tenório esclareceu aos juristas estrangeiros que a lei do genocídio ainda não fora aplicada pelos tribunais brasileiros, não se tendo, pois, ensejado o exame de sua qualificação, no que tange à distinção entre crimes comuns e crimes políticos.

Considerando que a Constituição brasileira proíbe a extradição de estrangeiro por crime político ou de opinião,

---

24. *Revista de Jurisprudência do Tribunal de Justiça do Estado da Guanabara,* vol. 20, pp. 1-17.

se o crime de Stangl assim viesse a ser qualificado pelo Supremo Tribunal Federal, seria ele julgado no Brasil se o fato contra ele argüido constituísse crime segundo a lei brasileira e, como o genocídio já estava tipificado como infração pela lei brasileira, era possível que o criminoso viesse realmente a ser julgado e punido no Brasil.

Tenório declarou que favorecia a extradição porque, quando o crime comum, conexo com o crime político, constituir o fator principal, deve-se conceder a extradição. A dicotomia de crime comum e crime político tende a desaparecer em matéria de genocídio, para a adoção de uma terceira categoria, a dos crimes contra o direito das gentes – crimes contra a humanidade, crimes contra a paz[25] –, concluiu Tenório.

Como é sabido, o Supremo Tribunal Federal concedeu a extradição de Stangl, criminoso de guerra, chefe do famigerado campo de concentração de Sobibor.

Imigração

Os problemas de real transcendentalidade, as questões humanitárias que reclamam uma tomada de posição clara, definida e imediata, constituem o maior desafio ao estadista, ao pensador, ao escritor, ao jornalista, ao mestre das novas gerações.

À medida que o homem cresce moral e intelectualmente aos olhos de seus concidadãos, avulta sua responsabilidade de se manifestar nos momentos decisivos sobre os problemas de verdadeira gravidade. Somos testemunhas do silêncio que tem caracterizado grandes fi-

---

25. *Revista de Jurisprudência do Tribunal de Justiça do Estado da Guanabara*, vol. 21, pp. 1-6.

guras, grandes personalidades, que, a nosso ver, por isso mesmo, jamais serão consideradas grandes homens.

No Brasil, tivemos momentos e questões da mais elevada importância sobre os quais poucos ousaram se manifestar, como aliás ocorre em toda parte, em todas as ocasiões. Entre esses problemas, avulta a questão relativa à imigração para o nosso continente.

Poucos entre nós compreenderam e abordaram essa problemática com a profundidade política, sociológica, aliada a um espírito pragmático como o fez Oscar Tenório.

Em memorável conferência pronunciada a 3 de setembro de 1935 no Clube dos Advogados, intitulada "O problema imigratório e a Constituição de 1934", o jovem magistrado de 30 anos de idade levantou sua voz contra a nova política imigratória introduzida na Constituição de 1934, que vinha de afastar nosso país de sua tradição de portos livres, abertos à imigração.

Classificando a política que inspirou o art. 121, § 6º., da Constituição de "supernacionalista" e sua inspiração de "obstinado nacionalismo", considera o conferencista que se enfeixa no dispositivo uma injustificável reação contra milhares de estrangeiros que, ontem como hoje, trabalham em nossa terra.

O dispositivo constitucional criticado por Tenório assim dispunha:

> A entrada de imigrantes no território nacional sofrerá as restrições necessárias à garantia da integração étnica e capacidade física e civil do imigrante, não podendo, porém, a corrente imigratória de cada país exceder, anualmente, o limite de dois por cento sobre o número total dos respectivos nacionais fixados no Brasil durante os últimos cinqüenta anos.

Essa norma foi inspirada na lei norte-americana, de 1924, que estabelecera o sistema de quotas para a imigração. Pergunta Tenório: "Do ponto de vista brasileiro, dos nossos interesses de soberania, das nossas aspirações econômicas, o texto constitucional é patriótico? Corresponde ele às nossas necessidades? Tudo faz crer o contrário."

É conhecida a tendência de grande parte, senão da maioria dos jovens intelectuais dos anos 1930, em matéria de nacionalidade e de direitos dos estrangeiros em nosso país, decorrente de suas posições filosófico-ideológicas. Tenório não se aliou, não se submeteu. Examinou os problemas com isenção e clarividência. Daí sua conclusão:

> Se percorrermos as colônias japonesas, principalmente as de São Paulo, notaremos, em todas elas, a disciplina, a moralidade, o amor ao trabalho, a economia, o vivo interesse ao estudo do Brasil. Não conhecemos um único exemplo de hostilidade do japonês às nossas instituições e à nossa vida. Tolerante – e vós sabeis que a tolerância é o melhor traço de civilização – coopera até para as obras católicas. Na luta difamatória contra o japonês no Brasil, não se opõe, verificadamente, qualquer argumento contra essas qualidades primaciais do filho do Extremo Oriente.

E acrescentou:

> Encontramo-nos, sem dúvida, numa encruzilhada: ou seguiremos, a rigor, a trilha constitucional e estancaremos a economia brasileira em um dos seus reservatórios mais ricos, o braço estrangeiro, ou corrigiremos o erro de 1934, abrindo os nossos portos aos milhares de homens que, vindo de todos os cantos da terra, sonham com a nova Chanaan. Para os verdadeiros patriotas, a jornada cívica do engrandecimento nacional leva à frente a bandeira do revisionismo.

Muitos anos mais tarde, Tenório teceu considerações sobre a contribuição de alguns espíritos europeus que imigraram para o Brasil, uns voluntariamente, outros compulsoriamente, todos igualados no amor à terra brasileira e irmanados no ideal de contribuir para o aprimoramento de seu povo: Helena Antipoff, frei Cassiano Maria de Vilarossa, Stefan Zweig, Tullio Ascarelli, Enrico Liebman.

Quantos mais poderiam ter trazido sua contribuição, fosse ouvida a tempo a voz do jovem e ardoroso crítico da Constituição de 1934...

Entendem-se, assim, a intransigente defesa de Oscar Tenório em suas obras de Direito Internacional do exercício dos direitos civis e comerciais do estrangeiro no Brasil e a ampliação dos direitos políticos do brasileiro naturalizado, teses que foram reconhecidas pelo legislador ao longo dos anos que se seguiram, tanto na legislação ordinária como nas subseqüentes Constituições.

O lugar e o papel da jurisprudência e dos juízes

Para Tenório, a voz que se ouve quando a lei silencia (lei omissa – art. 4º da Lei de Introdução ao Código Civil) não é a do magistrado. É ainda do legislador[26]. Sustentava que "há lacunas na lei, não há lacunas no direito, porque este não pode comportar um vazio, um vácuo, na vida das relações"[27].

Conseqüentemente, para Tenório, a jurisprudência não é fonte de direito[28], não pretendendo com isso diminuir a autoridade da sentença, mas, pelo contrário, elevá-la. "O juiz é submisso à lei; não o é à jurisprudência. A jurisprudência, mesmo uniforme, não tem caráter de obri-

---

26. *Lei de Introdução ao Código Civil brasileiro*, p. 108.

27. Homenagem a Pontes de Miranda em 3 de dezembro de 1969.

28. *Lei de Introdução ao Código civil brasileiro*, pp. 142, 143, 147 e 148, e *Direito Internacional Privado*, vol. I, p. 94.

gatoriedade. Se a jurisprudência tomasse foros normativos, a independência intelectual do juiz entraria em agonia, prevalecendo a autoridade dos tribunais"[29].

Em outras palavras, muito menos autonomia tem o juiz que deve seguir a jurisprudência (como no sistema da *common law*) do que o juiz que segue a lei, permitindo-se-lhe interpretá-la. Disse-o claramente em conferência de abertura do ano judiciário de 1965 do Tribunal de Justiça da Guanabara, com a seguinte colocação: "Não há no Brasil preocupação pela coerência dos arestos, o que talvez se explique pela altivez dos juízes ciosos de sua independência intelectual e mental. As condições históricas do Brasil são muito diversas daquelas dos países regidos pela Common Law."[30]

Tenório explica sua posição:

> O juiz tem a legítima faculdade de rejuvenescer as leis que se tornaram incompatíveis com os novos fatos. A não prevalecer a interpretação progressiva e orgânica das leis, a magistratura se estiolaria, levantando um muro ante o futuro. Não podemos ser contra a lei, mas devemos admitir a fórmula da complementação da lei pela autoridade judicial, quando a complementação se torna necessária ao progresso social.

Tenório ilustra com a seguinte hipótese: a lei brasileira assegura que não será expulso o estrangeiro que tiver cônjuge brasileiro ou filho brasileiro dependente da economia paterna. Lei humana, que visa a garantir a segurança da família brasileira de um estrangeiro. Todavia, a lei não preenche realmente sua finalidade, pois que acontecerá

---

29. *Lei de Introdução ao Código Civil brasileiro*, p. 142.

30. *Revista de Jurisprudência do Tribunal de Justiça do Estado da Guanabara*, vol. 9, p. 19.

no caso de viúva estrangeira que tenha filho brasileiro dependente de sua economia? Poderá ser expulsa?

Caberá à Justiça, diz Tenório, atendendo ao fim social da lei, construir uma jurisprudência humana, desprezada a interpretação literal[31].

O magistrado Oscar Tenório manteve-se sempre fiel à doutrina, ao pensamento ético-filosófico do autor, do escritor, do sociólogo do Direito, do professor, e proclamou perante o Tribunal de Justiça da Guanabara ao receber merecida homenagem:

> Aplicador da lei que fui, por dilatados anos, aos casos litigiosos procurei interpretá-la conforme dispõe uma norma geral, segundo o bem comum e o fim social dela.
>
> Se percorrerdes os livros de filosofia do direito, com raras exceções como Gény, encontrareis este conselho: "Ó juiz, sede escravo da lei!" E eu vos digo: "Não sejais escravo da letra da lei!"

Falando sobre a posição do juiz na sociedade, Tenório pronunciou-se com o rico estilo literário de que era possuidor, assim escrevendo:

> Querem-no (o juiz) homem de clausura, a ler e reler o seu breviário, a fugir do mundo com as suas vaidades e os seus pecados, permitindo-lhe apenas o olhar de esguelha, pelas varetas da prisão monacal, o fervilhar da vida, e a tomar, vez ou outra, uma caneca do vinho generoso da adega do abade. Como poderemos julgar o homem sem o conhecimento direto da sociedade?[32]

E o ponto alto de suas colocações sobre o papel do magistrado foi sua confissão perante o Tribunal Pleno:

---

31. *Direito Internacional Privado*, vol. 1, pp. 291-2.

32. "O juiz e o mundo contemporâneo", conferência na abertura do Ano Judiciário de 1974.

> Um dos problemas dramáticos na consciência do juiz criminal é o da percepção da inanidade de algumas de suas decisões, ou de sua iniqüidade no aspecto humano ante um sistema penitenciário ineficaz, quando não corrompido. Todos nós, senhores desembargadores, uns por curto período, outros por dilatados anos, temos exercido a difícil judicatura criminal, aplicando a lei, embora sabendo que ela é inane ou mesmo desumana em alguns casos.

O ensino na visão tenoriana

A vasta obra de Oscar Tenório cobre todos os problemas brasileiros, jurídicos, sociológicos, econômicos, políticos e científicos.

É no campo do ensino que se concentram suas maiores preocupações e ao qual dedica suas mais veementes perorações, especialmente nos dois últimos lustros de sua intensa atividade e produção científico-pedagógica.

Já em *México revolucionário* descreve a extraordinária revolução empreendida por Obregon no setor educacional, entusiasmando-se com o rápido sucesso das escolas rurais e o conceito social que encerravam, extinguindo o abismo que até então separava as classes altas das classes campesinas no México.

Quase meio século mais tarde, a mesma pena, o mesmo espírito escreve que "educar os jovens para o entrelaçamento dos grandes valores de todas as épocas é muito mais do que uma obra pedagógica; é prepará-los para uma missão específica na luta contra o ódio e a intolerância".

Como Reitor da Universidade do Estado da Guanabara, a responsabilidade de que se sente investido é muito mais ampla do que a da estrita jurisdição territorial de sua Universidade querida; sente-se na obrigação de prestar seu depoimento à pátria, inspirado no alto de sua cátedra, com os olhos voltados para a realidade hodierna, descendo para os problemas que afligem a juventude estudantil e para as verdades prosaicas do mercado de trabalho.

Professor por mais de quatro décadas, no exercício concomitante de várias cátedras, não se prende aos velhos conceitos pedagógicos. Evolui e aceita de bom grado as modificações que paulatinamente se introduzem na pedagogia universitária. Repudia o monólogo dos antigos professores e bendiz o diálogo entre mestres e discípulos, inspirado na filosofia das comunicações, do trabalho em equipe, do seminário e dos grupos de estudos.

Caustica a "generosidade irresponsável de professores" pois que a Universidade tem o dever de intransigência dos exames, no mesmo nível em que se procede na seleção do vestibular.

Reconhece que todos os empreendimentos universitários fracassarão se não for empreendida a reforma do ensino do 2º grau e reclama contra a injustiça inerente ao sistema em que os mais bem colocados – em geral os mais dotados financeiramente pela facilidade de preparação em cursos especializados de alto nível – são premiados com ensino universitário gratuito, enquanto os menos dotados materialmente são conduzidos a estabelecimentos particulares, pagos.

Volta sua atenção para o ensino primário e lembra como nos países europeus os professores dos cursos primários e médios realizam excursões aos museus, aos edifícios e jardins históricos, dando aulas atraentes, afastando assim a monotonia verbal das aulas.

No estudo do Direito o professor Tenório enfrenta a velha questão entre o ensino teórico ou prático, observando que o exemplo norte-americano do estudo através dos casos decorre da essência do sistema jurídico daquele país enquanto a concepção continental européia do Direito brasileiro não se ajusta a um ensino empírico.

Reivindica o ensino do Direito comparado não só no doutorado como também no bacharelado, lamentando a regressão que ocorreu no currículo das faculdades de direito que no início do século XX incluíam o estudo da legislação comparada.

Ilustro a problemática da orientação prática ou teórica da educação com dois pronunciamentos de autoridades que viveram em países distantes e diferentes:

> O fato mais óbvio em toda parte do mundo é a rapidez das mudanças técnicas. Portanto, na medida em que as mudanças técnicas se tornam mais rápidas, a educação, se se deseja que ajude e não prejudique, precisa se tornar menos técnica.
>
> Exatamente porque a vida coletiva se modifica é indispensável que o jurista tenha uma preparação teórica bem sólida, a fim de compreender o que lhe aparece freqüentemente como um imprevisto, e disciplinar a realidade.

O primeiro trecho é tirado de um discurso pronunciado na Unitar (Instituto de Treinamento e Pesquisa das Nações Unidas) por Robert Maynard Hutchins, editor-chefe da *Encyclopedia Britannica*, presidente do Centro de Estudos das Instituições Democráticas de Santa Bárbara, na Califórnia, proferido em 1970.

O segundo trecho é do reitor da Universidade do Estado da Guanabara, professor Oscar Acioly Tenório, em lacônico trabalho intitulado "A profissão do Direito", publicado em 1968[33].

Tenório sabia incentivar seus discípulos e fazia-o com maestria e graça. Uma frase sua mostra como sentia o progresso dos alunos: "Feliz é a velhice do professor. Tem

---

33. *Revista de Jurisprudência do Tribunal de Justiça do Estado da Guanabara*, vol. 18, pp. 1-3.

ele a sensação de que o mundo é bom. Se o juiz é ferido pelas urzes de postulantes em descontentamento, o professor assiste, no ocaso de sua existência, crescer a luz solar dos antigos discípulos."

Sensibilidade literária e artística

Tenório, como bom mestre e didata, esmerou-se na crítica literária. Observador atento, psicólogo sutil, mas principalmente juiz justo.

Em 29 de maio de 1956 tomou posse na Academia Carioca de Letras, eleito para a cadeira 24, patrocinada por Carlos de Laet.

Quando da solenidade de posse no mesmo sodalício de seu conterrâneo, o consagrado jurista e filósofo brasileiro Pontes de Miranda, coube a Tenório recebê-lo, fazendo a crítica de sua obra.

> Nas esferas da crítica apareceis como jurista, excluído injustamente da história literária, que se alimenta do trabalho de ficção. Há um desvio no parecer daqueles que frustram o julgamento literário dos homens que comentam a lei, mesmo quando lapidam a língua ou a renovam. Entretanto, o verdadeiro jurista é, pela própria natureza de seu ofício, um intelectual, como artífice da palavra, mestre da eloqüência, doutor da lógica, intérprete do verbo.

O interesse literário de Tenório não conhece limites. Abrange todos os campos do conhecimento humano e sobre tudo tem algo a dizer. Entre outros, teceu considerações sobre obras e trabalhos de Ricardo Rojas, Tavares Bastos, Olavo Bilac, Duque de Caxias, Ivan Lins, Afonso Arinos de Melo Franco, Ilmar Pena Marinho, Carolina Nabuco, Fernando Whitaker da Cunha, Murilo Melo Filho,

Autran Dourado, Aliomar Baleeiro, Candido Motta Filho, A. Vieira de Lemos, Miguel Reale, Paulo Carneiro, Austregésilo de Athayde, Arthur Cezar Ferreira Reis, Raul Pederneiras, Fernando Raja Gabaglia e muitos outros.

A sensibilidade de Tenório era múltipla, atenta para as mais variadas manifestações do gênio humano, como se vê da seguinte recordação:

> Há pequenos fatos que se guardam na memória poupados ao olvido, mas irrevelados ao mais paciente e ávido dos biógrafos. O planger dos sinos de Florença, fabricados de bronze régio, num cair de tarde, ouvidos e olhos abertos ao deslumbramento da cúpula de Santa Maria de Fiori. O impacto provocado pelo *Cristo Crucificado* de Salvador Dali, num museu de Nova York, a mudar as nossas concepções sobre a pintura. O sorriso de uma criança à saída da escola numa primavera de alegria[34].

Caustica as autoridades públicas por seu descaso pelo passado artístico brasileiro, que sofre as marteladas da destruição, vitimada pela voracidade imobiliária.

> A emoção pela beleza do passado não exprime retrocesso. Sabemos que essa emoção é muito mais intensa entre os homens cultos que entre os de preparo mediano e superficial (...) Educar os jovens para o entrelaçamento dos grandes valores de todas as épocas é muito mais do que uma obra pedagógica; é prepará-los para uma missão específica na luta contra o ódio e a intolerância[35].

Analisa a cultura italiana e sua influência na nossa arte, cultura e no campo jurídico, principalmente através

34. *Revista de Jurisprudência do Tribunal de Justiça do Estado da Guanabara*, vol. 14, p. 477.

35. *Boletim da UEG*, junho de 1973.

de Ascarelli e Liebman, dois luminares do Direito italiano que se refugiaram entre nós enquanto sua terra sofria o pesadelo do fascismo e suas conseqüências racistas.

Guarda carinho todo especial para a França e para a dívida cultural que com ela tem o Brasil. Aponta para o fenômeno singular e excepcional da influência cultural francesa no Brasil apesar da quase inexistência de laços comerciais entre os dois países, observando que, enquanto a Inglaterra dominava nossa economia – indústria têxtil, estradas de ferro, empréstimos de toda natureza – nos domínios da graça, da elegância e principalmente da cultura, nossas relações se concentravam na França.

Homenagens

Com a comemoração de seu septuagésimo aniversário, em 1974, ano que marcou sua aposentadoria das funções de catedrático de Direito Internacional Público e Direito Internacional Privado e de desembargador do Tribunal de Justiça do Estado da Guanabara, foram-lhe prestadas múltiplas e variadas homenagens de todos os círculos da vida intelectual, política e judiciária de nosso país.

Em ofício que lhe foi dirigido por ocasião de sua aposentadoria do Tribunal de Justiça, assim se manifestou o Governador do Estado, Antônio de Pádua Chagas Freitas:

> Senhor Desembargador: Ao assinar o decreto de aposentadoria de Vossa Excelência a pedido, sinto-me no dever de salientar o pesar com que vejo a magistratura da Guanabara desfalcada de uma de suas figuras exponenciais. Durante os longos anos em que honrou a Justiça deste Estado, Vossa Excelência se impôs como um dos mais dignos e cultos juízes, alvo do respeito e da admiração sempre crescente de seus concidadãos. Sua atuação na primeira

> instância e no Tribunal, em cuja presidência também tanto se destacou, jamais será esquecida e servirá de exemplo a quantos encarem a magistratura como verdadeiro e abnegado sacerdócio. Conforta-me apenas o fato de saber que Vossa Excelência, professor dos mais insignes deste país, continuará a dar sua assistência à nossa mocidade, com os ensinamentos que só um mestre do seu gabarito pode transmitir, enriquecendo sucessivas gerações que lhe são eternamente gratas. Agradeço a Vossa Excelência, como Governador e como brasileiro, o que fez e o que continuará a fazer pela cultura e pelo desenvolvimento de nossa nação.

A admiração de que era alvo Oscar Tenório no Tribunal em que pontificou um quarto de século se demonstra pela realização de uma sessão especial, festiva, para homenageá-lo por ocasião de sua aposentadoria, fato inédito na história desta Corte.

Saudou o homenageado seu sucessor no decanato do Tribunal, o desembargador Martinho Garcez Neto, numa oração repleta de pensamento e beleza de exposição, em que assim disse:

> Por que, então, esquecer os vivos que se fizeram merecedores pela vida que viveram? Por que não exaltar, em vida, aqueles que dignificaram a sua própria existência com trabalho honrado e fidelidade a um ideal superior?
>
> Eis aí a razão verdadeira desta homenagem. Eis aí porque uma cerimônia como esta, de tanta grandeza moral e espiritual, jamais poderia ser reduzida ao mero cumprimento formal de um regimento. As suas verdadeiras razões que a legitimam e a justificam transcendem de lide tão estreita e insignificante, para traduzir, com absoluta limpidez, em ato de consagração pública, livre de suspeita de parcialidade, o julgamento definitivo, permanente, irrevogável e irrecorrível desta Corte de Justiça, que se ufana de haver contado nas suas fileiras, pelo decurso de quase cinco lustros, como um de seus maiores expoentes, não apenas com

> um jurista de excepcional valor, mas – e é o mais importante – com um juiz dos mais notáveis, desses que enaltecem a pátria em qualquer Corte Internacional de Justiça, pela inteligência e pelo saber, pela independência e pela integridade, pelo caráter e pelo sentimento, em suma, por todos os valores morais e espirituais cultivados pela nossa grei – o ínclito Desembargador Oscar Accioly Tenório.

Em 29 de maio de 1974, *O Globo* publicou um artigo de seu colega, o Desembargador Olavo Tostes Filho, em que a pena do grande amigo do homenageado conseguiu retratá-lo com tanta autenticidade que nenhum trabalho biográfico de Tenório pode deixar de reproduzir:

> É extraordinário como o Desembargador Tenório conseguiu perfazer essa simbiose entre o sagrado e o profano, entre o material e o subjetivo, entremeando o executivo dinâmico e empreendedor com o intelectual de vida contemplativa. O mesmo que funda jornais e instala novas escolas, que dirige com mão firme o Tribunal Eleitoral num dos anos mais conturbados, refreando o arroubo de companheiros mais jovens e evitando escolhos, mas atento e aprovativo à independência e imparcialidade das decisões; que preside eleições exemplares, em meio a uma fuzilaria de paixões e de vaidades; que com descortino e energia dá continuidade a uma das importantes obras públicas do Estado e do País, a construção do *campus* da Universidade, é o mesmo homem que preserva a sua vida interior e se recolhe todos os dias, até alta hora, a ler sofregamente e meditar absorto uns versos de Rimbaud ou sobre uma nova escola de estética literária, que tem a cidade de Paris gravada na memória pelas ruas dos seus museus, galerias de artes, livrarias de raridades e bouquinistes das margens do Sena...

E conclui Olavo Tostes Filho: "A este espírito helênico, ficou devendo o Tribunal de Justiça da Guanabara uma das presenças mais inesquecíveis nos seus cento e cinqüenta anos de funcionamento".

Oscar Tenório recebeu a medalha Machado de Assis da Academia Brasileira de Letras, sendo homenageado por Afonso Arinos de Mello Franco, seu colega dos bancos universitários, que descreveu com perfeição a figura humana do condecorado, o jovem que veio pobre do Norte, que aqui conquistou todas as glórias e títulos que a vida lhe poderia oferecer, e que continuou dono da mesma alma caridosa e compreensiva, tolerante, que concebe planos de desenvolvimento grandioso para a cultura e educação de sua gente, mas jamais esquece a miséria que viu grassar a seu redor nos anos de infância e adolescência, que trouxe consigo do Norte a naturalidade e a franqueza de uma raça sofrida e simples, que nenhuma sofisticação da metrópole e da vida intensa em termos internacionais conseguiu apagar.

* * *

Há quase trinta anos, tive a honra e o privilégio de escrever "Oscar Tenório – Vida e obra" para a poliantéia publicada em sua homenagem pela Universidade do Estado do Rio de Janeiro (UERJ) que sucedeu a Universidade do Estado da Guanabara[36]. Descrevi as inúmeras fases e facetas da vida e da obra de meu querido mestre, que me conduziu para ser seu sucessor na cadeira de Direito Internacional Privado da mesma universidade.

Concluí meu trabalho da seguinte forma:

> O jovem e fogoso idealista dos bancos universitários e das redações de jornais se reproduz no humanista e universalista da idade madura e no sábio pensador que in-

36. *Estudos jurídicos em homenagem ao professor Oscar Tenório*, 1977.

gressa lépido e feliz na oitava década de sua vida, sempre ativo e dinâmico, inovando, apurando, mas sempre coerente consigo mesmo, com suas idéias, ideais e inspirações originais, cercado do respeito e da admiração de seus concidadãos, e do carinho de seus discípulos de ontem e de hoje.

Vinte e cinco anos depois de seu falecimento, a memória de Oscar Tenório continua viva hoje como sempre, fonte de inspiração e incentivo para todos aqueles que se dedicam ao Direito, à Justiça, à Educação, à Cultura e às coisas belas da vida.

Oswaldo Aranha Bandeira de Mello
Uma lição de vida e de amor.[1]

*Maria Helena Diniz**

Relembrando nossa vida universitária, podemos afirmar que, no nosso caminho, em momentos decisivos, houve um professor armado das principais virtudes: cultura, proficiência, inteligência, generosidade, probidade e humanidade. Seu nome é: professor dr. Oswaldo Aranha Bandeira de Mello. Gostaríamos, publicamente, de registrar nossa felicidade por termos sido escolhidos para retratar Oswaldo Aranha Bandeira de Mello na obra *Grandes Juristas Brasileiros*, coordenada por Almir Gasquez Rufino e Jaques de Camargo Penteado, não só pela profunda admiração e gratidão que temos por esse mestre de escola e pela saudade luminosa que sentimos de seu convívio na Faculdade de Direito da PUCSP, que fundou e tanto amou, mas também por termos merecido seu afeto.

Como escrever, em poucas linhas, sobre um imortal, cuja história é a de um gigante da inteligência a serviço do direito e cuja vida foi um hino de amor e uma escalada de triunfos, pois, em toda a sua trajetória, foi um vencedor?

---

1. Agradecemos ao dr. Eduardo de Oliveira Lima pelos dados pessoais do seu avô, tão gentilmente enviados.

* Titular de Direito Civil da PUCSP.

Fácil é escrever sobre alguém. Difícil é retratar o perfil de quem foi excepcional como ser humano e como profissional, marcando, com sua personalidade, pessoas e instituições.

Eis a saga de sua vida, que demonstra o seu relevante papel na história do pensamento jurídico brasileiro, a grandeza de seus sentimentos, o vigor de seu caráter retilíneo, a coragem de suas atitudes e a força de suas convicções.

No dia 10 de abril de 1908, nasceu, em São Paulo, o professor dr. Oswaldo Aranha Bandeira de Mello, um homem com todas as letras, que jamais teve medo de amar; um excelente pai de família; um jurista que trabalhou e viveu com a alma, valorizando o talento recebido do Alto e que, cercado de tenacidade, deu o melhor de si.

Filho do dr. Everardo Toledo Bandeira de Mello e de d. Thorene Aranha Bandeira de Mello, deles herdou a honradez e o gosto pelos estudos.

Casou-se com d. Dulce de Oliveira Bandeira de Mello, grande amor de sua vida, com quem teve cinco filhos: Oswaldo Aranha Bandeira de Mello Filho, Celso Antônio Bandeira de Mello, José Eduardo Bandeira de Mello, Evangelina de Vassimon Barboza e Maria Dulce Bandeira de Mello e Oliveira Lima. São netos do casal: Angela Egydio de Carvalho, Suzana Bandeira de Mello Dantas Bastos, Luciana Bandeira de Mello, Adriana Bandeira de Mello Pedro da Silva, Maria Marta Bandeira de Mello Burti, Maria Isabel Franco Bandeira de Mello, Marcelo Bandeira de Mello, Marcos Bandeira de Mello, Ricardo de Vassimon Barboza, Guilherme de Vassimon Barboza, Lucila de Vassimon Barboza, Gustavo de Oliveira Lima e Eduardo de Oliveira Lima.

Entre os bisnetos temos: Dulce Egydio de Carvalho, Renata Egydio de Carvalho, Rodrigo Dantas Bastos, Marcelo Dantas Bastos, Luís Felipe Bandeira de Mello Monteiro, Alexandre Bandeira de Mello Monteiro, Vitor Bandeira de Mello Pedro da Silva, André Pena Bandeira de Mello, Mariana Lívio Bandeira de Mello, Gabriela Costa Bandeira de Mello, Felipe Costa Bandeira de Mello, Carolina Costa Bandeira de Mello, João Bandeira de Mello Burti, Rita Bandeira de Mello Burti, Alice Stela Bandeira de Mello Chaumond, Victória de Vassimon Barboza, Ricardo de Vassimon Barboza Filho, Tomás Antici de Oliveira Lima e Gustavo de Oliveira Lima. Dos bisnetos, Oswaldo Aranha Bandeira de Mello só conheceu Dulce Egydio de Carvalho.

Oswaldo Aranha Bandeira de Mello fez o primário na Escola Caetano de Campos e cursou o secundário no Ginásio do Estado. Em 1926 ingressou na Faculdade de Direito da USP, onde colou grau em 1930, obtendo, pelo seu grande pendor para os estudos, o Prêmio Rodrigues Alves, conferido ao melhor aluno do Curso. Fez o doutorado em 1932 e 1933. E a partir de então, para o esplendor da justiça, destacou-se como um brilhante cultor da ciência jurídica.

Como advogado, com largo tirocínio e habilidade profissional, demonstrou entusiasmo e combatividade na defesa de seus constituintes.

Figura marcante de homem público, revelou-se um defensor da coletividade, ao prestar relevantes serviços como: promotor público, em 1931, em Piraçununga; oficial de gabinete de interventores federais; advogado-assistente do prefeito Prestes Maia, em 1938; secretário de negócios interinos e jurídicos do prefeito Abrahão Ribeiro, em 1946-1947, chegando a exercer interinamente a chefia do executivo municipal; diretor do Departamento Jurídico da Prefeitura Municipal de São Paulo, de 1939 a 1956; conselheiro da Ordem dos Advogados do Brasil – seção de São Paulo, de 1943 a 1950; conselheiro do Instituto dos Advogados de São Paulo de 1939 a 1947; membro titular do Conselho Diretor do Instituto de Direito Social, a partir de 1940; membro titular do Conselho Técnico do Instituto Brasileiro Administrativo, em 1944; examinador do concurso para ingresso na magistratura do Estado de São Paulo, como representante da OAB, em 1947; membro do Tribunal de Ética da OAB – seção São Paulo, de 1951 a 1952; membro efetivo da Associação Paulista de Imprensa; membro orientador jurídico da Comissão Organizadora dos Planos da Cidade de São Paulo, de 1948 a 1950; conselheiro do Conselho Estadual da Educação de 1971 a 1977; diretor da *Revista de Arquivos de Direito Municipal* da Prefeitura de São Paulo e da *Revista da Pontifícia Universidade Católica de São Paulo*; membro do Conselho Editorial da Revista dos Tribunais e do Conselho de Orientação *da Revista de Direito Público* e da *Revista de Processo*.

Foi professor de direito administrativo do Curso Básico do Departamento de Serviço Público do Estado de São Paulo, em 1945, e da Faculdade de Ciências Econômicas da Fundação Álvares Penteado, em 1944 e 1945.

Foi agraciado com o título de professor honorário do Instituto Internacional de Derecho Latino, em 1979.

Proferiu inúmeras conferências em todo o país, participou de numerosos congressos jurídicos, sendo convidado de honra do 3º Congresso Histórico Municipal Interamericano, na cidade de San Juan Batista de Porto Rico, em 1948.

Na Prefeitura Municipal de São Paulo, deixou sua marca: o prêmio promovido pela Procuradoria-Geral do Município desde 1987, que leva seu nome, conferido ao procurador municipal que tenha, no ano, desenvolvido o melhor trabalho.

Dedicou trinta anos de sua vida à Pontifícia Universidade Católica de São Paulo, onde se distinguiu pelo brilho, com que exerceu suas atividades, como professor de Direito Civil, Teoria Geral do Estado, Direito Constitucional e Direito Administrativo, conselheiro universitário, membro do Conselho Técnico-Administrativo da Faculdade de Direito, vice-reitor e magnífico reitor.

Foi um professor com "P" maiúsculo. Dominou todos os ramos do Direito e, sendo um profundo conhecedor da jusfilosofia e do direito público, conquistou, em 1946, a cátedra de Direito Administrativo. Mostrou que ser mestre é a mais bela e a mais difícil das artes e que ser um professor querido e respeitado pelos alunos é um privilégio. Formou gerações de alunos que, com compreensão e diálogo, soube transformar em amigos.

Os seguintes trechos do discurso proferido pelo professor Oswaldo Aranha Bandeira de Mello como patrono da turma Dom Paulo Evaristo, de 1977, da Faculdade de Direito da PUCSP, revelam o carinho que sentia pelos seus alunos[2]:

> Meus alunos de ontem, meus colegas de hoje.
>
> Com a mais profunda emoção agradeço a distinção que me conferiram, escolhendo-me para patrono da turma. Contudo, não encontro outra justificativa para essa alta honraria, senão a circunstância de ser, entre os seus professores, o mais idoso, o antigo mestre desta Casa desde sua instalação, e que tem participado de toda a sua história em prol do Direito e da Justiça, e como foi dito, em frase recolhida no convite para esta solenidade, ela se apresenta como uma ponta de lança da liberdade neste País.
>
> Realmente, a Pontifícia Universidade Católica de São Paulo tem sido a sentinela avançada na guarda da liberdade, pela palavra dos seus mestres e pela ação dos seus

2. Trechos do discurso do professor Oswaldo Aranha Bandeira de Mello extraídos da *Revista da Pontifícia Universidade Católica de São Paulo*, vol. XLVIII, 1978, pp. 162-7.

alunos. E, asseguro-lhes, mais do que pela palavra dos seus professores, que aqui ficam pregando-a, se manifesta pela voz e ação dos seus alunos, que ressoa e atua, em todos os recantos da Pátria, ao procurarem elevar bem alto os conhecimentos adquiridos, informados por uma concepção cristã, e, portanto, humana. (...)

Mas, ante a profunda comoção que me vai na alma, pela homenagem que me concederam, pergunto-me que lhes ei de dizer.

Preferia que se apercebessem dos meus sentimentos sinceros de augúrio, nesta data festiva de formatura, de votos de felicidade em a nova vida, que vão encetar, da vitória que, estou certo, vão conquistar no exercício árduo da profissão, para a qual se acham habilitados, e tanto almejam, simplesmente na expressão silenciosa de um adeus que enchem os meus olhos d'água. Isso porque entendo, numa lágrima sentida, num afeto carinhoso, num olhar afetivo, na hora da despedida, mais e melhor, explicam o transbordar dos nossos sentimentos.

Destarte, o palpitar do meu coração amigo, que considera os alunos como filhos espirituais, se me afigura falar mais do que qualquer discurso. Mas, parece, gostariam de ouvir, mais uma vez, o velho professor. Então, além da exteriorização muda dos meus sentimentos, vou dizer-lhes algumas palavras.

As solenidades de colação de grau para mim evocam uma saudade e cunham uma esperança.

Há mais de trinta anos nelas participo nesta Casa e sempre me vem a recordação dos meus tempos de estudante. Ainda hoje sinto o pulsar do meu coração quando relembro, temeroso, atravessei o pátio das Arcadas da Faculdade do Largo São Francisco, para inscrever-me, e a seguir, prestar exame vestibular, sob a efusão de acalentado sonho, qual seja de ser estudante de Direito, cujo término desse período estudantil me ensejaria o exercício de desejada profissão, na efetivação de um meio de vida digno. Era então um menino. E nessa lembrança de tempos tão distantes, são visualizados os esforços então feitos, as dificuldades vencidas, os temores sofridos com os exames, para comprovação dos conhecimentos jurídicos obtidos, ante as aulas de professores dedicados e as vigílias de estudo.

Também dominam a minha mente os folguedos de moço, as brincadeiras estudantis, os encantos do convívio escolar, a amizade dos colegas, as lutas políticas, em que empenhávamos todos, para concretização do ideal da mocidade, sempre alerta, na defesa da liberdade.

Rememoro a pugna, então travada, em favor de uma real democracia, na afirmação do voto livre e consciente, para escolha dos governantes, que devem ser, na verdade, representantes do povo, como mandatários das suas legítimas aspirações. E verifico, no fluir dos anos, que ainda esse embate se torna necessário, pois, ao lado de fases de sua efetivação outras se sucedem desconhecendo-a. Afinal, desfio as contas do rosário da minha vida, a caminhada na profissão: os reveses e as realizações. E, então, me conscientizo de que o Estado é o Moloch Moderno, através dos que empalmam, maquiavelicamente, o poder de mando, e que a eterna vigilância é o preço da liberdade, pois a vida do direito depende de luta para consegui-lo. E os maiores e melhores lidadores nessa porfia são os moços, que jamais se arrefecem nos seus anelos para torná-la realidade. Sucedem-se as gerações e o ideal é sempre o mesmo.

A solenidade de formatura de profissionais liberais corresponde, sem dúvida, a um marco na existência daqueles que nela participam. E com o correr dos anos, ao assisti-la, permite se faça um retrospecto do passado, abrindo-se o escrínio dos nossos sentimentos, revivendo-se toda uma existência, cuja baliza está na colação de grau, reabrindo um mundo de esperança e enfocando uma réstia de saudade.

Por certo, ao deixardes esta Casa já começam a armazenar recordações de quando nela deram os seus primeiros passos, como estudantes universitários, dos cinco anos vividos sob os seus umbrais, dos liames que, certamente, os prendem aos colegas e mesmo aos professores, das alegrias e prazeres desfrutados. Porém, essa lembrança provoca apenas uma tênue saudade, que só com o correr dos anos aumenta, a refletir, intensamente, no espelho da alma, ao se atingir a idade madura, e, mais ainda, ao se chegar ao declínio da vida. Isso porque a mocidade traz aferrada em seu coração a chama da esperança, em vez da saudade, que corresponde a sombra de luz do passado, de momentos felizes que se pretende reviver, na doçura de uma vida já vivida, e que faz nos transportar para os tempos de outrora. Disse com razão o poeta, ela é algo de alguém que nos leva, e algo de alguém que nos fica.

A mocidade tem sempre a sua frente a esperança, de melhora de posições na vida, de conquistas e de triunfos, e, no caso dos formandos, de realização do programa disposto para o exercício da profissão, que vão levar a efeito, confiantes nos seus êxitos, embora com o temor próprio dos iniciantes e a consciência da nova responsabilidade que vão assumir. E, assim, antevêem futuro radioso de esperanças, de vitórias a alcançar, na caminhada desta vida, como peregrinos, que somos, na marcha para a eternidade.

Essa a moldura do quadro que levam ao se despedirem da Pontifícia Universidade Católica de São Paulo, da Faculdade de Direito, que os habilitou para enfrentarem, com superioridade, quaisquer dos diferentes campos das ciências sociais e jurídicas, que oferece um leque de marcantes atividades.

Embora pertencendo a duas gerações bem distintas, creio estarmos irmanados no mesmo culto do Direito e da Justiça. Apesar de já cansado pela sobrecarga dos anos e dos desenganos, continuo confiante nessa vocação, em quase 50 anos de exercício da profissão e mais de 30 de magistério. E que, sem dúvida, nutrem também o seu ser e, certamente, com maior ardor. No verdor dos anos, na pujança da mocidade, estou seguro, manterão sempre atento a porfia desse ideal, como uma tocha radiante, alevantada para alcançá-lo, e, certamente, consegui-lo.

O culto do Direito e da Justiça deve animar todos os homens, todos os seres conscientes da sua dignidade, pois a vida social existe para o bem comum dos seus membros. E, certamente, vivifica em maior intensidade no coração dos que se voltam para o estudo das ciências jurídicas e sociais, e, especialmente dos professores e alunos de uma Universidade Católica, pois cultuam a Justiça, como bem a ser reconhecido a todos, e consideram o Direito não como fruto da ação voluntária das massas, e, muito menos, de um grupo de homens ou de um só, porém como mensagem que deflui do exame da natureza humana, aprimorada pela civilização e a cultura, na sua busca segundo a própria razão.

A conquista dessa meta radiosa mais se impõe no mundo atual, em que se sobrepõem os bens materiais aos bens morais, e se considera a arte de fazer, de produzir riqueza, acima dos princípios éticos do agir humano, e se coloca o desenvolvimento econômico e social em posição de primazia à liberdade política. É o esmagamento dos valores humanos. Destarte, rebaixam os níveis do espírito, por uma ilusória preocupação do progresso indefinido, como centro do mundo, deificado, esquecido de que o temporal é uma etapa, uma passagem, para alcançar-se o eterno.

Na consciência dessa missão hão de mover-se os professores desta Casa e mais os alunos que beberam as suas lições e deles receberam a sua formação intelectual, que aqui acrisolaram as armas para a sua ação profissional e social. São os apóstolos da cultura cristã, e urge disseminá-la neste mundo moderno sem alma. São os paladinos do Direito e da Justiça de que tanto ele necessita.

Nas épocas de crise social, de decadência social, em que vivemos, em que a força procura dominar a liberdade, em que a técnica, como arte, se sobrepõe à ciência, cumpre se arregimentem esforços para afirmar-se a pujança do Direito quando, informado pela Justiça, é o oxigênio da vida social. Conseqüentemente, nessas ocasiões de crise mais ainda o seu primado precisa ser proclamado. E tal

> comportamento mais se explica em uma Universidade Católica, por parte dos seus professores, e, principalmente, dos seus antigos alunos, que, formados, dela saem, para realização do seu mais alto objetivo, qual seja o da sua realização, sob a inspiração de uma concepção moral e cristã. Espero vê-los sempre devotos a esse credo superior.
>
> Por isso, estou certo de que serão dignos da Escola que lhes plasmou o espírito. Portanto, se políticos hão de colocar como meta a utilidade pública, o bem comum; se magistrados hão de dar a cada um realmente o que lhe é devido, segundo a respectiva igualdade de situação; se advogados militantes hão de amparar os interesses do cliente, com dedicação e honestidade; se procuradores do Poder Público ou membros do Ministério Público hão de ser os defensores do bem da coletividade, porém sempre como representantes da lei; se delegados de polícia hão de estar ao lado da ordem, mantendo-a, mas sem desconhecer os direitos humanos.
>
> Adeus, meus antigos alunos. Conservarei a todos, carinhosamente, na minha saudade. Parti, meus colegas, com o coração cheio de esperança no porvir. À distância, aplaudirei a glória de cada um, na sua trajetória triunfante. Que as bênçãos de Deus os acompanhe.

Assumiu a reitoria da PUC nos anos de 1964 a 1972. Era um momento de crise e, em sua profícua gestão, com sua conduta serena, seu modo afável e sua surpreendente energia de ação, restabeleceu as finanças; elevou o nível científico da PUC, defendeu a autonomia da Universidade; implantou a reforma universitária e o regime de tempo parcial e integral; criou o setor de pós-graduação, construiu o prédio que leva, hoje, seu nome; deu início ao vestibular unificado-classificatório e sua posterior centralização; terminou a construção do conjunto TUCA (auditório, salão Beta e Restaurante universitário); incorporou ao patrimônio da PUCSP vários imóveis; criou inúmeros cursos (administração, educação física, licenciatura em ciências, direito noturno, economia matutino) e de adicionais como reconhecimento e incentivo (adicional cátedra, adicional livre-docência, adicional doutoramento e adicional tempo de serviço). Revelou-se um grande administrador, por todos muito querido e admirado pela sua segurança, pelas atitudes enérgicas, pela cordialidade e pela sua dedicação.

Deu muito de si, pois, para Oswaldo Aranha Bandeira de Mello:

> Uma Universidade Católica envolve, na realidade, seus alunos, professores e servidores, numa concepção integral do homem. Não é só a casa de ensino profissional e de difusão de concepção moral da vida. É, outrossim, a casa da sua crença, que agasalha os seus sentimentos religiosos, e onde se ajoelha nas suas orações. Pretende, na verdade, dar completa formação a eles, num sentido total da vida. Por isso, aspira esta Pontifícia Universidade conseguir dos moços, que saem dos seus umbrais, mantenham, sempre viva, cheia de vibração cívica, a tocha do ideal da doutrina cristã, e levem, por aí afora, a divulgação dos seus princípios, em programa de ação aqui aprendido. Então se poderá reintegrar a Pátria dentro de suas tradições passadas e inspirá-la a profícuos progressos futuros. Como militantes da revolução em Cristo, hão de conquistar uma nova Cristandade para o Brasil.[3]

Geraldo Ataliba, em discurso proferido em 29 de novembro de 1972, por ocasião de sua posse no cargo de reitor da PUCSP, assim se manifestou[4]:

---

3. Trecho do discurso de Oswaldo Aranha Bandeira de Mello proferido em 28/8/1965 por ocasião da inauguração do auditório Tibiriçá, publicado na *Revista da Pontifícia Universidade Católica de São Paulo*, vol. XXX, 1966, p. 79.

4. *Revista da Pontifícia Universidade Católica de São Paulo*, vol. XLII, 1972, pp. 210-2.

Magnífico Reitor Oswaldo Aranha Bandeira de Mello, vossa magnificência, durante nove anos, tudo deu e só deu à Universidade Católica; dela nada tirou. Todos sabem, todos são testemunha de que vossa magnificência trouxe para a Universidade Católica, enriquecendo-a, uma grande experiência administrativa, que já o consagrara perante a comunidade paulista, como diretor do Departamento Jurídico da Prefeitura de São Paulo que, então unificado, constituía, naquela época, o maior conjunto administrativo, em matéria jurídica, do Brasil. Vossa magnificência trouxe para cá as glórias, a responsabilidade, a experiência, o saber, a notoriedade e sobretudo a autoridade de um desembargador do Tribunal de Justiça e nesta qualidade exerceu também o magistério na Universidade Católica, se impondo ao respeito e admiração de todos por suas qualidades, por seus títulos e por todas as razões, que são por nós abundantemente conhecidas, e que não poderiam ser empobrecidas com uma tentativa de descrição, que as palavras humanas não podem jamais traduzir.

Com as qualidades pessoais de vossa magnificência, deu à Universidade uma parcela de si. Não digo que aqui "deixa" um pouco de seu espírito, porque, para nossa fortuna, o professor Bandeira de Mello continua conosco; é nosso professor e aqui sempre estará, ao lado de seus alunos, dos seus colegas e do corpo administrativo, que também o serviu.

Professor Bandeira de Mello, não quero usar qualquer palavra, qualquer expressão, na tentativa de refletir o pensamento de todos nós a seu respeito; não quero diminuir o verdadeiro conceito, a verdadeira idéia, a verdadeira imagem que todos nós temos, no nosso coração, de vossa magnificência, e desta tarefa, que para sempre teremos que agradecer, por estes nove anos de dedicação integral à PUC. Não quero usar nenhum recurso retórico, porque não há o que possa traduzir, ainda que calidamente, aquilo que hoje nós sentimos, sabendo valorizar o seu trabalho, a sua missão já cumprida e gloriosamente cumprida. Menos ainda poderia, de qualquer forma, tentar imaginar o que no futuro se dirá, à medida que se for tomando consciência, cada um de nós, por mais que se tenha a pretensão de saber, da medida em que vossa magnificência se dedicou à Universidade, por mais que se tenha pretensão de saber, só um profeta poderia avaliar o que o futuro dirá desta obra magnífica que deixa implantada e que a nós nos incumbe somente levar adiante. Desejo, portanto, em nome da comunidade universitária e por inspiração de dom Benedito Ulhoa Vieira, nosso querido amigo, deixar nesta sala, que vossa magnificência ocupou por nove anos, a lembrança, que aqui sempre estará, não só do seu espírito, que se traduzirá em tudo que aqui for feito – enquanto se obedecer o espírito da Universidade – como algo de mais concreto para os novos que vêm, para aqueles que ainda não conhecem a Universidade, para os que no futuro aí virão, para que saibam ver, sentir e saber, numa tradução mais fiel do que qualquer palavra, quem foi o grande reitor que durante nove anos deu a sua vida para a Universidade. Pensei, senhores, interpretar o pensamento de todos, o desejo de todos dando uma providência para que ficasse nesta sala uma imagem do reitor Bandeira de Mello, imagem esta que foi feita pelas mãos carinhosas de uma sua afilhada e que artisticamente foi feita com a alma e o coração de todos os que o amam e o admiram.

Na mesma ocasião Dom Benedito de Ulhoa Vieira discursou[5]:

Professor Bandeira de Mello: Quando o eminentíssimo senhor Cardeal Rossi, em 1968, me confiou a mim a missão de, em seu nome, consultar os Arcebispos do Estado para nomeação daquele que deveria estar à frente da

5. *Revista da Pontifícia Universidade Católica de São Paulo*, vol. XLII, pp. 213-4.

Reitoria da PUC, ouvi, entre outras referências, duas que desejo relatar: a primeira, do falecido Dom Paulo de Tarso, antigo Reitor: "Diga ao Senhor Cardeal que pode colocar tranqüilamente o professor Bandeira, eu o conheço de longa data". A segunda, do extraordinário e sempre lembrado Cardeal Motta: "A presença do professor Bandeira na PUC é uma bênção e providência de Deus". A um homem que deixa o cargo que enobreceu, cabeça erguida, consciência tranqüila, com nobreza e autoridade, poderia eu dizer, em nome do Arcebispo de São Paulo, palavra mais elogiosa?

Professor Bandeira, logo que soube com certeza do nome de seu sucessor, tomei a liberdade de pedir-lhe que, como primícias de sua ação, desse à Universidade a alegria de ter o retrato de vossa excelência no gabinete de trabalho do Reitor.

Sua magnificência o senhor reitor novo foi felicíssimo na decisão, pois, ao invés de uma fotografia comum, fez pintar por mãos hábeis de artista este quadro, uma homenagem perpétua e merecida da PUC ao reitor que ora se despede.

Se perguntarmos à Inês Sayão como conseguiu traduzir em cores, tanto do professor Bandeira, tanto do seu ar, do seu rosto, dos seus olhos, da sua inteligência, da sua bondade, da sua autoridade, ela dirá por certo que o modelo que tinha sob os olhos para pintura era o que ela traz no coração, de seu padrinho, de seu querido padrinho.

É assim, professor Bandeira, que a Universidade Católica terá a sua nobre e grande imagem no coração agradecido. Quando o tempo der suficiente distância, os olhos não vêem o que tocam. Quando o tempo der suficiente distância para se medirem os méritos e se aquilatarem os valores, sem as mágoas pequeninas e sem a mesquinhez das competições inúteis, a figura de chefe, de guia, de administrador, de defensor da PUC – e eu quero dizer bem alto, de "defensor" da PUC – há de crescer ainda mais e agigantar-se, ficando para as gerações vindouras, como um exemplo de coragem, de trabalho e de dedicado e silencioso amor.

O Cardeal Motta enviou ao professor Oswaldo Aranha Bandeira de Mello, ao término de seu mandato de reitor, a seguinte mensagem:

> Quando tive a honra e a feliz inspiração de, há oito anos, fazer a Vossa Excelência um instante convite e caloroso apelo a que se dignasse aceitar a reitoria da Pontifícia Universidade Católica de São paulo, proporcionou-me Vossa Excelência um dos momentos de maior alegria de minha vida em me concedendo uma resposta afirmativa e amiga.
>
> É um dever de justiça e de gratidão, de minha parte, em meu nome e em nome da nossa Santa Igreja, agradecer, *ex toto corde*, o serviço imenso que V. Exa. prestou à Igreja, e à querida Pátria, através de oito anos de uma "Reitoria" verdadeiramente "Magnífica", heróica e benemérita em todos os sentidos; e vitoriosa.

E do então Ministro da Educação e Cultura Jarbas G. Passarinho, recebeu o ofício que se segue:

> Magnífico Reitor,
>
> Venho, pelo presente, acusar o recebimento de seu ofício, de referência R. 1572/72, de 28 de novembro passado, no qual Vossa Magnificência vem apresentar suas despedidas, por término de mandato à frente dessa conceituada instituição escolar.
>
> Na oportunidade do afastamento do insigne Reitor, que tão bem se houve na direção do corpo docente, discente e administrativo da Pontifícia Universidade Católica de São Paulo, venho externar-lhe os meus melhores agradecimentos pelo notável trabalho realizado e pela sempre pronta e constante colaboração para com este Ministério.

Ao ensejo, renovo-lhe os protestos da minha admiração e apreço, ao tempo em que me coloco ao seu inteiro dispor.[6]

Jurista de grande intelectualidade, senhor da pena e mestre absoluto da linguagem, deixou-nos inúmeras obras de alto nível, que se estenderam por todo este país e pelo exterior. Dentre elas destacamos: *Promoção, por sentença! Razões de apelação, decisão de 1.ª instância, decisão de 2.ª instância*, vol. 1, São Paulo, publicação da Prefeitura de São Paulo, 1943; *Promoção por sentença! – Pareceres de jurisconsultos*, vol. 2, São Paulo, publicação da Prefeitura de São Paulo, 1943; *Promoção por sentença! – contra-razões de recurso extraordinário*, vol. 3, São Paulo, publicação da Prefeitura de São Paulo, 1944; *Reintegração, sem posse e sem domínio!*, vol. 1, São Paulo, publicação da Prefeitura de São Paulo, 1944; *Reintegração, sem posse e sem domínio! – pareceres de jurisconsultos*, vol. 2, São Paulo, publicação da Prefeitura de São Paulo, 1944; *Da licitação*, São Paulo, Bushatsky, 1948; *Princípios gerais de direito administrativo*, vols. 1 e 2, Rio de Janeiro, Forense, 1969; *O "referendum" legislativo popular*, São Paulo, Revista dos Tribunais, 1935; *A municipalização de serviços jurídicos – recurso extraordinário n.º 3.712 do Estado de São Paulo*, vols. 1 e 2, 1940; *Limitação do direito de propriedade*, publicação da Prefeitura de São Paulo, 1943; *Natureza jurídica dos corretores oficiais*, publicação da Prefeitura de São Paulo, 1943; *Relação jurídica entre o Estado e seus servidores*, 1945; *Natureza jurídica do Estado Federal*, 1948, com o qual recebeu o Prêmio do Instituto dos Advogados de São Paulo; *A teoria das constituições rígidas*, publicação da Prefeitura de São Paulo,

6. Textos do Cardeal Motta e do Ministro Jarbas Passarinho publicados na *Revista da Pontifícia Universidade Católica de São Paulo*, vol. XLII, pp. 197-8.

1948, e *Contribuição de melhoria e a autonomia municipal*, publicação da Prefeitura de São Paulo, 1952.

Como articulista, deixou-nos como legado: "Política", *RT*, 323:2, 1962; "Teoria dos servidores públicos", *RDP*, 1:40, 1967; "Princípios do Estatuto do Agente Público", *RDP*, 5:177, 1968; "A personalidade do Estado", *RDP*, 7:21, 1969; "Tribunais de Contas: natureza, alcance e efeitos de suas funções", *RDP*, 73:181, 1985; "Tarifa de água: suspensão de fornecimento pelo não pagamento; auto-executividade dos atos administrativos", *RDP*, 20:365, 1972; "Natureza jurídica da concessão de serviço público", *RDP*, 19:9, 1972; "Sociedade e Estado", *RDP*, 15:43, 1971; "Tributação dos bens, rendas e serviços das unidades da Federação", Separata da *Revista de Direito*, vol. 9, publicação da Prefeitura de São Paulo, 1941; "A personalidade do Estado", Separata de *Estudos Jurídicos em honra de Soriano Neto*, vol. 2, publicação da Faculdade de Direito da Universidade de Recife, 1962; "Conceito de política", *Revista Brasileira de Estudos Políticos*, n.º 15, Belo Horizonte, 1963 e "Conceito de direito administrativo", *Revista da Universidade Católica de São Paulo*, 27:7, 1964.

A profundidade de suas idéias, o rigor lógico, a exatidão epistemológica, o correto uso do vernáculo e o seu espírito sempre aberto às modernas teorias do pensamento, fizeram com que figurasse na galeria dos excepcionais juristas do Brasil e ocupasse a cadeira n.º 13 da Academia Paulista de Direito, mosaico vivo das letras jurídicas, que, agrupando os mais expressivos e talentosos juristas, constitui a glória do direito, ao desfraldar, com maestria, a bandeira da legalidade e da justiça.

Conquistando a toga, passou a integrar, de 1956 a 1969, pelo Quinto Constitucional, o Egrégio Tribunal de Justiça de São Paulo, onde impôs, como desembargador, o timbre da alta qualidade de seus votos, defendendo suas convicções; respeitando, com fidalguia, as opiniões opostas, protegendo os menos favorecidos pela sorte, ao buscar os ideais de justiça. Pelo seu brilhantismo e simpatia contagiante foi Presidente da Associação dos Magistrados de São Paulo por dois mandatos consecutivos. Com elegância no agir e no falar, enalteceu o Poder Judiciário e, ao se aposentar, deixou-o debaixo de uma auréola de admiração, digna de especial registro.

Oswaldo Aranha Bandeira de Mello, no dia 31 de maio de 1969, escreveu sua carta de despedida, dirigida ao Desembargador Márcio Martins Ferreira, presidente do Tribunal de Justiça, que a leu, no dia 4 de junho, em sessão plenária. Pela profundidade de seu conteúdo, aqui a transcrevemos[7]:

> São Paulo, 31 de maio de 1969.
> Meu caro Márcio:
>
> Acabo de ter deferido o meu pedido de aposentadoria no cargo de Desembargador do Tribunal de Justiça de São Paulo, onde, faz mais de doze anos, a generosidade dos então membros desse Sodalício houve por bem indicar-me, retirando-me da classe dos advogados, e como representante desta, para integrar essa Egrégia Corte.
>
> Lembro-me bem, ainda, do dia 28 de novembro de 1956, em que, sob a Presidência do saudoso Desembargador Amorim Lima, prestava o meu compromisso de bem exercer esse cargo, para o qual fora nomeado pelo Governador do Estado, Jânio Quadros, e era nele empossado, com as galas de um discurso de recepção, em nome do Tribunal de Justiça, do eminente Desembargador Edgard de Moura Bittencourt, uma das grandes figuras de magistrado que tem tido assento nesta Casa.

---

7. Carta publicada no *Diário Oficial do Estado de São Paulo,* de 20/6/1969, e na *Revista da Pontifícia Universidade Católica de São Paulo,* vol. XXXVI, 1969, pp. 141-4.

Na ocasião, vivamente emocionado pela honra que me outorgavam e mais temeroso ainda de não ser capaz de desempenhar, a contento, tão alto encargo, tive oportunidade de ler discurso de agradecimento pela distinção recebida e de profissão de fé do novo ofício a que me entregara, com o coração repassado de recordações, examinando o evolver da minha vida profissional, cujo desabrochar começara nos bancos acadêmicos e, também, a rememorar o carinho familiar que o acalentara. Abria o coração para o passado agradecido e o voltava, outrossim, para a esperança do futuro.

Para suporte magno dos agradecimentos e da profissão de fé, como últimas palavras, me dirigi ao Cristo que preside os destinos da Humanidade e os trabalhos deste Tribunal, encimada a Sua imagem sobre a cabeça do Presidente.

Então disse:

"Por fim, dirijo-me a Vós, Senhor, que na eternidade da Vossa presença, presidis, na sua transitoriedade, ao destino do mundo. Meditando na Vossa Paixão, verifico envolver ela uma perene lição aos magistrados. Realmente, um Justo, certa feita, foi injustiçado. Sangue derramado como testemunho da verdade, enquanto os Seus julgadores se acumpliciavam com os Seus acusadores e se acovardavam ante a pressão de interesses subalternos. Legendária advertência à consciência do dever do magistrado, e à responsabilidade da investidura. Dirijo-me a Vós, Senhor, inteiramente confundido com as Vossas Graças concedendo-me, sempre, muito mais do que mereço. Não obstante, como crente, peço e espero que continueis a espargir sobre a minha cabeça a magnanimidade do Vosso Poder. Ajudai-me para não desapontar os Juízes deste Pretório e o Executivo do Estado, para confiança em mim depositada. Tornai-me instrumento da Vossa Paz, confessor da lei e apóstolo da verdade. Continuai a manter as minhas energias, no resistir à vontade dos poderosos e no auxiliar as adequadas reivindicações dos pequeninos. Permiti que sacie a fome de Direito dos desprotegidos e mitigue a sede de Justiça dos desamparados. Dai-me exata compreensão do dever do magistrado e precisa noção de sua responsabilidade. Fazei-me, destarte, digno dos meus pares, para esplendor do Direito e glória da Justiça."

Não sei se consegui a efetivação desse desejo então expresso nessa prece. Mas, estou certo que Deus jamais me faltou na sua ajuda e, por outro lado que, também muito me esforcei para ser digno dos meus pares. Se mais não consegui foi porque me faltaram, no dizer do poeta lusitano, "engenho e arte". Contento-me, entretanto, em ter sido, em todo o tempo em que exerci a magistratura, uma vela acesa no altar da Justiça e do Direito, ao lado de esplêndidos e ofuscantes luzeiros, os brilhantes colegas que compõem esse notável Plenário do Tribunal de Justiça de São Paulo.

Márcio, é chegada a hora da despedida, de dizer adeus aos meus prezados colegas. Sinto-me tão emocionado hoje como no dia em que entrei pela primeira vez no salão nobre do Tribunal com as vestes talares de Desembargador, para prestar compromisso no novo cargo em que seria empossado. Começo já a sentir saudades do agradável convívio amigo, das discussões elevadas em torno das teses jurídicas, enfocadas nos casos *sub judice*, nas quais sempre intervinha na preocupação que se resolvesse a demanda segundo o melhor Direito, tendo como meta a Justiça.

Esse adeus estendo a todos os magistrados do Estado, pródigos em conceder-me deferências. Seja-me permitido agora confessar: se honra imensa senti em ser indicado e, ao depois, nomeado Desembargador do Tribunal de Justiça de São Paulo, maior ainda se me afigurou a minha eleição, ao cabo do exercício de alguns anos desse cargo, por espontânea iniciativa dos Juízes da Primeira Instância, para presidente da Associação dos Magistrados do Estado, e, afinal, a reeleição para o mesmo cargo, ao término do mandato. Se com aquela nomeação obtivera a honra de integrar a Magistratura do Estado, com esta eleição vi-me, com especial júbilo, integrado no coração dos magistrados paulistas. Como recompensa dessa distinção ímpar me domina a certeza de que, no exercício dessa Presidência, estive alerta na defesa impertérrita dos direitos dos meus colegas e na luta em prol dos seus legítimos interesses.

Igualmente, levo as minhas despedidas ao eficiente corpo de funcionários da Justiça e, em especial, deste Tribunal, dos quais só conheci trato ameno e dos quais espero continuar a merecer o seu afeto.

A Justiça Paulista corresponde para mim a um ramalhete de rosas imarcescíveis, que recebi ao entrar nesta Casa do Direito. Quero conservar, pelo resto de minha existência, o perfume dessas flores da amizade, que ornamentam a minha vida. E asseguro, com sinceridade que, se acaso algum dos seus espinhos me feriu, não guardo qualquer cicatriz. Cuidadosamente os retirei desse ramalhete de rosas que prazerosamente me ofereceram.

Já vão longe demais as palavras de despedida, o despertar das nossas mãos no adeus. Por isso aqui fico. Quero antes lhe informar que todos os processos a mim distribuídos, como relator e revisor, foram postos em mesa e julgados. Destarte, deixo o Tribunal sem quaisquer autos com carga para a minha pessoa.

Auguro à Justiça Paulista que continue a ser uma das altas expressões da Magistratura de nossa Pátria, e eleve cada vez mais a tocha do seu ideal, de realizar o Direito e de assegurar a Paz social. Creia-me seu ardente devoto. Por outro lado, receba você o abraço cordial do velho amigo da nossa distante mocidade e as expressões renovadas do admirador sincero das suas qualidades de inteligência e de cultura. Muito me apraz se puder contar sempre com a sua amizade.

Oswaldo Aranha Bandeira de Mello.

Em virtude de sua aposentadoria no cargo de Desembargador do Tribunal de Justiça de São Paulo, várias homenagens lhe foram prestadas.

O Desembargador Góes Nobre, assim se manifestou:

> Ingressando no Tribunal de Justiça de São Paulo dedicou-se o Desembargador Oswaldo Aranha Bandeira de Mello com afinco e zelo à tarefa de bem servir à Justiça, tendo abrilhantado com decisões de profunda repercussão nossos repositórios jurisprudenciais, destacando-se sobremodo as que objetivam aspectos de Direito Público, onde é indiscutível sua autoridade, firmada em larga experiência adquirida no trato de questões administrativas, nos cargos que proficientemente exerceu antes de seu ingresso na Magistratura e embasada em sólida e extensa cultura jurídica.
>
> Além de dominar todos os campos do Direito, sendo constitucionalista exímio – matéria que sempre o atraiu de modo particular desde os tempos acadêmicos, do que dou testemunho pessoal –, reflete-se esta sua inclinação em todo o campo do Direito Público, no destrinçar o enovelado de nosso Direito Administrativo ainda em desenvolvimento estrutural, no fixar conceitos definidores das relações entre o Estado e o cidadão, considerado este como particular ou como funcionário, no estabelecer as exatas incidências do Direito Fiscal. Deixa-nos o Desembargador Bandeira de Mello, como resultado de uma profícua atividade neste Tribunal, larga messe de ensinamentos que, a par da matéria sistematicamente organizada que se encontra em seus excelentes livros, por certo muito servirão à aplicação do Direito e ao desenvolvimento dos estudos jurídicos.
>
> Inteligência combativa, sempre soube o eminente Colega e meu querido amigo aqui defender com tenacidade suas idéias, propugnar por suas convicções, dentro de elevado espírito de compreensão e respeito por aqueles que dentro dos aspectos polêmicos do Direito a elas se opu-

nham. Isto, aliado a sempre presente cavalheirismo, a acendrado desejo, sempre externado em todos os seus atos, de promover e enaltecer a Magistratura em todos os seus degraus, tornou o Desembargador Bandeira de Mello, dentro de pouco tempo, figura inteiramente integrada na Instituição, de que agora se retira cercado de estima, aureolado pelo respeito que soube inspirar não só entre os colegas, mas também impor em amplo reflexo no ambiente jurídico-social.

Quando de meu ingresso no Tribunal de Justiça, tive a grande satisfação de receber os votos de boas-vindas pela palavra desse meu querido colega e amigo, a quem me ligam laços de cordiais e fraternos sentimentos desde os bancos ginasiais – vínculo que nunca foi atingido pelas eventuais divergências de orientação que a inteira liberdade de nossos pontos de vista pessoais possa ter ensejado. Venho, agora, por honrosa designação da Egrégia presidência, no momento de sua aposentadoria, trazer-lhe palavras de homenagem mas que se contrapõem, pelo pesar que sua retirada nos causa, à alegria festiva que iluminou aquelas outras que foram a mim dirigidas. Mas, ainda que eivadas desta tristeza, exatamente por isso, são expressão de homenagem muito sincera a quem soube tanto dignificar a toga que em boa hora lhe foi outorgada.

Neste instante em que o Desembargador Bandeira de Mello, dando por cumprida sua missão judicante, retira-se para a realização de outros também nobres afazeres, só podemos almejar que o futuro ainda nos reserve oportunidades de desfrutar de seu agradável convívio, ao mesmo passo em que lhe auguramos felicidade em suas atividades públicas e, muito especialmente, no recesso de seu lar, junto de seus queridos familiares.[8]

---

8. Pronunciamento publicado no *Diário Oficial de São Paulo*, de 13/6/1969, e na *Revista da Pontifícia Universidade Católica de São Paulo*, vol. XXXVI, pp.145-6.

O Desembargador Lafayette Salles, por sua vez, proferiu as seguintes palavras:

> O Tribunal não será o mesmo sem a sua presença. Sua Excelência dava invulgar brilho nas suas intervenções principalmente nas Câmaras Civis Reunidas e no Plenário da Casa. A sua retirada representa, para nós, perda de inestimável riqueza, de que o Tribunal se ufanava.
>
> À sua primorosa bagagem jurídica alia o Desembargador Bandeira a extraordinária destreza no manejo da palavra. Contendor temido, a palavra constitui para ele arma terrível. Esgrimista habilíssimo, ai de quem, ao lado contrário, deixasse, nas junturas, algum trecho mal costurado! Para aí desferia Bandeira golpe certeiro. Se, porventura o terreno se apresentasse pouco favorável, S. Exa., em hábil tática, procurava atrair o opositor, por meneio diversionista, para outro campo mais susceptível a ataques.[9]

Em sua homenagem de despedida, o Desembargador Márcio Martins Ferreira falou:

> Bandeira de Mello, figura exponencial, talento extraordinário, orador vibrante, é aquela criatura que conheci ainda na minha mocidade e com ele travei uma amizade que os anos permitiram-me que se robustecesse sempre através dos mais belos sentimentos.
>
> Neste Tribunal nos reencontramos, e aqui tivemos, em Bandeira de Mello, aquela figura fulgurante de homem que dominava perfeitamente o Direito Público e o Direito Administrativo, que emprestava com o brilho de sua inteligência, ao calor dos debates, aquela contribuição que, como ele disse em sua carta, "era uma contribuição direta ao Direito e à Justiça". Bandeira de Mello será uma presença

---

9. *Diário Oficial do Estado de São Paulo*, de 13/6/1969, e *Revista da Pontifícia Universidade Católica de São Paulo*, vol. XXXVI, p. 146.

> inesquecível também entre nós. Neste recinto há uma acústica que guardará para sempre o eco das suas manifestações.
>
> Tenho a certeza de que o seu nome será sempre lembrado e será sempre consagrado, através das mais belas manifestações judicantes que ele deixou, porque ele, realmente, foi um brilhante cultor do Direito e da Justiça. Para nós é um orgulho que homem como esse tivesse por aqui passado, porque são homens como esse que fazem crescer ainda mais o prestígio da Justiça.[10]

Alves Barbosa, durante a sessão plenária do Tribunal de Alçada Civil, realizada em 3 de junho de 1969, pediu a palavra e fez o seguinte tributo:

> O eminente Desembargador Oswaldo Aranha Bandeira de Mello, após longos anos de serviço público, retira-se da atividade judicante, o que não quer dizer vá necessariamente deixar de continuar dedicando a sua avantajada cultura, o fulgor de sua inteligência e a sua notável vivacidade ao estudo do Direito. A vida de Sua Excelência tem sido marcada por uma série de atividades em que há uma constante: o Direito examinado, estudado, aplicado e sempre com entusiasmo.
>
> Sua Excelência foi advogado probo e brilhante.
>
> O Magistério tem constituído alvo de suas atenções. A ele tem dado muito do muito que sabe. Professor catedrático da Faculdade Paulista de Direito da Pontifícia Universidade Católica, não tem se limitado a ministrar suas aulas. Sua Excelência, na sua preocupação incontida de cada vez mais adquirir conhecimentos, para os repartir não só como os alunos regulares, mas também com aqueles outros que buscam se aperfeiçoar, principalmente em Di-

---

10. *Diário Oficial do Estado de São Paulo*, de 13/6/1969; *Revista da Pontifícia Universidade Católica de São Paulo*, vol. XXXVI, pp. 147-8.

> reito Público, tem escrito primorosos livros e festejados estudos sobre as matérias de sua especialidade. E com isso tem se feito admirado e respeitado.
>
> No serviço público, a sua capacidade de trabalho se firmou, de forma inequívoca, ao ocupar importante cargo, ainda e sempre relacionado com o Direito, na Prefeitura desta Capital. Suas qualidades de chefe e de líder se fizeram presentes em vários lances de sua proveitosa vida.
>
> Mas, portador de altos títulos, veio a integrar, pelo Quinto Constitucional, o Colendo Tribunal de Justiça do Estado de São Paulo. Para ali foi, em novembro de 1956, e dali sai agora, quase treze anos depois. Ascendeu ao que de mais alto pode aspirar quem dedicou toda a sua vida à Ciência Jurídica: fazer parte de uma Corte da estatura moral e intelectual do Egrégio Tribunal de Justiça de São Paulo, ao qual deu muito de si mesmo.
>
> Trabalhou, lutou, realizou.
>
> A sua bem formada família, estruturada nos sãos princípios da moral cristã, o quer mais junto de si, para desfrutar mais e melhor do convívio ameno de seu grande chefe. Reclama-o e o merece.[11]

Oswaldo Aranha Bandeira de Mello, no dia 18 de maio de 1980 partiu deste mundo, deixando um grande vazio. E, mais do que isso, deixou cinco filhos, netos e bisnetos, alunos, amigos e o mais precioso dos tesouros: o seu belíssimo exemplo de vida.

Em sinal de reconhecimento pelo muito que realizou, Oswaldo Aranha Bandeira de Mello recebeu muitas homenagens póstumas.

Na sessão plenária do Tribunal de Justiça de São Paulo, realizada no dia 28 de maio de 1980, seu presidente, Desembargador Young da Costa Manso, ressaltou:

---

11. *Diário Oficial do Estado de São Paulo*, de 5/6/1969; *Revista da Pontifícia Universidade Católica de São Paulo*, vol. XXXVI, pp. 148-9.

> O Tribunal de Justiça prestará, nesta sessão, homenagem à memória do Desembargador Oswaldo Aranha Bandeira de Mello, cujo nome já se inscreve na galeria histórica dos mais ilustres de seus membros, seja como homem de extraordinárias virtudes, seja como jurista de vasta cultura, seja finalmente como grande magistrado – juiz combativo, mas de raro equilíbrio, que deixou nesta Corte a marca de sua passagem iluminada pelas centelhas indeléveis de sua bela inteligência.[12]

Em seguida, o Desembargador Aniceto Lopes Aliende proferiu um elogio a Oswaldo Aranha Bandeira de Mello, em nome do Tribunal, do qual extraímos alguns trechos[13]:

> Neste ritual que se renova, a cada golpe que se sofre, reúne-se este Tribunal para reverenciar a memória de um dos seus grandes vultos – o Desembargador Oswaldo Aranha Bandeira de Mello, falecido nesta Capital, no dia 18 último. Inútil seria lamentar, tão-só, a perda irreversível; melhor é que, na unção que o evento provoca, se rememore, em largos traços, a fascinante personalidade do extinto, nos lineamentos que mostram quão grande foi a sua contribuição para as letras jurídicas do País e para a grandeza do Poder Judiciário.
>
> (...) Longa e proveitosa foi a permanência de Bandeira de Mello no Egrégio Tribunal de Justiça. Quando se aposentou, em 31 de maio de 1969, éramos – eu e vários dos colegas que hoje compõem o Tribunal – Juízes Substitutos de Segunda Instância. E quanto já havíamos aprendido, com ele, nas lides costumeiras, na Quarta Câmara Cível, nas Câmaras Cíveis Reunidas, no Tribunal Pleno! O entu-

12. *Revista da Pontifícia Universidade Católica de São Paulo*, vol. LI, 1980, p.114.

13. *Revista da Pontifícia Universidade Católica de São Paulo*, vol. LI, pp. 115-8.

siasmo que punha na defesa dos seus pontos de vista também nos contagiava. De certa feita nós, os Substitutos, travamos com o mestre acirrada polêmica, em torno da concessão de aposentadoria voluntária aos extranumerários. E o exímio professor de direito administrativo, com fidalga gentileza, sabia compreender e relevar, nos anseios de justiça objetiva que nos guiavam, os eventuais arranhões em princípios teóricos distantes da realidade que enfrentávamos.

Marcou Bandeira de Mello, com extraordinária participação, a sua presença nos trabalhos do Tribunal. Nos debates, a que de pronto acudia, mormente em questões de direito público, desvendava o Desembargador, em fluxo natural e corrente, toda a extensa bagagem de cultura que assimilara. E nem surpreendia o revelar, tanta vez, de uma larga formação humanística e literária. A linguagem, precisa e escorreita. A habilidade na condução do debate. E vocação polêmica, em que o cavalheirismo não sufocava a veemência.

(...) Ao lado de sua atividade judicante, o Desembargador Bandeira de Mello sempre se distinguiu pelo carinho que devotou ao Poder Judiciário, no afã de preservar o seu prestígio, de criar condições propícias ao trabalho dos seus Juízes, de aprimorar a sua formação. Defendeu, na representação do Tribunal no II Congresso Nacional dos Desembargadores, realizado em Salvador, em 1962, a independência do Judiciário, firmado em três princípios fundamentais: o da autonomia administrativa, o da autonomia econômica e o da economia financeira. E em ocasiões várias sempre alteou a sua voz, denunciando a indiferença com que outros poderes cuidavam dos graves problemas de organização judiciária. Realizou trabalho pioneiro como Inspetor da Biblioteca do Tribunal. E profícua gestão na Presidência da Associação Paulista de Magistrados, de que se orgulhava, na convicção de que ela o integrara definitivamente no coração dos juízes paulistas.

(...) Felizes aqueles a quem a Fortuna concede a graça da realização dos sonhos acalentados. Oswaldo Ara-

> nha Bandeira de Mello, entre eles, exerceu com grandeza as atividades de advogado, de professor, de juiz. E agora, quando nos deixa, na presença física, perpetua-se em seus arrazoados, em seus livros, em seus acórdãos. Deixa, entre os que o conheceram, lembrança imorredoura, que se funde em um misto de admiração e respeito. E para as novas gerações de magistrados, para os que amam a Justiça, deixa a esplendente lição de uma vida dedicada ao Direito, construída no trabalho, na fidelidade a princípios, na perseverança do ideal.

A Câmara Municipal de São Paulo, no dia 30 de junho de 1980, convocou sessão extraordinária, para prestar-lhe homenagem póstuma, ocasião em que o Vereador Brasil Vita emitiu os seguintes dizeres[14]:

> (...) Vida incansável, fome jamais saciada, inteligência científica. Estas características no Prof. Oswaldo Aranha Bandeira de Mello São Paulo as conheceu por mais de setenta anos.
>
> Contudo, há muito mais a dizer. Faço questão de restringir-me à letra fria de um *curriculum*, porque entre cada linha de um *curriculum* há sempre um rio de considerações, há sempre uma estória, há uma personalidade da qual se ocupará o ilustre orador desta Sessão, Prof. Geraldo Ataliba.
>
> É com imenso prazer que lhe passo agora a palavra.

Geraldo Ataliba, então, pronunciou as seguintes palavras[15]:

> (...) Por que foi convocado a falar, em nome da Câmara Municipal de São Paulo, alguém que não exerce a

---

14. *Revista da Pontifícia Universidade Católica de São Paulo*, vol. LI, p.105.

15. *Revista da Universidade Católica de São Paulo*, vol. LI, pp. 106-12.

função de legislador desta cidade? Talvez porque o Presidente desta Casa, além de mais alguns outros ilustres Vereadores, tenham sido alunos de quem neste momento lhes dirige a palavra. E saibam que nesta pessoa poderiam delegar a função de porta-voz dos sentimentos que não são só dos ilustres Vereadores paulistanos, mas, também, de toda a comunidade por eles representada. Acredito, presunçosamente, que tenha sido designado para esta função, pela circunstância de ser reconhecido como discípulo da doutrina de Oswaldo Aranha Bandeira de Mello; como seguidor das idéias de Oswaldo Aranha Bandeira de Mello; como sucessor de S. Exma. no cargo de Reitor da Universidade Católica de São Paulo e na disciplina de Direito Constitucional daquela Casa por algum tempo. E, sobretudo, como admirador da sua pessoa, o que por todos pode ser testemunho. Tudo isto em mim se reconhece, porque tive a honra e a ventura de conviver, de conhecer e de gozar do carinho e do afeto de Oswaldo Aranha Bandeira de Mello. Estou, portanto, autorizado a, em nome dos representantes de São Paulo, a dar um testemunho do significado deste momento, e da sua perda. Sinto-me até intitulado a afirmar-me seu filho...

(...) Por que assume a Câmara Municipal de São Paulo a função de homenagear a Oswaldo Aranha Bandeira de Mello, neste instante? Certamente porque esta Edilidade representa o povo de São Paulo, e o faz muito antes de que neste país sequer tenha havido Estado ou qualquer outro tipo de administração pública ou organização de Governo.

Esta Câmara é tão velha quanto a Cidade de São Paulo. Em quase dois séculos, precede ao próprio Estado brasileiro, e em muito mais do que dois séculos precede ao Estado federado de São Paulo. Ela, por tradição e pelas instituições que adotamos, representa, mais do que ninguém, este povo no seio do qual nasceu, viveu ou morreu Oswaldo Aranha Bandeira de Mello. É o povo de São Paulo, portanto, que rende homenagem a este seu concidadão, pela voz de seus legisladores, de seus representantes.

Proclamando as virtudes de Oswaldo Aranha Bandeira de Mello, exaltando a sua obra e reconhecendo publicamente o seu valor, Oswaldo Aranha Bandeira de Mello é, por esta Câmara, apontado como um exemplo a todos nós, a todos os cidadãos. Assim, ele é reconhecido como um paradigma de vida para todos aqueles que queiram buscar luz no idealismo que se sugere em algumas raras personalidades, e de modo muito especial a todos nós. Este paradigma é apontado, oficial e solenemente, pela Edilidade Paulistana, exatamente para a edificação de todos nós, e para que, considerando suas virtudes, delas nos façamos imitadores.

Há personalidades raras, que passam pelo mundo, que exercem influência e marcam as outras pessoas e as instituições, marcam a própria vida da sociedade; quando a sociedade as celebra, está celebrando a si própria, no que tem de melhor, de mais elevado, de mais grandioso e de mais nobre. Oswaldo Aranha Bandeira de Mello por onde passou deixou a marca da sua personalidade; deixou indelével o traço de suas qualidades e de suas notáveis virtudes; pela Prefeitura de São Paulo, seu Departamento Jurídico; pela Ordem dos Advogados de São Paulo; pelo Instituto dos Advogados de São Paulo; pelo Tribunal de Justiça, pela Universidade Católica. Estas instituições já não são as mesmas depois da passagem deste homem, depois de terem convivido com o odor de sua personalidade... Combativo, como ninguém sabia defender suas idéias, opor-se, embora respeitosamente com energia às idéias alheias, seja no debate universitário, como advogado, seja no próprio plenário da Suprema Corte do nosso Estado. Alegre, este homem conheceu como ninguém, legítima e profundamente, a alegria de viver, o gozo de aproveitar e saborear os dons que Deus a nós nos deu e que, por Sua mão, Deus concedeu a tantos dos aqui presentes e a muitos dos ausentes... Um otimista, ensinou-nos a todos nós, seus filhos e àqueles que tivemos o privilégio de com ele conviver, a ver o lado bom da vida. E nesse otimismo, nessa visão boa das coisas, ele traduzia, espelhava seu alter ego: alguém com quem ele desde os catorze anos viveu grudado e a alguém com quem ele foi correndo reencontrar-se, que é D. Dulce Bandeira de Mello.

Suas idéias persistem no tempo, transcendem, inquestionavelmente, tranqüilamente, no próprio fato da sua morte. Lembro, entre mil coisas lindas que tive o privilégio de ouvir de sua boca paternal, esta afirmação, em disputas que tínhamos, e onde ele ensinou-nos, a muitas pessoas, mas muito especialmente a este jurista notável que é herdeiro legítimo de seu espírito científico que é Celso Antonio Bandeira de Mello. Lembro-me de uma frase que mais de uma vez ele repetiu com muita convicção, como argumento de discussão: "O homem está subordinado ao Direito. Sem dúvida eu concedo isto – dizia o Prof. Bandeira de Mello – mas o Direito necessariamente deve estar subordinado a um conceito superior, elevado, cristão de homem."

(...) Suas lições, ainda hoje, orientam a nossa doutrina, dão suporte à nossa jurisprudência. Sua personalidade vive no coração de todos nós.

Há algum tempo atrás, seu filho José Eduardo, em tom pessoal, transmitia-me algo que me fez ver melhor ainda, me fez reconhecer aquilo que eu não me dava conta de que já percebera. Seus filhos têm a ventura de poder dizer – modestamente sem nenhuma jactância, como que gozando algo que é privativo deles, desta herança bendita que Deus lhe deu – que mais se orgulham, que mais se lembram do seu pai, ao contrário do que seria tão normal, como homem, não como jurista, não como desembargador, não como professor, não como administrador. Quando alguém conviveu por toda sua vida, intimamente, com outro alguém, ainda que seja seu pai, pode, na intimidade, sem nenhuma jactância ou pretensão, simplesmente fazer, em voz alta, esta meditação: "Mais me orgulho de meu pai como homem do que por qualquer outra coisa."

Então, senhores, forçosamente devemos reconhecer que estamos diante de alguém que realmente alcançou em matéria de virtudes, em matéria de riqueza interior, uma altura, um tamanho que é um privilégio que Deus concedeu a muito poucos dos mortais. Os filhos de Oswaldo Aranha Bandeira de Mello continuam juntos, absolutamente unidos, como se ele estivesse presente; os amigos de Oswaldo Aranha Bandeira de Mello estão juntos e aqui os reconheço. Há inúmeros deles, com o mesmo carinho, com o mesmo afeto, como se ele estivesse presente. Seus discípulos estão juntos a seguir suas lições, como se ele ainda prosseguisse ditando-as de viva voz.

Sr. Presidente, Srs. Vereadores, senhoras e senhores, Oswaldo Aranha Bandeira de Mello é um cristão. Assim se comportou durante toda sua vida; esta foi a sua maior, mais arraigada e profunda de suas convicções. Oswaldo Aranha Bandeira de Mello ensinou evangelicamente a viver. Ele viveu e traduziu, em gestos e palavras, em todas as ocasiões e oportunidades de sua vida, os valores cristãos. Por isso, ele sempre creu no reencontro de todos nós, ele sempre ensinou este reencontro. Morrer não é desaparecer. O ensinamento cristão nos diz que morrer é começar uma outra vida, a vida eterna (...).

A reitora da PUCSP, professora dr.ª Nadir Kfouri, dele assim se despediu[16]:

O Dr. Bandeira foi das pessoas mais cordiais que conheci na PUC, o que explica o amor que todos tínhamos por ele. Estava sempre disponível; nunca se negou a comparecer a qualquer reunião a que o convocássemos. Sentimos muito a perda daquele que além de ser um professor emérito foi também um amigo (...)

Dr. Bandeira tinha uma qualidade preciosa: um profundo sentido humano nas relações com as pessoas.

---

16. *Revista da Pontifícia Universidade Católica de São Paulo*, vol. LI, p. 100.

(...) Finalmente assinalaria que foi durante as duas gestões do Dr. Bandeira como Reitor que a PUC tomou forma definitiva e devido à sua coragem é que se implantou nossa Reforma Universitária.

Seus alunos também manifestaram enorme pesar, como se pode ver em seus pronunciamentos[17]:

> Apesar dos cargos altos que ocupava, o Bandeirão era uma pessoa muito aberta a diálogos com a gente e se aprendia muito com ele (Lia, 3º ano).
>
> Morreu o último romântico. É uma pena que mestres desse quilate estejam cada vez mais escassos. Assim vão sendo formadas gerações de juristas incompletos, perfeita mão-de-obra das multinacionais. O Bandeirão é uma perda irreparável pois ele chamava a turma para a realidade (René, 3º ano).
>
> Perdemos um grande mestre. O Bandeirão colocava suas experiências à disposição dos alunos, estava sempre preocupado em formar juristas e não profissionais teóricos, sem contato com a realidade. Ele era um exemplo para nós pois nos passava sua experiência vivida. A grande lacuna da sua perda será difícil de ser preenchida e isso deixa um medo quanto ao nosso futuro (Angélica, 4º ano).
>
> O Bandeirão era um amigo, mais que um professor. Entre tantos, logo ele foi partir... vai fazer muita falta (Ana Amélia, 4º ano).

No dia 13 de outubro de 1980, em sessão solene, a Reitoria da PUCSP e o Conselho Departamental da Faculdade Paulista de Direito batizaram com o nome de OSWALDO ARANHA BANDEIRA DE MELLO o prédio novo da Universidade, iniciado e concluído em sua

---

17. *Revista da Pontifícia Universidade Católica de São Paulo*, vol. LI, pp. 99-100.

gestão como reitor. Nessa ocasião, o dr. Oswaldo Aranha Bandeira de Mello Filho, em agradecimento à homenagem prestada a seu pai, discursou[18]:

> Exma. Sra. Profª Nadir Gouvêa Kfouri, Magnífica Reitora da Pontifícia Universidade Católica de São Paulo; Exmo. Sr. Professor André Franco Montoro, intérprete da Universidade; Exmo. Sr. Professor Diretor da Faculdade de Direito da Universidade; Senhores componentes da Mesa; Alunos; Meus Senhores; Minhas Senhoras.
>
> De início devo escusar-me, pela ausência de dois dos filhos do homenageado a esta solenidade, meus irmãos Celso Antônio e Maria Dulce, ambos no exterior, no cumprimento de compromissos anteriormente assumidos.
>
> Ao agradecer esta homenagem póstuma que a PUC e sua Faculdade de Direito prestam a meu Pai, permitome recordar uma frase proferida a propósito do seu temperamento combativo e de sua dedicação às causas que abraçava.
>
> Realmente, quando de sua aposentadoria no cargo de Desembargador do Tribunal de Justiça do Estado, em maio de 1969, ao ensejo da comunicação de sua despedida ao plenário da Corte, feita através de carta ao então Presidente, seu afastamento voluntário, e prematuro no entendimento daqueles Magistrados, e, um deles, o Exmo. Des. Lafayete Salles Jr., disse, o que está publicado no Diário da Justiça da época e que, a meu parecer foi a observação mais precisa e feliz – "O Tribunal não será o mesmo sem sua presença". Perdoai-me pois a imodéstia, se isso refiro, mas, na verdade, o amor que meu Pai sentia por aquele Órgão e a sua preocupação com que a sua missão precípua – realizar a Justiça – fosse bem feita, o impeliam a pugnar, com ardor, pela prevalência do seu ponto de vista jurídico, eis que acreditava, assim agindo, contribuir para realizá-la, cumprindo

18. *Revista da Pontifícia Universidade Católica de São Paulo*, vol. LI, pp. 95-6.

o seu fim último – dar a cada um o que é seu – entendido este princípio na sua mais ampla acepção, vale dizer, proclamar o direito fazendo justiça.

Neste instante, eu peço licença para acentuar que também a Universidade, da qual só saiu quando chamado para ingressar em outra vida, não será a mesma sem ele, porque a ela e a sua Faculdade de Direito ele deu o melhor de si, durante mais de 30 anos, a elas oferecendo grande parte de sua existência, sempre batalhando pelo seu prestígio e defendendo suas prerrogativas.

Inúmeros são os episódios marcantes para a vida da Universidade, dos quais participou, bem o sabeis, com a habilidade que a situação requeria mas com a firmeza que o caracterizava.

Por tudo isso relevai-me a franqueza se vos digo que a homenagem que hoje se lhe presta, dando o seu nome ao prédio que fez construir, quando de sua gestão na Reitoria, é um ato de estrita justiça. A um homem que cotidianamente distribuiu justiça, fizestes justiça.

Habituei-me, desde jovem, a ver meu pai como professor, fui inclusive seu aluno no curso de bacharelado, como o foram meus irmãos, e, posso afirmar, com certeza, que esse era o título de que mais se orgulhava, o único que em toda sua vida postulou, eis que fora a vocação de sua mocidade. Sei que bem o sabem aqueles que tiveram o privilégio de com ele conviver.

Aliás, quando de sua morte, a mais carinhosa, porque espontânea e informal, foi a manifestação que recebeu de seus jovens alunos da PUC, que acorreram em grande número à sua casa, para uma última e silenciosa despedida àquele que fora mestre e amigo.

Para confirmar o que senti e ora vos digo aí está, no boletim interno da Universidade – *Porandubas* de junho p.p., reproduzida a opinião de seus alunos e amigos da PUC, sobre a sua pessoa como cidadão, administrador e educador.

Senhores e Senhoras, aqui estão a família e seus amigos mais próximos, em nome de todos agradeço de coração o ato de justiça que ora prestais, Universidade e Faculdade de Direito, estendendo o meu abraço fraterno aos Srs. Membros da Comissão promotora – Professores Geraldo Ataliba, Adilson Dallari e Michel Temer, bem como àquele que foi "anima e cuore" desta solenidade – o Professor Roque Carrazza, e ao meu Professor André Franco Montoro, amigo de duas gerações, serei eternamente grato pela forma carinhosa como recordou meu pai. Exma. Sra. Nadir Kfouri, Magnífica Reitora, que tem mantido tão alto o nome da PUC, o muito obrigado dos familiares de Oswaldo Aranha Bandeira de Mello.

Contém o *Porandubas* (Boletim Interno da PUCSP), na edição de junho de 1980, p. 2, esta matéria que ora transcrevemos[19]:

DR. BANDEIRA

EDITORIAL

Um Homem

Dia 18 de maio faleceu um Homem. A suspensão das aulas, o luto oficial da PUC, a tristeza geral indicavam que se tratava de alguém importante porque querido. As novas gerações talvez não saibam que a história da PUC de hoje, em seus lances de maior dignidade, se confunde com a vida deste velhinho lúcido, sereno e forte.

Dr. Oswaldo Aranha Bandeira de Mello foi um dos fundadores da nossa Faculdade de Direito – uma das bases da futura PUC – tendo sido seu 1º professor de Direito Civil. De 1964 a 1972 ocupou a Reitoria, após muita insistência do Card. Motta.

Tudo começou com a PUC ocupada pelos estudantes. O Prof. Bandeira foi convocado às pressas pelo Cardeal

---

19. *Revista da Pontifícia Universidade Católica de São Paulo*, vol. LI, pp. 97-8.

para resolver a situação. O campus Monte Alegre estava cercado por viaturas policiais, prontas a "adentrar vitoriosamente o recinto". Acompanhado do Pe. Enzo, o Prof. Bandeira conversa com os delegados, seus ex-alunos, e garante que tudo se resolverá. Logo fica sabendo que a razão da ocupação é que os estudantes estavam insatisfeitos com a presença de um Bispo na Reitoria, já que o prelado estava naturalmente envolvido com sua prática pastoral. O mediador tão bem se desincumbiu de sua tarefa que – não sem relutâncias – foi transformado no primeiro Reitor leigo. Em sua gestão foram ampliadas as instalações e o número de vagas; a PUC deixou de ser um aglomerado de cursos e ganhou nova feição universitária.

Doutor Bandeira foi sobretudo um defensor apaixonado da autonomia universitária, acolhendo no quase-inaugurado TUCA a "perigosa" peça "Morte e Vida Severina" além de não ceder perante um Sistema que pretendia "sugerir" professores, "pesquisar" fichas de alunos, "doutrinar" lideranças estudantis.

Por tudo o que fez, Dr. Bandeira contribuiu para que a PUC seja hoje um espaço de autonomia e espírito universitário. A ele nossa eterna gratidão.

O Boletim Informativo da Afapuc (Associação dos Funcionários Administrativos da PUCSP), de outubro de 1980, na p. 3, relata-nos:

A figura do nosso "velho Bandeira" faltava, entretanto, quer nos parecer, a homenagem desta Casa, à qual dedicou mais de trinta anos de sua vida: como professor, conselheiro universitário, vice-reitor e magnífico reitor.

Esta homenagem veio e foi de modo consagrador, denominando-se o prédio-sede da Universidade "Edifício Reitor Bandeira de Mello" e na feliz expressão da Magnífica Reitora, Profa. Dra. Nadir Gouvêa Kfouri: "Nós já o chamávamos carinhosamente de o 'Bandeirão'".

Realmente, mesmo em vida do Dr. Bandeira de Mello a denominação já estava consagrada; lembramo-nos de certo instante em que ele, não mais reitor, mas tão somente professor, queria modestamente colocar-se na fila dos funcionários para cumprir a exigência de exame anual de saúde, quando a maioria dos presentes, em boa parte serventes da noite, exigiu que ele fosse o primeiro (era 8,30 da manhã) e vários deles, que ainda não o conheciam pessoalmente, quiseram ser apresentados e candidamente lhe diziam: "trabalho no Bandeirão".

E o "velho Bandeira" não conteve as lágrimas...[20]

O professor dr. Celso Antônio Bandeira de Mello, herdeiro do talento científico de seu pai, nosso mestre e nosso grande amigo, afirmou[21], certa vez, que:

> Não é possível distinguir meu pai de minha mãe: eles namoravam desde quando ele tinha 14 anos e ela 12. Assim, eles se formaram juntos. Minha mãe era toda coração, foi a pessoa mais aberta que já vi e sua personalidade permeou inteiramente meu pai. Nós, os irmãos, comentávamos no enterro de meu pai que só naquele momento percebíamos que nossa mãe tinha morrido, o que aconteceu ano passado. Meu pai faleceu porque lhe faltou a presença de minha mãe.
>
> Ele tinha uma visão profundamente humana das coisas. Acima de tudo, não deu valor às coisas materiais, às conquistas da vida social: essas coisas ficavam abaixo de uma profunda noção de amor, que marcou a todos os filhos.
>
> Meu pai nunca transigiu com as coisas sérias. Ele ajudou a muitas pessoas, mas só viemos a sabê-lo quando elas nos vinham contar, no enterro. Na véspera mesma de sua morte, minha filha havia comentado: "Vovô não é

---

20. *Revista da Pontifícia Universidade Católica de São Paulo*, vol. LI, p. 102; "Enfim, o 'Bandeirão' foi a registro", matéria publicada no *Boletim Informativo da AFAPUC* em outubro de 1980, p. 3.

21. *Revista da Pontifícia Universidade Católica de São Paulo*, vol. LI, pp. 98-9, 112-4.

velho, porque ele não estranha o novo, é capaz de aceitar posições diferentes das dele. Vovô é a pessoa mais lúcida que conheço."

Em nossa casa, era comum o debate até acalorado entre os filhos e ele. Meus colegas até estranhavam, pois havia muita distância entre os pais naquela época. Nós o tratávamos de "você", o que criou um clima de abertura aliada ao respeito.

Sua presença no pensamento jurídico foi marcada pelo respeito pela opinião alheia: nunca se preocupou em ser aplaudido e ficava tranqüilo diante de certos disparates e ignorância jurídica com que era obrigado a conviver. Era um dos que mais debatiam, mas nunca menosprezava: "para criar, é preciso divergir", dizia ele. Para ele não existia o *magister dixit* visto que ele se impunha por seus valores.

Meu pai sempre teve adoração pela PUC. Ele pensava que a PUC e a Fac. de Direito deviam se afirmar por seus valores e não pela distância dos professores que ocupavam a cátedra frente a seus alunos. Sua Reitoria deu-se numa época de torturas, em que as autoridades vinham tomar informações aqui sobre os alunos: pois teve de contornar situações, dar tempo para os alunos fugirem. Ele nunca apoiou o Golpe, apesar de ser hábil e se impôs diante de pessoas do Governo que foram seus alunos. Ele não transigia: um grande desembargador fora aposentado em base ao AI-5 e naquele momento de adesão ele se levantou e proferiu um discurso de protesto.

Sua obra jurídica é de primeira linha no plano internacional, com profunda base filosófica aristotélico-tomista. Sua cultura jurídica foi tão espantosa que ele conhecia todas as obras recém-saídas em todas as especialidades: nunca deixou de ler a vida inteira.

Sua obra monumental foi ter criado uma família unida. Nós somos 5 irmãos que nos amamos profundamente.

(...) foi o homenageado o jurista, o professor, professor meu, professor de meus irmãos – ambos bacharéis em Direito, ambos advogados como eu –, professor de toda uma geração de colegas e professor de muitos que não foram de sua geração, que ministrou suas aulas em vários cantos do País, com conferências sempre claras, sempre brilhantes e sempre realizadas com muito amor, a melhor lição que deu, na verdade, a maior de todas foi esta: esteve sempre dentro do lar. Foi alguém que realmente, efetivamente, fez de sua vida um hino de amor. Muitos homens se sobressaíram como juízes, muitos homens se sobressaíram como cientistas, mas reivindico para o homenageado de hoje um traço peculiar, que certamente é partilhado por muitos, por todos aqueles que verdadeiramente se fazem credores de uma homenagem, por todos aqueles que realmente puseram em tudo aquilo que desenvolveram ao longo da vida muito de si, aqueles que realmente trabalharam com o coração, que fizeram de seu cérebro, de seus conceitos, de suas noções, um instrumento de realização do amor.

Dizia eu há poucos dias, numa situação similar quanto à homenagem a meu pai que ele mencionava as montanhas, que devem ser vistas de longe; mas que os grandes homens, verdadeiramente grandes, têm de ser vistos de perto. Só então se descortina todo seu tamanho; só então alguém se apercebe de toda a grandeza que realmente possuem. Estou seguro de que esta foi a situação do Prof. Oswaldo Aranha Bandeira de Mello, que construiu um lar que foi uma lição, a tal ponto – recordo-me – de que quando de seu falecimento, comentara uma de minhas irmãs que só naquele instante tínhamos a consciência clara de que nossa mãe havia morrido. Porque realizaram eles o preceito bíblico de viverem os dois em uma só pessoa; porque realizaram, efetivamente, este preceito cristão do amor, do amor completo, do amor integral, do amor que é verdadeira doação, do amor em que alguém antes se ocupa da pessoa amada do que de si mesmo; do amor em que alguém é feliz na medida em que colhe a felicidade em outrem, a quem se dedica. Realmente, o Professor Oswaldo Aranha Bandeira de Mello foi um homem que perseguiu, em todas as suas atividades, o cumprimento da justiça. Mas o fez sempre temperando a severidade da norma, o rigor da regra, a austeridade do princípio, muito mais do que com uma pitada de amor; na verdade, com torrentes de amor.

E continua ele:

meu pai merece ser homenageado, porque foi um homem capaz de morrer de amor, por uma razão peculiar, a mais valiosa de todas, demonstrada na dedicatória, que fez, em seu penúltimo livro, ao dizer: "À Dulce, namorada de minha juventude, mãe de meus filhos", acrescentando, na segunda edição: "Deus a levou e, com ela, minha felicidade."

Assim, podemos afirmar que, embora o professor dr. Oswaldo Aranha Bandeira de Mello permaneça entre nós, pois sua memória jamais se apagará, na verdade, ele está como quis, ao lado daquela que sempre amou.

Professor Oswaldo Aranha Bandeira de Mello, nesta oportunidade, pudemos, tão-somente, exprimir a nossa saudade pelo que ela contém de espiritual; por ser muito mais do que sua ausência; por ser um sentimento profundo, um misto de tristeza e ternura; por ser a coisa mais sublime e suave, que ficou de sua lembrança: a memória do nosso coração. Receba o respeito e a gratidão de toda comunidade jurídica brasileira. Que seu espírito de luta seja seguido por todos e que, pela sua lição de vida e de amor, possamos compreender que não sabemos o que somos, porque ainda nada somos.

E, no terceiro milênio, temos certeza de que a terna figura do professor dr. Oswaldo Aranha Bandeira de Mello, por ter encarnado o espírito da justiça, da liberdade responsável e da autoridade moral, ressurgirá ainda mais fulgurante, pois sua obra de amor não pode deixar de florescer[22].

---

22. Trechos da saudação que fizemos, em 6/11/1997, ao professor dr. Oswaldo Aranha Bandeira de Mello, quando tomamos posse da cadeira nº 62, que o tem por patrono, na Academia Paulista de Direito.

José Antônio Pimenta Bueno
O Marquês de São Vicente

*Paulo Napoleão Nogueira da Silva**

Certa vez, ainda acadêmico de Direito, ouvi do inesquecível advogado criminalista Raimundo Pascoal Barbosa: "Se vocês quiserem aprender Direito Civil, vão ler Teixeira de Freitas; se for Direito Processual Civil, leiam Paula Baptista; Direito Penal, Galdino Siqueira; Direito Administrativo, leiam o Visconde do Uruguai; e, se for Direito Constitucional, procurem Pimenta Bueno, o Marquês de São Vicente. Porque a sociedade mudou, evoluiu, mas os princípios do Direito como eles ensinaram não se modificaram, o Direito baseia-se em realidades naturais aos seres humanos."

Essa lição marcou-me. Com o passar do tempo, pude entender como foram grandes esses juristas do século XIX, com seus ensinamentos simples e lúcidos, até hoje presentes no dia-a-dia dos operadores e doutrinadores do Direito. E entre eles, indubitavelmente, marca que chegou daquele tempo até a atualidade foi a do "constitucionalista do Império".

José Antônio Pimenta Bueno nasceu a 4 de dezembro de 1803, em São Vicente, então pertencente a Santos,

* Doutor em Direito Constitucional pela Pontifícia Universidade Católica de São Paulo. Membro efetivo do Instituto Histórico e Geográfico de São Paulo.

no Estado de São Paulo. Era filho do médico José Antônio Pimenta Bueno – assim foi registrado –, mas há quem afirme que não era filho natural, apenas adotado por seu pai formal, de acordo com a lei civil. De qualquer modo, tais afirmações nunca tiveram respaldo em pesquisas históricas definitivas e confiáveis, até porque ninguém se interessou em realizá-las. É certo, no entanto, que o filho venerava o pai.

A família não era rica, nem pobre, naquela época raros médicos faziam fortuna: a criação do menino José Antônio obedeceu a um padrão modesto. No entanto, sobressaiu-se nos estudos elementares e tornou-se "amanuense", termo que à época designava o escriturário servidor público. Por seus méritos e também pelo apadrinhamento de Martim Francisco Ribeiro de Andrada, irmão de José Bonifácio – muita gente com méritos fica, até hoje, sem conseguir acesso a melhores posições, por falta de um padrinho –, José Antônio também ingressou no jornalismo, no jornal *Farol Paulistano*, o primeiro impresso na cidade de São Paulo.

Não se tem notícia dos seus louros como jornalista, mas, a julgar pela cultura que viria a evidenciar depois, não devem ter sido desprezíveis. Em 1828, ingressou na Escola de Direito de São Paulo, a atual Faculdade de Direito do Largo de São Francisco, integrante da Universidade de São Paulo. Cursou na primeira turma, instalada pouco depois do decreto de Dom Pedro I, que instituíra os cursos jurídicos de Olinda (Pernambuco) e São Paulo moldados de acordo com o célebre "regulamento" – hoje, seria "Regimento Interno" – elaborado pelo Visconde da Cachoeira, Secretário de Estado do governo imperial.

O jovem Pimenta Bueno foi considerado um dos melhores alunos de sua turma e, inclusive, instado a submeter-se ao concurso de doutoramento, o que só viria a fazer, e com pleno sucesso, passados mais de dez anos de sua formatura, em 1843.

A propósito do citado regulamento do Visconde da Cachoeira, vale lembrar o episódio da audiência entre o Secretário de Estado e o Imperador. Os dois, sentados – Dom Pedro I concedia habitualmente as audiências de pé, porque eram muitas e para que fossem rápidas –, discutiram durante algumas horas sobre a estrutura dos cursos jurídicos: disciplinas, duração etc.

Ao final da conversa, quando Cachoeira já ia cruzar a porta de saída, o Imperador chamou-o: "Senhor Visconde, nesse regulamento Vossa Excelência colocará um artigo, determinando que só poderão lecionar nos cursos jurídicos os que forem lentes." Os lentes, à época, correspondiam aos atuais doutores. Entretanto, o Visconde redargüiu: "Majestade, não temos um único lente de Direito no Brasil!" Mas Dom Pedro emendou: "Não faz mal. O senhor trate de atrair dez ou quinze dentre os nossos melhores bacharéis, e vamos mandá-los para a Europa a fim de conseguirem o título; tudo por conta do governo imperial, passagem, estadas e mais o que for."

O Visconde da Cachoeira conseguiu onze bacharéis para irem à Europa e fazerem o doutoramento. Assim, a Faculdade de Direito do Largo de São Francisco começou suas aulas com o lecionamento dos nossos melhores bacharéis, e de alguns poucos doutores já laureados na Europa, até que de lá voltassem os diplomados doutores enviados pelo Secretário de Estado. Pouco depois, Dom Pedro I facultou aos dois cursos jurídicos realizar exames para a concessão do título de doutor. A propósito, há um quadro célebre que retrata a ocasião da entrega do decreto concessivo, pelo Imperador, aos docentes das duas Escolas.

Formado em Direito, e antes mesmo de submeter-se ao doutoramento, o bacharel voltou-se para a magistratura, mas sempre entremeando essa atividade com a da política. Elegeu-se deputado provincial em São Paulo, em 1834, com a ajuda de seu padrinho Martim Francisco, e em 1835 foi nomeado presidente da província de Mato Grosso, cargo que exerceu até 1837. Em seguida, retornou à condição de magistrado.

Após quase mais seis anos de magistratura – período no qual se doutorou –, foi nomeado Desembargador da Relação do Maranhão. Tal nomeação teve sabor de uma punição, embora tal intento punitivo não possa ser comprovado, porque equivaleria a tentar saber dos motivos íntimos de quem a promoveu: o fato é que José Antônio mostrara-se simpático à revolução liberal de São Paulo, 1842, intentada por Diogo Antônio Feijó e Rafael Tobias de Aguiar.

De outra parte, a alguém que reunia em seu currículo o grau de doutor, a condição de ex-deputado provincial e de ex-presidente de província, uma punição não poderia ser imposta, no âmbito do Poder Judicial, senão através de promoção. Em conseqüência, sua investidura como desembargador, embora no longínquo Maranhão.

Entretanto, sobreveio a anistia aos revoltosos de São Paulo, a conselho do prudente Caxias, que pacificara a revolução, ao mesmo tempo que o Partido Liberal retornava ao poder, o que restaurou a sorte política daquele que viria a ser o "consolidador constitucional do Império". Em conseqüência, além de ter exercido por duas vezes o cargo de Ministro da Justiça durante o chamado "qüinqüênio liberal", que se encerrou em 1848, entre 1844 e 1847 o futuro Marquês de São Vicente também exerceria as funções de plenipotenciário brasileiro em Assunção, quando a Presidência do Paraguai era exercida pelo ditador Carlos Antônio López, pai de Francisco Solano López, este o da Guerra do Paraguai.

Durante sua permanência em Assunção, consta que Pimenta Bueno desenvolveu laços de amizade pessoal com o presidente paraguaio, o que provocou ciúmes e desconfiança do ditador argentino Juan Manuel de Rosas, que desejava a restauração do antigo vice-reinado espanhol de Buenos Aires, mas, já então, sob a égide e a soberania argentinas. Aliás, Rosas também via na aproximação entre o plenipotenciário brasileiro e o ditador paraguaio um movimento tendente a deixá-lo isolado e neutralizado, o que de fato era a política do Império.

A aliança entre brasileiros e paraguaios, por obra do plenipotenciário, duraria até pouco antes de ser iniciada a aventura do megalomaníaco Solano López, filho de Carlos Antônio. Solano queria criar um império, ser "Imperador do Prata", e bem antes da guerra chegara a ir ao Rio de Janeiro para pedir a Dom Pedro II "a mão de vossa filha". Como o Imperador tivesse duas filhas, perguntou-lhe a qual delas se referia, ao que López respondeu "qualquer uma das duas". Percebendo Dom Pedro o intuito exclusivamente político da proposta – como sogro ver-se-ia constrangido a apoiar em princípio as empreitadas do genro –, levantou-se, indicando que a audiência estava terminada, e sem uma palavra retirou-se da Sala do Trono.

Mais tarde, por indução de sua mulher, Mme. Lynch, que também sonhava ser "Imperatriz do Prata", Solano López começou sua aventura invadindo as províncias brasileiras de Mato Grosso e de São Pedro das Missões (esta, atual Rio Grande do Sul), e as províncias argentinas de Corrientes e Entrerios, além de penetrar no Uruguai através de Uruguaiana.

O resultado da façanha de Solano López é da História: mais de cinco anos de morticínios, a maior e a mais cruenta guerra do século XIX, o quase extermínio da população masculina do Paraguai – na fase final, à falta de adultos, meninos de dez anos eram mandados combater – e um retrocesso de algumas décadas – cinqüenta anos, no dizer do Barão de Cotegipe – na economia e no desenvolvimento do Império. No entanto, é mais do que certo, durante sua permanência em Assunção como plenipotenciário brasileiro, José Antônio Pimenta Bueno trabalhou, precisamente, para afastar qualquer clima de hostilidade entre Brasil e Paraguai, e conseguiu-o.

De volta ao Brasil, elegeu-se deputado geral (hoje, federal) pela província de São Paulo. Em seguida, foi chamado a integrar o gabinete do primeiro Presidente do Conselho de Ministros do Império, Manoel Alves Branco, cargo criado naquele mesmo ano de 1847, que significou a introdução do sistema parlamentarista de governo no Brasil. No gabinete seguinte, presidido pelo Visconde Macaé, continuou no mesmo cargo, assim como no de Paula Souza, que veio logo após.

Em 1850, Pimenta Bueno foi nomeado presidente da província do atual Rio Grande do Sul, com as responsabilidades decorrentes das guerras no Prata, contra o argentino Juan Manuel Rosas e seu aliado uruguaio, Manuel Oribe. Apesar disso, publicou seu primeiro trabalho jurídico de monta, os *Apontamentos sobre o processo criminal pelo jury* (1849), comentando, como é notório, o Regulamento 737, que substituiu a antiga processualística penal portuguesa das Ordenações; e mais, também o *Apontamentos sobre as formalidades do Processo Civil*, que viria a ter três edições. Além de tudo, sua presidência em São Pedro das Missões deixou marca, como exemplo de ponderação e tolerância.

Logo em 1852, foi eleito senador por São Paulo. Como viria a apontar o seu principal biógrafo, Vitorino Prata Castelo Branco, José Antônio era tido como um político "mais de gabinete que de praça pública", característica que tinha raízes na sua aversão às lutas partidárias, a derrubar adversários, à conquista árdua do poder. Provam-no os fatos de ter sempre se esquivado dessas pelejas, de ter iniciado sua vida política com relativa facilidade, pelas mãos do seu poderoso padrinho Martim Francisco Ribeiro de Andrada, e de haver chegado ao Senado Imperial pelas mãos de outro padrinho, o Marquês de Monte Alegre. Seu perfil era pragmático, conciliador, voltado ao exame imparcial de qualquer questão, independentemente das colorações partidárias que a envolvessem.

Martim Francisco, que o iniciara, era do Partido Liberal. Mas, aos poucos, Pimenta Bueno foi se cansando das disputas internas no Partido, e concomitantemente aproximando-se do Partido Conservador, a que pertencia o Marquês de Monte Alegre. Em conseqüência, o apadrinhamento que este lhe deu na eleição para o Senado. Na verdade, o novo senador não gozava de simpatias em qualquer dos dois lados: desertor para os liberais, noviço e pouco confiável como conservador. Teria, em seguida, que buscar um novo apadrinhamento, mais forte do que o dos partidos, e parece que este se prenunciava: como asseverou Joaquim Nabuco na biografia de seu pai, Dom Pedro II "não poderia senão desejar a eleição de Pimenta Bueno".

No Senado, José Antônio manteve sua postura conciliadora e sempre lúcida. Apoiou a "Conciliação" empreendida pelo gabinete do Marquês de Paraná, Honório Hermeto Carneiro Leão, e defendeu com sereno denodo uma das principais medidas desse programa conciliatório, a reforma eleitoral de 1855, conhecida como "Lei dos Círculos", que dava à oposição meios para chegar ao governo.

Não era uma figura carismática, nem um tribuno de primeira linha. Não despertava paixões ou ódios. Sua estatura física, mediana, também não impressionava. Às vezes, era dado a gargalhadas com tom de voz fino, o que não se coadunava com sua costumeira postura impoluta e impenetrável. Talvez esse tom de voz fino tivesse constituído uma empatia, uma aproximação natural com o Imperador: este, apesar do seu físico avantajado, tinha idêntico timbre ao falar e ao rir.

Entretanto, além do simples timbre da voz, José Antônio e Pedro II tinham muito mais a uni-los. Jamais houve posicionamento de áulico por parte do primeiro em relação ao segundo, nem disposição de protecionismo do Imperador em relação ao primeiro: o que os unia era uma perfeita identidade de concepções quanto ao desenvolvimento e ao futuro do Brasil, à criação de uma *sociedade brasileira.*

Num Senado vitalício, Pimenta Bueno estava livre, finalmente, das disputas político-partidárias que tanto lhe desagradavam. Continuou, agora com mais tranqüilidade, sua vocação de político imparcial, mas não esqueceu sua reverência e gratidão ao Marquês de Monte Alegre: a este se associou no apoio ao empreendimento do Barão de Mauá – a quem também se associara – para a construção da estrada de ferro entre Santos e Jundiaí.

Em 1857, publicou o seu antológico *Direito Publico Brazileiro e análise da Constituição do Império,* com o qual tornou inquestionável sua condição de jurista e defensor da monarquia no Brasil. Obviamente, desde logo essa obra tornou-se leitura diária de Dom Pedro II: a empatia entre autor e leitor se consolidava.

Por oportuno, é preciso reconhecer que *todos* os fundamentos constitucionais versados nesse livro clássico estão perfeitamente concordes com a visão atual, e foram repetidos na atual Constituição brasileira. Sobre o assunto, aliás, alguns breves comentários serão expendidos neste trabalho, na oportunidade adequada.

Em 1857, Pimenta Bueno foi indicado para o Conselho de Estado, órgão auxiliar da Chefia do Estado, pertencente ao âmbito do Poder Moderador; composto por doze membros ordinários – natos, a começar pelos Ministros de Estado – e doze extraordinários, nomeados pelo Imperador entre cidadãos que reunissem os requisitos para o cargo de senador e houvessem se destacado em suas atividades profissionais.

O Conselho tinha como uma das suas mais relevantes funções aconselhar o monarca, sempre que este estivesse disposto a exercer as prerrogativas daquele Poder; é de observar que em nenhum momento Dom Pedro II as exerceu em sentido contrário ao aconselhamento. Além disso, tal como no sistema francês, o Conselho era tribunal de justiça administrativa, decidindo no contencioso, e suas decisões não estavam sujeitas a recurso.

De anotar, o fundamento doutrinário para essa atribuição – calorosamente defendido por um dos nossos maiores administrativistas, o Visconde do Uruguai – era preservar o princípio da separação de Poderes, evitando que o Poder Judicial interferisse na Administração; desde a República, porém, operou-se a necessária flexibilização da separação, deferindo à magistratura a função basilar de julgar os atos administrativos. Acrescente-se, porém, que, na França, que serviu como modelo ao nosso Conselho de Estado, até hoje os juízes não podem penetrar no acerto dos atos administrativos: é o seu Conselho de Estado que continua a fazê-lo.

Em suma, o Conselho de Estado era o lugar certo para a personalidade de José Antônio Pimenta Bueno. Como ele próprio lecionou na sua obra maior (na *Análise*), tratava-se de "corpo permanente... que conserva as tradições, as confidências do poder, a perpetuidade das idéias". Foi nesse Conselho que desempenhou papéis de maior relevância política como homem público, mais ainda do que como Presidente do Conselho de Ministros, embora nos primeiros anos da década de 1860 sua participação tenha sido limitada: o jurista, então, pendia mais para os seus estudos pertinentes, vindo em 1863 a publicar seu *Tratado de Direito Internacional Privado*, tido como obra pioneira no Brasil.

Conselheiro, Pimenta Bueno defrontou-se com o "bipartidarismo a três", representado pelos partidos Conservador e Liberal, mais a Liga Progressista integrada por antigos conservadores que não perfilavam com os liberais. À época, discutia-se o *aparentemente* duplo papel do Imperador, ao mesmo tempo titular do Poder Moderador e chefe do Poder Executivo, este exercido em conjunto com os Ministros de Estado.

Na verdade, não havia duplicidade alguma, o Imperador era apenas chefe *nominal* do Poder Executivo, tanto que o art. 102 da Constituição dizia que ele o exerceria "pelos seus Ministros", ou seja, quem governava eram os Ministros, embora o monarca pudesse nomeá-los ou demiti-los, mas em ambos os casos tratando-se de providência dificultosa, uma vez que não se encontra um ministro em qualquer esquina. É certo que Dom Pedro II exercia grande influência pessoal na alta política, em virtude da origem no prestígio da realeza e pelos seus próprios predicados pessoais, mas isso não poderia – como, aliás, nunca ocorreu – modificar as competências expressas na Constituição de 1824.

O que se conclui é que a cultura política brasileira da época não estava apta a entender a separação e a acumulação das funções imperiais, de titular do Poder Moderador e de chefe nominal do Poder Executivo: os modelos estrangeiros influenciavam grandemente a nossa ótica, e, à parte o caso francês de então, em nenhum outro país havia ao mesmo tempo acumulação e distinção nos poderes da Chefia do Estado.

A propósito, é de refletir que na Constituição de 1988 o Presidente da República exerce (art. 84) ao mesmo tempo funções de Chefe do Estado e de chefe do Governo, e ninguém argúi impropriedade nessa acumulação e separação: a ótica já é outra, mais ampla, não mais a da segunda metade do século XIX.

No contexto daquelas discussões, sobrelevava a importância do Conselho de Estado, como foro apartidário ou suprapartidário, e foi nele que Pimenta Bueno mostrou suas qualidades desde 1866, apresentando estudos e propostas – o que era do seu natural – sobre os mais variados assuntos. Dizia-se, à época, que ele dava conformação jurídica ao pensamento do Imperador, o que parece algo exagerado, mas não muito longe da realidade: um e outro sempre tiveram uma nítida e espontânea convergência natural de idéias.

Os projetos de Pimenta Bueno abrangiam os mais variados assuntos, como questões administrativas, reorganização da presidência e dos conselhos das províncias, reestruturação do próprio Conselho de Estado, abertura do rio Amazonas à navegação internacional; este último, aliás, era polêmico: o próprio Imperador já lançara no seu *Diário*, em 1861: "Preciso convencer os Ministros a não abrirem a navegação do rio Amazonas aos navios norte-americanos; se isso for permitido, acabaremos por perder a soberania sobre o Pará!" O Pará a que se referia o monarca era o Grão-Pará, formado pelos atuais Estados do Pará, Amazonas, Roraima, Amapá e Rondônia, e já na República acrescido pelo Acre. A questão da soberania sobre a Amazônia, registre-se, é atualíssima.

Entretanto, o problema mais acirrado que se punha, à época da entrada de Pimenta Bueno no Conselho de Estado, era o da libertação dos escravos. Vigorava uma espécie de contrato político-social que de certa forma garantia a independência do País, entre a Coroa e as elites produtivas, que não concebiam outra base para a economia senão o trabalho escravo; eram a cafeicultura, os interesses agrários e mercantis, além de outros, todos tendo como ponto de partida a escravidão. De outro lado, a intelectualidade – cujos reclamos vinham ganhando força – batia-se pela emancipação, e o próprio Imperador era em tese favorável a esta, embora sem descurar dos reflexos na economia.

Desde a sua coroação Pedro II se posicionara pela libertação dos escravos: dias após a cerimônia, já fizera um empréstimo no Banco do Brasil – através de seu riquíssimo amigo, o Conde de Itamarati, que tinha garantias bancárias a oferecer – e com o dinheiro comprara do Estado os "escravos da Coroa", que serviam em São Cristóvão, alforriando-os em seguida. Depois, partiu para conseguir a aprovação de leis que extinguissem a escravatura, o que a duras penas – na Assembléia Geral, o "Congresso" de hoje, as maiorias eram escravocratas – se concretizou com a extinção do tráfico, a Lei do Ventre Livre e a dos sexagenários.

Na verdade, a Lei Áurea viria a ser desnecessária: com as três antes citadas, entre 10 e 15 anos não haveria mais escravos no Brasil. Na data da sanção, 13 de maio, o Barão de Cotegipe – negro, mas escravocrata – diria à princesa Isabel: "Vossa Alteza redimiu uma raça, mas perdeu o trono!". Apesar disso e de tudo o mais – incluindo a queda do Império – já anciã e no exílio a princesa diria que, se preciso fosse, assinaria a Lei Áurea mais mil vezes.

Quando Pimenta Bueno atacou a questão no Conselho de Estado, havia grande influência da abolição da escravidão na Rússia, nas colônias européias ao redor do mundo, e da Guerra de Secessão norte-americana. Para o Imperador era algo desconfortável ser Chefe do Estado num país que mantinha a escravatura, embora a república presidencialista dos Estados Unidos da América também a tivesse. Por tudo isso, o conselheiro e o imperante uniram-se em ofensiva para acabar com a escravidão.

Quando, porém, em 1866, Pimenta Bueno apresentou ao Conselho de Estado o projeto em relação aos nascituros – o "ventre livre" –, a reação foi grande. O Presidente do Conselho de Ministros de então, Marquês de Olinda, mostrou-se amedrontado, senão contrário, diante da hipótese de colocar até mesmo em debates algo que se lhe afigurava como subvertedor das bases em que assentava a existência do Império: seria, se aprovado o projeto, um segundo prejuízo – o primeiro fora a extinção total do tráfico, em 1850 – às classes produtoras, aliadas da Coroa.

Como fruto das acirradas discussões no Conselho de Estado, surgiu uma maioria inclinada a aprovar o projeto do futuro Marquês de São Vicente. A propósito, à época o governo imperial havia recebido a carta endereçada pela Junta Francesa de Emancipação, da qual faziam parte Guizot, ex-primeiro-ministro no reinado de Luís Felipe I, o Duque de Broglie, homem influentíssimo na política francesa, além de outros próceres. Sabia-se, inclusive, que o próprio imperador Napoleão III era em princípio favorável à extinção total e mundial da escravatura; aliás, fora ele a primeira voz no Ocidente a usar a expressão "liberdades públicas".

O projeto de Pimenta Bueno, na verdade, era composto por cinco textos, depois unificados em um só por Nabuco de Araújo, e em 1871 viria a se transformar na Lei do Ventre Livre. De observar, na Fala do Trono de 1868 D. Pedro II mencionou a questão de forma expressa, embora ficando claro que a libertação dos nascituros aguardaria o final da Guerra do Paraguai, como ocorreu.

Em 1867, pelos seus méritos já demonstrados, José Antônio foi agraciado com o título de Visconde de São Vicente; em setembro de 1870, terminado o conflito com o Paraguai e diante da queda do gabinete presidido pelo Visconde de Itaboraí, foi empossado como Presidente do Conselho de Ministros.

Como já referido, a personalidade de Pimenta Bueno não era voltada às lides e filigranas da política. Teve dificuldades até mesmo para montar seu gabinete, hostilizado que era pelos próprios membros de seu partido, sem contar a hostilidade dos liberais, e continuou sendo perseguido durante todo o tempo em que permaneceu no cargo. O liberal Zacarias de Góis e Vasconcellos, orador brilhantíssimo – que viria a ter um sucedâneo no então deputado federal Carlos Lacerda, na década de 1950 –, era dos que mais atacavam o Presidente do Conselho. Após cinco meses, o Visconde de São Vicente desistiu da tarefa, entregou o cargo, dizendo ao Imperador que maior glória teria se conseguisse apressar a libertação dos nascituros, aplacando iras e querelas partidárias mediante sua oportuna saída do poder. Voltaria para o Senado e o Conselho de Estado, vitalícios, onde melhor poderia contribuir com seus projetos e iniciativas, ele que era bom criador, mas mau executor.

De qualquer modo, diante de tantas diatribes políticas – os historiadores registram a queda do gabinete do Visconde de Itaboraí como o início da decadência do Império – e nesse curto período como Presidente do Conselho de Ministros, Pimenta Bueno deixou algumas marcas político-administrativas.

As duas primeiras providências não tiveram grande significado no campo administrativo: a Lei n.º 1.904 (17 de outubro de 1870) cuidou de regulamentar a execução do contrato de casamento entre a princesa Isabel e o Conde d'Eu, estabelecendo para ambos um patrimônio em terras antes devolutas, nas províncias de Santa Catarina e Sergipe; e a Lei nº 1.905, da mesma data, dava execução aos termos do contrato de casamento entre a princesa Leopoldina e o Duque de Saxe, constituindo para ambos um patrimônio de terras, também até então devolutas, nas províncias do Paraná e do Espírito Santo.

Pelo Decreto nº 4.615 (19 de outubro de 1870), o Gabinete aprovou o contrato celebrado com a Companhia Rio de Janeiro Street Railway, para a construção dos ramais de "bondes" do Caju, Cancela e Rio Comprido, além da continuação da via dupla na linha do Andaraí. Essas obras viriam a facilitar sobremaneira o trânsito na capital do Império.

O Decreto nº 4.644 (24 de dezembro de 1870) ampliou as competências dos presidentes de províncias e dos inspetores das Tesourarias de Fazenda na solução dos negócios do Ministério da Fazenda. Tratou-se de providência que desafogou as atribuições contenciosas do Conselho de Estado, agilizando a arrecadação.

Pelo Decreto nº 4.653 (28 de dezembro de 1870), o gabinete presidido por Pimenta Bueno aprovou o novo regulamento da repartição dos telégrafos, modernizando e tornando mais rápidos os seus procedimentos, com indisfarçável vantagem ao atendimento do público.

Em 4 de janeiro de 1871, pelo Decreto nº 4.666, foi criado no município da Corte um novo Conservatório Dramático, e estabelecidas as suas atribuições. Era a atenção para com as artes.

No Decreto nº 4.668 (5 de janeiro de 1871) foi regulamentado o procedimento a ser adotado nos casos de vaga para o provimento de cargos nos ofícios de Justiça, o que diminuía em grande parte a prática do nepotismo político.

O processo a ser seguido nos exames de estudantes das Faculdades de Direito e de Medicina foi estabelecido pelo Decreto n.º 4.675, de 14 de janeiro de 1871, o que passou a inibir quaisquer resquícios de protecionismo. Na mesma data (Decreto n.º 4.676) foi criada na Corte uma Diretoria-Geral de Estatística, e mandado executar seu regulamento, possibilitando ao governo imperial dispor de dados indispensáveis à sua atividade.

Pelo Decreto n.º 4.678 (15 de janeiro de 1871), foi mandado observar o regulamento para evitar abalroações de navios de guerra e mercantes, assim como com navios estrangeiros, o que refletiu diretamente nas inumeráveis e intermináveis questões sobre pagamento de indenizações.

Em 17 de janeiro de 1871, o Decreto n.º 4.679 estabeleceu no Arsenal de Marinha um externato preparatório para o ensino das matérias do curso da Escola de Marinha, o que possibilitou maior base cultural de preparação para os cursos desta.

E, pelo Decreto n.º 4.696 (16 de fevereiro de 1871), o gabinete presidido pelo Visconde de São Vicente aprovou o novo regulamento do corpo de engenheiros civis, pondo fim às incertezas que até então prejudicavam a carreira.

Tudo isso, enfim, além de outras providências menores, do dia-a-dia. Como se vê, não foi pouco em apenas cinco meses de governo, abarcando as mais variadas áreas da administração. Providências que modificavam e atualizavam a vida do País, em assuntos necessários e fundamentais, todas elas surgidas das reflexões e elucubrações de São Vicente, como era de sua natureza.

O gabinete que presidira, aliás, passou à História como a porta de entrada e preparação para o de José da Silva Paranhos, o Visconde do Rio Branco, escolhido de comum acordo entre Pimenta Bueno e o Imperador: ambos viam naquele o político com o perfil adequado à pugna que se ia travar, terminada a "Guerra Grande" com os paraguaios, sobre os nascituros de escravas; nessa luta pela aprovação do projeto de lei emancipatória, o senador e conselheiro de Estado não iria medir esforços. Além disso, acertaram, o monarca e o primeiro-ministro: o gabinete de Rio Branco foi o que mais durou em todo o Império.

Livre de suas obrigações e azáfamas políticas como Presidente do Conselho, José Antônio voltou a dedicar-se ao que mais o empolgava no momento, o projeto da Lei do Ventre Livre. Apesar da férrea resistência dos escravocratas a lei foi aprovada, o que propiciou a Rio Branco sua longa gestão (1871-1875). Mas a luta foi dura e evidenciou a difícil posição em que se encontrava um primeiro-ministro brasileiro, ao mesmo tempo tendo que ser homem do Imperador e dos adversários deste, os escravocratas que mandavam na Assembléia Geral do Império: enquanto na Inglaterra o chefe do Governo só devia contas ao Parlamento, e na Alemanha apenas à Coroa, no Brasil o Presidente do Conselho de Ministros tinha que satisfazer os dois lados.

Nessa batalha memorável para a aprovação da lei emancipatória, a atuação do senador e conselheiro Visconde de São Vicente foi fundamental; sempre serena e ponderada, sem arroubos, mas com argumentos irrespondíveis, inclusive à luz da Declaração Universal dos Direitos do Homem e do Cidadão, segundo a qual todos os homens nascem livres.

Para esse expoente da cultura brasileira, exercer um papel preponderante no encaminhamento da Lei do Ventre Livre constituiu o ponto mais alto de sua carreira política. A partir de então, começou a se retrair da vida pública ostensiva – a tarefa principal estava cumprida –, sem deixar de produzir memoráveis trabalhos e projetos no Conselho de Estado nem de prestar outros relevantes serviços à nação, como o acordo Mitre-São Vicente, que celebrou como plenipotenciário em 1872, resolvendo satisfatoriamente problemas entre Brasil e Argentina, oriundos da Guerra do Paraguai. Em 1873, por todos esses méritos, teve seu título elevado para o de Marquês de São Vicente.

José Antônio Pimenta Bueno, Visconde e Marquês de São Vicente, o menino da baixada santista cujo pai até hoje permanece incerto, amigo de D. Pedro II, da princesa Isabel e do Conde d'Eu, morreria em 1878, aos 75 anos. Nunca se deixou levar pelas vãs glórias da política partidária, nem pelos cargos: só queria não ter que lutar por estes, e poder destinar em calma as suas energias mentais e sua bagagem cultural ao interesse do País.

Vale ressaltar, o período no qual sua inteligência brilhou, e sempre de modo sereno e racional, foi aquele em que o País buscava sua identidade nacional, e ele jamais deixou de levar em conta tal circunstância. Com efeito, ao contrário dos vizinhos hispano-americanos que lograram sua independência mediante batalhas com muito derramamento de sangue contra a Coroa espanhola, e por isso tais batalhas se constituíram em ingrediente simbólico para as respectivas novas nacionalidades – embora, até hoje, sem grandes efeitos –, a situação brasileira fora diversa: não houvera guerras contra a metrópole, a independência se fizera sob a mesma dinastia e com um representante desta, nada menos do que o herdeiro do trono português, o que dificultava o encontro daquela identidade.

A propósito, os brasileiros nunca chegaram a entender – até hoje não entendem – que, juridicamente, em 1822 D. Pedro apenas separara o Brasil do Reino Unido de Portugal, Brasil e Algarves, mas a independência já fora concretizada em 1816, quando Dom João VI elevou o País à categoria de reino independente e logrou reconhecimento internacional para essa providência.

De qualquer modo, a época na qual Pimenta Bueno mais atuou, quer como Senador, Ministro da Justiça, Conselheiro de Estado, e Presidente do Conselho, foi aquela na qual mais se buscava a identidade nacional, busca que pendeu para o romantismo indigenista: o ano de 1857, no qual lançou sua obra jurídica clássica, foi também o do lançamento de *O guarani*, de José de Alencar, e toda a literatura brasileira de então se voltava para o indianismo.

No seu campo, o Marquês de São Vicente ajudou o governo imperial na busca de identificar o brasileiro, enfatizando o papel indígena na formação da nacionalidade, mas sem romper com o passado português, o que, aliás, era de evidência e realidade.

De observar, se na atualidade os brasileiros ainda têm pouca noção do que seja nacionalidade, ainda procuram identificá-la, reitere-se que nesse terreno de muito pouco serviram às antigas colônias espanholas da América do Sul as lembranças de suas guerras contra a metrópole. Nos seus esforços de ajuda ao Império para identificar a nacionalidade brasileira surgida sem guerras, Pimenta Bueno teve um aliado forte, o Instituto Histórico e Geográfico Brasileiro (IHGB): instituição patrocinada pelo Imperador, que procurava determinar claramente os referenciais de uma historiografia que evidenciasse a nacionalidade. Nesse sentido, a monografia de Von Martius, que definiu como parâmetros da nacionalidade a convivência pacífica das três raças, e a identificação entre a monarquia e a unidade territorial.

Entretanto, o trabalho de Von Martius não foi unanimidade: na sua *História do Brasil*, Francisco Adolfo de Varnhagen, o Visconde de Porto Seguro, enfatizou que a nacionalidade não fora obra do indigenismo, mas dos portugueses radicados no Brasil, e seria uma história de continuidade política. Ao que tudo faz crer, razão assistia em parte a ambos, tanto que na atualidade o indigenismo aparece como peça de museu literário, enquanto a obra portuguesa vai sendo aos poucos resgatada; entrementes os brasileiros parecem ainda não haver encontrado plenamente sua identidade nacional. Nem teria sentido pretender-se que o Brasil tal e qual é seja resultado da atividade dos índios; se assim fosse, com igual ou maior razão ter-se-ia que admitir ser o País produto da cultura africana.

É certo que desde a chegada dos primeiros povoadores brancos começou sua miscigenação com as índias, e isso durou até cerca de 1650. De outro lado, não se pode desprezar o fato de a rainha Dona Catarina haver convencido as madres superioras de diversos conventos portugueses a liberar as noviças que ainda não houvessem proferido seus votos perpétuos para virem se casar no Brasil com os portugueses aqui radicados, o que aconteceu; mas todas essas moças foram apenas 180, o suficiente para encher três navios, o que é muito pouco em termos de formação de uma nação. Além disso, a partir de 1650 começaram a chegar as africanas, e a miscigenação se expandiu: o português dormia uma ou duas noites na sua casa, com a mulher branca, duas ou três noites com as negras na senzala, e ainda encontrava força e disposição para, durante o dia, continuar se relacionando com as índias nas roças de milho e mandioca.

Como conseqüência dessa origem, na atualidade o IBGE aponta que 38% dos brasileiros têm sangue índio, 37% o têm negro, e somente o restante tem outros sangues, inclusive o oriental, o dos brancos italianos, espanhóis etc.

Em todo esse quadro, razão maior parece que assistia a São Vicente, que não desprezava o indianismo, nem a contribuição africana, mas sem romper com as origens do povoamento e dar-lhes proeminência.

Talvez em tudo isso resida a apatia dos brasileiros atuais em relação à sua nacionalidade, porque essas noções passam de geração a geração: se jamais entenderam a independência outorgada por Dom João VI em 1816, não acreditaram muito na independência – separação em face do Reino Unido – concretizada em 1822 pelo próprio herdeiro do trono português. Em conseqüência, partiram para o indigenismo, já que não lhes restava outro caminho, uma vez que os negros eram oficialmente semoventes, ou seja, não eram considerados colaboradores na fundação de uma nacionalidade.

Todas essas considerações e registros revelam uma constatação: os anos 1850 marcaram psicossocial e culturalmente o fim da transição entre a mentalidade de colônia anterior a 1808 – em que pesasse o Brasil ser juridicamente um Estado do império português – e o sentimento de Nação deflagrado com a chegada da Família Real, muito embora nação ainda sem identidade. Nessa fase de meados do século XIX, o entendimento e a atuação de São Vicente foram primordiais.

O ano da morte de Pimenta Bueno foi pesado ao Brasil: pouco antes, haviam falecido José de Alencar e Zacarias de Góis e Vasconcellos, e pouco depois morreria o conselheiro Nabuco de Araújo. A esse acúmulo de perdas não ficou indiferente a opinião pública: o *Jornal do Commércio*, o maior do País, diria que "José de Alencar, Marquês de São Vicente, Zacarias de Góis e Vasconcellos, e Nabuco de Araújo, eram as três linhas que haviam encerrado em seu centro todo o Império do Brasil".

De qualquer modo, a morte de Pimenta Bueno não encerrou sua presença na vida brasileira: sua obra jurídica permanece viva, e algo deve ser examinado a respeito dela, sobretudo à luz dos atuais cânones do Direito Constitucional, das diversas Constituições republicanas que o País já teve, e sobretudo da Constituição de 1988.

Na verdade, no *Direito Publico Brazileiro* o autor não se restringiu a um comentário individualizado de cada artigo da Constituição de 1824 nem à sua ordem numérica: os assuntos foram tratados como temas assentados de Direito Constitucional, a citação dos dispositivos vindos como conseqüência. Uma obra, portanto, que mais do que do Direito Constitucional puro e simples cuidou da própria Filosofia do Direito Constitucional, e da atual Ciência Política – então, disciplina inexistente no campo jurídico – assim como do Direito Administrativo.

Pimenta Bueno era monarquista convicto, e por razões científicas, que o levavam a abominar as incertezas da rotatividade republicana, afirmou que

> Por seu caracter hereditário desviou do Brazil a nossa forma de governo os males que resultão, e que outros paizes têm sentido, das monarchias puramente vitalicias ou electivas, e muito mais dos governos temporários, males que agitão e arruinarão as nações. É a monarchia estavel, como a propria nação, é o principio da segurança e da ordem, das tradições nacionaes... (*Direito Publico Brazileiro*, p. 28).

Obviamente, quando falava de "governos temporários", o jurista se referia ao que hoje se reconhece como "Chefia do Estado" que nos regimes presidencialistas é exercida juntamente com a chefia do governo: à época, ainda não havia tal distinção de funções, e o objeto de sua observação era a recusa à rotatividade na Chefia do Estado; pois, quanto aos governos também a tínhamos, a rotatividade dos "gabinetes", como é normal à alternância do poder.

Na verdade, quando fazia do princípio da segurança e da ordem o esteio de sua convicção monárquica, São

Vicente tinha por norte as aludidas razões científicas: uma Constituição existe, obviamente, para assegurar estabilidade ao sistema político e à sociedade, e a constante troca de Chefes de Estado não produz esse resultado. Não é por outra razão que na maioria dos sistemas parlamentaristas contemporâneos os presidentes da República podem se reeleger quantas vezes puderem: a idéia, precisamente, é a de que sua longa permanência propicia a almejada estabilidade, sem prejuízo das eventuais mudanças de governos. Em caso contrário, tanto no Brasil de sua época quanto nas repúblicas de hoje, frustrar-se-ia o principal escopo constitucional.

De qualquer modo, sua ferrenha fé monárquica para um País em formação, como era o Brasil de então, encontrava respaldo na realidade: quase todos os luminares da política, inclusive os que na atualidade seriam tidos por "progressistas", como Joaquim Nabuco, perfilhavam sua posição. Inclusive o próprio Imperador, republicano por convicção, mas que exerceu irrepreensivelmente seu papel de monarca ao longo de cinqüenta anos, como missão nesse processo de formação.

A propósito dessas considerações acerca da convicção de São Vicente, vale lembrar a resposta de Manoel Deodoro da Fonseca ao sobrinho Clodoaldo Fonseca, que por carta lhe pedira conselho sobre ingressar ou não no Partido Republicano: "Não te metas nisso. O único sustentáculo para o nosso Brazil é a monarchia. Se mal com ela, pior sem ela."

Ainda, o episódio da audiência do embaixador brasileiro em Quito, em 18 de novembro de 1889, para cumprir o dever de comunicar a mudança de regime no Brasil. Após ouvir a notícia trazida pelo diplomata – que a recebera por telégrafo –, o presidente equatoriano respondeu: "Senhor Embaixador, com certeza Vossa Excelência espera que eu lhe dê congratulações, e ao povo brasileiro; mas, infelizmente, só posso lhes dar os meus pêsames: o Brasil acaba de cometer o maior erro de sua História, e talvez não leve menos de 150 anos para se recuperar disso."

Sem qualquer laivo de monarquismo na atualidade, anote-se, embora a política seja uma espécie de loteria imprevisível, parece que se confirmaram as convicções de Pimenta Bueno, sempre enfatizadas em todos os cargos que exerceu, assim como as assertivas de Deodoro e do presidente do Equador: decorridos 115 anos desde a derrocada do Império, o País mostra não haver ainda reencontrado seu caminho, nem na sua maioria os brasileiros haverem assumido integralmente sua nacionalidade; dir-se-ia, a propósito, que em 1889 a formação ainda não estava completada e foi interrompida, sem posterior retomada.

De observar, se antes o Brasil era respeitado, agora já não o é na mesma medida; se durante quarenta anos a inflação fora de 1,58% ao ano, depois houve uma espiral inflacionária que chegou a acumular mais de nove trilhões por cento; se durante a monarquia tão defendida por São Vicente e outros não houve comoções constitucionais, depois ocorreriam dezoito tentativas ou golpes de Estado, e três revoluções; se durante o Império não ocorreu a incidência de tortura, isso se tornou rotina depois dele; presidentes da República tiveram que renunciar, ou foram depostos (Deodoro, Washington Luís, Getúlio Vargas, Café Filho, João Goulart, Collor), sem contar um Vice-Presidente impedido de suceder (Pedro Aleixo); e a corrupção no Poder Público, antes uma anomalia, tornou-se regra habitual. Isto, para que não se estenda em demasia a enumeração dos retrocessos institucionais, como assinalara Pimenta Bueno em relação à rotatividade republicana.

Entretanto, se era monarquista convicto *por questões político-jurídicas*, Pimenta Bueno não foi faccioso ao analisar a Constituição do Império e seus acertos. Com efeito, essa Lei Fundamental foi a única em nosso País que teve vigência durante sessenta e cinco anos, e com uma única emenda, o Ato Adicional de 1832. Após sua revogação, mais de 150 emendas alteraram as sucessivas Constituições republicanas, a de 1988 já conta cerca de cinqüenta, com muitas outras a caminho, o que é letal para a estabilidade institucional e social e para o próprio respeito que deve decorrer de uma Constituição.

De notar, a Constituição argentina vem de comemorar seus 150 anos, com uma única emenda em 1994; por isso, os argentinos têm muito mais senso de nacionalidade do que os brasileiros: uma Constituição estável é essencial para a estabilidade da sociedade.

De qualquer modo, ao lecionar sobre a soberania nacional, o Marquês de São Vicente foi mais do que preciso do ponto de vista constitucional, refutando a antiga doutrina do direito divino dos reis, e lobrigando – tal como fizera a Constituição francesa de 1791 – o poder soberano originário do povo que não pertence a alguém, mas só a si mesmo, em seu "ser primitivo, a força inteligente e suprema da sociedade, ainda não delegada" (*op. cit.*, p. 25).

É claro, essa sua visão da soberania aparece como bastante problemática num país que ainda não se livrara da escravidão, e cuja "sociedade" poder-se-ia considerar bastante incipiente, à época, quanto ao desenvolvimento político e social, no máximo alcançando 5% da população. No entanto, quanto a essa fase, não se pode deixar de levar em conta a afirmação do diplomata inglês Ernest Hambloch, em obra célebre, *Sua majestade o Presidente do Brasil*, para quem "na monarquia [no Segundo Reinado] o cidadão crescia, lenta mas seguramente". De qualquer modo, ali estavam lançadas as bases de uma doutrina constitucional pátria, se não pioneira ou inédita, com certeza irrespondível.

Sob outro ângulo, é claro que a visão de soberania tal como pregada por Pimenta Bueno jamais foi contestada pelos pósteros, sendo reafirmada nas sucessivas Constituições republicanas desde 1889. Assim, seu magistério desde meados do século XIX permanece vivo e incontroverso. É certo que o achatamento cultural e econômico do povo, na atualidade, em grande medida providenciado pelos interesses das nossas sucessivas classes políticas – o que é realidade incontestável –, transformou esse povo numa espécie de rebanho de carneiros, aos quais só é permitido votar e pagar impostos, estes diretos ou indiretos. Mas o cerne doutrinário da soberania, tal como visto cientificamente pelo Marquês de São Vicente – os constituintes franceses de 1791 laboraram por motivos políticos, e não científicos, anote-se –, manteve-se intacto até a atualidade, e provavelmente chegará a época em que a sociedade brasileira libertar-se-á da semelhança com um bando de carneiros. Sua visão continua mais atual do que nunca.

Ao cuidar da Representação da Soberania e da Delegação dos Poderes (pp. 26-7), centrou coerentemente a ambas "no seio da nação inteira", a soberania que chamou "primitiva", "inalienavel e imprescriptivel". Nada mais consentâneo com o que na atualidade se denomina "princípio democrático", mas numa obra publicada em 1857. Não foi por outra razão, senão a da atuação de homens como Pimenta Bueno, que os presidentes argentinos Saens Peña e Bartolomé Mitre chamavam o Brasil de "democracia coroada".

Ao cuidar da religião oficial (p. 24), observou que seria absurdo exigir de qualquer homem, livre na sua crença, necessitar de permissão para ter e freqüentar o seu culto, desde que respeitada a religião oficial do Estado.

O que representava, afinal, a união entre a Igreja e o Estado? Esse regime chamado de "padroado" dava ao Imperador a faculdade de nomear os bispos; em troca, o Estado se obrigava a manter financeiramente o ensino da religião católica – a quem o quisesse, como ocorre com a Constituição argentina (art. 2.º) – e as paróquias faziam o papel do que hoje são os registros civis de pessoas naturais, de imóveis e de títulos e documentos. Nada, portanto, que obrigasse alguém a ser católico. De lembrar, a esse respeito, que foi o próprio Dom Pedro II quem tomou a frente para a construção da primeira mesquita e da primeira sinagoga no Rio de Janeiro, a fim de que muçulmanos e judeus pudessem ter o seu culto, assim como a da primeira Igreja Presbiteriana.

Lecionando sobre a forma de governo – que hoje diríamos "regime político" –, o Marquês de São Vicente voltou a enfatizar a natureza e a formação do nosso povo de então, e nas entrelinhas do seu magistério exsurge a questão do limitado desenvolvimento cultural, à época, desaconselhando que o novel País abrisse possibilidade à anarquia política. Verdadeiramente, e na atualidade, isto é uma certeza assente em Ciência Política e em Direito Constitucional. Para operar, uma Constituição deve traduzir a maneira de ser da sociedade à qual se destina, caso contrário, não disporá de efetividade, será pouco mais do que uma espécie de "faz-de-conta".

Ressaltando que a Constituição fora elaborada por sábios brasileiros, o que é insofismável, embora algumas de suas premissas tenham sido inspiradas por Dom Pedro I, José Antônio Pimenta Bueno indicou que seu texto fora aprovado pelo "juízo nacional". A tal respeito, duas considerações merecem ser expendidas, como segue.

Pedro I era um dinasta, monarca oriundo de uma das mais antigas dinastias ocidentais (capetíngia, datada dos anos 750), e casado com uma representante de outra dinastia milenar. Mas, ao se colocar à testa do movimento pela independência – na verdade, juridicamente uma *separação* em face do Reino Unido de Portugal, Brasil e Algarves –, não determinou o regime político ou o sistema de governo. Tanto que chegou a declarar "não vejo haver desonra, para um país como o Brasil, ser uma república". O mentor da monarquia brasileira, da estrutura do Estado que viria a ser seguida pelos que redigiram a Constituição, foi José Bonifácio de Andrada e Silva.

O outro ponto é o da aprovação pelo "juízo nacional". Com efeito, pronto o projeto de Constituição, o Imperador mandou remeter cópias a todas as Câmaras Municipais do país, para que apresentassem sugestões de emendas. No entanto, em poucos dias a Câmara Municipal de São Paulo aprovou-o sem emendas e oficiou às demais para que também o fizessem; em seguida, fê-lo a do Rio de Janeiro, e todas as demais também o aprovaram. Em face disso, solenemente, Pedro I a assinou em cerimônia pública. Tinha razão Pimenta Bueno, portanto, ao falar em "juízo nacional".

A propósito da assinatura, cabe uma última observação. A historiografia engajada, pós-1889, disseminou que a Constituição de 1824 foi "outorgada", associando essa expressão a um ato de imposição, o que é incorreto. Basta que se verifique, na atualidade o Poder Público outorga concessões, autorizações e permissões a particulares para que exerçam atividades em princípio destinadas ao Estado, tais como construção de obras públicas, exploração de serviços públicos e outras atividades de interesse público. Mas a quem o Poder Público faz a outorga? Àqueles que a ela tenham se candidatado. Logo, não há imposição.

No mesmo sentido, os governos outorgam condecorações. Mas a quem? Àqueles que previamente consultados as aceitem. Logo, também aqui, não há imposição.

A razão dessas últimas considerações reside em deixar claro que, por razões de conveniência política, a historiografia oficial pós-1889 logrou modificar o próprio significado da expressão "outorga", o que vem causando um evidente prejuízo cultural às atuais gerações. Voltando a 1824, a assinatura do Texto Constitucional não foi um ato de imposição, mas conseqüência do entendimento nacional: mais uma vez se o diz, estava corretíssimo o Marquês de São Vicente, ao lecionar sobre "juízo nacional".

Discorrendo nessa obra clássica sobre a natureza do regime instaurado em 1824, o lúcido jurista observou que "por sua base constitucional neutralisou os perigos da monarquia pura [leia-se "absoluta", nos antigos moldes do absolutismo], da absorção de todo o poder legislativo e judiciário, do poder sem limites, sem contraste, do despotismo vizinho da tyrannia". E prosseguiu em sua digressão, afirmando que, para um governo merecer a classificação de constitucional, não basta que seja instituído pelo consentimento nacional, mas que a natureza e a extensão dos poderes políticos e os direitos e garantias dos cidadãos sejam expressamente fixados e limitados por disposições invariáveis (p. 29). E era dessa forma, precisamente, o regime imperial, tanto que Dom Pedro II, por mais que quisesse, não conseguia extirpar a escravidão: dependia de lei votada pelo Parlamento, e neste os escravocratas eram maioria.

Assim, pode-se dizer que desde 1857 Pimenta Bueno via o que, na atualidade, é indiscutível em matéria de estrutura de um Estado democrático. Sua visão não era circunscrita à época em que vivia, projetava-se para o futuro.

Ainda, ao falar sobre os Poderes Políticos, com a simplicidade de raciocínio que caracterizava sua lições – inclusive, no Conselho de Estado e no Senado –, definiu-os como "delegação mais ou menos ampla da soberania nacional" (p. 30), o que induz os limites constitucionais à sua atuação. Além disso (p. 31), enfatiza que a necessidade de um poder que vele pela independência, equilíbrio e harmonia entre Legislativo, Executivo e "Judicial" dá surgimento ao que se denominou "Poder Moderador", que na doutrina de Benjamin Constant de Rebeque era chamado de "Poder Real": uma função exercida por quem não dependesse das injunções partidárias e de eleições para exercê-la, um poder neutro e infenso em relação à política. Enfim, função só exercitável por um monarca.

A propósito do tema, vale registrar que a concepção republicana adotada em 1889 fracassou no intento de moderação entre os demais Poderes: abolido o Moderador, pretendia-se que a função – porque as crises políticas e institucionais não poderiam ser igualmente abolidas – fosse exercida pelo Supremo Tribunal Federal; mas este era somente um Tribunal, e o Poder Judicial não tinha tradição, entre nós, de competência para se imiscuir em questões políticas. Além disso, um Tribunal só dispõe de força moral e coercitiva se a ordem jurídica for efetivamente respeitada e aplicada, e tal não era o quadro no advento da República, já que fora – à força – revogada uma Constituição que já durava sessenta e cinco anos, depostas as autoridades nela alicerçadas, e quase completamente modificada a estrutura institucional do país.

Em conseqüência disso, por quase um século a função moderadora foi exercida pelas Forças Armadas, um poder extraconstitucional, e portanto baseado em realidade de fato, *manu militare*. Mesmo depois de 1985, o Supremo ainda não conseguiu chegar a exercer tal função. Inclusive pelo acúmulo de suas competências de natureza verdadeiramente ordinárias. Em acréscimo, embora seus membros não concorram a eleições populares, no entanto, são vencedores de verdadeiras eleições políticas de bastidores, ou seja, de algum modo devem estar atentos – em maior ou menor grau, isoladamente ou no seu conjunto – aos sucessos da política; e isso, simplesmente, porque a independência e o equilíbrio entre os Poderes, que Pimenta Bueno defendia, hoje são pouco mais do que uma figura de retórica constitucional, de escassa efetividade.

De notar, para mais, que o próprio controle da constitucionalidade tornou-se outra figura de retórica, após o advento das Leis n.º 9.868/1999 e n.º 9.882/1999.

Ainda a esse propósito, é de bom aviso ter em conta, a *aplicação* dos princípios constitucionais se modifica ao longo do tempo e com a sua prática. Se a Constituição de 1824 atribuía ao Imperador o exercício dos Poderes Executivo e Moderador, tal acumulação – com altos e baixos, tanto que a Revolta de Abril de 1831 se dirigiu contra os ministros, que efetivamente governavam, e não contra D. Pedro I – só teve presença durante o Primeiro Reinado e as Regências: já com Dom Pedro II, sobretudo após a criação do cargo de Presidente do Conselho de Ministros em 1847, passou a ser seguido à risca o art. 102, *caput*, segundo o qual o Imperador exercia o Poder Executivo "pelos seus Ministros de Estado"; ou seja, quem efetivamente governava era o Gabinete, o monarca era somente chefe *nominal* do Executivo. Na verdade, suas funções eram muito mais o que hoje se reconhece como as de Chefe do Estado, diferentemente do que viria a ser consagrado pelas Constituições republicanas, nas quais os Ministros de Estado sempre foram "auxiliares" do Presidente da República.

Quanto ao Poder Moderador, este sim, o Imperador o exercia pessoal e diretamente; portanto era o seu chefe efetivo. Mas não se pode deixar de considerar que, desde

1847, jamais Dom Pedro II deixou de consultar o Conselho de Estado para praticar os atos pertinentes, e jamais o fez em sentido contrário ao aconselhamento recebido.

Assim, parece assistir razão ao constitucionalista do Império, pelo menos para o tempo em que escreveu sua obra lapidar, tendo em vista o verdadeiro estágio da sociedade brasileira no seu caminho para a sedimentação e o desenvolvimento.

Ainda, ao cuidar da separação entre os Poderes e da delegação legislativa ao Executivo (pp. 37-44), o Marquês de São Vicente acoimou-a de ilegítima quando excessiva, uma vez que não pode o Poder constituído burlar ou renunciar à competência que lhe foi dada pelo titular da soberania. E, ao que tudo indica, mais uma vez raciocinava corretamente, ao menos para a época.

É certo que os tempos mudaram, as populações cresceram e, com isso, aparentemente aumentaram os problemas governamentais: certas providências precisam ser tomadas com a brevidade possível, nem sempre se sujeitando aos trâmites do processo legislativo. Apesar de tudo, não era assim ao tempo em que Pimenta Bueno publicou sua obra clássica, o que lhe confere razão.

Ademais, mesmo na atualidade o excesso de delegação do Legislativo ao Executivo não encontra respaldo doutrinário e institucional nos próprios sistemas parlamentaristas de governo: nestes, com efeito, medidas produzidas pelo governo com respaldo constitucional – correspondentes às medidas provisórias e às leis delegadas – sujeitam o Executivo à perda de sua permanência, demissão *ipso facto*, se posteriormente rejeitadas pelo Legislativo. Mas não era assim à época do Império, o que acresce razão ao autor do *Direito Publico Brazileiro e análise da Constituição do Império*, quanto ao seu magistério que recusava a delegação excessiva.

Indo-se mais adiante em termos de comparação, é preciso ter em conta que a delegação legislativa contida na *atual* Constituição brasileira é ainda mais excessiva: como temos um regime presidencialista, com governo cujo mandato é fixo, não se há de cogitar da sua demissão se uma medida provisória ou lei delegada for rejeitada. Assim, o Executivo pode usar e abusar dessa delegação, sem correr qualquer risco – clara uma impropriedade institucional –, o que transgride conceitualmente a extensão da soberania originária e natural. Observe-se, ainda, a agravar, que no sistema brasileiro há, em tese, a figura da lei delegada incondicionada, cujo texto não necessita de aprovação pelo Congresso Nacional.

Em suma, se a delegação nos atuais sistemas parlamentaristas não é excessiva, porque importa em responsabilidade do governo, assim não o era durante o Império, e muito menos hoje, nos sistemas presidencialistas. De notar, no sistema norte-americano inexiste tal delegação, tendo todas as medidas que ser previamente aprovadas pelo Legislativo.

É claro, o magistério de São Vicente tinha como caldo cultural o de sua época, e as disposições da Constituição Imperial, da qual era convicto defensor. No entanto, seu raciocínio jurídico e político, a maior parte de suas lições seriam totalmente aplicáveis aos dias que correm, numa espécie de antevisão do futuro e da evolução da sociedade brasileira. Assim, por exemplo, quando discorreu sobre a propriedade e imprescindibilidade das disposições sobre a sucessão ao trono e as atribuições de uma eventual regência, ou da designação de nova dinastia (pp. 60-5); ou, sobre as atribuições legislativas da Assembléia Geral e a interpretação das leis (pp. 67-103); ainda, quando prelecionou sobre a inspeção da Assembléia Geral sobre as Assembléias Provinciais (pp. 103-4); mas, sobretudo, quando falou sobre a atribuição do Legislativo, de verificar da exata aplicação das leis, não só rotineira, mas periodicamente (pp. 105-8); e sobre o veto suspensivo.

Quanto à fiscalização legislativa do cumprimento das leis pelos governos, convenha-se, a aplicação dessa lição faz muita falta nos tempos atuais.

Ao falar sobre o Supremo Tribunal de Justiça do Império, antecessor do Supremo Tribunal Federal, Pimenta Bueno indicou tratar-se de instituição mista, de caráter político e judiciário, predominando mais o aspecto político, e por isso mesmo oferecendo mais garantias à ordem social (pp. 345, 347-8). Deve-se notar, na atualidade o Supremo não se afastou dessa condição: quando se trata de assunto restrito a interesses particularizados, ele é sempre estritamente jurídico, mas quando a questão envolve interesse social, não lhe escapa a visão política.

Por todas essas considerações, estava certo o Marquês de São Vicente, e não só em face da realidade de sua época, como projetando-se para os dias atuais o seu magistério.

Entretanto, o ápice das considerações expendidas nessa obra diz respeito aos direitos e às garantias dos cidadãos. Com efeito, a Constituição imperial adotou uma ótica avançada para o seu tempo, ótica que se irradiou para as Constituições seguintes, notadamente para a de 1988.

A propósito, é possível afirmar que o grande mal da República não foi ela em si, mas a revogação da Constituição de 1824: se a questão era simplesmente derrocar o Império, mais acertado teria sido mantê-la, apenas substituindo as expressões "império" por "república", "imperador" por "presidente", e retirando as disposições relativas à Família Imperial. No entanto, havia a fixação de Rui Barbosa pelo federalismo – que, até hoje, não opera adequadamente – e por isso a revogação, para que fosse possível extinguir o Estado unitário.

Analisando as disposições do art. 179, Pimenta Bueno começa por aduzir que os direitos se dividem em naturais ou individuais, civis e políticos. Os direitos naturais ou individuais, na sua lúcida visão, são aqueles que decorrem da simples condição de pessoa humana e não dependem da lei positiva (p. 389). Os direitos civis seriam aqueles que decorrem puramente das instituições adotadas em cada Estado (p. 390). E os direitos políticos são os criados pelas Constituições, segundo sua conveniência, e não faculdades naturais do homem (p. 390).

Em que pese a Constituição de 1988 haver confundido direitos naturais com direitos individuais civis e direitos políticos, igualando-os conceitualmente e colocando a todos num mesmo rol doutrinário, a verdade é que a distinção é manifesta. E a tal propósito, apesar das eruditas e precisas lições posteriores, não se tem classificação melhor do que a de São Vicente.

Ao discorrer sobre o direito de liberdade e sua extensão, Pimenta Bueno notou que o integra a inobrigatoriedade de o homem fazer ou deixar de fazer alguma coisa, senão em virtude de lei (pp. 392-3), o que nem sempre é lobrigado pelos doutrinadores da atualidade e demonstra a percuciência do seu raciocínio jurídico. Assim, também, ao lecionar sobre a irretroatividade das leis, indicando que a liberdade e a segurança não teriam garantia se as leis pudessem ter efeito retroativo (pp. 393-4).

Sobre a liberdade de pensamento, e a comunicação privada das opiniões ou pensamentos, São Vicente principia por assinalar o óbvio, que os adeptos do marxismo e do "pensamento único" dos tempos que correm teimam em não compreender e admitir, ou seja, que o pensamento "está fóra de todo o poder social, até então é do dominio sómente do proprio homem, de sua intelligencia e de Deos" (p. 394).

Entretanto, observa o constitucionalista do Império, o Homem tem tendência e necessidade de expressar e trocar suas idéias e opiniões com outros homens, de cultivar mútuas relações [intelectuais], o que se constitui em um direito natural, uma expressão da sua natureza inteligente (p. 395), e nesse passo, cuidou da comunicação *privada*. Mas abriu a exceção aos casos em que a comunicação fosse pública – pela imprensa, acima de tudo – e atentatória contra a ordem jurídica vigente, uma espécie de incitação ao descumprimento da lei, hoje conhecida como "desobediência civil", caso em que o autor de tal comunicação deveria responder criminalmente (pp. 395-6).

Nem mais, nem menos, portanto, do que na atualidade constante da denominada "Lei de Imprensa". Apesar de tudo, São Vicente ressaltou a impossibilidade constitucional de censura prévia às publicações, assim como a de impedi-las, ficando o dolo ou a culpa do autor a cargo de aferição segundo a lei e à competência do júri, depois de ocorrida a veiculação.

Ao lecionar sobre o direito de "ir e vir, ou ficar", Pimenta Bueno colocou sua sede no direito à liberdade (p. 398), e não apenas no de locomoção, o que hoje pode parecer óbvio, mas foi lição suficiente às autoridades, à época da edição de seu livro. Cuidou, ainda, da liberdade de trabalho (pp. 399-403), o que está perfeitamente consagrado na atual Constituição brasileira, assim como nas que a precederam no regime republicano.

Suas considerações sobre a liberdade de contratar e a de associação (pp. 404-10) são absolutamente atuais, tal como dispõem a Constituição e o Direito Civil. Assim, também, no que diz respeito à segurança pessoal, inviolabilidade de domicílio, prisão e fiança (pp. 411-6).

Em suma, passando pelos comentários à eqüidade – que denomina "justiça" – nas leis civis e criminais à abolição de penas cruéis, à individualidade da pena, às condições de cumprimento das condenações, e sobre o princípio geral da igualdade, este com suas limitações, assim como quanto ao direito de propriedade e suas exceções (pp. 428-30), o sigilo de correspondência (p. 431), e também quanto ao direito de petição, mais inumeráveis outros aspectos constitucionais, as lições de Pimenta Bueno poderiam ter sido expendidas num tratado publicado nos dias que correm.

É possível concluir e afirmar, portanto, que o Marquês de São Vicente foi um precursor do Direito Constitucional, tal como hoje entendido: sua obra, de 1857, nada ficou a dever ao contrário das que se publicam na atualidade, nem conflita com a jurisprudência recorrente dos nossos tribunais, em particular a do Supremo Tribunal Federal.

Tinha razão o conselho do advogado Raimundo Pascoal Barbosa aos jovens bacharéis: os juristas do Império tinham um quilate poucas vezes igualado, suas lições continuam sendo um marco e um norte para a orientação e a compreensão do verdadeiro Direito.

Referências bibliográficas

ASSUF, Maurício. *O Conselho de Estado*. Rio de Janeiro, Guavira Editores, 1979.

FERREIRA FILHO, Manoel Gonçalves. "O valor do ato inconstitucional, em face do direito positivo brasileiro". *In Revista do Advogado,* n.º 76, São Paulo, 2004, pp. 59-71.

HAMBLOCH, Ernest. *Sua majestade o Presidente do Brasil.* Trad. Lêda Boechat Rodrigues. Brasília: Editora Universidade de Brasília, 1981.

NOGUEIRA DA SILVA, Paulo Napoleão. *Pedro II e seu destino.* Rio de Janeiro, Forense, 2003.

PIMENTA BUENO, José Antônio. *Direito Publico Brazileiro e análise da Constituição do Império*. Rio de Janeiro, Typographia Imp. e Const. de J. Villeneuve e C., 1857.

VARNHAGEN, Francisco Adolfo de. *História Geral do Brasil*. 7ª ed., São Paulo, Melhoramentos, 1962.

MINISTÉRIO DA EDUCAÇÃO E CULTURA/ INSTITUTO NACIONAL DO LIVRO. *Organizações e programas ministeriais*. Brasília, 1979.

Miguel Maria de Serpa Lopes
O jurista em busca do justo

*Luciano de Camargo Penteado**

A proposta de um breve relato biográfico

Uma das grandes obras da literatura russa, um pequeno conto de Dostoiévski, mostra o impacto renovador do *episódio* na vida do ser humano. Há fatos marcantes, ainda que meramente eventuais, que têm um poder sobre o espírito. São dotados da capacidade de abalo, de estremecimento: são catárticos. Em *O sonho de um homem ridículo*, este fato é um *encontro*, uma *visão* de um outro ser humano, de uma pessoa que se individua em meio à multidão, ganhando cor, adquirindo formas, compondo-se em contornos, ganhando *personalidade* e, com ela, voz. Uma menina, gritando em meio a uma cidade, repleta de cidadãos anônimos, de semoventes quase não-humanos, acaba por dar sentido à vida do personagem principal, tão cheia de desilusão.

O primeiro contato entre a menina e o homem foi físico. A garota, de 8 anos de idade, puxara-o pelo cotovelo, em uma noite chuvosa. Gritara pela mãe com um apelativo carinhoso e arrastara o personagem, que, per-

---

* Mestre em Direito Civil pela USP, professor titular de Direito Civil na Faculdade de Direito de São Bernardo do Campo, advogado.

plexo, aconselhou a busca por um policial. Diante da imobilidade do protagonista, a menina foge em busca de outro alguém que a possa efetivamente ajudar no seu desamparo e na sua desorientação.

A narrativa prossegue, mostrando o drama da consciência do personagem diante de sua vida e se encerra com um desejo de renovação, de mudança. O *homem ridículo* sorve esse projeto a realizar a partir de um sonho, que está profundamente associado ao encontro com aquela menina, a qual aparece de novo na seqüência narrativa de seu divagar noturno. A vida do personagem ganha, desde aquele momento exato, um sentido de missão, justamente a partir do encontro com outra pessoa que lhe permitiu ver a própria realidade existencial de modo ligeiramente diverso[1].

Essa estrutura de episódios que provocam mudanças, as quais permitem uma introjeção de um novo modo de estar, para não dizer mesmo de ser-no-mundo, geralmente é o que se busca nos relatos das vidas das pessoas. Na narrativa biográfica, entre muitos outros elementos, quer-se ver o diferente, o colorido próprio da vida do biografado. Mas também não é incomum o desejo de que o contato com esse elemento derrame igual luz sobre o leitor. Dificilmente, alguém lê uma biografia ou uma nota desse caráter, sobretudo se breve, *apenas* por desejo de acúmulo quantitativo de dados históricos seqüenciados. Embora possível por outro trabalho de pesquisa histórica exaustiva, esta última aspiração certamente não é o objetivo do presente texto, que visa pontuar certos traços da vida de *Miguel Maria de Serpa Lopes*, justamente na tentativa de compor um bosquejo catártico, um pequeno íco-

---

1. Fiódor Dostoiévski, "O sonho de um homem ridículo", *in Duas narrativas fantásticas*, trad. Vadim Nikitin, São Paulo, Editora 34, 2003, pp. 88-123.

ne que sirva de orientação não apenas para um estudo frio e abstrato, mas sobretudo para fixar, no complexo caminho da vida pessoal de cada atuante no cenário do Direito, algumas marcas de relevo que sua personalidade comportou, permitindo, assim, que o conhecimento pessoal do jurista sirva para resgatar a sua memória e, mais que isso, permita que esse resgate possibilite uma retomada, ainda que ligeira, dos valores que viveu para integrá-los na experiência jurídica brasileira que se construirá a partir do século XXI.

Um aluno que se dispôs a publicar um breve relato da figura do mestre, ao concluir as suas páginas, já na década de 1960, lançava uma afirmação que merece realce. Parece ter intuído que Miguel Maria era mais que um professor-juiz falecido, pois aponta para a exemplaridade da figura:

> Dotado de uma profunda força de vontade e imensa capacidade de trabalho, quer como magistrado proficiente e culto, quer como professor, fonte de explanações magníficas e profundas, fortemente imbuído do papel que desempenha o mestre universitário na formação das gerações futuras, quer como jurista emérito, através das suas obras tão categorizadas e acatadas, sem aquela preocupação, hoje tão generalizada, de comercializar sua produção, foi ele, antes de tudo, um homem padrão, exemplo para as gerações que lhe sucedem, tão necessitadas de buscar nos mais bem dotados cultural e moralmente, não só os ensinamentos, mas especialmente as atitudes e gestos a seguir neste mundo tão conturbado de hoje.[2]

Um episódio da vida do pobrezinho de Assis pode ilustrar a *pedagogia das imagens*. Preocupado em ensinar

---

2. Paulo N. Leivas, "Serpa Lopes – Traços de um jurista", *in Revista da Faculdade de Direito de Pelotas*, nº 60, Porto Alegre, 1962, p. 228.

a viver o evangelho a todas as pessoas, de modo didático e nem sempre dispondo dos meios suficientes e adequados, representa através das pessoas o nascimento de Cristo e, depois, o faz com pequenas esculturas. A pregação deixa de ser mera verbalidade para tomar a forma de coisas palpáveis: surge o primeiro presépio. A pedagogia de Francisco de Assis é conhecida justamente por essa concretude, por essa tensão fortemente orientada para o material, antes que para a descrição abstrata. Pois é justamente através das "*atitudes e dos gestos*" de Serpa Lopes que se busca o material para que as futuras gerações tenham uma visão real e possam tocar o rosto deste grande jurista, motivo de orgulho para o nosso tão querido Brasil.

"Por que Miguel Maria de Serpa Lopes?", seria uma importante questão preliminar a que o próprio texto não se pode furtar.

Todos os dias, no mundo inteiro, pessoas nascem, crescem, tomam decisões e também morrem. Todos os dias, entre essas pessoas, há um grande grupo formado por juristas, que igualmente nascem, crescem, decidem e também morrem. Alguns deles, entretanto, estão marcados por algo especial. Destacando-se da multidão, deixam a trama de terceira pessoa para merecer uma formulação unipessoal. Conjugam a voz verbal e gritam: como a menina russa, puxam-nos pelo cotovelo e apontam para a grandiosidade. A realidade de sua vivência grita, acontecimentos gritam: a sua vida grita e propicia uma reação para o leitor, a qual pode ser de grande proveito existencial.

Um breve relato biográfico de um jurista tem – entre outras, como a de documentar minimamente uma pesquisa para o futuro – a importante função de mostrar como a vida narrada pode ter relevância para a compreensão do Direito e do mundo, permitindo o aperfeiçoamento institucional. É um grito saído da multidão, que quer acordar e renovar a vida da comunidade jurídica, dando-lhe uma orientação particular, imprimindo um caráter, orientando-a com um novo e próprio facho de luz.

É preciso, então, descobrir o brilho da luz de Serpa Lopes.

Perfis fundamentais: uma aproximação impressionista

Miguel Maria de Serpa Lopes foi um civilista, um grande civilista: civilista como poucos. Possuiu, dentro do Direito Civil, uma formação global, o que se pode observar claramente no famoso *Curso de Direito Civil*, não completado em vida à vista da falta do volume sobre *direito das coisas*, que seria integralmente escrito por seu sobrinho-neto e atualizador das obras após a morte, José Serpa de Santa Maria. Destacou-se por ser conhecedor do Direito Registrário brasileiro, ramo em que nosso país se destaca no cenário internacional. Para isso, basta ter em conta como, recentemente, brasileiros foram chamados para congressos na Rússia e na Argentina, justamente para ser ouvidos, para contribuir com a sua experiência jurídica na área: muitos deles, formados pelas obras de Serpa Lopes.

Não estamos falando apenas de um homem que morreu há mais de quarenta anos. Serpa Lopes é, nos dizeres de Sérgio Jacomino, atual presidente do Instituto de Registro Imobiliário do Brasil, um dos "homens além de seu tempo", que formou gerações de juristas e registradores e que precisa ter sua obra resgatada[3].

3. Sérgio Jacomino, "Homens além de seu tempo", *in Boletim Eletrônico do IRIB/ANOREG-SP*, n.º 800, disponível no *site* http://www.irib.org. br/ biblio/boletimel800a.asp. Acesso em 27 de julho de 2004.

No artigo de inauguração da série de recuperação de obras de Direito Registrário de importância, que se inicia justamente em 2003, com um texto de Miguel Maria, afirma Jacomino: "Para que possa servir aos estudiosos do tema do direito registral, estaremos inaugurando a série *homens além de seu tempo,* com a convicção de que somente com os olhos postos na tradição será possível atravessar esse período momentoso, pleno de dificuldades e incompreensões"[4]. Olhar para o passado de Serpa Lopes não é mero agir pautado por pretensões de arqueologia jurídica. Trata-se de um exercício que permite transcender buscando idéias para fecundar o presente, gerando vida e variedade: é receber algo que é entregue pela História – um tesouro inesgotável.

Serpa Lopes nasceu nas Alagoas, na cidade de Maceió, a 3 de agosto de 1898. Era filho do comendador Firmo Lopes, diretor do Asilo das Órfãs, situado na atual cidade de Marechal Deodoro, e da professora Júlia Serpa Lopes. Desde cedo, revelava dotes intelectuais extraordinários: aos 4 anos, aprendeu a ler sozinho, sem qualquer tipo de ajuda, observando as inscrições nas sepulturas do cemitério da cidade. Desde criança, também manifestara diabetes. Possuía forte ligação espiritual com o catolicismo, tendo sido seminarista dos 15 aos 16 anos, por insistência da mãe.

Estudou Direito na Faculdade Nacional de Direito do Recife, casando-se, aos 22 anos, em 23 de fevereiro de 1920, com Hilda Neuhauss Duarte, uma alagoana, com quem teve cinco filhos, dos quais sobreviveram três varões, Eduardo, Luís e Firmo. O primeiro deles, nascido em 1921, morreu prematuramente, aos 19 anos, de problemas cardíacos congênitos. Luís de Serpa Lopes, nascido em 1923,

4. Sérgio Jacomino, "Homens além de seu tempo", *cit.*

foi professor de português e escrivão, tendo se casado com Maria José Moura, com a qual teve cinco filhas: Clarice, Helecine, Ivanice, Rozanice e Luiza Maria. Ivanice é viva, mora no Rio de Janeiro e prestou diversos esclarecimentos a respeito destes dados biográficos fundamentais.

Miguel Maria, apesar de alagoano, ficou conhecido quando se deslocou ao Rio de Janeiro, capital do Brasil à época, indo residir à rua Conde do Bonfim, 526, na Tijuca. Advogou, inicialmente, no cartório de Belizário Távora. Foi escritor profícuo, tendo ingressado na magistratura carioca por concurso, na qual chegou ao cargo de desembargador e presidente do Tribunal do Distrito Federal. Foi professor da Pontifícia Universidade Católica do Rio de Janeiro até sua morte, em 1961, e da Faculdade Nacional do Rio de Janeiro, onde atingiu o grau de livre-docente. Lecionou também na Faculdade de Ciências Jurídicas do Rio de Janeiro, na Gama Filho e na Universidade Federal Fluminense, na cidade de Niterói.

Como cultor do Direito, sabia que esta era uma ciência prática e, como tal, também uma *técnica* que demanda, para sua compreensão profunda, a racionalização do fenomênico. Serpa Lopes, longe de se permitir apenas a docência, completou-a sendo juiz, desembargador, presidente do Tribunal de Justiça do Distrito Federal, por duas vezes.

Talvez a vida de doutrinador profundo, de escritor consciente não se completasse se não tivesse sido professor. A essa carreira dedica suas forças com grande intensidade. Em um dos volumes[5] do *Curso de Direito Civil*, deixa transparecer o vigor de sua atividade universitária. Em 1960, apenas à guisa de exemplo, regia, simultaneamente, seis turmas no bacharelado. Uma tarefa que só

5. Trata-se do vol. 5.

pode ser eficazmente aquilatada pelos que realmente já a desempenharam. Mas elas não o impedem de, no mesmo período, relatar e publicar quinhentos acórdãos, todos no mesmo ano.

Esse vigor e esta energia eram próprios de um homem nascido no século XIX. Lembram a força e a pujança dos grandes juristas europeus. Serpa Lopes tem aquele espírito de magnitude, a fortaleza e a audácia que poucas pessoas demonstrariam mais tarde. Era, de fato, dotado de uma capacidade para o trabalho verdadeiramente assustadora.

O perfil de Serpa Lopes na docência

Ser professor é algo único, quase exclusivo de pessoas com uma vocação especial. Ser professor é ter um credo, é *professar uma fé*, uma crença em um valor superior a si, pelo qual é possível e mesmo prazeroso o sacrifício diário. A vida de Serpa Lopes, entre outras muitas atitudes marcantes que encerra, é a de um incansável zelo e dedicação à *causa do ensino*. São poucos os homens que vivem tendo essa orientação superior, essa visão de um plano a cumprir, de uma meta a realizar com um caráter de transcendência, isto é, que ultrapassa o plano do interesse meramente individual.

Serpa Lopes foi desses homens e talvez seja esta, justamente, umas das suas maiores grandezas: foi um *homem de causas*. Um seu contemporâneo italiano, Emilio Betti, aponta para a grandeza deste gênero de homens de maneira muito elegante. Ao tratar da noção de função social do negócio jurídico, traça um interessante paralelo:

> O ponto, entretanto, é que, sem este concreto interesse, a função social não poderia normalmente atuar, e a causa típica do negócio não operaria na hipótese de ter de

permanecer fora da vontade: do mesmo modo que na história, *as grandes conquistas e os grandes ideais não poderiam atuar se acaso não encontrassem um gestor e um instrumento, ainda que inconsciente, nas paixões e nos interesses do homem, no seu empenho de dedicação à causa.*[6]

Iniciou sua carreira de magistério na Pontifícia Universidade Católica do Rio de Janeiro, numa ocasião deveras particular. O prédio da faculdade ficava na rua São Clemente, próximo à casa de Rui Barbosa, como faz notar uma testemunha presencial do episódio a ser relatado[7], ocorrido em fins da década de 1940.

O professor que iniciara o curso de Direito Civil, com a parte geral e o segundo ano, Javert de Sousa Lima, afastara-se. Serpa Lopes é chamado para reger a turma de terceiro ano e depara-se, então, com uma sala de alunos perplexos, ávidos por saber e inquietos com a alteração. Tinha fama de ser uma pessoa austera e severa, um homem probo. Nem todos os alunos sentem-se imediatamente confortáveis com a substituição. Pacientemente, no entanto, conquista-os com seus modos serenos e discretos, sua inteligência bem formada, seu conhecimento da legislação estrangeira e da melhor doutrina internacional.

Serpa Lopes cativa sem alardes e, lembrando as palavras da raposa de Saint-Exupèry, responsabiliza-se eter-

---

6. Emilio Betti, "Causa del negozio giuridico", *in Novissimo Digesto Italiano*, 3ª ed., Turim, UTET, 1957, p. 36. ["Ma il punto è che, senza questo concreto interesse, la funzione sociale non potrebbe normalmente attuarsi, e la causa tipica del negozio non opererebbe se dovesse rimaner fuori dalla volontà: a quel modo che nella storia i grandi còmpiti e le grandi idee non potrebbero attuarsi se non trovassero un gestore e uno strumento, anche inconsapevole, nelle passioni e negli interessi degli uomini, nel loro impegno di dedizione alla causa."]

7. Paulo N. Leivas, "Serpa Lopes – Traços de um jurista", *cit.*, pp. 223-8.

namente por aquilo que cativou. Torna-se amigo dos alunos, seu companheiro, um igual. A cultura, não só, mas também a jurídica, não era um anteparo que o separava dos alunos, era o perfume precioso que atraía a inteligência deles, que os motivava, que os inspirava.

Serpa Lopes era um igual. Um ser de carne e osso que recebe em sua casa, na Tijuca, o convite para ser paraninfo desta primeira turma que regeu. Serpa Lopes, aceitando de imediato a proposta, ao fim daquele ciclo, em sua residência, pela noite, chora. Na presença da mulher e de seus filhos, chora em meio dos alunos, derrama lágrimas daquelas que misturam alegria e sofrimento, embalsamadas com a percepção do reconhecimento, com a lembrança do esforço que é a tarefa diária e a esperança de legar cultores do Direito Civil à nova geração. É o orvalho a regar o jardim florido que deixa como legado.

Serpa Lopes tem lágrimas, lágrimas de sangue, daquelas que fecundam a terra e permitem a vida. Não tem medo de se sacrificar para deixar uma obra, para formar as pessoas, para trazer vida ao Direito, em meio a momentos de crise. Serpa Lopes tem lágrimas, lágrimas de um homem que não esconde o sentimento, não esconde o desejo, nem a ambição. Uma ambição que é espalhar cultura, formar inteligências, ser um grande professor.

Não à toa será definido por um ex-aluno como um professor dotado de "uma personalidade que se realizava através dos seus ensinamentos"[8]. A tal ponto a assertiva era verdadeira que Serpa Lopes, ao contrário de grande parte dos docentes, ficava expressivamente inseguro à época das avaliações. Ao aplicar as provas aos alunos, sentia – e o declarava – grande medo. Via que a prova visava, antes de tudo, ao próprio mestre, pois seria ele o exami-

8. Paulo N. Leivas, "Serpa Lopes – Traços de um jurista", *cit.*, p. 226.

nado na sua própria capacidade de ensinar. O testado é o professor, não o aluno, na sua visão, preocupada com o fim do ensino e não com o cumprimento formal e burocrático de alguns procedimentos preestabelecidos.

Com o tempo, necessitará de um assistente. Escolhe o sobrinho-neto, falecido em 2000, que o auxiliará, já em duas outras faculdades além da PUC, a Gama Filho e a Cândido Mendes.

No fim da vida comporá banca de concurso de ingresso na carreira docente na Universidade de São Paulo. O fato, ocorrido em 1960, será lembrado como motivo de alegria e destaque por José Frederico Marques no discurso de condolências proferido em 17 de maio de 1961, uma semana depois de sua morte, no Tribunal de Justiça de São Paulo[9].

Seu amor à docência era à prova da morte. Acometido de infarto no miocárdio, em 10 de maio de 1961, no apartamento em que morava, à avenida Nossa Senhora de Copacabana, Serpa Lopes falece. Entretanto, não abandona as vestes talares do magistério. É enterrado com a beca de professor, de acordo com seu expresso desejo declarado em vida. Une seu corpo à causa do ensino.

Serpa Lopes doutrinador

Miguel Maria escreveu muito. Suas principais obras foram *O silêncio como manifestação de vontade*, sua tese de doutoramento, *Exceções substanciais: exceção do contrato não-cumprido*, monografia com a qual obteve, por unanimidade, o prêmio Clóvis Bevilaqua, o seu *Curso de Direito Civil*, inacabado em vida, que seria completado pelo

9. *RT*, 308/844-6.

sobrinho-neto José Serpa de Santa Maria, e o *Tratado de registros públicos*, assim como o *Comentário teórico e prático da lei de introdução ao Código Civil*. Além destas, destacam-se uma obra sobre a enfiteuse e uma tese sobre soberania.

Nelas, transparecem vários veios preciosos de sua alma que merecem destaque, como preâmbulo aos que sejam propriamente os jurídicos. No *Curso*, chama a atenção, desde logo, a dedicatória. Não é feita à esposa, nem aos filhos, ou aos alunos. Dedica o livro, consolidação de suas aulas, redigido no intuito de permitir um estudo inicial seguro no Direito Civil à falta da reedição de livros clássicos, como declara expressamente, à Nossa Senhora da Assunção, apondo a seguir a estrofe inicial de antiga oração do cristianismo primitivo: *sub tuum praesidium confugimus* ["à vossa proteção nos acolhemos"]. Acode ao amparo de Santa Maria para iluminar seu trabalho, buscando o equilíbrio da humildade e o carinho de um manto protetor que já estava ao lado de seu nome de batismo.

Foge do desejo de palco, uma das maiores tentações a que está sujeito o professor. Não quer brilhar, desculpa-se pela simplicidade das linhas de um dos manuais que, apesar da modéstia do autor, será considerado ao longo do tempo um dos mais elaborados entre aqueles usuais para o curso de graduação em Direito. Recorda, ao prefaciá-lo, as palavras de Kempis na *Imitação de Cristo*: "nós somos o que somos. Nem a injúria nos rebaixa, nem o elogio nos pode fazer maior do que realmente somos"[10]. Centra-se, numa atitude de quem sabe o que é o conhecimento próprio. Não sabe, nem quer, jogar seu jogo olhando para a platéia.

Embora um jurista clássico, com uma formação sólida e bastante tradicional, já antevia diversos fenômenos

---

10. Miguel Maria de Serpa Lopes, *Curso de Direito Civil*, 8ª ed., Rio de Janeiro, Freitas Bastos, 1996, vol. I, p. 29.

próprios do Direito contemporâneo, mesmo em institutos arcaicos como a enfiteuse. Em sua monografia sobre o referido direito real, não deixa de se surpreender de como ela, de uma concessão precária no sistema jurídico medieval, tornara-se um direito real[11], ao mesmo tempo que mostra a justificativa econômica e moral desta institucionalização em vista da produtividade[12]. Consegue ver o enlace entre Direito, Economia e Ética de maneira quase natural e intuitiva. Conclui mesmo pela perda do sentido naquela figura, já em 1956, quase cinqüenta anos antes da edição do novo Código Civil que veio por aboli-la, em vista de que exercera muito mais um papel histórico superado àquela ocasião. O exemplar da Biblioteca da Faculdade de Direito da Universidade de São Paulo foi um presente do autor a seu amigo Eduardo Espínola, com uma dedicatória redigida de próprio punho em 9 de janeiro de 1956.

O século XXI é permeado pela onda da Nova Economia Institucional e da Análise Econômica do Direito, tendências que levam a uma preocupação crescente pela racionalização e mesmo matematização econométrica de dados para embasar decisões e diretrizes de Direito. Serpa Lopes intuiu, já, neste breve ensaio, a necessidade de atentar para a relação dos institutos jurídicos no campo do Direito Patrimonial com a Economia. Sem cair na trivialidade de confundir os transcendentais próprios de cada setor do saber, mostra as diferentes relações que se estabelecem entre o *útil* da Economia, o *justo* do Direito e o *bom* da Ética.

Tem sempre à frente da norma uma realidade maior, que precisa ser escutada, senão obedecida; por isso mes-

---

11. Miguel Maria de Serpa Lopes, *A enfiteuse: sua natureza jurídica e seu futuro*, p. 5.
12. Miguel Maria de Serpa Lopes, *op. cit.*, p. 6.

mo, é jurista criativo: porque acredita no direito natural. Não em um direito natural cósmico, uma regulação apriorística, tampouco em um direito natural voluntarista, mas em um direito *natural* que é simplesmente *natural*. Está atento, e muito atento, à natureza das coisas, ao inderrogável pela vontade, a elementos objetivos imutáveis, à coisa justa, ao *to dikaión*.

É nele que vê a possibilidade de conciliação de um conceito de Direito com Moral e mesmo da sua possibilidade de realização no cotidiano, sem afastar-se de que depende, e muito, de uma intuição, de um *savoir faire* que tenha em conta a realidade de uma arte, de uma maestria, de uma educação da afetividade.

Tratando, nas primeiras linhas para o aluno de graduação, da relação entre Direito e Moral, afirma:

> Admite, porém, o encontro dessa comprovação no instituto do *justo*, que não só instrui o homem quanto à existência de uma ordem jurídica transcendente, como ainda o incita a harmonizar suas decisões práticas e o adverte do sucesso ou da derrota desse esforço. Assim, o Direito natural transforma-se na fonte da autoridade do Direito positivo e do seu respeito, decorrendo o título de legitimidade do próprio Poder Público.[13]

Sua tese de doutoramento, sobre o silêncio, longe de ser mero exercício técnico do Direito das Obrigações, lembra também a força de um grande clássico. Na tensão entre a vontade e o significado a atribuir ao silêncio, vê, em primeiro lugar, a força geradora do apetite deliberativo: a "beleza do querer" que "pode esmagar um sonho"[14]. Mas

---

13. Miguel Maria de Serpa Lopes, *Curso de Direito Civil, cit.*, p. 42.
14. Miguel Maria de Serpa Lopes, "Prefácio" a *O silêncio como manifestação de vontade*, 2ª ed., Rio de Janeiro, Livraria Suíça Walter Roth, 1944.

intui com clareza e precisão certas minúcias em que o silêncio apresenta relevância jurídica.

A sua obra sobre as exceções substanciais é realmente de uma criatividade exemplar. Muito antes que se falasse da necessidade de retomar as relações entre Direito material e processual, após a independência granjeada pelo conceito de ação em sentido abstrato e dos trabalhos deixados por Chiovenda, Carnelutti, Calamandrei e Liebman, Serpa Lopes busca uma teoria geral das exceções (materiais e processuais), para depois aplicá-la à exceção do contrato não cumprido. Aponta problemas, descobre novidades, atinge um patamar de cultura que permite a ousadia intelectual.

Nota-se, no trabalho, grande rigor científico. Mas percebe-se também, por assim dizer, no campo dos motivos, a causa impulsiva do texto: a inquietação intelectual de um magistrado. Ciente da complexidade da tarefa judicativa, não teme ver os direitos do demandado, entre os quais arrola a exceção: "sob este ponto de vista, ação e exceção são ambas do mesmo teor; são direitos que se defrontam em nítida contraposição; a exceção acarreta a ineficácia do direito do autor a partir do dia em que teve nascimento"[15].

Aqui fica clara uma das dimensões imperdíveis da obra de Serpa Lopes: uma visão de que o Direito é e se constitui dialeticamente num jogo de argumentos e contra-argumentos que se somam e se sobrepõem. Sua mente está aberta para a tarefa de ouvir um lado e outro antes de julgar, e esta virtude transparece nas categorias doutrinárias, tão forte era a unidade de seu caráter. Não esquece a importância da parêmia *audiatur et altera parte*.

---

15. Miguel Maria de Serpa Lopes, *Exceções substanciais: exceção de contrato não cumprido*, Rio de Janeiro/São Paulo, Freitas Bastos, 1959, p. 84.

Mas Serpa Lopes era também cultor dos registros públicos. No ano de 1948, lança um artigo de profissão de fé, juntamente com outros juristas, como Philadelpho Azevedo e Waldemar Loureiro. O texto é publicado no nº 1 (um) da recém-organizada *Revista de Direito Imobiliário*, tendo à frente do Conselho Editorial nada mais, nada menos que Oscar Tenório, Antônio dos Santos Jacintho Guedes e Sylvio da Cunha Santos. Na ocasião, os trabalhos de Soriano Neto, advogado exemplar, começavam a penetrar na cultura jurídica nacional de modo que provocaram certo abalo na estrutura dos registros, em vista de acreditar que a transferência de propriedade se dava contratualmente. É contra essa tendência que se manifesta Serpa Lopes, querendo manter a autonomia e o caráter constitutivo do ato registrário.

De nada adiantaria o vulto de um doutrinador de Direito Civil que não fosse orientado a um ponto de unidade. O conceito central do Direito, ainda mais do Direito Privado, é o de pessoa. A ela é preciso atentar, dar um lugar de destaque, tratar com maestria, pois é para as pessoas que o Direito foi feito. Nunca será demais tratar do conceito de pessoa com profundidade crescente, ainda mais quando o vigor da dogmática e o avanço da tecnologia de informação apontem para a grandeza de outros valores, como a inteligência, ou mesmo o consumo, descentrando o estudioso.

Serpa Lopes estava como que vacinado contra esta tendência, a tal ponto que pôde, sem medo algum, advertir:

> A noção de pessoa, em sendo pessoa física, é ínsita ao homem, à sua natureza humana, nada devendo ao Direito positivo. Só podem ser criações do Direito positivo as pessoas jurídicas. Toda função do Direito positivo em face das pessoas naturais se reduz a estabelecer as medidas de sua proteção e a extensão dos seus direitos e deve-

> res, alguns dos quais acima do próprio Direito positivo, como é o direito à vida, o respeito à sua própria pessoa. A noção de pessoa acarreta uma conseqüência individualizadora, em que o homem, apesar de ser social, surge na sociedade como uma unidade que se vai somar às várias unidades existentes no âmbito social.[16]

Reconhece a pessoa, respeita a vida, luta para que o Direito garanta a autonomia do ser individual.

Serpa Lopes magistrado

Como magistrado, Serpa Lopes também tinha traços de destaque. Chegou duas vezes à presidência do Tribunal de Justiça do Distrito Federal. Dotado de espírito de liderança, procurou estabelecer grandes traves na estrutura administrativa da instituição, buscando o seu aperfeiçoamento. Mas, sobretudo, percebem-se nos diversos relatos que era um daqueles *magistrados* independentes que acreditam, profundamente, ser a independência de partidarismos e de grupos de ação a garantia da isenção para a tarefa judicativa. Não se vincula com pessoas, mas com os ideais aos quais quer servir.

Mesmo sendo desembargador, não tem medo de militar por suas idéias, para que sejam testadas e, uma vez verificada a sua veracidade, impressas na realidade. Vendo que a notável obra de Soriano Neto sobre a publicidade material do Registro de Imóveis desencadeava autêntica catástrofe nos julgados do Supremo Tribunal Federal, levando os ministros a crer que nosso sistema de transferência de propriedade era o francês, ou seja, que o contrato transferia, *de per si*, o domínio, toma a pena e

16. Miguel Maria de Serpa Lopes, *Curso de Direito Civil, cit.*, p. 285.

escreve. Juiz, imparcial, mas sem medo de advogar por uma causa intelectualmente justa no foro da doutrina. Em 1948, escreve até mesmo o motivo do enfrentamento a que procederá: "*Senti necessário um ataque vigoroso contra a tese*, talvez oriunda de um eventual esforço de advocacia, que ameaçava pôr abaixo uma conquista esplêndida do nosso direito e marcar um retrocesso a um passado que devia ser apagado da nossa memória: o péssimo sistema francês."[17]

E não tem medo de ostentar e levantar mesmo uma bandeira.

> Cumpre, portanto, que os incumbidos da realização prática do Registro de Imóveis dêem uma demonstração de que o nosso sistema comporta a força probante, consagrada pelo nosso Código e que *a jurisprudência, mudando o curso de sua orientação, ingresse num caminho sadio, promissor, abandonando um retorno ao passado*, contra o qual já se manifestava Nabuco, ao nos dar a primeira lei hipotecária, e em seguida mestres como Lafayette e Lacerda de Almeida. Segurança, crença, princípio da boa-fé, legitimação dos atos jurídicos, força probante, circulação garantida, tais são os princípios cardeais que devem reger a interpretação das nossas leis, e não da desconfiança, o exame retrospectivo, a indagação do passado, a inconsistência dos atos jurídicos.[18]

Nota-se, na figura de Serpa Lopes, o papel de um juiz consciente da realidade dos julgados e preocupado com sua tarefa de exercício de poder.

---

17. Miguel Maria de Serpa Lopes, "Algumas observações em torno do problema do Registro de Imóveis no Brasil", *in Boletim Eletrônico do IRIB/ANOREG-SP*, n.º 800, disponível no *site* http://www.irib.org.br/biblio/boletimel800a.asp#1. Acesso em 12 de outubro de 2004.

18. *Idem*.

Serpa Lopes: um brasileiro para a eternidade

Os parentes vivos mais próximos de Serpa Lopes com os quais foi possível manter contato são José Serpa de Santa Maria Júnior, sobrinho-bisneto, atualmente delegado de polícia em João Pessoa, e Ivanice Serpa Lopes Tizano, sua neta. A história da família prossegue: são seus herdeiros... Mas há uma herança imaterial que o alagoano que viveu no Rio de Janeiro deixou para todos os brasileiros, especialmente para aqueles que se dedicam à tarefa do Direito.

Serpa Lopes era alto, corpulento, usava óculos de lentes grossas e era muito tímido[19]. Faz lembrar, em certa medida, a descrição do nordestino feita por Euclides da Cunha. E, também, a conclusão inesquecível do repórter de Canudos: "é antes de tudo um forte".

Talvez o maior legado que Serpa Lopes pôde deixar para a atual geração de juristas seja o da fortaleza. Essa virtude moral é, freqüentemente, mal compreendida. Tomás de Aquino, paradoxalmente, afirma que, mais que atacar, a fortaleza consiste em resistir. Esta a trajetória do "jurista em busca do justo". Resiste a alunos rebeldes, resiste à comodidade, procurando o aperfeiçoamento intelectual constante e o crescimento acadêmico, resiste sendo homem probo e honesto, resiste não cedendo à tentação de "jogar para a platéia". Tem um projeto, é cônscio da missão a realizar e, por isso, não desiste. Para galgar degraus na carreira acadêmica, presta, em 1956, dois concursos, em dois meses: luta com audácia insistente.

Um ano antes de morrer, em 1960, mais uma vez, é patrono da Faculdade Nacional de Direito da Universidade do Brasil. Começou e terminou a docência apadri-

---

19. Paulo N. Leivas, "Serpa Lopes – Traços de um jurista", *cit.*, p. 224.

nhando os acadêmicos, acompanhando o futuro dos juristas, o futuro de cada um de nós. Parece que esta singela homologia entre início e fim foi um endosso que o destino quis apor à frase de Maeterlinck, com a qual, em 1953, encerrava o Prefácio à primeira edição do curso: "La vertu suprême est de savoir que faire, et d'apprendre à choisir à quoi l'on peut donner sa vie" [a virtude suprema é saber o que fazer, e aprender a escolher a que se pode dedicar a vida].

O empenho de dedicação da vida de Serpa Lopes foi a justiça, dentro do Direito. Em sua trajetória pessoal nota-se que a dogmática, a cultura são instrumentais à realização de valores mais altos, no seu trabalho, o valor da proteção do que é próprio para cada pessoa, o *suum*. Buscava a adjudicação do justo, por todos os meios. Na colisão de procura do caminho da vida, optou por aquilo que realmente lhe dá sentido e orientação, imprime um vetor: a fortaleza de saber resistir para conseguir a conquista de um ideal.

Mas não poderíamos deixar de destacar que o estudo, mesmo do Direito e de legislações estrangeiras, a imensa cultura não impediram outra grande conquista. Eles não alienaram o brasileiro, meio nordestino, meio carioca. Manteve a sua *brasilidade*, mesmo tratando de temas jurídicos. Identifica, como já identificava no século XIX Augusto Teixeira de Freitas, traços próprios no sistema jurídico nacional. Um Direito Privado tipicamente brasileiro, nosso, foi visto e defendido por Serpa Lopes, que afirmou, por exemplo:

> Apesar de contarem mais de 30 anos de aplicação, muitos institutos estabelecidos pelo Código Civil continuam ainda tema de controvérsias, sem que a Jurisprudência houvesse conseguido estabelecer um rumo certo, definido. Muito concorre para esse estado de coisas a desatenção

> ao estudo dos nossos problemas, que exige um sentido mais realista e menos sujeito às influências da doutrina e legislação alienígenas. E, de salientar-se, porém, que em muitos pontos do nosso direito objetivo conseguimos construir institutos com materiais nossos, inspirados nas necessidades do nosso meio, como acontece em matéria de locação, ou como sucedeu na legislação inerente ao loteamento de terras.
>
> Um direito *novo* surgiu, com *fundamentos próprios, genuinamente internos*. No tocante ao valor probante do Registro de Imóveis, certo não nos era possível fugir aos efeitos desses dois sistemas, sem falar no Registro Torrens, que servem de paradigma às legislações universais: o sistema francês e o sistema germânico.[20]

Realmente, é preciso ter grandeza para saber das próprias limitações, mas a grandiosidade de espírito também não permite calar quando há algo muito importante que nos pertence e pode ser, de algum modo, útil aos demais. "Ninguém acende uma lâmpada para a esconder debaixo da mesa." Serpa Lopes, como outros grandes brasileiros, de ontem, de hoje e de sempre, não teve medo de seguir o conselho evangélico.

Uniu-se, pelo contrário, ao grupo dos que arriscaram a ousadia de apontar para criações jurídicas propriamente nacionais, tipicamente desta *terra brasilis*, que mistura em suas origens certo tradicionalismo europeu, notadamente o formalismo coimbrão, com um comércio italianizado, o despojo e apego à terra próprio da cultura indígena e a alegria e cordialidade africanas. Somos uma miscigenação cultural, também no direito, com categorias próprias, a ponto de se poder falar, com muito orgulho, da existência de um direito brasileiro e, portanto, de uma

---

20. Miguel Maria de Serpa Lopes, *op. cit.*

chama, de uma brasa, que pode queimar pelo mundo, espalhando a esperança da construção de um *direito justo*. Neste grande desejo incendiário, de que um calor e energia se espalhem, certamente podemos contar com um grande intercessor e dizer, com muita piedade, *Serpa Lopes, intercede pro nobis, intercede pro Brasile*!

Principais obras de Serpa Lopes

Soberania. Tese. Rio de Janeiro, 1929.

45 dias no juízo do alistamento eleitoral (Despachos e decisões sobre consultas e dúvidas dos Ofícios e Registros Públicos). Rio de Janeiro, 1932.

O silêncio como manifestação da vontade. Rio de Janeiro, Livraria Suíça Walter Roth, 1944.

Comentário teórico e prático da Lei de Introdução ao Código Civil. 3 vols.

Tratado dos registros públicos. 3ª ed., 1955-1956, 4 vols.

Curso de Direito Civil. 6 vols.

Contrato de locação de coisas.

A enfiteuse, sua natureza jurídica e seu futuro. 1959.

Exceções substanciais: exceção do contrato não cumprido (*Exceptio non adimpleti contractus*). Rio de Janeiro/São Paulo, Freitas Bastos, 1959.

"O Anteprojeto do Código das Obrigações". *RF*, 97/576.

"Algumas observações em torno do problema do Registro de Imóveis no Brasil". *Revista de Direito Imobiliário*, nº 1, Rio de Janeiro, 1948. Disponível em: http://www.irib.org.br/biblio/boletimel800a.asp#1

Spencer Vampré
O bom mestre

*Almir Gasquez Rufino**

> Conhecer as eminências de sua época – Não são muitas. Os grandes homens aparecem uma ou duas vezes em cada século. Os medíocres são comuns, em quantidade e valor. As eminências são raras, pois exigem perfeição total, e quanto mais elevada a categoria, mais difícil é chegar ao topo.[1]

Nascimento e juventude. Retrato de família

Na antiga e então pacata Limeira[2], região central do Estado de São Paulo, nasceu, em 24 de abril de 1888[3], o quarto filho do casal Fabrício Carneiro Tupinambá Vampré e Mathilde Rosa de Azevedo Andrade Vampré, a quem foi atribuído o curto, mas expressivo nome de Spencer Vampré[4]. A escolha do prenome, até hoje raro entre nós, não foi aleatória (como também não o foi a dos demais

---

* Promotor de Justiça em São Paulo.

1. Baltasar Gracián, *A arte da sabedoria*, São Paulo, Best Seller, 2003, n.º 203, p. 98.

2. Anteriormente denominada Freguesia de Nossa Senhora das Dores do Tathuiby, sua elevação à cidade ocorreu em 1863, passando já em 1875 à condição de Comarca.

3. Por uma curiosa coincidência, Alvino Lima, sergipano como o pai de Spencer Vampré, também nasceu em 1888 (falecimento em 1975). Foi contemporâneo de Spencer Vampré no curso de bacharelado, tornando-se mais tarde, igualmente, professor e diretor da Faculdade de Direito de São Paulo. Emérito civilista, escreveu obras clássicas: *O direito de retenção e o possuidor de má-fé*, *Da culpa ao risco* e *A fraude no Direito Civil*.

4. Leia-se sempre Vamprê.

filhos), antes se devendo à vontade do pai, um dos primeiros leitores no Brasil da obra do filósofo inglês Herbert Spencer[5].

Não parece que o nascimento tenha sido registrado[6], mas é certo que Spencer Vampré foi batizado no dia 4 de julho de 1888 na Paróquia (hoje Catedral) Nossa Senhora das Dores, igreja matriz de Limeira; do respectivo livro paroquial (n.º 13, folha 67vº) consta como filho do "Doutor Fabrício Vampré e Matildes Vampré", sendo padrinhos Izidoro Rodrigues de Andrade e Eulália Rodrigues de Andrade.

Embora estabelecida em São Paulo, a distinta família Vampré[7] é, em mais próxima geração, originária do Sergipe, em cuja cidade de Estância o pai de Spencer nasceu em 1.º de fevereiro de 1852. Único filho varão de João Gualberto Carneiro e Josefa Carlota da Silva, possivelmente de ascendência luso-brasileira, Fabrício Vampré

---

5. Considerado o grande teórico da evolução do universo, entendida como a passagem do homogêneo ao heterogêneo, atribui-se a Herbert Spencer (1820-1903) a introdução do termo "evolução" no vocabulário filosófico-científico; apenas dois anos mais tarde é que Charles Darwin tornaria esse termo célebre com a famosa obra sobre a evolução das espécies. Vale recordar que foi nos métodos preconizados pela filosofia evolucionista de Spencer que, a sua vez, Sílvio Romero baseou-se para construir a análise crítica da literatura e da vida social. A par das obras que produziu no campo da filosofia, educação, psicologia, sociologia e biologia, Spencer escreveu *A justiça*, traduzida pela primeira vez na França em 1893 e que a Ed. Francisco Alves, aqui no Brasil, publicou em 1947 em co-edição com a Livraria Aillaude Bertrand, de Lisboa; nesse mesmo ano o livro foi dado a lume na Argentina pelo Editorial Atalaya, Buenos Aires. Deve-se também a Spencer precioso estudo sobre as instituições políticas, em dois volumes, disponível em espanhol (Madrid, Ed. España Moderna, 1922).

6. Pelo menos nada foi encontrado nas buscas efetuadas pelo autor nos Cartórios de Registro Civil de Limeira e Rio Claro.

7. A ponto de merecer verbete próprio no *Dicionário das famílias brasileiras*, de Carlos Eduardo de Almeida Barata e Antônio Henrique da Cunha Bueno, São Paulo, Editora Cau Barata, 2001, vol. 2, p. 2237.

teve duas irmãs, uma delas, Luiza, falecida precocemente e outra de nome Maria Benvinda do Nascimento. Da união desta com José Nascimento Pereira nasceram quatro filhos, dos quais João Vampré é o mais conhecido e ilustre; igualmente natural de Estância, esse primo de Spencer Vampré migrou para São Paulo, assentando domicílio inicialmente em Limeira e depois na Capital, vindo a morrer no ano de 1949. Crítico literário, poeta e orador do Instituto Histórico e Geográfico de São Paulo, João Vampré é um dos fundadores e o primeiro ocupante da cadeira n.º 6 da Academia Paulista de Letras, tendo deixado inúmeros trabalhos, grande parte deles versando sobre filologia, história e geografia.

Pelo fato de não poder contar com o auxílio financeiro dos pais, pessoas de poucas posses, Fabrício Vampré iniciou-se cedo no trabalho, a princípio como aprendiz de marceneiro e logo em seguida como professor. Mantinha-se com os frutos do magistério que, mal saído da adolescência, exerceu na Bahia, ainda lhe restando alguma coisa para socorrer parentes e amigos necessitados, traço de solidariedade que sempre o acompanhou. Foi, aliás, na província baiana que, concretizando o ideal de sua mocidade, cursou o primeiro ano de medicina; mudando-se para o Rio de Janeiro, conseguiu, sem nunca ter deixado de lecionar, concluir aquele curso, obtendo o grau de doutor em 1881 com a apresentação pública de tese acerca dos anestésicos. Não tardou a que, ainda na Corte, viesse a se casar em 18 de outubro de 1883 com Mathilde Rosa de Azevedo Andrade, de quem se encontrava noivo havia alguns anos. Nascida no Rio de Janeiro (1859), a mulher de Fabrício provinha de tradicional e respeitada família, sendo parente colateral de Álvares de Azevedo e também de um outro poeta de nome Marinho de Andrade.

Casado e com o diploma de médico em mãos, Fabrício Vampré retornou a Sergipe, estabelecendo-se com a mulher na pequenina Laranjeiras, onde montou modesto consultório. Foi precisamente lá que teve início e depois se espalhou pelas cidades vizinhas e até à Capital, Aracaju, a merecida fama de homem espontaneamente bondoso e hábil cirurgião, cabendo a ele a realização das primeiras operações de estreitamento de uretra. Em Laranjeiras nasceram os três primeiros filhos do feliz e harmonioso casal, a menina Micol (nome bíblico correspondente à filha mais nova e a predileta do rei Saul, desposada por Davi), falecida com poucos meses de vida; Enjolras (nome tirado de personagem de *Os miseráveis*, de Victor Hugo)[8]; e Sesóstris (nome de um antigo rei egípcio, a quem se atribui a elaboração de leis sábias), falecido na primeira infância. Por motivo ignorado, Fabrício e a mulher acharam por bem deixar a cidade rumo ao sul do País, decidindo-se a final pelo Estado de São Paulo, onde chegaram em 1886. Relata-se "que o ilustre médico

---

8. Nascido em 1885, Enjolras, o primeiro filho homem e o único que seguiu a carreira paterna, graduou-se em 1908 pela tradicional Faculdade de Medicina da Bahia, doutorando-se nesse mesmo ano. Em 1912 assumiu a diretoria da seção de Neuropsiquiatria do Instituto Paulista, cargo que ocupou até a morte. Foi titular, por concurso (1935), da Cátedra de Clínica Neurológica da Faculdade de Medicina da USP. Pesquisador, professor e orientador de teses de doutoramento, fundou a Escola Neurológica Paulista, a Sociedade Médica da Bahia, a Associação Paulista de Medicina e ainda a Sociedade de Medicina e Cirurgia de São Paulo. Em 13 de maio de 1938, aos 53 anos de idade, no decorrer de uma aula em São Paulo, sofreu um acidente cerebrovascular hemorrágico do qual não se recuperou, vindo a falecer quatro dias depois. Em sua homenagem, uma das ruas do bairro da Saúde, em São Paulo, tem o seu nome. Cf., mais amplamente, Horácio Martins Canelas, "Centenário de Enjolras Vampré", *Revista Arquivos de Neuropsiquiatria (USP)*, São Paulo, vol. 43, n.º 4, 1985, pp. 343-6; A. C. Pacheco e Silva, "Enjolras Vampré", *Revista Paulista de Medicina*, n.º 96, 1980.

sergipano procurou naquele dia o seu mapa do Brasil e, de olhos atentos sobre o referido mapa, pousou o indicador em cima do canto reservado a este Estado e murmurou à companheira, que lhe sorria: 'De Laranjeiras para uma cidade paulista com o nome de uma árvore frutífera'"[9].

Em Limeira, o dr. Fabrício continuou a exercer a clínica médica, pondo "sempre a serviço dos enfermos pobres não só o seu saber e a sua notável experiência de médico, mas também as suas parcas economias. Aumentava-lhe a prole e aumentavam-lhe cada vez mais os deveres consigo próprio contraídos, no sentido de minorar os sofrimentos da gente da cidade, toda ela sua amiga. Cuidava de todos com um desvelo verdadeiramente apostólico. As canseiras que a profissão lhe impunha, durante o dia inteiro, no consultório e em visitas aos doentes da cidade, não lhe impediam de correr, alta noite ou pela madrugada, a medicar os enfermos que lhe reclamavam a presença nas fazendas e sítios distantes. E o fazia de boa vontade, levando aos necessitados toda a espécie de socorros"[10]. Nessa cidade nasceram, pela ordem, os filhos Spencer e Leven[11], este em 1890.

Depois de aproximados seis anos, a família Vampré resolveu transferir-se para a vizinha Rio Claro, cidade em que nasceu o filho Danton (nome tirado do famoso líder

---

9. "Fabrício Vampré. Centenário de nascimento", *A Gazeta de São Paulo,* 1º de fevereiro de 1952.

10. "Fabrício Vampré. Centenário de nascimento", *cit.*

11. Leven Vampré exerceu a advocacia, trabalhando também como jornalista amador; participou como voluntário da Revolução Constitucionalista de 1932, que lhe custou o exílio pela ditadura Vargas. Membro do Instituto Histórico e Geográfico de São Paulo, faleceu em 1956. Uma praça no bairro do Tucuruvi, em São Paulo, leva o seu nome. Cf., mais, no *Dicionário de Autores Paulistas,* de Luís Correia de Melo, São Paulo, s. ed., 1954, p. 649.

revolucionário francês)[12] e onde, por cinco anos aproximados, o dr. Fabrício, paralelamente ao exercício humanitário e infatigável da medicina, dedicou-se também à lavoura, levando, sempre e sempre, com a mulher e os filhos, uma vida digna e simples. A família também chegou a residir em Itapira, cidade de nascimento da filha caçula, Creusa (nome da filha de Créton, rei de Corinto).

Depois desses anos todos morando no interior do Estado, a família, em razão do precário estado de saúde do dr. Fabrício, acabou se mudando para a Capital, supondo que aqui seria menos penoso a ele o desempenho dos deveres da profissão. Não deixou, porém, de ter o mesmo carinho e afetuoso trato com seus pacientes, não raro acolhidos em sua própria residência. Era de uma bondade operosa, ativa e sincera, como deve ser a verdadeira bondade, e em toda parte descobria ocasiões e motivos para intervir em favor do próximo. Conta-se que, em 1907, quando o dr. Fabrício Vampré embarcou para São Paulo, "quase toda a população de Rio Claro compareceu à estação da estrada de ferro para lhe testemunhar sua gratidão e a sua estima"[13]. Em São Paulo, o dr. Fabrício viveu muito pouco, vindo a falecer no dia 26 de março de 1909; a mulher, Mathilde, sobreviveu-lhe por quase trinta anos[14].

---

12. Danton Vampré (1892-1949) – denominação de uma das ruas do bairro de Vila Matilde, em São Paulo – foi casado em primeiras núpcias com Judith Borba Rolim da Silva Vampré, sobrinha-neta de Borba Gato (bandeirante brasileiro, genro de Fernão Dias Paes e fundador da cidade de Sabará-MG). Também formado em Direito (1921), como os irmãos Spencer e Leven, atuou com bastante êxito na imprensa paulistana. Contista, poeta e dramaturgo. Cf. outros dados no *Dicionário de Autores Paulistas, cit.*, pp. 648-9. Era com esse irmão que Spencer Vampré tinha maior afinidade.

13. "Fabrício Vampré. Centenário de nascimento", *cit.*

14. Morreu em 3 de dezembro de 1938 nesta Capital.

Na vida pública, Fabrício Vampré foi presidente da Câmara Municipal de Limeira no biênio 1890-1891 e, em reverência à memória, uma das principais avenidas dessa cidade recebeu-lhe o nome, o mesmo acontecendo com uma rua da Vila Mariana, em São Paulo. Ademais dos profundos conhecimentos de medicina, era também "sobejamente versado em humanidades, gozava com justiça a fama de grande latinista e sabia a fundo o francês e o italiano, que falava tão correntemente como a língua vernácula"[15]. Foi colaborador dos jornais *Gazeta Médica Brasileira* (RJ), *Limeirense* (Limeira), *Diário* (Rio Claro), bem assim do *Correio Paulistano* e *O Estado de S. Paulo*.

Ainda quanto ao dr. Fabrício Vampré, há um dado informativo, curioso, que não convém seja deixado de lado. Conquanto lhe tenha sido posto o singelo nome de Fabrício Carneiro, o que se sabe é que foi ele próprio que, a exemplo do que fizeram muitos outros sergipanos, baianos e alagoanos no período de 1869 a 1880, acrescentou ao seu único patronímico (Carneiro, tirado do pai, João Gualberto Carneiro) o uso de um nome indígena (Tupinambá, relativo à grande tribo tupi-guarani que dominava a costa do País desde o Pará até o atual Estado da Bahia; tem, no léxico, o significado de chefe, manda-chuva)[16], tornando-se, então, Fabrício Carneiro

---

15. Manoel Armindo Cordeiro Guaraná (1848-1924), *Diccionario bio-bibliographico sergipano*, Rio de Janeiro, Ed. Paulo Pongetti, 1925, p. 80, onde estão arrolados vários dos trabalhos que escreveu, particularmente os de natureza científica, constando também a composição de poesias.

16. É interessante consignar que, no livro *Do nome civil* (Rio de Janeiro, F. Briguiet, 1935, § 17, p. 124), Spencer Vampré, ao tratar da aquisição do nome pelo uso, informa que alguns nomes de formação indígena, como Tupinambá e outros, foram adotados e depois se transmitiram a descendentes. Discreto, não disse que o exemplo foi tirado da própria família.

Tupinambá[17]. E não foi só: ao tempo do curso de medicina, seus colegas passaram a chamá-lo de "Vampré", relacionando-o a uma eminente personalidade francesa da época que, como ele, se destacava dos demais pelo superior talento e cultura, assim também pelo fato de ser costumeiramente vista com livros debaixo do braço. Esse apelido, "Vampré", como popularmente se diz, "pegou" e, pelo fato de lhe ter caído no agrado, acabou sendo, pelo uso contínuo, incorporado ao nome (Fabrício Carneiro Tupinambá Vampré) e se estendeu por quase toda a descendência como legítimo nome de família. Vale lembrar que foi exatamente com o nome "Fabrício Vampré" que se tornou bastante conhecido nas cidades em que viveu.

Em seu primeiro abrigo na cidade de Limeira, Spencer Vampré permaneceu tão-só quatro anos da infância[18]. Em Rio Claro é que passou, o resto da meninice num lar harmonioso e abençoado pela inteligência dos pais, que lhe incutiam, e aos irmãos, os valores da cultura, energia do caráter, devoção ao trabalho, senso de família e solidariedade. Foi nessa cidade que completou a alfabetização, cursando o ensino fundamental na pequena escola (situada no Largo de Santa Cruz) dirigida pelas "irmãs Dagama", duas senhoras norte-americanas, e recebido aulas do professor João Aranha.

Pelo confronto das datas que se conhece, pode-se afiançar que, adiantando-se à família, Spencer Vampré,

---

17. Um dos seus descendentes diretos, atual Tabelião do 14º Cartório de Notas da Capital de São Paulo, carrega o mesmo patronímico (Paulo Tupinambá Vampré).

18. Especialmente a partir daqui, o autor conta com o perdão do leitor quando repetir, sem engenho e arte, o que muitos já sabem, porque o faz com o único propósito de bem servir àqueles que não conhecem ou conhecem pouco da vida e da obra de Spencer Vampré.

trazendo a mala cheia de sonhos, mudou-se para São Paulo no início do século XX. Matriculou-se na Escola Americana (também designada como "Colégio Inglês") e depois no Instituto de Ciências e Letras, onde foi discípulo de Artur Thiré, Augusto Baillot, Silvio de Almeida, José Cândido de Souza, Oscar Campelo e Artur Andrade, dentre outros; nesse instituto concluiu os estudos que o habilitariam aos exames preparatórios que se realizavam anualmente para o Curso de Ciências Jurídicas e Sociais. Em todas essas instituições deixou, entre os colegas e mestres, marcas de sua passagem, particularmente a aplicação aos estudos e os dotes de inteligência muito superiores à média comum.

A Academia de Direito de São Paulo

O estudante

A vida de Spencer Vampré esteve direta e intimamente ligada à centenária Faculdade de Direito de São Paulo[19] por cerca de quarenta anos, de maneira que seria

---

19. Não cabe aqui recontar a história das *Arcadas.* Será o bastante dizer que a "A Academia do Largo de São Francisco foi inaugurada em 1.º de março de 1828, pouco tempo antes de sua irmã de Olinda. A Faculdade de Direito de São Paulo instalou-se inicialmente no Convento de São Francisco que, com a concordância dos frades franciscanos e por Decreto Imperial de 11 de agosto de 1827, foi escolhido para abrigar os Cursos Jurídicos. No início de sua história, o Convento e a Escola estavam juntos. Os estudantes chegavam até as classes entrando pela sacristia e era o sino da igreja que os chamava para as aulas. O prédio antigo foi demolido na década de 1930, para dar lugar ao prédio atual, inaugurado em 1934, com 11 mil metros quadrados de área, em quatro pavimentos, onde se localiza o tradicional Salão Nobre e a Sala dos Estudantes" ("Faculdade de Direito da Universidade de São Paulo. Histórico – 1827 a 1997", *Revista da Faculdade de Direito,* USP, n.º 92, p. 532).

impossível, senão injusto, escrever a história das *Arcadas* (referência aos velhos e amplos arcos, de pedra e cimento, que até hoje podem ser vistos no pátio interno)[20] sem reservar um capítulo especialmente a ele. Com efeito, adolescente ainda e com o entusiasmo característico dessa fase da vida, matriculou-se nas *Arcadas* há precisamente cem anos. Na pasta do aluno (n.º 4.776 – Arquivo da Faculdade de Direito da Universidade de São Paulo), que o autor teve o cuidado de examinar pessoalmente, conserva-se o requerimento de inscrição, manuscrito (chamam a atenção as letras deitadas, delicadas e legíveis), datado de 25 de abril de 1904, quando Spencer Vampré contava com 16 anos de idade, completados na véspera. Nessa oportunidade, declarou ter sido aprovado (plenamente) nos exames preparatórios de português, francês, inglês e latim aos 14 anos; aos 15, nos de geografia geral e do Brasil, bem assim em geometria, aritmética (aprovado simplesmente), história universal e do Brasil (com distinção), física e química e, finalmente, em história natural.

O curso teve início somente em 1905, sendo concluído em 1909; no dia 9 de abril de 1910, prestes a atin-

---

20. O próprio Spencer Vampré lembra que essas "Arcadas" são "o claustro, ou crasta, do antigo Convento Franciscano, e no edifício velho se comunicavam, através de um corredor, com as tribunas da Igreja no sobrado, e com a sacristia no andar térreo. Depois das aulas, vinham os frades passear entre os arcos, que assumiam então, até ao cair da noite, uma seriedade e silencio monasticos, em vivo contraste com a ruidosa frequencia do periodo da manhã" ("A demolição do antigo predio da Faculdade de Direito e as reminiscencias que desperta", *Revista da Faculdade de Direito*, USP, vol. 33, fasc. III, 1937, p. 439). "O claustro, ou 'Arcadas', antigamente 'Os Geraes', foi o mais movimentado teatro das scenas academicas. Ali nasceram todos os movimentos e todas as troças estudantinas. Nas colunas formadoras dos arcos se afixavam placas comemorativas de grandes estudantes, que por lá passaram – Ruy Barbosa, Joaquim Nabuco, Rio Branco, Teixeira de Freitas, Lafayette, Almeida Nogueira, Brasilio Machado, Crispiniano, Pimenta Bueno ..." (*idem*, p. 440).

gir 22 anos, recebeu o grau de bacharel em Ciências Jurídicas e Sociais.

Prova da invulgar inteligência e do fato que o conhecimento que se lhe ministrava na Academia era por ele mesmo significativamente ampliado, ao impulso de pendores subjetivos, é o testemunho de Octavio Moreira Guimarães, um dos seus colegas de classe[21]. Segundo ele, "foi assombro e espanto, uma coisa nunca antes imaginada", ver Spencer Vampré, até então um "menino", "levantar-se, e redarguir ao mestre, contradizê-lo abertamente, falando inextinguivelmente, nesse tom suave e quase sussurrante que ele conserva até hoje, como quem era dono de um mundo e fazia questão de revelá-lo. Formulavam-se as objeções; as réplicas se cruzavam; a palavra lampejava ardente e inquieta; e, terminada a aula, Spencer Vampré ainda estava dizendo, queria dizer ainda, com a boca cheia do que dizer"[22]. Goffredo Telles Junior, aluno, depois colega de magistério e um dos seus melhores amigos, informa que Spencer Vampré foi

> estudante notável, mas trabalhoso. Insurgiu-se, de imediato, contra o método de ensino, usualmente empregado na Faculdade. Ele queria que o Direito fosse apresentado aos alunos, não como um conjunto etéreo de abstratos institutos, mas como um sistema de princípios racionais, inferidos dos fatos concretos, para disciplina da real con-

---

21. Também integraram essa mesma turma acadêmica, dentre outros, Nereu Ramos (que chegou a ser Ministro da Justiça e, como Presidente do Senado, exerceu interinamente a Presidência da República), Ibrahim Nobre e Manoel Carlos de Figueiredo Ferraz.

22. "Spencer Vampré", *Revista da Faculdade de Direito,* USP, vol. 37 (em homenagem aos professores J. J. Cardozo de Melo Neto e Spencer Vampré, por terem completado vinte e cinco anos de exercício de cátedra), 1942, p. 178. Octavio Guimarães conhecia Spencer Vampré já há mais tempo, visto que ambos passaram a meninice na cidade de Rio Claro.

> vivência humana. Causando assombro entre seus colegas, levantava-se durante a aula, formulava objeções, discutia, discordava, prometia novos argumentos para o dia seguinte, voltava à carga. Seus arrazoados demonstravam estudo espantosamente superior ao da média de sua classe. Os mestres, às vezes, se irritavam com ele, mas o respeitavam. Ardente e inquieto, aquele menino dava a impressão de ser dono de um mundo.[23]

Ainda estudante e como que pressagiando o jurista que haveria de se tornar anos mais tarde, Spencer Vampré, dono de um abundante vocabulário, chegou a se corresponder com Clóvis Bevilaqua (1859-1944), à época o já respeitado autor do *Projeto do Código Civil brasileiro* (1900). É o próprio Clóvis que relata ter sido esse o primeiro contato que teve

> com a inteligência viva e penetrante de Spencer Vampré, depois amigo muito prezado. Havia eu publicado a *Teoria geral do direito civil*, onde se encontra um quadro de classificação objetiva dos direitos. Essa representação figurativa dos poderes jurídicos interessou o jovem estudante, que era então Spencer Vampré, e sugeriu-lhe a idéia de organizar outro esquema, exprimindo o ponto de vista próprio, e me enviou o seu trabalho. Achei que revelava inteligência arguta e empreendedora e lh'o disse em carta. Como era de esperar, essa inteligência, que assim se anunciava capacíssima, em breve começou a manifestar-se em produções jurídicas de real valor, denunciando individualidade superiormente dotada pela natureza e pelo estudo.[24]

---

23. "Spencer Vampré" (segmento de discurso proferido em sessão solene realizada em 28 de agosto de 1964 no salão nobre da Faculdade, em homenagem póstuma a Spencer Vampré), *Revista da Faculdade de Direito*, USP, vol. 60, 1965, p. 26.

24. "Dois mestres", *Revista da Faculdade de Direito*, USP, vol. 37, 1942, p. 22.

O professor

Por decreto de 17 de outubro de 1917, assinado pelo Presidente Venceslau Brás[25], Spencer Vampré foi nomeado Professor Substituto da Primeira Seção (Filosofia do Direito e Direito Romano), tomando posse no dia 31 do mesmo mês, ocasião em que recebeu o grau de doutor[26]. Para esse concurso, de que saiu vitorioso com brilho, apresentou a tese intitulada *O caso fortuito nos acidentes pessoais de transporte*, publicada em 1914. Antes, porém, desse concurso e desde, pelo menos, 1913, já lecionara interinamente Direito Romano em substituição de Estevam de Almeida[27].

---

25. É preciso explicar que a Faculdade de Direito foi incorporada à Universidade de São Paulo apenas em 10 de agosto de 1934 (Decreto federal n.º 24.102, desse ano), sendo até então federal.

26. Consoante estabelecia o art. 9.º da Lei de 11 de agosto de 1827 (que criou os cursos de Ciências Jurídicas e Sociais em São Paulo e Olinda), o grau de doutor somente poderia ser conferido àqueles "que se habilitarem com os requisitos que se especificarem nos Estatutos, que devem formar-se, e só os que o obtiverem, poderão ser escolhidos por Lentes".

27. No discurso proferido no dia 18 de maio de 1926 no Instituto da Ordem dos Advogados de São Paulo, em sessão solene extraordinária em memória de Estevam de Almeida (1863-1926), Spencer Vampré afirmou: "O pouco que sou, o nada que sou, como romanista, a Estevam de Almeida o devo, e me orgulho de o confessar. Foi ele quem, pela primeira vez, me emprestou esses livros assombrosos, que deixam um traço inapagável, na vida espiritual – os Savignys, os Iherings, os Mommsens –, que a minha pobre bolsa de estudante não conseguia alcançar. O direito romano está, assim, no meu espírito, ligado inteiramente à sua imagem, e isso me conforta e me consola, porque a lembrança do Mestre querido, do inolvidável amigo, se não separará nunca mais de minha vida" (*RT*, vol. 58, 1926, pp. 246-7). Foi, aliás, a Estevam de Almeida que Vampré dedicou a obra *Latim em dez licoes: introduccao ao estudo do* corpus juris civilis, *destinada aos estudantes de direito e aos advogados* (Rio de Janeiro, Jacintho Ribeiro dos Santos, 1920), a ele se referindo como "eminente mestre e amigo".

Abrindo um parêntese, cabe referir que, à época em que iniciou o magistério na Faculdade de Direito, Spencer Vampré, então com 29 anos de idade, já estava casado com Oscarlina Mercedes de Oliveira Vampré[28], em quem encontrou a companheira ideal e de cuja união nasceram oito filhos[29]: Spencer Vampré Filho e Carlos Alberto[30], falecidos precocemente, Ângela (1912), Beatriz (1914), Alberto Carlos (1915-1918), Octávio Augusto (1915)[31], Oscar (1924) e Maria Amélia (1926)[32].

Transcorridos oito anos, Spencer Vampré foi nomeado, por decreto de 11 de novembro de 1925, professor catedrático de Direito Romano no lugar de Reynaldo Porchat – de quem era grande e confesso admirador –, posto em disponibilidade. Na regência dessa cadeira permaneceu até 20 de outubro de 1931, a partir de então transferido

28. Natural de Itatiba, São Paulo, nasceu em 24 de setembro de 1891. Era professora primária, como também o foram as filhas Ângela e Beatriz. Muito provavelmente, Spencer Vampré casou-se em 1909 aos 21 anos de idade, ao passo que sua mulher, à época, contava com 18 anos.

29. Paradoxalmente, nenhum deles formou-se em Direito.

30. A escolha do sobrenome desse filho foi uma homenagem que Spencer Vampré quis prestar ao amigo Alberto Seabra, convidado para padrinho do menino. Renomado médico na área da Psiquiatria e um dos precursores do estudo da homeopatia no Brasil, Alberto (de Melo) Seabra (1872-1934) foi também um dos fundadores do Instituto Pasteur, da Academia Paulista de Letras e ainda da Universidade de São Paulo.

31. Escritor e dramaturgo.

32. Maria Amélia Vampré Xavier, secretária bilíngüe e tradutora, escreveu os livros *O outro lado do arco-íris: meu filho Ricardo*, 2.ª ed., São Paulo, Ed. Diniz, 1984, e *Diálogo com a esperança*, São Paulo, Ed. Memnon, 1999; é uma das fundadoras da APAE de São Paulo e integrante da primeira diretoria (1961). A essa filha de Spencer Vampré, a única viva, o autor expressa sinceros agradecimentos pela entrevista que lhe concedeu na manhã do dia 17 de setembro de 2004, quando lhe foram gentilmente prestadas algumas informações sobre a vida, aspecto físico e a personalidade do pai.

para a de Introdução à Ciência do Direito, em que se encontrava quando requereu a aposentadoria, concedida por decreto publicado no diário oficial do dia 8 de maio de 1953. Mas não foram apenas essas as disciplinas que lecionou, visto que, como mostra iniludível dos seus múltiplos talentos, também se desincumbiu do ensino do Direito Constitucional (1934 e 1935, em substituição de Antonio de Sampaio Doria), Direito Civil Comparado (1934) e Direito Judiciário Penal (1937 e 1938). Francisco Pati recorda-se de que Spencer Vampré foi seu "mestre de Direito Constitucional, no primeiro ano, em substituição a Herculano de Freitas, e de Direito Administrativo, no quinto, em substituição a Manuel Vilaboim. Tem substituído professores de Direito Civil, Direito Comercial, Direito Judiciário Civil, Direito Penal, etc. Nos exames vestibulares tanto o vemos à frente de uma banca de Latim como de Literatura"[33].

Mais do que representar a essência[34] do bom professor – reduzida à trilogia do *saber, saber ensinar e querer ensinar* –, Spencer Vampré era carismático e vocacionado[35]

33. *O espírito das Arcadas*, publicação da Associação dos Antigos Alunos da Faculdade de Direito de São Paulo, 1950, p. 47.

34. "O lugar de essência valoriza indivíduos como representantes bem caracterizados de uma essência" (Antônio Suárez Abreu, *A arte de argumentar*, 7ª ed., São Paulo, Ateliê Editorial, 2004, p. 90). "Os chamados vultos históricos também são valorizados pelos lugares de essência. Admiramos Rui Barbosa, como representante da essência daquilo que seria um jurista; Duque de Caxias, como representante da essência daquilo que seria um militar, e assim por diante" (*ibidem*).

35. Vocação, distingue Rubem Alves, é "diferente de profissão. Na vocação, a pessoa encontra a felicidade na própria ação. Na profissão, o prazer se encontra não na ação mas no ganho que dela se deriva. O profissional, somente profissional, faz seu 'fazer' não por amor a ele, mas por amor a algo fora dele: o salário, o ganho, o lucro, a vantagem. O homem movido pela vocação é um amante" (*Mansamente pastam as ovelhas ...*, Campinas, Papirus, 2002, p. 89).

para o magistério. Ensinava não apenas pelo senso do dever decorrente da posse formal do cargo ou, muito menos, atraído pela sóbria compensação financeira que o trabalho lhe proporcionava, mas porque lhe animava o prazer de fazê-lo, porque amava os estudantes, e é por isso que, enquanto a saúde o permitiu, não deixou a querida Faculdade e seus alunos. Diz bem, a propósito, A. C. Grayling que "nadie que haya elegido la docencia sobre alguna otra profesión por motivos pragmáticos ha sido capaz de continuar; a menos que se enamore de ella, del placer de la compañía de los jóvenes y de la satisfacción de ver el crecimiento de mentes jóvenes, el desarrollo del entendimiento y el incremento de sus capacidades."[36]

Como uma das marcas dos grandes homens é causar impressão duradoura nas pessoas que encontram, dos testemunhos que chegaram até nós, sobretudo de discípulos que ainda estão vivos – muito especialmente o professor Goffredo Telles Junior e o festejado Miguel Reale –, pode-se inferir que Spencer Vampré foi, de fato, um mestre excepcional, desses que cada geração não costuma produzir em duplicado. Não era um professor que, como não raro se vê, se encerrava na torre de marfim construída em torno do próprio saber; ao contrário, a cátedra, quando nela se sentava, não era, absolutamente, um lugar distante, mas sempre acessível aos alunos que dela quisessem se aproximar, como efetivamente faziam sem que nunca tivessem voltado decepcionados. E quem dele se acercava, mesmo fora das aulas, para o ouvir sobre esta ou aquela questão de direito ou sobre humanidades em geral, fazia-o sempre com manifesta vantagem, tão rica era-lhe a cultura e pujante a inteligência.

---

36. *La razón de las cosas*, Buenos Aires, Ed. Emecé, 2002, p. 112.

Registram as crônicas da época que, como falava "baixo, os alunos faziam um semicírculo, sentados alguns no chão, para ouvir o mestre Vampré. Aqueles cabelos, como se fossem blocos de neve, impunham respeito e admiração de toda a Academia. Eram longas conversas, uma eterna interação dos jovens com o cronista eterno ..." "Todos se curvavam ao seu extraordinário talento."[37]

E o convívio com os estudantes não se restringia aos limites físicos da própria Academia: recebia-os no seu escritório de advocacia e na própria residência, franqueando-lhes a utilização da biblioteca e até emprestando ou ofertando-lhes os livros de que precisavam. Na lembrança de Goffredo Telles Junior, a quem foi dado o privilégio de seu convívio afetuoso, Spencer Vampré gostava "de estar entre os estudantes. Participava, de corpo e alma, da vida universitária de seus alunos. Passeava com eles. Levava-os ao teatro. E era venerado por eles"[38]. Sabia que o trato com os jovens requer tolerância, compreensão, muita paciência e, mais que tudo, acendrado amor. E foram essas virtudes que permitiram a Spencer Vampré conviver tão bem com os alunos, ser respeitado e querido por eles. Aos alunos, e também aos colegas professores, ofereceu o último livro (*Do nome civil,* 1935), "como lembrança da mais íntima e afetuosa colaboração, durante dezessete anos, que 'foram como o dia de ontem que passou', mas que serão sempre de perene e inextinguível saudade em meu coração".

Em comovente discurso pronunciado no dia 11 de agosto de 1919 na Faculdade de Direito de São Paulo, quando se comemorava a fundação dos cursos jurídicos

---

37. José Antunes de Oliveira, *Arcadas do meu tempo (Recordações da Academia),* s.d., s.ed., p. 45.

38. "Spencer Vampré", *cit.,* p. 40.

no Brasil, Spencer Vampré aproveitou o momento para afirmar que a maior honra de sua vida, até então, foi a de poder dirigir, com os demais mestres, os destinos da faculdade que o acolheu[39]. Passaram-se os anos e não parece que a honra e o entusiasmo por tudo que se referia à Academia tenham arrefecido em seu enorme coração.

É preciso falar um pouco mais a respeito da bondade do professor Vampré. De tal forma se popularizou sua generosidade que, durante muito tempo, quando se queria dar uma idéia de que as coisas não iam bem na Faculdade, dizia-se que "até o Vampré está reprovando". No valioso depoimento do ex-aluno Francisco Pati, Spencer Vampré,

> a bondade em carne e osso, dá-se, às vezes, o luxo de reprovar. Mas é o primeiro a sofrer com as reprovações. Tendo passado a vida entre livros e estudantes, só se sente bem no meio de tão leais amigos. Em se tratando de estudantes, tem invariavelmente à flor dos lábios uma palavra de compreensão, de justificação ou de estímulo. É um mestre em toda a extensão da palavra: compreende e perdoa as deficiências da formação mental dos universitários. Sabe que a culpa não é dos moços.[40] (...) Sob os cabelos brancos, a expressão dos olhos trai a perpétua juventude do seu espírito. É uma das inteligências mais arejadas do Brasil. Um dos melhores corações do mundo. A bondade e a inteligência fazem dele um dos mais simpáticos exemplares da nossa espécie em São Paulo. Hesito em compará-lo quase a São Francisco de Sales ou a São Francisco de Assis. Se lembra o segundo pela ternura infinita que lhe inspira o gênero humano, lembra o primeiro pela sabedoria sem ostentação.[41]

---

39. "A fundação dos cursos jurídicos no Brasil", *Revista Jurídica*, vol. XVI, 4º ano, 1919, p. 188.
40. *Op. cit.*, p. 51.
41. *Op. cit.*, p. 46.

Vampré é

o "Homem-Coração". Alegre, jovial, é amigo sincero de seus alunos, que trata como filhos. (...) Pelas suas maneiras bondosas recebeu o título de Pai dos Estudantes. Forma, não pode haver contestação, ao lado de Manoel Martins Pacheco Prates, a mais bondosa dupla que há para os estudantes de todo o mundo ... Um é o pai ... o outro ... é a mãe. Spencer Vampré só reprova quando o aluno não diz nenhuma palavra. E mesmo assim, com que tristeza para o seu coração! Para reprovar o necessário é que o estudante diga coisas verdadeiramente alarmantes ... E há um caso – célebre e conhecido da nova geração – que prova exuberantemente o quanto Spencer Vampré é magnânimo. Há dois ou três anos passados apresentou-se a exame um aluno que desconhecia absolutamente as três cadeiras do primeiro ano. O último a examiná-lo foi Spencer Vampré. Queria por todos os modos salvar o moço de perder o ano. Depois de esgotar todo o ponto, sem obter uma única resposta certa, Spencer Vampré correu todo o programa. Nada obteve. Em último recurso disse ao moço que se respondesse à pergunta que ia formular estaria aprovado: "Diga-me, perguntou com aquela sua voz tão doce, quem escreveu as Institutas de Justiniano." O examinando ficou atrapalhado. Baixou o olhar e lá na mesa perto do professor, vislumbrou um livro que trazia os seguintes dizeres: "Spencer Vampré – Institutas do Imperador Justiniano." E a resposta foi pronta: "As Institutas de Justiniano foram escritas por V. Exa." A risada explodiu. Spencer Vampré, dando mostras de seu coração de ouro, foi o único que não riu. E disse ao rapaz: "Moço, pense um pouco. O senhor está nervoso. Pense e responda certo à pergunta e estará aprovado. Não fui eu quem escreveu as Institutas. Eu apenas traduzi. Vamos, pense um pouco." O rapaz pensou e respondeu: "Ora, isto é modéstia de V. Exa. As Institutas foram escritas por V. Exa." Não restava mais recurso. Estourou a bomba. Este fato é eloqüente. Por ele vemos o esforço que Spencer Vampré fez para salvar o moço. Spencer Vampré toda a vida foi o mesmo. Foi, é, e sempre será o Homem-Coração.[42]

Em 1938, mais precisamente no dia 10 de maio, Spencer Vampré, como justo reconhecimento pelos anos que dedicou à Faculdade de Direito, foi empossado no cargo de Diretor[43], nele permanecendo, sempre com a mesma lhaneza de trato com quem dele se achegava, até o 25 de novembro do próprio 1938.

> Mais do que nunca, a Faculdade passou a ser o fim de sua existência. Foi a razão de ser de seus dias. Seu enlevo. Sua obsessão cotidiana. Sua idéia fixa. Inspirado e intuitivo, conduzido mais pelo coração, e nunca por ambições ou por cálculo político, tudo fez para desenvolver o espírito de solidariedade entre professores e alunos. Ele próprio era exemplo vivo da confraternização acadêmica. Os estudantes tinham nele o amigo certo. Simples e sincero, fiel e generoso, esteve sempre pronto para receber, de alma aberta, na sala da Diretoria, ou em qualquer outro local da Faculdade, o aluno que dele precisasse. Para todos os acadêmicos, em conjunto ou em particular, ele era apoio e incentivo, consolo e lenimento. E como sua solicitude não tinha limites, e sua bondade era infinita, os estudantes o procuravam não só para as questões da Escola, mas também para problemas de suas vidas íntimas. Spencer Vampré os acolhia com seu sorriso afetuoso. E quando co-

42. Texto atribuído aos estudantes Oscar de Vasconcelos Galvão, Romeu de Andrade Lourenção e Fernando Scalamandré Sobrinho, Centro Acadêmico XI de Agosto – Faculdade de Direito de São Paulo – 1903 a 1955, São Paulo, Ed. Pannartz, 1988, pp. 156-7. O autor pede escusas ao leitor pela extensão da citação, mas não convinha suprimir nenhuma palavra desse texto, que demonstra, com bastante fidelidade, a brandura e o carinho que Spencer Vampré dispensava aos alunos.

43. A sessão foi aberta pelo professor Sampaio Dória, vice-diretor em exercício, que designou os professores Vicente Ráo e Jorge Americano para acompanhar o novo diretor à Sala da Congregação.

> meçavam a lhe narrar os fatos que os preocupavam, tornava-se grave e sério, à procura do conselho, do bom conselho que lhe vinham solicitar.[44] (...) Foi em seu tempo de Diretor que nossa Faculdade intensificou sua projeção internacional. Espírito nobre e civilizado, bem sabia ele que o intercâmbio de culturas é extraordinário fator de progresso. Abriu as portas de nossa Escola a grandes juristas estrangeiros. Em conseqüência, podemos ouvir aqui a palavra de notáveis mestres vindos de fora.[45]

Afora a Faculdade de Direito, Spencer Vampré lecionou Economia Política e Teoria dos Bancos na Escola de Comércio da Universidade de São Paulo (1912), como também pertenceu, por concurso, à Congregação da Faculdade de Direito da Universidade do Rio de Janeiro[46]. Consta ainda que, a partir de 1910 e durante cinco anos, foi professor de latim do Ginásio Macedo Soares, nesta Capital.

Para completar, partiu do professor Spencer Vampré a iniciativa de endereçar requerimento ao Diretor da Congregação visando à contratação de servidor para a organização do catálogo geral da Biblioteca da Faculdade, que era, na sua expressão, "uma das mais preciosas do Brasil e, sem dúvida, a mais rica, depois da Biblioteca Nacional". Com a morte de Spencer Vampré, a mulher e os filhos, crendo que esse seria o seu desejo, doaram para aquela biblioteca todo o acervo de livros que deixou[47].

---

44. Goffredo Telles Junior, "Spencer Vampré", *cit.*, p. 44.

45. *Ibidem*, p. 45.

46. Sabe-se que Spencer Vampré chegou a residir no Rio de Janeiro (Santa Teresa) durante algum tempo, época em que se presume tenha lecionado na Universidade desse Estado.

47. Francisco Pati sublinha que, em visita à casa de Spencer Vampré para convidá-lo a proferir uma palestra sobre Álvares de Azevedo, constatou que existiam estantes "por toda a parte. Estantes e gavetas. As estantes cheias de livros; as gavetas, de recortes de revistas e jornais. Todos os ramos do Direito lá estavam representados" (*op. cit.*, p. 47).

O historiador

Tão logo foi publicado o *Tratado elementar de Direito Comercial* (1921-1922), Spencer Vampré, ainda professor substituto, passou a se dedicar a outro ambicioso projeto, que era o de pôr em página a história da "velha e sempre nova Academia". Ao cabo de dois anos concluiu as suas *Memórias para a história da Academia de São Paulo*, que a editora Saraiva publicou em 1924. Por ocasião do sesquicentenário da instalação dos cursos jurídicos no Brasil, em 1977, nova edição comemorativa foi dada a lume pelo Instituto Nacional do Livro com a colaboração do Conselho Federal de Cultura.

Goffredo Telles Junior recorda-se de que, nos dois anos que consumiu para escrever essas memórias, "Spencer Vampré viveu-os, por assim dizer, dentro da Faculdade. Ele era visto, os dias inteiros, mergulhado nas sombras da biblioteca, ou metido por entre pilhas de velhos papéis, no arquivo da Escola. Que estaria fazendo? E eis que surgem, no ano de 1924, para gáudio de toda a família acadêmica, seus dois volumes de *Memórias para a história da Academia de São Paulo*, com os quais Spencer Vampré se fez historiador de nossa Faculdade"[48].

A par de evidenciar, na devida proporção, o amor e interesse que devotava à Faculdade de Direito, essa obra, de leitura amena e agradável, constitui-se, até hoje, num dos mais importantes documentos históricos que sobre ela foram escritos. Não seria, por isso, exagerado dizer que fosse essa obra de Spencer Vampré a única pedra em seu monumento e ele já seria grandioso.

Aos inúmeros perfis biográficos de estudantes e professores, juntam-se informações, curiosas muitas delas,

---

48. "Spencer Vampré", *cit.*, p. 28.

a respeito da vida e dos costumes da sociedade da época. Na perfeita crítica de Alfredo Buzaid (1914-1991), a obra, em dois volumes com cerca de 1.300 páginas, retrata "a história da Escola, que foi o teatro de importantes acontecimentos na política, nas letras e na defesa das grandes causas nacionais. Quem os ler, verá descerrar-se diante dos olhos um século da história pátria, reconstituído através do ensinamento dos mestres, do desassombro dos estudantes e da beleza da poesia. Spencer Vampré logra aliar à rigorosa investigação do historiador, que se serve de rica e abundante bibliografia, os dotes do literato, cujo estilo flui correntio através da narração em que a seriedade dos fatos concernentes aos professores é mitigada por anedotas, facécias e composições poéticas dos alunos. Só quem tinha acendrada afeição pela Faculdade poderia escrever tal obra. E não contava Spencer Vampré trinta e cinco anos!"[49].

Trabalhando com o escrupuloso empenho da exatidão e da validade dos registros encontrados em bibliotecas e em arquivos públicos – uma documentação imensa e esparsa que, com beneditina paciência, reuniu e ordenou cronologicamente –, bem assim aproveitando toda a tradição oral ao seu alcance, Spencer Vampré, harmonizando todos esses dados, narrou, como se fosse uma grande crônica, as memórias da Academia de Direito de São Paulo, feito que o consagrou definitivamente como um dos seus maiores historiadores, ao lado de Almeida Nogueira[50].

---

49. Excerto de discurso pronunciado ao tomar posse (Cadeira n.º 31) na Academia Paulista de Letras em 6 de junho de 1972 (*Revista da Academia Paulista de Letras*, ano XXX, 1973, n.º 82, p. 35).

50. José Luis Almeida Nogueira (1851-1914) é o autor de *A Academia de São Paulo – Tradições e reminiscências*, obra originalmente publicada entre 1909 e 1912, em nove volumes.

Traços físicos e de caráter

Spencer Vampré era de estatura mediana e de passos curtos; os cabelos, que os tinha em abundância e bem arrumados, eram todos brancos e, como o pai, costumava cortá-los à escovinha. Era míope (característica de família)[51] e de formato redondo e delicado os seus óculos, que não conseguiam ocultar os radiantes olhos castanho-escuros. Nariz, boca, orelhas e sobrancelhas eram bem formados, compondo um todo harmônico. Em muitas das fotografias de que se dispõe há sempre um sorriso leve e encantador nos lábios, como que traduzindo a imensa ternura que dele irradiava. Traço marcante era o falar tranqüilo, baixo, quase sussurrante, que às vezes forçava os alunos a dele se aproximarem para ouvi-lo melhor.

Elegante sem ser vaidoso, tornou-se "figura singular nos meios acadêmicos e sociais da Faculdade pelo fato de usar, diariamente, fraque e cartola"[52].

Era um homem calmo e paciente em qualquer círculo, de espírito conciliador. Alegre e admirável conversador, sua presença era sempre um prazer. Sintetizava o "homem cordial" de que fala Sérgio Buarque de Holanda no livro clássico *Raízes do Brasil*, no sentido da fineza no trato, generosidade, hospitalidade e, mais do que tudo, da bondade envolvente e desafetada, um tipo de homem, enfim, de que hoje pouco se tem visto. Essa genuína bondade, que lhe fora transmitida por herança paterna com

---

51. Dado curioso foi revelado pessoalmente ao autor pelo dr. Fernando Onofre Lecheren Alayon, genro de Spencer Vampré. Médico, com uma memória bastante preservada aos 92 anos de idade, lembrou que, embora habilitado, Spencer Vampré dirigia muito mal; prejudicado pela miopia, não era raro raspar as laterais do veículo da família nas paredes da garagem da própria residência.

52. João Gualberto de Oliveira, "Professor Spencer Vampré", *Revista da Ordem dos Advogados*, São Paulo, vol. 28, n.º 167, 1964, p. 58.

extraordinária perfeição, parece ter sido a maior virtude (pelo menos quanto a Spencer Vampré, Jorge Luis Borges, o festejado escritor argentino, tinha razão ao afirmar que todo homem inteligente é também muito bondoso), aquela que todos os que o conheceram não deixam de enfatizar.

Com os olhos postos na dignidade da Cultura e no valor do Direito, era um homem afeiçoado ao estudo e ao trabalho, porém sabia, atento à advertência dos *Salmos* (84,11, e 90,4), que o tempo não vale tanto pela duração ou extensão, mas por seu conteúdo, pelas práticas que nos colocam em comunhão com Deus. Daí, aproveitava ao máximo os momentos de que dispunha, preenchendo-os não apenas com a dedicação à família e com a busca incessante de saber, mas também com atos que contavam e o faziam feliz. Com essa filosofia de vida, sempre estava disposto para a conversa, sem se importar com quem estava na sua frente. Com profunda humanidade, não se detinha na qualidade da pessoa, em sua classe, cargo, hierarquia ou condição. Dava-lhe o mesmo se era um simples encanador que lhe prestava serviços em casa ou um empresário, se era um colega catedrático ou um aluno do primeiro ano do curso de Direito, se era o melhor homem do mundo ou o pior. O tratamento afável, que lhe era inato e emergia sem nenhum esforço, era o mesmo e, com todos, como corolário da sua irrestrita bondade, sabia ser tolerante, respeitando as opiniões alheias e considerando-as "todas dignas de atenção, pelo mínimo de verdade que em tudo sabia desvendar"[53].

Num julgamento imparcial e objetivo, foi assim, em síntese, que esse homem, simples e bom, soube impor-se naturalmente à veneração dos discípulos, à admiração dos colegas, ao apreço dos seus mestres e à amizade de todos.

---

53. "Professor Spencer Vampré", texto atribuído à redação da *Revista da Faculdade de Direito*, USP, vol. 37, 1942, p. 18.

Spencer Vampré poliglota

Merece parágrafo destacado a aptidão que Spencer Vampré, a exemplo do pai, possuía para o aprendizado de línguas estrangeiras. Essa capacidade, revelada desde jovem, levou-o a dominar os seguintes idiomas, que escrevia e falava fluentemente: inglês, francês, italiano, espanhol e alemão. Conhecia também o árabe e o japonês, tendo sido, desse último, tradutor juramentado em São Paulo.

Era, ademais, exímio latinista, a ponto de ter, com 27 anos de idade, traduzido as *Institutas do Imperador Justiniano* (1915), cotejando-as com o Direito brasileiro, e ter escrito, para facilitar aos estudantes o aprendizado do Direito Romano, a obra *Latim em dez lições: introdução ao estudo do "Corpus Juris Civilis"* (1920).

O próprio Spencer revelou que aprendeu latim com o pai, lembrando com saudades que a figura bondosa desse velho incomparável "subitamente atingia rispidez desusada, que eu chamaria brutal se não fora o amor de filho. Aquele vulto, sereno e bom, que conheci nos meus dias de adolescente, tinha então, aos meus olhos de menino, o sobrecenho enrugado do latinista. O mais escusável engano, a confusão mais ligeira, não mereciam tolerância do carrancudo mestre. Era uma justiça de ferro temperado, mas inflexível. No entretanto, que suave e mansa bondade de coração! Que afeto, que mansidão, que cuidados extremos, fora da aula de latim! O fato é que eu aprendia, o fato é que essas horas dolorosas de então são as melhores recordações da infância e do passado! Alguns, como Lord Byron, se confessam incapazes de gozar os escritores clássicos pela recordação pungente desses sofrimentos. Eu, pessoalmente, sinto que esse passado doloroso é uma recordação doce e suave"[54].

---

54. *Interpretação do Código Civil*, São Paulo, Livraria e Oficina Magalhães, 1919, § 5.º, pp. 216-7.

Além de ter sido, como já foi dito, professor de latim do Ginásio Macedo Soares, Spencer Vampré esteve também à frente de um curso prático de Latim[55], que mantinha como introdução ao estudo do Direito Romano. Cândido Mota Filho, um dos seus alunos, não se esquece de que Spencer Vampré, que corrigia as suas silabadas pedindo desculpas, costumava contar, "em meio às declinações, anedotas sobre Quintiliano e Sêneca, para ver se conseguia interessar-nos por uma língua que, para nós, naquele tempo, não oferecia qualquer interesse. Mostrava estoicismo como um dos pedestais do governo dos Antoninos, como Horácio e Virgílio no império de Augusto. Se se referia a Cícero como um jurista que sentiu todos os valores da língua latina, ia a minúcias para encontrar São Cipriano, que defendia a eqüidade com a misericórdia e a poesia"[56].

Tamanho era o interesse pelo estudo de outras línguas e culturas que, por sua motivada iniciativa, o Instituto Histórico e Geográfico de São Paulo aceitou a proposta de instalação de um curso de Guarani[57].

A Academia Paulista de Letras e o Instituto Histórico e Geográfico de São Paulo

Em 1914, aos 26 anos de idade – antes, portanto, de se tornar professor das Arcadas, o que se deu em 1917 –,

---

55. Essa informação, precisamente, foi tirada de J. Dalmo Belfort de Mattos, "Dois professores", *Revista da Faculdade de Direito*, USP, vol. 37, 1942, p. 154.

56. Discurso pronunciado na Academia Paulista de Letras, *Revista da Academia Paulista de Letras*, ano XXX, n.º 82, 1973, p. 58.

57. Cf. ata publicada na *Revista do Instituto Histórico e Geográfico de São Paulo*, vol. XXXIV, 1938, p. 682.

Spencer Vampré veio a ocupar a cadeira n.º 31 da Academia Paulista de Letras, de que é patrono o jornalista Rangel Pestana. Sucedeu o também jornalista, poeta e um dos fundadores Hipólito da Silva, o qual, em razão de repentino falecimento em 1909, nem chegou a tomar posse. Com a morte de Spencer Vampré, o primeiro membro eleito na história dessa Academia, seguiram-se os seguintes titulares: Carlos de Andrade Rizzini (jornalista) e Alfredo Buzaid (jurista), sendo o atual ocupante da cadeira o jurista Ives Gandra da Silva Martins.

Não foi, seguramente, a fama de jurista – que ainda não tinha –, a influência familiar ou a primazia de classe que o levou à Academia, mas, sim, o fato de que, ao tempo da eleição, já era conhecido na intelectualidade paulista como jornalista brilhante, especialmente em função dos artigos que publicava nos jornais da época, como o *Correio Paulistano*[58]. A esse jornal, testemunha Cândido Mota Filho, Spencer Vampré ia com freqüência, "o que fazia a redação silenciar para ouvi-lo como se fosse ele o Iapuru de Humberto de Campos. João Silveira, que secretariava o jornal, tinha por costume dizer: 'Mota, se você não souber quem é fulano e sicrano, e nada encontrar sobre o assunto no arquivo, procure o Spencer'"[59].

Nesses trabalhos publicados inicialmente em jornais, Spencer Vampré não apenas demonstrava conhecer como poucos a língua portuguesa, como ainda punha à mostra sua erudição e a vocação de escritor despertada desde muito cedo pela paixão da literatura. Para ele, nosso idioma "não tinha segredos. E, em toda a sua obra, pôs

58. Tradicional jornal que circulou em São Paulo a partir da segunda metade do século XIX, tendo sido fechado em fevereiro de 1966. Dentre outros, foram seus colaboradores os poetas Castro Alves e Fagundes Varela, ambos formados pela Academia de Direito de São Paulo.

59. Discurso citado, p. 59.

a pureza da linguagem a serviço de sua inspiração. Era uma alma de poeta. Como conseqüência disto, muitas de suas produções são de inexcedível beleza. O discurso de paraninfo de 1925, por exemplo, a que deu o nome de 'As três deusas da Academia' (a Mocidade, a Esperança e a Saudade), pode ser considerado uma das lindas e perfeitas páginas da literatura brasileira"[60].

Nas revistas da Academia Paulista de Letras podem ser conferidos alguns textos do acadêmico Spencer Vampré, como, *e.g.*, aquele, que merece ser lido na íntegra, correspondente à magnífica conferência intitulada *A vida gloriosa do Barão do Rio Branco*, proferida na Faculdade de Direito da Universidade de São Paulo em 20 de abril de 1945 (ano VIII, 1945, n.º 31, pp. 81-102)[61]. Aliás, Spencer Vampré gostava de traçar perfis biográficos, o que fazia com certa freqüência, inclusive em discursos ou conferências na Faculdade de Direito ou no Instituto da Ordem dos Advogados, caracterizados, todos eles, pelo zelo da verdade e análise serena e equilibrada. Dessas pequenas e competentes biografias, que até hoje podem ser lidas com prazer e proveito, vale mencionar as de Pimenta Bueno (o Marquês de São Vicente)[62], Teixeira de Freitas[63], Lafayette Rodrigues Pereira[64], Barão de Ramalho[65], do livrei-

60. Goffredo Telles Junior, *A folha dobrada. Lembranças de um estudante*, Rio de Janeiro, Nova Fronteira, 1999, p. 408.

61. Publicada também na *Revista da Faculdade de Direito*, USP, vol. 42, 1947, pp. 174 ss.

62. *Revista Jurídica*, vol. XI, 3.º ano, 1918, pp. 5-24.

63. *Revista Jurídica*, vol. IV, 1.º ano, n.º 10, 1916, pp. 16 ss. (texto reproduzido na obra *Interpretação do Código Civil*, São Paulo, Liv. e Of. Magalhães, 1919, pp. 251-90).

64. *Revista Jurídica*, n.º 6, 1917, pp. 17-34 (texto reproduzido na obra *Interpretação do Código Civil*, *cit.*, pp. 209-49).

65. *RT*, vol. 36, 1920, pp. 269-75 (conferência proferida no Instituto Histórico e Geográfico de São Paulo no dia 25 de outubro de 1920).

ro Francisco Alves[66], Estevam de Almeida[67] e do professor João Arruda[68].

Spencer Vampré também pertenceu ao Instituto Histórico e Geográfico de São Paulo (IHGSP), do qual foi orador oficial a partir de 1930[69] e mais tarde considerado sócio emérito.

Spencer Vampré advogado e jurisconsulto. Os Institutos de Advogados

Assim que formado, Spencer Vampré apressou-se em montar banca de advogado no centro da cidade de São Paulo, nas proximidades do Pátio do Colégio (rua Anchieta, n.º 34). Sabe-se também que, na companhia do irmão Leven, chegou a se estabelecer noutro endereço, conforme cartão de apresentação encontrado pelo autor no Arquivo da Faculdade de Direito, constando as seguintes indicações: "Spencer Vampré, Leven Vampré e Pedro Soares de Araújo – Advogados, Travessa da Sé, 6, sobrado, telefone n.º 4622."

Porque nunca foi tentado pelos interesses materiais da profissão, muita vez não cobrava consultas de pessoas necessitadas, a quem não se omitia de dar uma palavra de carinho e orientação, como era do seu feitio. É provável que tenha aceitado o patrocínio gratuito de muitas causas no foro de São Paulo.

---

66. *Revista Jurídica*, vol. VII, 2.º ano, 1917, pp. 7-10.

67. *RT*, vol. 58, 1926, pp. 246-7 (discurso pronunciado em 18 de maio de 1926 no Instituto da Ordem dos Advogados de São Paulo). O mesmo texto foi reproduzido nas *Pandectas Brasileiras*, de Eduardo Espínola, Rio de Janeiro, Imprensa Nacional, 1928, 3.ª a 5.ª parte, pp. 67-9.

68. *Revista da Faculdade de Direito*, USP, vol. 39, 1944, pp. 41-57.

69. Cf. *Revista do Instituto Histórico e Geográfico de São Paulo*, n.º XXXV, 1938, pp. 374-5, onde está publicada a ata da sessão regimental (12.ª) em que lhe foi dada posse do cargo.

Com o prestígio e fama que – é preciso dizer, nunca buscou, mas que a ele vieram naturalmente – a pouco e pouco foi conquistando como advogado, conferencista, distinto escritor e, mormente, como professor da Academia de Direito a partir de 1917, Spencer Vampré passou a ser muito solicitado como jurisconsulto e alguns dos inúmeros pareceres que, nessa qualidade, ofertou acabaram chegando até nós pelas páginas da Revista dos Tribunais. Servem de ilustração os seguintes, a maior parte atinente a temas de Direito Civil: *RT*, 25/355, 1918 ("Mandato. Desistência do feito pelo mandante. Conseqüências"), *RT*, 34/79 e 83, 1920 ("sobre sucessões"), *RT*, 34/385, 1920 ("Estão os bens públicos sujeitos a usucapião?"), *RT*, 36/90, 1920 ("Ação de preceito cominatório"), *RT*, 36/91, 1920 ("Efeitos da sentença na ação de reivindicação"), *RT*, 37/443, 1921 ("Locação. Despejo. Cominação ao inquilino. Natureza do processo quando se trata de prédio rústico. Responsabilidade por perdas e danos. Ações que o inventariante pode propor"), *RT*, 37/559, 1921 ("Penhor legal"), *RT*, 38/299, 1921 ("Bem de família. Pode constituí-lo quem tiver dívidas. Formalidades e publicação"), *RT*, 38/362, 1921 ("Procuração. Substabelecimento. Sua validade não obstante a morte do procurador"), *RT*, 43/2, 1922 ("Hipoteca"), *RT*, 43/3, 1922 ("Registro Torrens. Sua inconstitucionalidade. Alguns arestos do Supremo Tribunal do Rio Grande do Sul"), *RT*, 43/7, 1922 ("Hipoteca legal. Especialização. Renovação dentro de trinta anos") e *RT*, 46/28, 1923 ("Escritura pública. Interpretação").

Spencer Vampré pertenceu ao Instituto da Ordem dos Advogados de São Paulo, atribuindo-se a ele, na sessão plenária solene realizada no dia 9 de setembro de 1925 no salão nobre do Instituto Histórico e Geográfico paulista, sob a presidência de Francisco Morato, a saudação dos juristas José Xavier Carvalho de Mendonça e Clóvis Bevilaqua, quando lhes foi dada posse como sócios honorários[70].

Antecedendo ao ingresso como Professor da Academia de Direito, Spencer Vampré, em 21 de dezembro de 1916, foi eleito Secretário da primeira Diretoria do Instituto dos Advogados de São Paulo (IASP), que teve Francisco Morato como Presidente; no Conselho Consultivo figuravam, dentre outros, Estevam de Almeida, José Manuel de Azevedo Marques, Alfredo Pujol e Waldemar Ferreira. Ao tomar posse na Cadeira n.º 31 da Academia Paulista de Letras, Ives Gandra da Silva Martins informa que coube a Spencer Vampré – um dos maiores vultos do Instituto – e a Vicente Ráo receber o grande Ruy Barbosa (1849-1923) no Instituto dos Advogados de São Paulo, fato registrado em histórica fotografia até hoje conservada[71].

O jurista e sua obra

O primeiro livro escrito por Spencer Vampré (com o qual concorreu à livre-docência na Academia de Direito), aos 26 anos de idade, intitulava-se *Das sociedades anônimas: comentário à consolidação das leis sobre sociedades anônimas e em comandita por ações, decreto n.º 434, de 4 de julho de 1891,* que foi publicado em 1914 pela Editora Pocai Weiss & Cia. Editores, São Paulo, com 675 páginas. Obra com caráter exegético, redigida com clareza e concisão, mas sem a profundidade de um tratado, teve o mérito de desvendar a origem e o alcance dos preceitos daquele

70. Cf. *RT*, vol. 56, 1925, pp. 27-38.

71. Discurso de posse proferido em 28 de maio de 1992 na *Revista de Direito Civil*, Revista dos Tribunais, n.º 62, p. 179.

diploma. Segundo João Arruda (1861-1943), no "caos das disposições sobre a matéria, tão enredada que forçou o Governo a consolidá-la, lançou o anotador um jorro de luz, facilitou o estudo deste ramo importantíssimo do nosso Direito Comercial, e conseguiu tornar transparentes todos os artigos da Consolidação de julho de 1891, claros, é certo, para os profissionais, mas não para os leigos. Aos que lutam diariamente no foro, prestou o valioso serviço de indicar as opiniões dos mais notáveis comercialistas e a corrente da jurisprudência, apresentando, além disso, as obras em que se devem aprofundar os estudos sobre cada um dos artigos da Consolidação"[72].

Dentre os inúmeros elogios que a obra mereceu (como os de Clóvis Bevilaqua, J. M. Azevedo Marques, Amaro Cavalcanti, Rodrigo Octavio e Inglez de Souza), vale lembrar, pela autoridade, o de J. X. Carvalho de Mendonça (1861-1930), o maior dos comercialistas brasileiros, consoante o qual o livro, "sobre ser entre nós único nesse gênero, impõe-se pelo método adotado, pela clareza e pela segurança das fontes. Não exagerarei dizendo ser o seu livro o manual indispensável sobre as sociedades anônimas"[73].

Não pode passar sem registro que, já a essa época, em 1914, Spencer Vampré, espírito sempre aberto à renovação de idéias, preconizava na introdução desse livro as vantagens do ensino jurídico pelo método indutivo em vez do dedutivo. O fundamento do método indutivo (*case system*), dizia, consiste "em partir do concreto para o abs-

72. "Jurisconsultos brasileiros", *Revista Jurídica*, 1º ano, nº 7, 1916, vol. III, p. 197. Essa antiga revista, editada pela Francisco Alves, era dirigida por Rodrigo Octavio e Paulo Domingos Vianna.

73. *Opiniões de jurisconsultos nacionais a respeito das obras publicadas pelo Dr. Spencer Vampré*, São Paulo, Editora e Livraria Magalhães, 1917, p. 17.

trato, inferindo os princípios jurídicos da análise dos casos de jurisprudência", concluindo que as "escolas jurídicas deixaram de ser institutos de ciência pura, para se tornarem, até certo ponto, escolas profissionais".

Ainda em 1914 escreveu e publicou pela Tipografia Amendola & Ferraz, São Paulo[74], a dissertação *O caso fortuito nos acidentes pessoais de transporte,* com a qual disputou o concurso para Professor Substituto da Primeira Seção da Academia de Direito, saindo-se vencedor. Clóvis Bevilaqua confessou seu encantamento quanto à parte introdutória "pelo modo superior com que encara a função e o alcance do direito romano e da Lei da Boa Razão. Só por si essas poucas páginas, tão brilhantes quanto criteriosas, denunciam a sua primorosa educação jurídica. São de um mestre. Li, com igual interesse, a dissertação, e por ela sinceramente o felicito. Está na altura da bela reputação jurídica, firmada por valiosos trabalhos anteriores"[75].

Força é convir que foi a partir dessa obra que Spencer Vampré começou a expandir todo seu talento de jurista; "capaz de sintetizar em princípios científicos as normas jurídicas, provou ser um espírito apto para reduzir matérias difíceis a sínteses superiores"[76]. Nessa dissertação, cuja publicação muito cedo se esgotou, são inúmeras as citações de direito estrangeiro, particularmente italiano e francês, como também abundantes os textos romanos compaginados, prova inconteste do profundo conhecimento que a esse tempo possuía do Direito Romano.

---

74. O texto completo foi reproduzido na *RT,* vol. 37, 1921, pp. 144-56, 271-83 e 333-7.

75. *Opiniões de jurisconsultos nacionais a respeito das obras publicadas pelo Dr. Spencer Vampré, cit.,* pp. 28 e 29.

76. João Arruda, "Jurisconsultos brasileiros", *cit.,* p. 197.

No ano seguinte (1915) publicou, para facilitar o estudo do Direito Romano, as *Institutas do Imperador Justiniano – Traduzidas e comparadas com o Direito Civil brasileiro* (Editora e Livraria Magalhães, 318 pp.). É pertinente observar que esse livro distinguiu-se não só pela excelência da tradução[77], em comparação com aquela de que até então se dispunha (1879), de Antonio Coelho Rodrigues, professor da Faculdade de Direito do Recife, mas também pelas indispensáveis notas comparativas do texto romano com o Direito brasileiro da época. Daí a razão pela qual mereceu a crítica favorável de Clóvis Bevilaqua, vazada em que a obra, além

> do extremo cuidado com que foi feita, está enriquecida de notas, que elucidam as *Institutas* com remissões às outras partes do *Corpus Juris*, e que colocam em confronto os preceitos romanos e os do direito pátrio. Esta última observação deve ser acentuada, porque o estudo do direito romano, para ser proveitoso aos alunos das nossas Faculdades, como aos profissionais, deve ser feito em atenção ao nosso direito, com o qual se deve comparar, a fim de se conhecerem as razões, de ordem social ou científica, em virtude das quais umas regras se conservaram, outras se modificaram e outras desapareceram. Estudar o direito romano isoladamente, sem referência ao direito pátrio, será trabalho do erudito. Estudá-lo em correspondência com o direito vigente, é dar um grande interesse prático ao conhecimento das leis, que lhe foram origem, e ainda o

---

77. Na introdução à obra *Manual de Direito Romano* (São Paulo, Saraiva, vol. II, 1951), o acatado romanista Alexandre Correia (1890-1984) referiu-se a Spencer Vampré como o "sábio Mestre da nossa Faculdade de Direito", acrescentando que a tradução que este fizera das *Institutas* foi-lhe "por vezes de grande utilidade para melhor penetração do texto jurídico de Justiniano".

iluminaram. O seu empreendimento veio, pois, muito a tempo, devendo contribuir para a renovação do estudo do direito romano (...).[78]

Seguiu-se, em 1916, a publicação de *O que é o Código Civil* (Editora e Livraria Magalhães, 160 pp.), na qual foram reunidos os textos das conferências que proferiu na Universidade de São Paulo, saudando, com a erudição que lhe era própria, a nossa primeira codificação civil, cuja vigência acabou se estendendo por longos oitenta e seis anos. Em censura aos que manifestaram aversão pelo novo Código, respondeu que, de fato, para "os espíritos entorpecidos na rotina; para os que uma vez estudaram e não sentem forças de reformar as próprias idéias; para os advogados envelhecidos na profissão que têm de reexaminar cada um de seus atos, outrora automáticos e verificar se o Código os analisa; para os juízes desanimados pela injustiça dos governadores e pela ferrugem da longa judicatura, sem incentivos e sem esperanças; o Código é um hóspede inoportuno, que lhe sofrerá todo o fel das queixas" (p. 141).

Trabalhador infatigável, em 1917 veio a lume o *Código Civil brasileiro (Anotado à luz dos documentos parlamentares e da doutrina)*, publicado pela Editora e Livraria Magalhães, de São Paulo, com 184 pp., que o autor dedicou ao mestre e amigo Clóvis Bevilaqua. O prefácio foi reservado para apresentar, em perfeita síntese, todo o histórico da elaboração do Código Civil desde as *Ordenações do Reino*, passando pela *Consolidação das Leis Civis* e o *Esboço* de Teixeira de Freitas, pelos projetos fracassados de Nabuco de Araújo, Felício dos Santos e Coelho Rodrigues;

---

78. *Opiniões de jurisconsultos nacionais a respeito das obras publicadas pelo Dr. Spencer Vampré, cit.*, pp. 50 e 51.

particularizou-se ao depois a tramitação do projeto na Câmara dos Deputados, o relatório de Sílvio Romero, a discussão na Câmara e no Senado, o parecer de Rui Barbosa, as novas comissões do Senado, o retorno do projeto à Câmara e as últimas discussões nesta e no Senado. Na seqüência, o livro contém breves, porém elucidativas anotações a cada um dos artigos da Lei de Introdução ao Código Civil e da parte geral deste (arts. 1.º a 179), preservando-se, a exemplo dos trabalhados anteriores, as características da clareza na exposição, singeleza do estilo e precisão dos conceitos. Quando necessário, o autor indicou a origem da norma interpretada e, sempre que conveniente, a legislação comparada, reportando-se amiúde à doutrina que já se havia formado antes da promulgação do Código, particularmente a de Clóvis Bevilaqua, Manoel Ignacio Carvalho de Mendonça, Lafayette Rodrigues Pereira e Lacerda de Almeida.

No ano de 1918, a Editora e Livraria Magalhães, publicou *Da lesão enorme e do sujeito do direito perante o Código Civil*, 200 pp., tratando-se de dois trabalhos reunidos num só livro. Quanto a esta parte, o autor refuta a doutrina de Leon Duguit (1859-1928) para concluir pela impossibilidade da existência de direito subjetivo sem titular, salientando que o conceito de "sujeito ativo é confirmado por todos os institutos jurídicos e necessários à explicação de todos" (p. 118); quanto àquela, examina à luz do Direito Romano a questão da lesão enorme, particularmente a Constituição 2 "de rescind. vendit", a qual, inspirada num princípio de humanidade, protegia o "vendedor contra a miséria, facultando-lhe o remédio rescisório uma vez passada a necessidade premente que o forçara a vender" (p. 157). O tema, aliás, ganhou bastante importância com a entrada em vigor do nosso novo Código Civil, cujo art. 157 expressamente prevê, à diferença da codificação de 1916, a possibilidade de anulação do negócio em face da caracterização da *laesio enormis*.

Em 1919 sobreveio a publicação do livro *Interpretação do Código Civil* (Editora e Livraria Magalhães, 295 pp.), com prefácio laudatório de Clóvis Bevilaqua. Trata-se de uma coletânea de nove textos (alguns deles já publicados anteriormente em revistas), a maior parte relativa ao Código Civil que entrara em vigor havia pouco tempo, incluindo-se dois preciosos ensaios biográficos, de Lafayette Rodrigues Pereira e Teixeira de Freitas.

Escrevendo com a regularidade de um pêndulo, no ano de 1920 Spencer Vampré viu ser editado, por F. Briguiet & Cia., Rio de Janeiro, o seu famoso *Manual de Direito Civil brasileiro*[79]. Os três volumes dessa obra foram publicados de uma única vez, sendo assim distribuídas as matérias: no primeiro, com 404 pp., cuidou-se da teoria geral do Direito e do Direito de Família; no segundo, com 382 pp., do Direito das Coisas e da teoria geral das obrigações; no terceiro e último, com 570 pp., tratou-se dos contratos e do Direito das Sucessões. Escrita em linguagem clara, simples e direta, essa obra – que Francisco Morato chegou a comparar às *Instituições de Direito Civil Português*, de Coelho da Rocha – constituiu-se na mais prestigiada exposição sistemática do Direito Civil após a entrada em vigor do Código de 1916[80]. Na crítica de Clóvis Bevilaqua, essa obra

---

79. Num envelhecido diário, o autor relê, pelo puro prazer de reler, os apontamentos rabiscados numa noite fria de setembro de 1985, traduzindo a alegria – que agora reexperimenta – de ter encontrado, escondidos num desses empoeirados sebos aqui de São Paulo, os três volumes, encadernados juntos, dessa obra-prima, que até hoje conserva.

80. É verdade que, anteriormente a esse *Manual*, o baiano Almachio Diniz (1880-1937) escreveu os *Primeiros princípios do Direito Civil brasileiro* (Rio de Janeiro, Ed. Manuaes Alves, 1917), desdobrados em cinco peque-

dá ao estudante de direito uma vista de conjunto, clara e segura, dessa parte fundamental da organização jurídica e fornece-lhe as noções essenciais da matéria, focos luminosos que esclarecerão o vasto e complicado edifício que vão percorrer. Nele encontrarão os professores o compêndio que lhes servirá de alicerce às explanações que tenham de desenvolver, conservando-se sempre dentro da órbita traçada pela visão dos alunos, para que o ensino seja proveitosamente dado, sem dispersão de energias, metódico e bem orientado.

O juiz e o advogado encontrarão no "Manual" o meio de achar, como diz o autor, a fonte legislativa ou doutrinária de que necessitam no momento, e "sem delonga, senão a solução, ao menos o caminho para a solução".

Vampré conseguiu reduzir o direito civil pátrio a um sistema simples de normas claras, e um encadeamento de regras e noções que, depuradas de todas as sutilezas, complicações doutrinárias e controvérsias, constituem o extrato do direito e se tornam facilmente assimiláveis.[81]

Não se trata, asseverou, por sua vez, Paulo de Lacerda, "de um comentário 'ex professo', nem de crítica; senão de uma exposição sucinta dos princípios e das normas do direito civil pátrio, tal como instituído pelo nosso recente Código"[82].

---

nos volumes. Essa obra, no entanto, muito pouco conhecida e raramente citada, não tinha os méritos da facilidade de compreensão, clareza e concisão que, com justiça, distinguiram e tornaram bastante popular o *Manual* de Spencer Vampré.

81. *RT*, vol. 35, 1920, pp. 67-8. Aproveita-se a nota para ressaltar que, na Argentina, o jurista Enrique Martinez Paz qualificou o *Manual* como "un trabajo admirable por la concisión y exactitud con que están presentadas todas las cuestiones del derecho civil. Las copiosas bibliografías, que acompañan a cada tópico, hacen del libro un auxiliar precioso para el estudiante y el profesor que desee recurrir a las fuentes mas autorizadas" (*RT*, vol. 35, 1920, p. 169).

82. *Revista Jurídica*, vol. XIX, 5.º ano, 1920, p. 134.

Calha aduzir que, antes do *Manual* de Spencer Vampré, só contávamos com o *Código Civil brasileiro comentado,* de João Luiz Alves (1870-1925), Editor F. Briguiet & Cia., do Rio de Janeiro, 1916, em três volumes. Conquanto não se possa negar o valor desse trabalho, diferenciava-se daquele *Manual* pelo fato de não se apresentar como obra sistemática, mas, sim, exegética, limitada a breves anotações a cada um dos artigos do Código Civil, acrescidas de indicações de legislação comparada. Tampouco se lhe compara, pelo formato e extensão, o *Manual do Código Civil brasileiro,* organizado por Paulo de Lacerda (Rio de Janeiro, Jacintho Ribeiro dos Santos), com início de publicação a partir de 1918 e que infelizmente não foi completado com comentários a todos os artigos do Código[83]; obra coletiva, grandiosa e de muitos méritos, tem também natureza exegética, o mesmo acontecendo com o *Código Civil dos Estados Unidos do Brazil Commentado,* de Clóvis Bevilaqua (Rio de Janeiro, Francisco Alves, 6 vols.), publicado no período de 1916-1919.

Tão-somente a partir de 1928 foi reeditada, à luz do Código de 1916, a obra dogmática de Clóvis Bevilaqua[84], sendo em 1930 publicado o *Manual elementar de Direito Civil* (São Paulo, Livraria Acadêmica e Saraiva Editores, 3 vols.), de Antônio Luiz da Câmara Leal (1893-1957).

Na seqüência, nos anos de 1921 e 1922 foram publicados os três volumes do *Tratado elementar de Direito Commercial* (Rio de Janeiro, F. Briguiet & Cia.), dos quais

83. No total foram publicados, entre 1918 e 1930, vinte volumes e vários tomos, destacando-se os de autoria de Pontes de Miranda, Eduardo Espínola, Astolpho Rezende, Tito Fulgêncio, Clóvis Bevilaqua e Lacerda de Almeida.

84. *Teoria geral do Direito Civil, Direito das Obrigações, Direito da Família* e *Direito das Sucessões.* Apenas o *Direito das Coisas* foi originalmente escrito após o Código de 1916, datando de 1941 (o primeiro volume) e 1942 (o segundo) a primeira edição.

o primeiro (com 500 pp.) foi reservado ao estudo da parte geral do Direito Comercial e ainda das sociedades comerciais; no segundo (dedicado ao pai, *in memoriam,* e à mulher, Oscarlina, "companheira inseparável da minha vida e dos meus estudos"), com 720 pp., completou-se o exame das sociedades comerciais, inclusive as anônimas[85]; no terceiro (dedicado a J. X. Carvalho de Mendonça), com 541 pp., particularizou-se a falência, desde a declaração judicial até os seus efeitos. À maneira do *Manual de Direito Civil brasileiro,* o método adotado foi o expositivo (com inúmeras notas de doutrina, legislação e jurisprudência) e não o exegético, preservando-se as características da clareza e da concisão sem exagero. O livro, afirmou J. X. Carvalho de Mendonça,

> é escrito em linguagem rigorosamente técnica, demonstrando o capricho do autor em manter a pureza dos princípios, coisa ainda muito descurada, e a exposição está sempre apoiada nos textos legislativos, nas decisões aproveitáveis dos tribunais e na autoridade do que sobre o assunto já disseram.
>
> Ele representa considerável esforço de um espírito preparado desde as bases iniciais, e, uma vez completo, tornar-se-á um dos livros mais indispensáveis aos que lidam com o direito comercial.[86]

A partir de 1925 e até 1932 foram publicados vinte volumes[87] do *Repertório Geral de Jurisprudência,* inicialmen-

---

85. Esse volume constituiu-se na segunda edição do livro *Sociedades anônimas* (1914). Além da atualização legislativa e jurisprudencial, essa nova edição foi completamente reformulada, inclusive com a conversão do método exegético para o expositivo.

86. *RT*, vol. 41, 1922, p. 122.

87. A pretensão confessada de Spencer Vampré era a de escrever sessenta volumes, compreendendo todo o Direito Civil, Comercial, Criminal, Constitucional, Administrativo, Judiciário, Internacional Público e Privado.

te pela Livraria Acadêmica e Saraiva Editores e posteriormente pela Empresa do Repertório Geral de Jurisprudência, em São Paulo. À diferença dos trabalhos anteriores, não era obra de pura doutrina, mas de jurisprudência sistematizada e ordenada (a obra de Spencer Vampré foi pioneira nesse tipo de publicação, hoje tão vulgarizada), contendo breves anotações doutrinárias; em alguns volumes foram transcritos pareceres e artigos elaborados pelos mais diversos autores. Os volumes publicados (média de 700 pp. cada um) compreenderam as seguintes matérias: prova civil (2 vols.), embargos (2 vols.), da apelação cível e criminal (1 vol.), agravo e da carta testemunhável (1 vol.), falência e concordata (3 vols.), processo criminal (3 vols.), provas em direito comercial, administrativo e criminal (5 vols.), contratos no Direito Civil brasileiro (2 vols.) e Direito Civil, Parte Geral (1 vol.).

Em 1935 veio a lume, editado por F. Briguiet & Cia., Rio de Janeiro, o último livro de Spencer Vampré, *Do nome civil* (sua origem e significação sociológica; teorias que o explicam; suas alterações; direitos e deveres correlativos), com 211 pp. Cuida-se da primeira monografia sobre o tema em nossa doutrina[88] e que até hoje ainda conserva seu valor, não só pela preciosa introdução, reservada à abordagem sociológica do nome, mas também pela exposição dogmática acerca de sua natureza jurídica; na segunda parte da obra, o autor tratou de todas as formas de aquisição do nome e das ações que o protegem, não deixando de examinar o pseudônimo. Como se pode constatar na bibliografia citada, Vampré conhecia os melhores autores que então haviam escrito a respeito do nome ci-

---

88. Apenas cerca de vinte e cinco anos depois é que veio a ser publicada a primeira edição da obra, verdadeiro tratado, de Rubens Limongi França (1927-1999), *Do nome civil das pessoas naturais*, cuja terceira e última edição, de 1975, pela Ed. Revista dos Tribunais, São Paulo, hoje se acha esgotada.

vil, como Josef Kohler, De Page, Pereau, Sudre, Humblet, o argentino Salvat, os portugueses José Leite de Vasconcelos e Cunha Gonçalves, e, dos brasileiros, Clóvis Bevilaqua, Astolpho Rezende, Antonio Pereira Braga, Levi Carneiro e Filadelpho Azevedo.

Vale assinalar que, já a essa época, Vampré defendia o cabimento da aquisição do nome pelo uso (longo, contínuo e invariável, sem dolo e notório), possibilidade que, sessenta e três anos depois, acabou sendo expressamente consagrada na lei (art. 58, *caput*, da Lei n.º 6.015/73).

São estes, na essência, os livros de Spencer Vampré, todos fora de circulação há anos. Com uma produção intelectual copiosa, escreveu muito mais, entre artigos, pareceres, comentários de jurisprudência, crônicas, conferências, discursos etc., espalhados pelas mais diversas publicações. A lista desses trabalhos não é pequena, de modo que seriam necessárias longas páginas para os referir a todos, o que não deixaria de ser fastidioso e desbordaria dos limites desta obra.

Em linha de conclusão deste capítulo, a impressão que fica da leitura da obra jurídica de Spencer Vampré, tão variada quanto extensa, é que ele sabia escrever para ser entendido. Dotado de capacidade invulgar de síntese, como muito bem tem sido várias vezes acentuado, era claro nos conceitos e acessível e direto na linguagem[89],

---

89. "Para quem, antes de mais nada, empresta ao magistério o principal de suas energias, esse feitio do professor Spencer Vampré favorece o proveito didático que todos tiram de seus livros. Os alunos neles encontram, pela simplicidade do estilo, guias seguros da própria instrução; e os bacharéis e doutores, quando necessitam de soluções para as questões que surgem no foro, buscam-nas com acerto nessas pequeninas obras, nas quais seu autor menos cuidou de ganhar prestígio de mestre do que de efetivamente servir ao ensino do direito" ("Professor Spencer Vampré", texto atribuído à redação da *Revista da Faculdade de Direito*, USP, vol. 37, 1942, pp. 14-5).

demonstrando conhecimento exato das doutrinas que adotava e expunha. Suas idéias, se não são ordinariamente profundas e originais, mostram-se perfeitamente seguras e elaboradas, produto de metódica e serena reflexão. Não lhe faltava – e o *Manual de Direito Civil brasileiro* e *Do nome civil* são significativos exemplos disso – um especial talento de disposição e agrupamento de idéias, de construção mesmo do livro, que pelo menos os antigos alemães denominavam de "senso arquitetônico em literatura".

Mas o que mais impressiona em toda essa obra é o que se pressente estar por detrás dela: o poço sem fundo de saber, de onde as páginas escritas saíram, à maneira da água que transborda, que inunda e fertiliza os terrenos em redor, mas que deixa sempre cheio o poço sem fundo. Homem de estudo servido por extraordinário dom de poliglota, espírito disciplinado e assíduo nas leituras, versátil e constante indagador, fluente para falar e escrever, Spencer Vampré teve, no campo do Direito Civil, o alto mérito de ter colocado sua pena a serviço da divulgação do novo Código Civil (1916) nos primeiros anos de vigência, o que bastou para que entrasse para a história do nosso Direito.

Atuação pública

Embora sem abandonar a advocacia ou o magistério na Faculdade de Direito, Spencer Vampré também transitou com distinção e confiança na vida pública, tendo sido Vice-Reitor da USP, nomeado em 30 de junho de 1938. Em 1939 afastou-se, por sete meses, para trabalhar junto ao Interventor Federal do Estado de São Paulo.

Esteve comissionado no Ministério da Educação em alguns meses dos anos de 1932, 1933, 1934 e 1935.

Ainda na República Velha, foi eleito Deputado estadual, pelo Partido Republicano Paulista (PRP), com 11.007 votos (uma votação expressiva para a época) para a 13.ª Legislatura (1925-1927), tendo sido também Vereador da Câmara Municipal de São Paulo (1928). Sabe-se, hoje, que foi por iniciativa dele a atribuição de nomes romanos a muitas das ruas e praças do bairro da Lapa, como, *e.g.*, a famosa rua Clélia, bem como a praça Cornélia e as ruas Fáustolo, Crasso, Vespasiano, Tibério, Aurélia, Caio Gracco, Cláudio, Espártaco etc.

Finalmente, foi subprefeito da Lapa em 1930 e, com a renúncia de Plínio Barreto, chegou a ser cogitado para o cargo de Interventor.

Uma tragédia pessoal

Jurista consumado e aureolado pela fama, professor dos mais queridos da Academia de Direito, homem, enfim, de tantas virtudes que jamais se enaltecerão o suficiente, a sorte deixou de sorrir para Spencer Vampré quando, nos primeiros anos da década de 1930, até então no pleno gozo de seus talentos e capacidade, começaram a se manifestar os sintomas da enfermidade que lhe atormentaria até o final da vida.

Muito provavelmente em 1931, quando Spencer Vampré lecionava Direito Romano, Miguel Reale lembra que a crise mental por que passava o impedia de ministrar normalmente o curso, o que levou os alunos, ele incluído, a, em vez de encetar greve de protesto, tentar "superar a situação trágica do mestre, cuja cultura jurídica era notória. Convictos de que não poderíamos ter aulas de Direito Romano, propusemos ao velho professor, que além de civilista emérito, foi o grande historiador de nossa Faculdade, que suas aulas se destinassem a debates de temas de Filosofia, e Sociologia, de História e até de Direito. Seu entusiasmo foi tão grande que, com aquela sua voz de encantadora modulação (um dos mais fascinantes conferencistas que já ouvi, quando no intermitente domínio de suas faculdades mentais), se ofereceu a emprestar-nos livros para nossas ousadas 'preleções'" (...) "Os assuntos eram os mais variados, desde os bíblicos, em que era versado o pastor Sylas Botelho, nosso colega, até os de política e literatura. De vez em quando, Spencer Vampré, nos seus momentos de lucidez, discorria sobre a história externa do Direito Romano, ou temas da mais recente Sociologia. Não creio que tenha havido, em parte alguma do mundo, um curso igual de Direito Romano, mas é preciso reconhecer que nos enriquecíamos como homens e como estudantes."[90]

Os meses se foram passando, os anos se sucedendo e, como tanto se diz na tragédia grega, o destino ia tecendo, a cada dia, os seus fios invisíveis até que, em 2 de setembro de 1946, Spencer Vampré afastou-se da faculdade para tratamento de saúde e nunca mais retornou, aposentando-se, a pedido e constrangido pelas circunstâncias, em outubro de 1952[91]. Com efeito, o Desembargador Sílvio Lemmi recorda-se de que, em 1944, a turma acadêmica de que fazia parte teve a "oportunidade lamentável de ver apagar-se o facho altaneiro daquela inteligência e cultura privilegiadas. É que o trágico des-

---

90. *Memórias. Destinos cruzados*, São Paulo, Saraiva, vol. 1, 1986, p. 45.

91. Goffredo Telles Junior registra que, em 1950, o professor Spencer Vampré adoecera irreversivelmente (*A folha dobrada, cit.*, p. 282). "O mundo real, nosso mundo comum, não mais lhe interessou. Para ele, o real passou a ser o sonho – o sonho dentro do qual começou a viver, e dentro do qual nós, professores, o vimos caminhar, nas poucas vezes que visitou a Faculdade. Sonho permanente e dominador, do qual nunca mais saiu" ("Spencer Vampré", *cit.*, p. 46).

tino lhe reservara o mesmo fim de Teixeira de Freitas: fanar-se nas brumas impenetráveis da enfermidade mental"[92]. Flávio Galvão, aluno de Vampré naquele mesmo ano de 1944, confirma o fato e acrescenta que, em todos os dias de aula, o mestre repetia exatamente a mesma matéria, o que acabou desestimulando o comparecimento dos alunos[93].

Hoje se sabe que Spencer Vampré era portador de psicose maníaco-depressiva (PMD), que atualmente a medicina denomina transtorno afetivo bipolar (TAB), considerando-o não mais uma perturbação psicótica, mas, sim, afetiva, e cuja tônica é a alternância de estados depressivos com maníacos. É pena que, durante aqueles anos de sofrimento, Spencer Vampré não pôde aproveitar do tratamento – lítio, notadamente, e anticonvulsivantes – que, neste tempo, tem propiciado ao paciente levar uma vida normal entre uma fase e outra dessa perturbação.

É claro que os detalhes dessa tragédia íntima não interessam aqui e não seria benéfico para sua memória relembrá-los. Basta assinalar que todos sofreram muito com isso e, até à morte, Spencer Vampré sempre teve ao seu lado a mulher e os filhos. Nas piores crises, em que praticamente não dormia, mas nunca se tornou agressivo, a família, por vezes, se via tristemente forçada a interná-lo temporariamente no Instituto Paulista (cuja seção de Neuropsiquiatria foi dirigida por muitos anos pelo irmão Enjolras). Releva consignar que, mesmo aposentado, Spencer Vampré continuou a ser visitado, em casa, pelos amigos, particularmente por Goffredo da Silva Telles – com

---

92. Segmento de discurso (*RJTJESP*, vol. 111/615).

93. "Centenário de nascimento do prof. Spencer Vampré", *O Estado de S. Paulo*, edição de 23 de abril de 1988.

quem tinha por hábito se corresponder – e seu filho, o professor Goffredo Telles Junior.

É importante sublinhar também que, após ter publicado o último livro em 1935 (*Do nome civil*), quando já se haviam exteriorizado os sintomas iniciais de sua moléstia, Spencer Vampré continuou a escrever artigos, prefácios e até a preparar conferências, como, *e.g.*, aquela a respeito do Barão do Rio Branco, proferida em 20 de abril de 1945 na Faculdade de Direito de São Paulo; chegou, inclusive, já se disse, a ocupar a Diretoria da Faculdade no ano de 1938. A demonstrar que experimentava alguns períodos de lucidez, mesmo após aposentado, Goffredo Telles Junior transcreve na obra *A folha dobrada* o bilhete que dele recebeu em 1954 e que o fez chorar, exatamente no dia em que foi aprovado como Professor Catedrático da Faculdade de Direito de São Paulo. Dizia: "Meu querido amigo, meu colega ilustre, Goffredo Telles Junior. Não sei, por mais que revolva meu espírito, como posso expressar-lhe minha satisfação pela sua vitória final, consagradora de seu talento, esforços e vocação para o magistério superior. O Brasil precisa de V. e de homens que tenham a sua fibra, o seu ardor e entusiasmo, e a mocidade do corpo e da alma, que são as grandes vantagens na sua brilhante vida. Abraça-o com o maior entusiasmo, Spencer Vampré."[94]

Uma luz que se apaga. Homenagens

No inverno de 1964 – no mesmo ano em que faleceram os também juristas San Tiago Dantas, Sampaio Dó-

94. P. 446.

ria e Waldemar Ferreira –, dia 13 de julho, no Instituto Paulista, onde estava internado, Spencer Vampré, em razão de irreversível parada cardíaca, cerrou definitivamente os olhos, sendo o corpo trasladado para a sua querida Faculdade de Direito, onde se armou a câmara mortuária. Foi sepultado no dia seguinte, à tarde, no Cemitério São Paulo (quadra 48, terreno 75-A). Assim se completou seu destino e, da vida, passou à história. Com a morte de Spencer Vampré se poderá dizer o que ele mesmo um dia afirmou sobre outrem: "Que tesouros imensos se não perderam com a sua privilegiadíssima memória, que fontes inexauríveis de reminiscências, que formidável experiência de arquivos e documentos se não carrearam para o nada. E que projetos lhe não douraram a imaginação."[95]

Spencer Vampré morreu, pode-se dizer, pobre, deixando de herança tão-somente a modesta casa da rua Tupi, n.º 424, no bairro do Pacaembu, em São Paulo, como ainda alguns quadros adquiridos ao longo do tempo em exposições que gostava de freqüentar, partilhados esses bens entre a viúva, Oscarlina[96], e os herdeiros.

Na homenagem que lhe foi prestada pelo Tribunal de Justiça de São Paulo, em sessão plenária do dia 5 de agosto de 1964, entre outras manifestações de pesar e apreço que nasceram verdadeiramente do coração dos que o conheciam e admiravam, usou da palavra o então Desembargador, mais tarde Ministro do Supremo Tribunal Federal, Raphael de Barros Monteiro. Em seu discurso, lembrou que foi aluno de Spencer Vampré em 1926 (fo-

---

95. As palavras referiam-se a Affonso de Freitas; discurso publicado na *Revista do Instituto Histórico e Geográfico de São Paulo*, n.º XXVIII, p. 9.

96. A mulher de Spencer viveu cerca de seis anos mais, vindo a falecer em 30 de abril de 1970.

ram também da mesma turma João Batista de Arruda Sampaio e os juristas Oswaldo Aranha Bandeira de Mello e Edgard de Moura Bittencourt), ressaltando "seu coração boníssimo, o seu trato suave e ameno, a sua paciência, a par com a vastidão de seus conhecimentos, não só no campo do Direito, como no das ciências e da literatura"[97]. Pouco depois, na noite de 28 de agosto, em sessão solene realizada no salão nobre da Faculdade de Direito, o professor Goffredo Telles Junior, dos amigos o que mais sentiu sua falta, pronunciou, em nome da Congregação, a oração de saudade do querido mestre[98].

Por ocasião do centenário de nascimento de Spencer Vampré (24 de agosto de 1988), a Associação dos Advogados de São Paulo, o Conselho Seccional da Ordem dos Advogados do Brasil, o Instituto dos Advogados de São Paulo, a Academia Paulista de Letras, o Instituto Histórico e Geográfico de São Paulo e a Comissão de História das Arcadas promoveram uma sessão especial à sua memória no dia 25 de agosto de 1988, às vinte horas, na Faculdade de Direito da Universidade de São Paulo, oportunidade em que voltou a falar o professor e amigo Goffredo Telles Junior, bem assim o Desembargador Odilon da Costa Manso, manifestando-se pela família uma das filhas do homenageado, Maria Amélia Vampré Xavier. Com o mesmo propósito, o Tribunal de Justiça de São Paulo, em sessão plenária realizada em 27 de abril de 1988, prestou-lhe homenagem, tendo proferido discurso o Desembargador Sílvio Lemmi, ex-aluno[99].

Em homenagem a um dos mais importantes filhos da terra, ao fórum da Comarca de Limeira atribuiu-se, em

---

97. *RT*, vol. 348, 1964, pp. 597-8.

98. O texto desse discurso encontra-se publicado na *Revista da Faculdade de Direito*, USP, vol. 60, 1965, pp. 26-47.

99. A íntegra do discurso está publicada na *RJTJESP*, vol. 111/613-5.

1970, o nome de "Spencer Vampré", que também se vê na placa de uma das ruas do bairro da Freguesia do Ó, aqui em São Paulo.

É o patrono da cadeira n.º 38 da Academia Paulista de Direito (fundada em 4 de agosto de 1972), escolhido pelo primeiro titular, José Carlos de Ataliba Nogueira (1901-1983), que foi amigo de Spencer Vampré e, como este, Professor da Faculdade de Direito da Universidade de São Paulo e membro da Academia Paulista de Letras (cadeira n.º 29). Com a morte de Ataliba Nogueira, sucedeu-o na Academia Paulista de Direito o advogado e professor Waldirio Bulgarelli.

Em vida, Spencer Vampré recebeu as condecorações portuguesa da Ordem de Santiago e italiana da Coroa da Itália, obtendo também os títulos de comendador pontifício romano, cavaleiro da Ordem Portuguesa D. Henrique e da Ordem Cultural italiana. Em retribuição pelos serviços prestados a italianos no Brasil, foi agraciado por S.M. Vittorio Emanuele III com a insígnia de "commendatore". Em 1953 recebeu o diploma de sócio honorário da Academia de Letras da Faculdade de Direito da Universidade de São Paulo.

No ano de 2004, quando o presente trabalho foi concluído, completaram-se quarenta anos da morte de Spencer Vampré. Por essa razão, para que o evento não se diluísse no calendário como algo sem significado, é que se resolveu incluir-lhe o nome nesta obra, concebida para homenagear os grandes juristas brasileiros de todos os tempos.

Spencer Vampré foi advogado, jurisconsulto e jurista verdadeiramente grande. Foi mestre de muitas gerações, na cátedra e nos livros que escreveu. Na vida! Isto é, em uma palavra, o que ele foi em todos os setores em que atuou, glória maior que a mão do tempo não lhe poderá tirar: foi sempre mestre e é como mestre que esta obra o reverencia e é como mestre, enfim, que ele, com os tesouros literários que nos legou, ficará na nossa lembrança.

"Finis, laus Deo".[100]

---

100. Literalmente: "Fim, louvor a Deus". Com estas palavras, não raro encontradas no desfecho de livros antigos, Spencer Vampré encerrou seu último livro, *Do nome civil* (1935).

Waldemar Ferreira
Muitos homem em um

*Sérgio Marques da Cruz**
*Sérgio Marques da Cruz Filho***

Introdução

Enorme foi a dificuldade de sintetizar, no espaço de um artigo, a vida marcante e a grandiosa obra de Waldemar Ferreira. Quanto mais colhia dados acerca de sua atuação como advogado, jurista, mestre, legislador e político, mais facetas resplandecentes de sua brilhante personalidade se me deparavam.

---

* Advogado. Ex-Presidente da AASP (1974-1975) e Juiz (na classe dos advogados) do TRE de São Paulo nos biênios 1986-1988 e 1988-1990.

** Advogado militante, há 35 anos, na área do Direito de Família.

Senti-me extremamente honrado por receber, dos organizadores desta obra, o convite para adaptar, dando-lhe roupagem de artigo, o elogio feito, por meu saudoso pai, em 29 de novembro de 1978, no auditório da Associação dos Advogados de São Paulo, a seu patrono, o professor Waldemar Ferreira, por ocasião da assunção de sua cadeira na Academia Paulista de Direito. Aceitando essa incumbência, nela vislumbrei a oportunidade de, mantendo viva a chama da memória de quem me trouxe à vida, ensinando-me como melhor percorrer seus caminhos, aprofundar-me quanto ao conhecimento da trajetória exemplar do grande mestre do Direito, aqui biografado. Procurei, paralelamente à adaptação sugerida, introduzir, no texto final, elementos obtidos em artigos publicados à época do falecimento do insigne elogiado, deles extraindo dados que reputei conveniente inserir. Registro, por fim, meu agradecimento à minha colega de banca, dra. Ines Vicente de Azevedo Pisani, que muito me auxiliou nesta empreitada.

Imaginava conhecer bem Waldemar Ferreira, que nós, seus ex-alunos da Faculdade do Largo de São Francisco, tanto admirávamos ao sorver suas lições ao nos abeberarmos em seus livros. Vã ilusão, em face da imensa diversidade de seus escritos e da plurifacetada expressão de sua atividade.

Para que se tenha uma pálida idéia da extensão do trabalho a que me propus, basta compulsar a *Revista da Faculdade de Direito de São Paulo* (vol. XLV, 1950, em honra do professor Waldemar Ferreira no 25º ano de seu ensinamento), onde se encontra a homenagem prestada ao mestre Waldemar Ferreira, por ocasião de seu jubileu professoral, ocorrido em 1950. Naquela ocasião, já foram arroladas mais de cem obras jurídicas de sua lavra, sem contar pareceres, artigos de doutrina, notas bibliográficas, conferências, monografias e vasta quantidade de trabalhos forenses. Note-se que esse rol foi elaborado em 1950, após o que ele ainda produziu – e muito – até 1964, ano de seu falecimento.

Waldemar Ferreira, exímio esgrimista da palavra e ardoroso defensor de seus constituintes. Sempre empenhado no patrocínio das questões que abraçava, quer no âmbito profissional, quer no cívico, na defesa da causa pública, em que colocava seus invulgares dotes de inteligência a contínuo serviço dos mais nobres princípios de moralidade administrativa e da democracia, esta no seu mais puro e sublime conceito.

O jornalista com inspiração de poeta

Filho primogênito de João Crisóstomo Martins Ferreira e de dona Peironilha Olímpia de Oliveira, Waldemar

Martins Ferreira nasceu em 2 de dezembro de 1885, na Fazenda do Bairro do Agudo, em Bragança, província de São Paulo. Após as primeiras letras, ingressou, aos 13 anos, no internato do Colégio Nogueira da Gama, em Jacareí, para cursar o ginásio. Além de esplêndido aluno, que se destacou, de pronto, como orador em todas as solenidades colegiais, escrevia nos jornais literários da província, e, ainda ginasiano, proferiu uma palestra sobre Teófilo Braga e Sílvio Romero, com a firmeza de um crítico literário, segundo os comentários daqueles que anteviam, naquele jovem estudante, alguém predestinado ao desempenho de ingentes tarefas.

Pondo à mostra seu amor à filologia, mesclado de arroubo patriótico, compilou mais de um milheiro de verbetes de origem aborígene, para o *Vocabulário da língua brasileira.* Era o extravasamento do entusiasmo de quem, por todas as formas, transpirava civismo. Tal não significava, porém, jacobinismo, porque, mais tarde, ninguém o superou no respeito ao vernáculo, ao português bem escrito e bem falado.

Orador da turma de bacharelado em Ciências e Letras pelo Colégio Nogueira da Gama, em 1903, seguiu logo após para a capital, para se matricular na Faculdade de Direito do Largo de São Francisco. Seu pendor era todo para o jornalismo, empolgado pelos artigos de José do Patrocínio. Escrevia dentro e fora da Escola, no tempo que lhe sobrava entre o dedicado ao trabalho num cartório (para reforçar a mesada do pai) e os estudos.

Fundou o jornal *Santelmo* e colaborou em todos os periódicos e revistas acadêmicas, além de escrever artigos para a imprensa bragantina. E, como todos aqueles que tiveram a ventura de haurir aquela espiritual atmosfera das Arcadas, também foi poeta. Sim, porque, parodiando Bernardo Guimarães, quem passou pela Faculdade e não versejou, e apenas em prosa escreveu, passou pela vida acadêmica e não a viveu.

Ultrapassada a fase de calouro, Waldemar Ferreira deu descanso à pena de jornalista e à inspiração de poeta, passando a dedicar-se à oratória, e, naquele ritmo intenso da política universitária, viveu-a em "toda a sua intensidade" como ele próprio depôs.

Destacou-se a tal ponto que foi escolhido para ser orador do Centro Acadêmico XI de Agosto, representante da turma da qual egressaram, entre outros, Antonio de Sampaio Dória e Alvino Lima, futuros professores das Arcadas.

O advogado de fibra

Após colar grau em 2 de dezembro de 1908, voltou para Bragança, onde instalou sua banca de advocacia.

Casou-se com dona Wanda de Paula Ribeiro, sua prima, e, três anos depois, foi para São Paulo, a fim de radicar-se definitivamente. Seu escritório, dia após dia, foi-se consagrando com uma rapidez extraordinária, graças ao dom que o jovem causídico demonstrava: o de sentir desde logo as questões, aquilatando-lhes o mérito e as perspectivas, no entrechoque dos seus fatores positivos e negativos, como se fora o seu primeiro e último juiz, transmitindo ao cliente, dentro dos lindes do relativismo humano, confiança e incutindo, a si próprio, entusiasmo e firmeza. Sua atuação pertinaz fê-lo participar dos pleitos de maior expressão.

A mudança para São Paulo, bem como as conjunturas da praça mercantil daquela época, foi determinante no rumo que tomou a sua especialização profissional e carreira acadêmica, conforme ressaltou o autor (desconhecido) de artigo publicado no jornal *O Estado de S. Paulo*, por ocasião de seu falecimento e posteriormente transcrito em Notas e Comentários na *Revista dos Tribunais*, vol. 348, p. 587:

> ao fixar residência em São Paulo, grandes eram as apreensões do comércio desta praça, diante do desenvolvimento que atingia a indústria das falências fraudulentas. Quiseram os fados que os primeiros clientes da sua banca fossem justamente algumas firmas comerciais, das mais prejudicadas pelas falências irregulares. Prestando assistência profissional a essas firmas, teve necessariamente o advogado de aprofundar-se no estudo que dele faria, afinal, um dos maiores comercialistas que o Brasil já teve.

Com o mesmo entusiasmo devotado às causas de seus clientes, defendeu os interesses de sua classe, a cujos ideais serviu a ponto de ser fundador do Instituto dos Advogados de São Paulo e de pugnar fervorosamente pela criação da Ordem.

Entregando-se principalmente à matéria mercantil, tornou-se consultor dos comerciantes e da *Revista de Comércio e Indústria*, na qual eram publicados seus pronunciamentos sobre os mais importantes problemas dos empresários. Dessas consultas, pareceres e artigos, resultaram, em 1919, suas duas primeiras obras jurídicas: *Estudos de Direito Comercial* e *Manual do comerciante.*

O prefácio de *Estudos de Direito Comercial* foi da lavra de Carvalho de Mendonça, o maior comercialista brasileiro daquela época, que assim premiou seu autor:

> Não têm passado despercebidos os recentes estudos sobre a matéria comercial, apresentados por uma plêiade de jovens, notáveis pelo apuro do trabalho e pela louvá-

vel preocupação de manter a tradição do direito nacional. Entre os lidadores nessa obra patriótica concorrendo para aperfeiçoar o nosso direito comercial um dos que mais se distinguem é o Dr. Waldemar Ferreira, que reúne, agora, neste volume, os seus brilhantes escritos, bastantemente conhecidos e apreciados, sem favor, no nosso meio jurídico.

O livre-docente universitário

Já despontava o extraordinário doutrinador, cuja imensa obra se tornaria fonte obrigatória de consulta. Era o futuro mestre de Direito a, com a firmeza dos bem fadados, preparar-se para a grande façanha, o ingresso no quadro docente da Faculdade, da qual, havia onze anos, saíra como aluno. Sim, porque, no *Manual do comerciante*, publicou, além de pareceres, três dissertações (*O menor comerciante*, *Os credores privilegiados e o direito de requerer a falência* e *A hipoteca naval no Brasil*), que apresentara para o concurso que se realizaria para o preenchimento da vaga de lente substituto de Direito Comercial. A essa época, contava com apenas 23 anos de idade.

O concurso, ainda em 1919, marcou época, pois seu concorrente foi Otávio Mendes. Este último saiu-se vitorioso, sendo nomeado professor substituto da 6ª seção da Faculdade de Direito de São Paulo. Relata o próprio Otávio Mendes, em carta dirigida ao filho, que, na noite de 7 de maio, já proclamado o resultado, o candidato vencido, Waldemar Ferreira, em sinal de humildade, dirigiu-se à casa do vencedor para dar-lhe um abraço e tomar uma taça de champanhe: "gesto elegante e gentil que me penhorou ao extremo, e que mostra ser o rapaz um caráter nobre". Tal passagem mereceu lembrança na obra *Centenário de Octavio Mendes – 1869-1969* (Sylvia Mendes

Cajado e Octavio Mendes Cajado, São Paulo, s.d., 1969, p. 154).

Obteve Waldemar Ferreira, embora derrotado, o título de doutor e foi nomeado livre-docente da cadeira. Era o reconhecimento de seus méritos de clareza, simplicidade, método e erudição. Não se tratava de mera promessa de realizações, pois, quando ingressou no magistério superior, suas obras já eram disputadas pelos leitores, tanto assim que seus comentários intitulados *Das sociedades por quotas de responsabilidade limitada* alcançaram, no ano de 1919, em que foi baixado o Decreto n.º 3.708, quatro edições: a primeira na *Revista de Comércio e Indústria,* a segunda na *Revista Jurídica,* a terceira nos *Estudos de Direito Comercial* e a quarta como libreto isolado.

Em seus comentários a esse diploma legal, que introduzia um novo tipo de sociedade mercantil, começou criticando a precipitação com que o projeto fora sancionado, sem detido estudo e prévia discussão. Censurou a nova lei por suas contradições e lacunas e previu – no que o futuro lhe daria razão – o tormento que o comércio e os tribunais enfrentariam. Pôs o autor, a serviço da análise do texto legal, toda a sua experiência de militante da advocacia e o conhecimento dos antecedentes legislativos da Inglaterra, Alemanha, Portugal, Áustria, Suíça e Itália. Não deixou, porém, de exaltar as vantagens da nova lei, que Cesare Vivante e os membros da comissão encarregada de opinar sobre o novo Código Comercial da Itália de 1922 haviam exalçado.

Desde o início de sua advocatura, Waldemar Ferreira não deixou, felizmente, de publicar seus arrazoados forenses, que passaram a enriquecer as bibliotecas. Rápida menção aos temas neles abordados mostra como, independentemente de suas primeiras obras jurídicas e antes mesmo da conquista da livre-docência, o advogado Waldemar Ferreira já se projetava, no Estado de São Paulo e noutros Estados, na capital e nas comarcas interioranas, como aguerrido batalhador nas lides forenses: *O penhor sobre fundos de comércio; Uma questão possessória; O direito de edificar e sua regulamentação pela municipalidade; Contra uma concordata; Da convocação de credores; Da hipoteca na falência; A posse do Barreiro; Da exclusão de condômino, em ação divisória, por abandono de direito; Do registro de firma para o requerimento de falência;* e *Da falência das sociedades irregulares.*

A assunção da livre-docência não o afastou, nem um milímetro sequer, de sua banca. Ao contrário, tornou cada vez mais reluzente sua pena e vigorosa sua palavra, como bem o demonstram seus novos trabalhos: *Do valor das contas mercantis; Da prova da verdade nos crimes de calúnia; Um caso de apropriação indébita; Uma questão de competência; Do depósito como meio de evitar a falência; Uma impugnação de crédito; Destituição de liquidatário; Da reivindicação na falência; Do privilégio dos despachantes; Uma questão de água; Do regime de bens do estrangeiro; Da reserva de bens em inventários; Arame farpado é ferragem?; Da alegação de perda de títulos em executivo cambiário; um caso de recurso extraordinário; Da imitação de marca de fábrica; A marca Sanguigenol e seus imitadores; Dos empréstimos municipais mediante letras de câmbio; O chocolate Lacta e os imitadores de sua etiqueta Andorinha, um caso de fraude contra credores; O novo regulamento da propriedade industrial (Uma campanha da Associação Comercial de São Paulo); Do nome comercial como marca de fábrica; Em prol de uma instituição de caridade; Liquidação de sociedade; As terras do Ribeirão Doce;* e *Da autorização judicial para vendas de massas falidas.*

O catedrático entusiasta

Era chegado o momento de disputar a cátedra de Direito Comercial. Respeito obtivera, e muito, ao sustentar as três teses de livre-docência: *Os credores privilegiados e o direito de pedir a falência* e *A hipoteca naval no Brasil*, propostas por Frederico Vergueiro Steidel, e *O menor comerciante*, pelo terceiro examinador, Gabriel de Rezende.

Preparou-se, em 1927, para a disputa do lugar que fora de Frederico Steidel e nesse mesmo ano publicou o *Curso de Direito Comercial*, em dois volumes, condensando os ensinamentos que ministrara nos dois anos anteriores, durante a regência interina da cadeira. Sentia-se maduro para a assunção do cargo de professor titular, porque, como ele mesmo já dissera na primeira aula proferida como substituto de Steidel, em 18 de maio de 1925: "Com a prática do ensino é que se faz o professor. Para ensinar não basta saber. É necessário o condão misterioso que põe em vibração os espíritos, para que entre eles se opere a transfusão dos conhecimentos. Ensinar é muito mais que semear."

Com certeza Waldemar Ferreira tinha, entre seus inúmeros dons, o da "transfusão de conhecimento", da linguagem didática. Suas explicações eram de tal clareza cristalina, que muitas de suas lições são lembradas até hoje por aqueles que foram seus alunos. Também famoso por sua severidade, conta-se nas Arcadas que era extremamente rigoroso no controle de presença em suas aulas.

Um de seus discípulos assim o definiu:

> Professor de Direito, sois com dedicação e competência notáveis. Fazeis de vossa cátedra um púlpito para o ensino da ciência. Galgais os seus degraus todos os dias, a horas certas, como o religioso os do altar para suas ora-

> ções cotidianas. O vosso saber, nunca o julgais bastante, tanto que estais sempre a aumentá-lo e a aprender para instruir. Tendes um deleitamento em ensinar, um orgulho do vosso professorado, um entusiasmo pela vossa escola, uma disciplina universitária no vosso espírito, que de vós fazem uma figura singular de mestre. Pertenceis à Faculdade de Direito de São Paulo e podeis dizer, sem exagerações ou mal entendidos, que ela também vos pertence! (*in* artigo, de autor desconhecido, publicado no jornal *O Estado de S. Paulo*, por ocasião de seu falecimento, e posteriormente transcrito em Notas e Comentários na *Revista dos Tribunais*, vol. 348, p. 587).

As duas dissertações destinadas à conquista da cátedra submeteram-se aos temas: *Da responsabilidade civil da massa falida por culpa de seus representantes* e *Sociedades comerciais irregulares*. Sua simples enunciação demonstra a importância das teses enfrentadas, quer pelo caráter inédito da primeira, quer pelo pragmático da segunda, pois grassavam sociedades mercantis à margem da legalização e impunha-se a necessidade de disciplinar sua situação.

Em *Sociedades comerciais irregulares*, levantou, logo no intróito, três questões de manifesta relevância: a) As sociedades irregulares são pessoas jurídicas e os sócios de responsabilidade ilimitada são pessoas distintas da pessoa jurídica-sociedade? b) Como se justifica que a falência da sociedade importe, *ipso facto*, a falência daqueles sócios? c) Da responsabilidade dos sócios solidários pelas dívidas sociais: é uma responsabilidade solidária ou subsidiária?

Imagine-se, quanto à tese da responsabilidade civil da massa falida pelos atos culposos de seus representantes, o calor de sua defesa, em face da acirrada divergência de opiniões a tal respeito. Enfrentava Waldemar Ferreira o entendimento de Carvalho de Mendonça, que encarava os liquidatários e síndicos como órgãos da massa falida, com função administrativa, e não apenas como mandatários dos credores. Chocavam-se assim duas idéias diametralmente opostas no campo da responsabilidade.

Conquistou a cátedra de Direito Comercial e logo pôs à mostra seu profundo apego às tradições da velha Escola. Produziu, em homenagem ao seu centenário, memorável levantamento da história do seu corpo docente, desde a sua fundação: *A Congregação da Faculdade de Direito de São Paulo na centúria de 1827 a 1927*, publicado em 1928, em separata da revista daquela Casa.

O democrata inquebrantável

Sua atuação prosseguiu intensa, tanto a de autor de preciosos pareceres que mandou imprimir sob o título *Questões de Direito Comercial*, em duas séries, a primeira em 1930 e a segunda em 1932, quanto a de advogado, cujos arrazoados continuaram enfocando problemas de inegável interesse: *Desfazendo razões de mau pagador; Defendendo um crédito hipotecário; Por uma suposta apropriação de três centímetros de terreno; A propósito de remuneração de mandatários; Do direito do interessado à sua remuneração; A responsabilidade por acidente no transporte gracioso de automóvel; Rejeição de empreitada; O fracasso dos carneiros hidráulicos Jordão; A conferência de bens de sócio e a sociedade leonina; A concordata terminativa de falência anterior à lei nova e a sua sujeição ao regime desta; A propósito de um cheque; O endosso pignoratício de conhecimentos ferroviários; A caução de conhecimentos por comissários de café; O requerimento doloso de falência e a obrigação de indenizar; As modificações da firma social e a subsistência da personalidade jurídica; As sesmarias e as terras devolutas; A suspensão dos embarques de café e os contratos de compra e venda; Um caso de procuração em causa própria;* e *Da responsabilidade de sócio comanditário.*

Houve, porém, um hiato em sua advocatura, como conseqüência de seu exílio político, ocorrido logo após a Revolução Constitucionalista de 1932. Somente em 1935 voltou a publicar seus trabalhos forenses, com *O pacto de retrovenda e o direito de resgate* e *As Pílulas Xavier e as anemias verminosas.*

A serviço da Associação Comercial de São Paulo, havia redigido o anteprojeto de lei de falências, que viera a ser, fundamentalmente, a base da reforma de 1929; e, em 1930, quando o Brasil enfrentou a catastrófica crise do café, Waldemar Ferreira fora um dos elaboradores do projeto que veio a ser a lei reguladora do conhecimento de transporte como título de crédito, salvação jurídica para as graves questões surgidas. Essa nossa lei, de 1930, foi, no dizer do professor Sylvio Marcondes Machado, "uma antecipação do Direito brasileiro às recomendações do Congresso de Washington, de 1931".

Desde cedo, em 1917, foi paladino da representação popular e da justiça social, que condicionava a um pressuposto: a autenticidade do voto secreto. Cerrou fileiras na Liga Nacionalista, de cuja fundação participou, sob o comando do mestre Frederico Steidel, que oito anos mais tarde substituiria na Faculdade. Era o começo de uma carreira brilhante, respeitável e sem jaça, de perfeito homem público. Em 1926, redigiu a ata de fundação do Partido Democrático, resultado daquela campanha da Liga Nacionalista. Foi um dos dirigentes, desde logo, do novo partido e levou sua palavra inflada de entusiasmo a diversos pontos, de norte a sul, pregando os ideais de uma, conforme dizia, "revolução branca, a revolução de consciências". Infelizmente, ela tornou-se, em 1930, movimento armado, que culminou, porém sempre idealista e pura, na Revolução Paulista de 1932, que, embora derrotada na luta física, foi vitoriosa no campo das idéias, gerando o constitucionalismo, mais tarde consagrado.

Foi Secretário da Justiça do Governo revolucionário e presidente do MMDC. Daí resultou seu desterro, mas não seu ostracismo, pois, como é bem próprio da mocidade do Largo de São Francisco, os alunos continuaram a respeitá-lo, escolhendo-o paraninfo da Turma de 1932, e dele receberam os conselhos mantidos na memorável oração cívica "Palavras do Exílio".

Perdemos o advogado e o professor, porém, por ser próprio, de quem luta e produz, não parar, Waldemar Ferreira dedicou todo o seu tempo aos estudos doutrinários dos quais resultaram duas obras de imenso valor: uma, *Diretrizes do Direito Mercantil brasileiro,* logo em 1933, condensando uma série de cinco conferências pronunciadas na Sala dos Atos Grandes da Faculdade de Direito da Universidade de Lisboa (nela apontou a evolução do nosso Direito Comercial desde sua formação, com a chegada de Dom João VI ao Brasil, as medidas governamentais em prol do desenvolvimento das sociedades mercantis e a abolição da escravatura, até ao incremento da cultura do café, o desenvolvimento da indústria fabril, culminando num estudo sobre o instituto falimentar e as novas tendências, inclusive na área das leis trabalhistas); outra foi o preparo do primeiro volume do monumental *Tratado de Direito Comercial brasileiro,* que viria a público em 1934 (era a "Parte Geral", pórtico de uma construção jurídica de que o Direito brasileiro se orgulharia em todos os tempos).

Ele próprio, ao explicar as origens do *Tratado,* citou as palavras de saudação que foram endereçadas aos estudantes lisboetas pelo professor Abel de Andrade, quando lhes apresentou o mestre brasileiro e referiu-se ao fato de ainda não ter produzido "um grande tratado de Direito Comercial". Nelas Waldemar Ferreira apontou o motivo acicatado de se haver entregue a tão ingente empreitada.

Quando, de retorno ao país, em novembro de 1933, pisou o solo pernambucano, foi levado em triunfo pelos estudantes do Recife, em cuja Faculdade de Direito pronunciou a conferência "O problema da autoridade na Reforma Constitucional".

Como presidente do Partido Democrático, instalou seu IX Congresso e, unindo suas forças às da Aliança Nacional e da Federação dos Voluntários, fundou o Partido Constitucionalista. Vieram as eleições de 1934 e foi, por ele, eleito deputado federal, com tanto prestígio que, além de líder da bancada, foi guindado à presidência da Comissão de Justiça.

Extintos os partidos, pelo golpe de 1937, teve – naquela atmosfera irrespirável da ditadura – de ater-se apenas à cátedra, à produção literária e à advocacia. Por não haver grilhões que segurem as idéias, foi havido como inimigo do regime e, após ser preso, perdeu a cátedra, em janeiro de 1939, por ato governamental que o aposentou compulsoriamente. A Faculdade homenageou-o por sua congregação – à unanimidade – e no dia 11 de agosto recebeu o abraço dos estudantes. Como as injustiças não têm, por sua própria natureza, o condão de se eternizar, o ignominioso decreto de sua aposentadoria foi anulado em maio de 1941, voltando a lecionar Direito Comercial, no curso de bacharelado, e História do Direito Nacional, no de doutorado. Suas qualidades de historiador ficaram bem patentes na *História do Direito brasileiro,* em quatro tomos, na *História do Direito Constitucional brasileiro,* em *O Direito Público colonial do Estado do Brasil sob o signo pombalino (1960)*, como primeiro volume da 3.ª edição da *História do Direito brasileiro, As capitanias coloniais de juro e herdado.*

Pouco tempo depois de ser aposentado compulsoriamente, em 3 de abril de 1956 recebeu o título de professor emérito, que lhe fora conferido pela Egrégia Congregação. Na sessão solene de abertura dos cursos jurídicos, presidida por Alvino Lima, seu colega de turma, foi saudado por Honório Monteiro, tendo o homenageado proferido discurso de agradecimento (*Revista da Faculdade de Direito*, USP, vol. LI, 1956, pp. 299-313).

O doutrinador extraordinário

De volta à trincheira de advogado e ao posto de mestre, continuou escrevendo, além dos demais volumes do seu *Tratado*, outros livros, um deles estranho à área mercantil, *O casamento religioso de eleitos civis*, e outro, em dois volumes, *O loteamento e a venda de terrenos em prestações*, dedicados à análise do Decreto-lei n.º 58, de 1937, e ao Decreto n.º 3.079, de 1938, que o regulamentou. Quanto a este último, teceu crítica ao que bem caracterizaria – para desdita nossa – o futuro legislativo deste país: a capacidade de um regulamento, absurdamente, dizer mais do que a lei regulamentada, e até contra ela.

O confronto dessas matérias, estudos sobre loteamento e casamento religioso com efeitos civis, com a versada habituadamente por Waldemar Ferreira, a mercantil, bem realça quão vivaz e atilado era seu espírito de criador e analista, caracteres bem próprios de quem se mostrou, acima de tudo, um advogado, aquela criatura que não se contém diante de assunto algum cujo deslinde esteja a exigir um pronunciamento. É a *vis attractiva* irresistível, que impele o advogado a viver intensamente todos os problemas regradores da conduta humana. E não foi em razão de algum caso concreto, para o qual houvesse sido constituído patrono, que a obra sobre os efeitos civis do matrimônio religioso veio a lume. Empolgou-o o tema e foi o quanto bastou para a profunda exegese da questão e o alcance de uma conclusão sábia: não se compreender que, independentes o Estado e a Igreja, não houvesse dispositivo de lei civil que regulasse a validade do ato religioso, sob pena de este ser considerado sobrevalente. O mesmo ocorreu quanto aos dois volumes acerca do loteamento e da venda de terrenos em prestações. Levou-o a escrevê-los o clamor público que a questão levantara, no desabrochar de uma nova era de progresso dos centros urbanos, a exigir lei que disciplinasse juridicamente a criação e o crescimento das minicidades e protegessem aqueles que depositassem confiança nos responsáveis por tais empreendimentos imobiliários. A Waldemar Ferreira deve-se a autoria do Projeto de lei de 9 de junho de 1936, que veio a se converter no Decreto-lei n.º 58, de 10 de dezembro de 1937, até hoje em vigor. Tinha sido eleito, em 1935, deputado federal por São Paulo, e, nos três anos em que esteve na Câmara como presidente da Comissão de Constituição e Justiça e no plenário, suas manifestações, seus pareceres e projetos enriqueceram as páginas do *Diário do Poder Legislativo* e dos *Anais da Câmara dos Deputados*.

Em 1937, no auge da implantação do "Estado Novo" getuliano, somente o vol. XXXIII da *Revista da Faculdade de Direito* pôde, em separata, publicar, pois a censura não permitiu sua divulgação, um brado de revolta, sob o título "O estado de assembléia e o estado de guerra".

Sempre patrocinando, anos afora, as mais importantes causas do foro paulista, continuou a publicar seus arrazoados: *A renovação judicial dos contratos de locação de prédios ocupados por estabelecimentos comerciais; Ação de dissolução de sociedade; O direito insurrecional do acionista; Renovação judicial de arrendamento; Fixação do aluguel na renovatória judicial de arrendamento; A inadmissibilidade da execução de sentença pelo próprio recorrente; O crime de falsidade e seus elementos; A adjudicação de bens imóveis em processo de inventário de espólio; A sublocação parcial do prédio do estabelecimento comercial e a indenização por sua tomada; Os direitos e obrigações de comprador do prédio sujeito a propriedade industrial.*

Em 1938, demonstrando que sua atividade parlamentar não o distanciara do campo úbere de sua produção, deu a público seus comentários sobre projetos de lei que tivera o ensejo de examinar na Câmara, enfeixando-os nos dois volumes de *Código das sociedades comerciais*, embora esse trabalho não tenha cuidado apenas da proposição legislativa que remodelava as sociedades anônimas, pois conteve também críticas a outros projetos: um que regulava os contratos de compra e venda de bens móveis a prestações; outro que visava à criação dos cartórios dos síndicos judiciais; um terceiro que protegia os incautos em face da cupidez das "sociedades de economia coletiva"; e, finalmente, um que tratava da proibição de fornecimento de dados relativos a protesto de títulos de crédito. Sempre pondo à mostra seu acendrado espírito público, todas as suas críticas, no confronto entre os interesses individuais e os coletivos, a estes davam prevalência, como, por exemplo, ao açoitar empresas de poupança que não passavam de arapucas prontas a colher cidadãos de boa-fé, ao se insurgir contra a criação de cargos de síndicos judiciais, e, na defesa do comércio, onde a probidade deve ser o fanal a iluminar os passos quer do comprador, quer do vendedor, ao atacar tanto a idéia de abolição do pacto de reserva de domínio, nos contratos de compra e venda de coisas móveis a prestações, e a de, no caso de *mora debitoris,* conversão desse contrato em outro, de locação, quanto, para salvaguarda do mundo dos negócios, a idéia de manter-se em sigilo a impontualidade de alguém.

Ainda em 1938, ingressando numa área nova, em que poucos haviam atuado, Waldemar Ferreira, talvez devido aos estímulos recebidos durante sua fase de legislador, lançou o primeiro volume de *Princípios de legislação social e Direito Judiciário do Trabalho,* contendo desde um escorço histórico sobre as primeiras leis sociais brasileiras, o patronato agrícola, os tribunais rurais de São Paulo, de feitio paritário, os contratos coletivos e os sindicatos e associações profissionais, até, com conclusões objetivas, o funcionamento dos órgãos jurisdicionais trabalhistas, ou seja, as comissões mistas de conciliação, as juntas e sua competência, e o processo, tudo pelo prisma do anteprojeto governamental de 1937 e da Exposição de Motivos ministerial; e, no ano seguinte, o segundo volume com comentários, artigo por artigo, ao Decreto-lei n.º 1.237, de 2 de maio de 1939, que organizou a Justiça do Trabalho, e ao Decreto-lei n.º 1.346, de 15 de junho de 1939, criador do Conselho Nacional do Trabalho e suas Câmaras, uma de assuntos laborais, e outra de previdenciários, além de notas bibliográficas.

A tal ponto se aprofundou no assunto que passou, quer no país, quer no exterior, a ser considerado especialista em legislação social.

Estava no auge de sua produtividade e, com afinco, dedicava-se ao seu *Tratado.* O segundo volume, sobre o comerciante, esgotou a análise da exata configuração técnico-jurídica da sua natureza, diante de todos os sistemas doutrinários e do Direito Positivo existentes. Viu o comerciante segundo o sistema subjetivo, o misto, o português dos Códigos de 1883 e 1888, o alemão, o formalista, o do Código espanhol de 1885 e o brasileiro, exigente este dos requisitos de capacidade jurídica e profissionalização, e concluiu ser o sistema brasileiro o mais acertado, porque, ao contrário daqueles que propugnam pela unificação do Direito Privado, a mercancia, como atuação profissional propiciante de regalias e, ao mesmo tempo, graves responsabilidades aos que a exercem, não se confunde com a atividade rotineira do cidadão comum. Por conseguinte, ao pregar maior atenção dos legisladores e dos tribunais à fixação precisa das condições de regulamentação profissional do comércio e dos requisitos para o seu exercício (nome, idade, nacionalidade, domicílio e crédito público), além da publicidade e do controle através do Registro de Comércio e Juntas Comerciais, finalizou apontando as inarredáveis obrigações profissionais a que o comerciante deve estar sujeito: o registro de suas operações, o balanço anual e o arquivo da documentação. Não deixou de enfrentar os mais tormentosos problemas de capacitação para o comércio, desde seu exercício pelos relativamente capazes até as proibições impostas aos funcionários públicos, falidos, corretores, oficiais e outros.

Em face da calorosa discussão sobre o controvertido problema da sociedade entre marido e mulher, após afirmar a inexistência de lei impeditiva, reconhecendo porém a supremacia do princípio da inalterabilidade do regime matrimonial de bens, só a admitiu sob as seguintes condições: a) que não colida com o regime de bens do casamento; b) que não ofenda o poder marital; e c) que não prejudique os direitos do filho do leito anterior, se houver.

Suas obras, como suas aulas, timbraram pela clareza e pelo método, numa linguagem escorreita e límpida. Com tais características, tão logo surgiu, em 1940, a Lei das

Sociedades Anônimas, meritório Decreto-lei n.º 2.627 que tantos elogios recebeu durante a discussão do novo diploma legal, a Lei n.º 6.404, Waldemar Ferreira expôs, na introdução de *Compêndio de sociedades mercantis*, considerações históricas acerca da transformação das sociedades anônimas na Alemanha, desde 1937, em prol de maior poder para os órgãos executivos. Isso aliás em consonância com o feitio ditatorial do governo daquele país, naquela época, em contraposição às idéias democráticas do século XIX, tão realçadas por Georges Ripert, que haviam sido transfundidas para os preceitos relativos ao funcionamento, à competência e à autoridade das assembléias das companhias. Captou ele, com absoluta precisão, essa diferença no trato dos problemas que convulsionam a vida de uma sociedade por ações e, em conclusão, coerente com o seu senso democrático, ínsito em sua formação humanística, condenou toda e qualquer forma despótica de limitar os direitos do acionista, ou de atrelar as companhias aos comandos administrativos do Estado. Não deixou, todavia, antevendo os preceitos da Lei n.º 6.404, de 1976, de realçar o elevado interesse público que deve nortear os destinos das sociedades anônimas.

O livro *Compêndio das sociedades mercantis* foi republicado em 1942, em três volumes, o primeiro referente às sociedades de pessoas e os outros às sociedades anônimas. Dedicou-lhe Eduardo Couture elogios de toda sorte, culminando com estas palavras, em carta que lhe dirigiu:

> El livro ha crecido como la bola de nieve y estoy seguro que siguirá creciendo para felicidad suya y bienestar de los abogados del Brasil. Además hay, por último, un punto que no quiero silenciar: es la forma tan sutil como ud. puede conciliar el caracter brasileño y universal, al mismo tiempo, de su libro.

Éramos seus discípulos quando, em 1944, sequiosamente, corremos à livraria para comprar os dois primeiros tomos das *Instituições de Direito Comercial,* que haviam saído do prelo. Abeberamo-nos dos seus ensinamentos sobre o estatuto do comerciante e da sociedade mercantil, e sobre o estabelecimento comercial, as operações mercantis e os títulos de crédito. Eram como se fossem mimos com que ele nos tivesse presenteado, pois disse, no prefácio, ser um "curso sumário e sintético, de natureza didática", referindo-se às notas de suas preleções. Suas palavras estavam repletas de modéstia, porque, embora sua intenção possa ter sido essa e a forma tenha sido didática, tal circunstância não minimizava a importância do trabalho. Não era simples coletânea do que seriam apostilas de aulas. Era um autêntico tratado repleto de ensinamentos, sobre os quais até hoje todos nos debruçamos.

O continuador de Carvalho de Mendonça – assim por todos considerado – teve, diante de si, problemas novos e concepções originais, ambos resultantes da transição por que passava o mundo. Conseqüentemente, preocupou-se, acima de tudo, com o aspecto público do Direito Comercial, como bem se percebe no trato da indústria da navegação marítima e aérea (3.º volume das *Instituições,* 1945) e da falência (4.º volume, 1946), a exemplo do que já revelara no *Tratado das debêntures,* onde destacou a necessidade de rigor na fiscalização da emissão desses títulos e apresentou temas novos, como o da "debênture mista" ou conversível em ações.

Em 1948, foi publicado mais um tomo a ser acrescido ao segundo volume das *Instituições,* para tratar dos contratos mercantis e dos títulos de crédito, e o quarto volume, dedicado à falência. No concernente aos contratos, o autor estudou todos os tipos de contrato mercantil, desde o por correspondência e a oferta pública até o silêncio na formação do elo contratual e o contrato de adesão. Quando atingiu os títulos creditícios, empolgou-se na exposição dos característicos fulcrais da duplicata, por ser uma criação do Direito Comercial brasileiro.

Prosseguia, entretanto, o erguimento do seu monumental *Tratado,* que já passava ao terceiro volume, no compasso firme e resoluto de quem estava certo de atingir a meta final.

No ano seguinte, terminou as *Instituições,* com o terceiro volume acerca da navegação marítima e aérea. Rotondi, ao comentá-lo, frisou serem as *Instituições,* dada a profundidade alcançada por Waldemar Ferreira, título modesto, pois, em rigor, era um autêntico tratado, graças à orgânica distribuição da matéria versada, além da atualidade e do rigor dogmático de sua construção, tudo a enriquecer a literatura comercialística internacional.

Havia, em 1945, renascido a democracia em nosso país, e ele não se desprendera dos assuntos do Direito do Trabalho. Escreveu, para a *Revista de Ciencias Jurídicas y Sociales* da Universidade do Litoral da Argentina, em separata, "El problema del trabajo en la Constitución Brasileña de 1946".

No campo político, fora um dos fundadores da União Democrática Nacional, em cuja direção ficou até 1956, quando renunciou à presidência da seção paulista.

Era produtor de fôlego. Continuou escrevendo e advogando com afinco. Seus pareceres foram cada vez mais disputados e viriam a ultrapassar quinhentos. As novas edições das *Instituições* eram carinhosamente revistas e aumentadas, para um impecável acompanhamento da evolução do Direito Positivo e das concepções doutrinárias.

O jurista sem fronteiras

Como jurista, sua palavra atravessou nossas fronteiras.

De retorno à nossa terra, após amargar o exílio, trouxe o título de Doutor *Honoris Causa* da Universidade de Lisboa, que só três juristas estrangeiros haviam recebido: Leon Duguit, Louis Josserand e Edouard Lambert. Tal circunstância foi destacada pelo magnífico reitor Caeiro da Mata, por ocasião da outorga da láurea:

> Nos actos mais solenes das antigas Universidades os professores não se limitavam a aparecer com o traje comum acadêmico. Desde muito cedo, a imposição das insígnias correspondentes ao supremo grau universitário – capelo, barrete com borla e anel – mais simples na Sorbonne do século XIII, mais luxuoso nas Universidades da Península, sobretudo a partir do século XVII, constituía uma das mais festivas e mais solenes manifestações da vida acadêmica.
>
> Nesta festa de hoje, a Universidade de Lisboa confere a V. Exa. o barrete, reminiscência do antigo capelo de ramos e bácoro e de louro entrelaçados, à qual Camões alude no Canto 111 dos *Lusíadas,* na estrofe 87, e que é o símbolo da coroa triunfal dos notáveis trabalhos científicos de V. Exa.; o capelo representa bem o esplendor da sua alta e notabilíssima cultura; o anel é o símbolo da nossa, doravante estreita confraternidade científica. Ao lado dos nomes dos eminentes Professores Duguit, Josserand e Lambert, o nome de V. Exa. fica indelevelmente inscrito nos anais da velha Universidade de Lisboa.

A editora Francesco Vallardi, de Milão, e a Antonio Milani, de Pádua, divulgaram, como separatas, o trabalho de Waldemar Ferreira intitulado "Il Diritto Cambiario brasiliano" e "La Legge Uniforme de Ginevra", extraídos, respectivamente, da *Rivista de Diritto Commerciale* (1959) e dos *Studi in Memoria di Lorenzo Mossa* (1961). E, na coleção portuguesa *Scientia Iuridica,* de Braga, foi incluído "A ilicitude do preenchimento abusivo da letra de câmbio ou nota promissória em branco" (1959).

Pronunciou conferências na Universidade de Havana, em 1946, sobre o episódio do Direito brasileiro no panorama do Direito ibero-americano; na Ordem dos Advogados de Lisboa, em 1948, onde abordou o tema "O conteúdo econômico da Constituição brasileira de 1946". Novamente em Havana, em 1956, na Academia Interamericana de Direito Comparado e Internacional, ministrou o curso "A sociedade de economia mista no seu aspecto contemporâneo"; e, numa derradeira visita a Portugal, relatou, no V Colóquio Internacional de Estudos Luso-Brasileiros, em Coimbra, a tese *Política de proteção e elevação das raças exóticas nos séculos XVI a XVIII,* e abordou os temas "O estatuto dos advogados brasileiros", "A Lei Antitrústica brasileira" e "O estatuto da mulher casada brasileira".

Observador arguto, não jogou ao léu suas impressões sobre os diferentes povos que conheceu. Escreveu *Por ceca e meca e olivais de Santarém,* onde pôs à tona seus dotes de exímio cronista.

O comercialista sem igual

As *Instituições* estavam prontas e, embora Rotondi as visse como um tratado de Direito Mercantil, assim não a entendia Waldemar Ferreira. Por isso e pelas circunstâncias de o nosso Direito Positivo ter-se enriquecido pelo advento de novos diplomas legais, e de a matéria mercantil ter recebido o bafejo de novas concepções doutrinárias, no âmbito internacional, ele entregou-se de vez ao propósito de completar seu *Tratado,* cuja elaboração suspendera em 1948. Escreveria mais doze volumes, totalizando os quinze que compõem – pode-se afirmar seguramente – a mais valiosa obra de Direito Mercantil de nossas letras jurídicas, a que Jean Escarra e Roger Houin, na *Revue Trimestrielle du Droit Commercial,* de Paris, se referiram com estes encômios: "Monumental tratado de direito comercial, em que o sábio e fecundo jurista brasileiro expõe sua doutrina", e onde, "sobre cada uma das questões, se encontra, nessa obra magistral, exposição legislativa e doutrinária do maior valor, que não surpreende os que conhecem a sabedoria do seu autor."

Revelou-se Waldemar Ferreira, na evolução do seu *Tratado,* um espírito permeável ao progresso do Direito, máxime quanto aos institutos fundamentais, como o da empresa, cuja conceituação outrora assentava sobre os elementos constitutivos da mercancia, segundo a concepção francesa, ou seja, sobre os atos de comércio pela própria natureza, assim apontados pelo velho Regulamento 737, de 1850: operações de fábrica, de comissões, de depósito, de expedição, de consignação, de transporte e de espetáculos públicos. Assim entendera Waldemar Ferreira, na primeira edição de 1934. Porém, na segunda, em 1948, como argutamente observou o professor Sylvio Marcondes, ele conceituou a empresa não pelos imperativos do Direito Positivo, e sim pela análise dos atos, para, em seguida, confrontar a configuração do *estabelecimento* com a da *empresa.* Foi à *azienda* do novo Código italiano e ao *fonds de commerce,* e concluiu ter-se desagregado do moderno conceito de estabelecimento, o de empresa, superposto ao daquele, a ponto de uma só empresa poder formar-se de vários estabelecimentos. E, lançando uma pá de cal sobre a discussão em torno da possibilidade de se falar em personalidade jurídica da empresa, asseverou, com firmeza própria dos iluminados: "Não a possui, em verdade. Não a possui, porque é coisa. Coisa universal, mas coisa. E coisa não pode ser *sujeito*, mas tão-somente *objeto* de direito. Sendo *objeto*, não tem, não pode ter personalidade jurídica."

E acrescentou: "Confundem-se, no comum, o empresário e a empresa: e, quando o estabelecimento é um só, confundem-se o empresário, a empresa e o estabelecimento. A sinédoque é inseparável do raciocínio e de sua expressão."

A tal ponto foi Waldemar Ferreira influenciado pelo aspecto econômico do problema, que pediu um lugar ao sol, "saliente e inconfundível, para um direito novo – o *direito da empresa*". Sofreu, de início, a influência da corrente propugnadora do chamado Direito Econômico, mas, no sexto volume do *Tratado*, estratificou de vez sua lição sobre a matéria, neste trecho claro e objetivo:

> Revela o exame das três situações em apreço (estabelecimento, empresa e empresário), como já se demonstrou até graficamente, similitude com a que se encontra em círculos concêntricos. Tem-se, partindo do centro para a periferia, o estabelecimento, circunscrito pela empresa, e esta pela pessoa natural ou jurídica, mercê de cuja vontade aqueles se instituem e movimentam-se. São três momentos ou expressões do mesmo fenômeno comercial, econômico-social e jurídico. Ostentam-se no centro os bens, corpóreos e incorpóreos, que constituem o estabelecimento, como universalidade de fato. A empresa superpõe-se-lhe como organização do trabalho e disciplina da atividade, no objetivo de produzir a riqueza, a fim de pô-la na circulação econômica. Tudo isso, porém, se subordina à vontade e às diretrizes traçadas pela pessoa natural ou jurídica, que as haja organizado, sujeito ativo e

passivo das relações jurídicas, tecidas pela empresa, no funcionamento do estabelecimento produtor dos lucros, pelo comerciante, como empresário, procurados e obtidos. Não pouco o estabelecimento se confunde com a empresa, notadamente quando mais de um inexiste. Basta, porém, se desdobre ele em sucursais, filiais ou agências, para que a noção de empresa se desprenda do estabelecimento e o envolva, emprestando-lhe halo ou coifa, superposta e bem visível, a despeito de externar-se abstrata e imaginariamente, por não ser mais que criação jurídica, social e, nos dias atuais, de muito alvo significado político. Enquanto o estabelecimento se pluraliza, desdobrando-se, a empresa contrai-se, unificando-se e envolvendo-o. De certo modo, individualiza-se tomando o lugar de proprietário dos estabelecimentos, agindo e operando como se fosse ele, quando não é mais do que sua sombra ou reflexo.

O doutrinador eclético

Como seriam necessárias muitas páginas para abordar todos os temas focalizados em seus demais escritos, limito-me a mencioná-los por seus títulos, para uma visão panorâmica de sua extensão e profundidade:

- "Sociedade anônima – Ação de nulidade – Direito pessoal contra o fundador" (parecer – *RF*, 134/71-7, Rio de Janeiro, 1951, ano 48);
- "Sociedade anônima – Exame de livros – Conselho Fiscal – Responsabilidade civil dos diretores" (parecer – *RF*, 137/50-77, Rio de Janeiro, 1951, ano 48);
- "A federação e o presidencialismo no sistema constitucional brasileiro" (*Revista da Faculdade de Direito de São Paulo*, vol. XLVI/61-142, 1951);
- "O centenário do Código Comercial brasileiro" (*RF*, 135/587-91, Rio e Janeiro, 1951, ano 48);

- "Impugnação de balanço pelos herdeiros do sócio pré-morto" (parecer na *Revista Jurídica*, 5/45-53, Rio Grande do Sul, 1953, ano 1);
- "O loteamento de terreno urbano de propriedade particular e o domínio público dos espaços livres" (*RT*, 215/3-12, 1953, ano 42);
- "A companhia geral para o estado do Brasil e sua natureza jurídica" (*Revista da Faculdade de Direito de São Paulo*, vol. 50/78-103, 1955);
- "A elaboração do conceito de empresas para extensão do âmbito do Direito Comercial" (*Revista Jurídica*, 14/5-15, Rio Grande do Sul, 1955, ano 3);
- "Compra e venda mercantil: mercadorias para fins alimentícios" (parecer em colaboração com Noé Azevedo – *RT*, 257/63-7, 1957, ano 46);
- "A corrupção eleitoral pelo suborno: capítulo de história de direito público colonial" (*Revista da Faculdade de Direito de São Paulo*, vol. 52/65-72, 1957);
- "Cheque visado – Emissão em nome de pessoa inexistente a pedido de suposto intermediário de negócio que não se consumou – Endosso falso pelo portador – Recebimento por ele, mediante ardil, da importância mencionada no título – Ação de vítima contra o emitente – Inadmissibilidade – Invocação da *exceptio doli*" (parecer – *RT*, 265/56-63, São Paulo, 1957, ano 46);
- "A aposentadoria compulsória e os proventos dos professores catedráticos" (*Revista da Faculdade de Direito de São Paulo*, vol. 54/261-71, fasc. 1, 1959);
- "Il diritto cambiario brasiliano e la legge uniforme di Ginevra" (Revista da Faculdade de Direito de São Paulo, vol. 54/46-75, fasc. 1, 1959);
- "O notário Alexandre de Gusmão" (*Revista Brasileira de Estudos Políticos*, 3/49-79, n.º 6, Belo Horizonte, 1959);

- "A Faculdade de Direito na arrancada de 9 de julho de 1932" (*Revista da Faculdade de Direito de São Paulo,* 55/416-33, 1960);
- "A reavaliação dos investimentos das empresas de energia elétrica" (*Revista da Faculdade de Direito de São Paulo,* 57/42-89, 1962);
- "Marca de comércio – Incorporação de uma cadeia de lojas comerciais a patrimônio de sociedade anônima, inclusive a totalidade de seus elementos corpóreos e incorpóreos, mercadorias, direito, nome comercial ou título de estabelecimento bem assim tudo o mais que, material ou idealmente, constituía elemento integrante daqueles bens – Alienação implícita de todas as marcas, título de estabelecimento e frases de propaganda – Alienante que, não obstante, cede a terceiro os registros e pedidos de registro relativos a marcas e títulos de estabelecimentos consistentes na expressão que identificava as lojas alienadas – Ilicitude" (parecer – *RT,* 318/28-39, 1962, ano 51);
- "As cátedras brasileiras e o seu provimento" (parecer – *RT,* 327/43-6, 1963, ano 52);
- "O estatuto das sociedades anônimas brasileiras" (*RF,* 202/23-8, 1963, ano 60, fascs. 718 a 720);
- "A política de proteção e elevação das raças exóticas do Brasil nos sécs. XVI a XVIII" (*Revista da Faculdade de Direito de São Paulo,* 59/34-78, 1964);
- "Do estatuto dos advogados brasileiros" (*Revista da Ordem dos Advogados de São Paulo,* 27/94-110, n.º 166, 1964, ano 18);
- "O *trust* anglo-americano e o fideicomisso latino-americano" (Revista dos Tribunais, 1956 – Separata da *Revista da Faculdade de Direito,* USP, vol. LI, 1956);

- "A cláusula de pagamento em ouro nos serviços públicos e a revisão de suas tarifas" (São Paulo, Max Limonad, 1956, Separata da *Revista de Direito Mercantil, Industrial, Econômico e Financeiro*, n.º 1, jan./mar. 1956);
- "A Companhia Geral do Comércio do Estado do Brasil" (trabalho apresentado no II *Colloquium* de Estudos Luso-Brasileiros, São Paulo, set. 1954, Lisboa, *Jornal do Foro*, 1956);
- "Il diritto cambiario brasiliano e la legge uniforme di Ginevra" (Milano, Francesco Vallardi, 1959; estratto dalla *Rivista del Diritto Commerciale*, ano LVII, 1959, n.ºs 1-2, parte 1);
- *O estatuto das sociedades anônimas brasileiras* (Padova, Cedam, 1962);
- "A federação e o presidencialismo no sistema constitucional brasileiro" (São Paulo, Revista dos Tribunais, 1952, Separata da *Revista da Faculdade de Direito*, USP, ano XLVI, 1951);
- "A personalidade jurídica das sociedades mercantis no Direito brasileiro" (São Paulo, Revista dos Tribunais, 1953, Separata da *Revista da Faculdade de Direito de São Paulo*, vol. XLVIII, 1953);
- "O sistema jurídico português perante o condicionalismo dos descobrimentos e da colonização" (dissertação ao II Colóquio Internacional de Estudos Luso-Brasileiros, realizado em setembro de 1957, em Lisboa; Lisboa, Ordem dos Advogados Portugueses, 1958, Separata da *Revista da Ordem dos Advogados*, ano 18, 1958);
- "A sociedade de economia mista em seu aspecto contemporâneo" (curso monográfico realizado na VIIIª sessão, de 27 de fevereiro a 3 de março de 1956, na Academia Interamericana de Direito Com-

parado e Direito Internacional de Havana, São Paulo, Max Limonad, 1956);

- "A arte de advogar – A linguagem forense e o estilo" (Revista da Faculdade de Direito de São Paulo, vol. 54/ 86-107, fasc. 2, 1959);
- "Litisconsórcio ativo – Condições para o seu estabelecimento no processo – Sociedade civil sediada no exterior, ingresso em Juízo, no Brasil, em companhia de outra firma estrangeira, visando a defender, em tese, os interesses do comércio de whisky escocês – Ilegitimidade de parte *ad causam* – Inteligência do art. 88 do CPC. Marca de Fábrica – Whisky escocês – Marca registrada no Brasil – Produto manipulado com matéria-prima estrangeira – Rótulo, imitação, existência pretendida de elemento que possa induzir alguém em erro acerca da origem do produto – Características do rótulo whisky 'Old Argyll' – Veracidade dos dizeres – Da colocação do nome do comerciante como marca; do impedimento, no Brasil, de uso de nome comercial estrangeiro, o nome 'Ballantine' nos rótulos do whisky 'Old Argyll'" (parecer – *RT*, 319/33-43, ano 51, São Paulo, 1952);
- "A reavaliação dos investimentos das empresas de energia elétrica" (*RT*, 333/7-36, ano 52, São Paulo, 1963).

Enfim, "um diamante lapidado"

Waldemar Ferreira não teve a felicidade de ver publicados todos os quinze volumes de seu *Tratado*. Terminou-o, porém, o que lhe deve ter servido de retribuição ao esforço despendido. Sentiu incomensurável prazer do dever cumprido. Fincou o marco final de sua caminhada, através dos quinze volumes de seu *Tratado*, com esta singela e espiritual nota ao pé da última página: "Terminou-se esta obra no domingo de Páscoa, 14 de abril de 1963, na Casa Rosada da rua Espéria nº 30, em São Paulo."

Em *À sombra das Arcadas* (Revista dos Tribunais, São Paulo, 1979), Ernesto Leme relata que Waldemar Ferreira, de quem foi amigo íntimo, apenas assistiu em vida à publicação dos doze primeiros volumes do *Tratado*:

> Havia recebido as provas do 13º volume, quando teve, em abril de 1964, um derrame parcial. Compreendeu que o seu fim estava próximo. Passou às minhas mãos as provas recebidas, pedindo-me que cuidasse da publicação dos últimos volumes. E os três derradeiros volumes do Tratado foram publicados sob minha responsabilidade. O mal foi se agravando lentamente até prostrá-lo em definitivo, trazendo-lhe a morte em 10 de agosto do mesmo ano. Um dia, teve uma crise cardíaca e pensou que ia morrer. Mandou que sua filha Wandina me chamasse com urgência. Meu telefone estava em comunicação, pelo que não atendi imediatamente. Ele, preocupado, falou à filha, com desespero: "chame logo o Ernesto, senão não dá tempo (...)" Assim que recebi o recado segui para a casa de Waldemar, na rua Espéria. Encontrei-o ofegante. "Você quer falar comigo?", indaguei. Fez um movimento afirmativo de cabeça e apontou um livro, que estava sobre a mesa de cabeceira: era um volume de leis, onde estava marcada a página em que se encontrava o Decreto nº 52.090, de 4 de junho de 1963, sobre corretores de navios (...) Mesmo imaginando a morte iminente, não queria que seu livro ficasse desatualizado (...) Perguntei-lhe se queria que fizesse referência a esse decreto e ele me fez sinal afirmativo com a cabeça. No dia seguinte, já mais calmo e ainda podendo falar (o que não acontecia nos últimos tempos), recomendou-me apusesse no 13º volume uma nota sobre o assunto; se não coubesse, cuidasse da matéria em apêndice. Nota não cabia: os corretores de navio eram estuda-

dos no 12º volume. Daí o apêndice, constante do 13º volume, páginas 753 a 755 (...) Quando este volume apareceu, o mestre já havia falecido.

Os Livreiros Saraiva, ao publicarem os três últimos volumes após o falecimento do autor, foram fiéis aos textos deixados, embora novas leis houvessem advindo nesse ínterim. Anexaram, todavia, em Apêndice, a Lei nº 4.983, de 1966, que alterou a Lei de Falências, com esta observação oportuna: "(...) verão os leitores como se concretizaram muitas das ponderações do professor Waldemar Ferreira, quanto à matéria de concordatas."

Colocou-se Waldemar Ferreira no pedestal de maior comercialista brasileiro de todos os tempos, pela magnitude de sua obra e pela percuciência com que captou, analisou e criticou os novos institutos jurídicos e sua adequação a duas fases de arranque do mundo contemporâneo, subseqüentes a duas grandes guerras e causadoras de revoluções econômicas das quais resultou a necessidade de correspondentes comandos legais, máxime no âmbito mercantil.

Sucedeu José Xavier Carvalho de Mendonça, nessa posição, cada qual o mais eminente em sua fase. O sucedido foi o pontífice de um período, porém voltado para o concepcionalismo científico, a estratização das conquistas doutrinárias do século XIX. O sucessor consagrou-se como o comercialista atuante de uma nova era, cheia de criatividade e evolução.

As inúmeras homenagens que lhe foram tributadas em vida e os postos a que ascendeu bem mostram o respeito de que se fez credor: sócio correspondente estrangeiro da Academia de Ciências de Lisboa; comendador da Ordem Militar de Cristo, de Portugal; medalha Teixeira de Freitas, do Instituto dos Advogados Brasileiros; Presidente perpétuo da Fundação Prêmio Carvalho de Mendonça; advogado *honoris causa* da Ordem dos Advogados, de Portugal; prêmio "Moinho Santista", de 1958, de ciências especulativas, da Fundação Moinho Santista; membro honorário do Centro Argentino de Altos Estudos jurídicos; sócio honorário do Instituto de Coimbra; professor *honoris causa*, da Universidade do Rio Grande do Sul; cidadão paulistano honorário; medalha da Constituição, da Assembléia Legislativa do Estado de São Paulo; presidente do Instituto Brasileiro de Direito Comercial Comparado e Biblioteca Tullio Ascarelli; e membro honorário do Instituto dos Advogados Brasileiros, esta última honraria só havia sido concedida, até então, a Rui Barbosa, Clóvis Bevilaqua e J. X. Carvalho de Mendonça.

O Governo do Estado de São Paulo, pouco tempo após seu óbito, baixou o Decreto n.º 43.730, de 1.º de setembro de 1964, assinado pelo governador Adhemar Pereira de Barros e pelo Secretário da Justiça, professor Ernesto de Moraes Leme, dando ao Fórum da comarca de Bragança Paulista o nome Fórum Waldemar Ferreira, pelo quanto deu de si ao culto do Direito e à causa pública.

Alma de advogado, talento de jurista, cultura de historiador, percuciência de economista, simplicidade de didata, civismo de cidadão, firmeza de homem público, todos esses atributos se enfeixaram na personalidade de Waldemar Ferreira.

Sua vida revelou, a todo tempo, sem nuanças ou oscilações, a firmeza inquebrantável de sua convicção democrática, que não se conteve nos limites de sua obra jurídica.

Em contrapartida, jamais as circunstâncias político-partidárias o desviaram, nem um milímetro sequer, de suas concepções jurídicas.

Agradável no trato, sem perder a severidade, foi sábio, porque também foi humano. Amou sua esposa, dona

Wanda Ribeiro, e sua família. Em homenagem póstuma, proferida em sessão plenária do Tribunal de Justiça, em 12 de agosto de 1964 (*RT*, 348/600), o amigo e Desembargador João B. de Arruda Sampaio, ressaltou: "Como chefe de família, não era apenas um patriarca, era uma dessas árvores imensas que cobrem com seus ramos as responsabilidades de uma raça. Era um paradigma de perfeição" (*RT*, 348/600).

Foi no ápice da sua produção que ele revelou a profundidade do sentimento que nutria pela sua família, conforme relata Sylvio Marcondes Machado:

> O amor à família, não é nele o sentimento comum a todas as pessoas; é atributo inerente à personalidade. A vida familiar é a matriz de suas energias. No lar, está sua biblioteca, onde trabalha de portas abertas, para ouvir, qual música de fundo, o rumor de suas crianças, que eram, quando morreu, setenta netos e bisnetos. Para eles, os avós criaram, numa das salas, afetuosa galeria, que um dia me mostraram. Não era uma coleção hermética – como o são as dos ascendentes – mas aberta para o futuro e na qual, aos retratos alinhados pela cronologia dos nascimentos, se seguiam molduras vazias, prontas a abrigar os que fossem chegando (...)
>
> É ele próprio que, em momento culminante de sua vida e de sua obra, grava essas marcas indeléveis, da sua maneira de ser, na terna e modelar dedicatória com que, à sua mulher, oferece o seu trabalho maior: "A Wanda – suave e dedicada companheira de minha vida, que sem ela não teria sentido; mãe de meus nove filhos; avó de meus cinqüenta e um netos; bisavó de meus dois bisnetos; ao editar-se esta obra, quiçá a derradeira – que eu não poderia realizar sem o lar feliz que me deu, como regalo divino –, esta homenagem no ano de nossas bodas de ouro" (excerto de discurso publicado na *Revista da Faculdade de Direito*, USP, vol. 60, pp. 66-7).

Waldemar Ferreira se mostrou, em todos os momentos de sua existência, um defensor impertérrito das causas justas e das instituições democráticas. Ninguém, como professor, escritor e parlamentar, foi, ao mesmo tempo, tão advogado, tão guardião dos direitos individuais e do Direito como um ideal.

No discurso necrológico proferido pelo professor Sylvio Marcondes Machado, interpretando os sentimentos da Congregação da Faculdade de Direito do Largo de São Francisco, na sessão solene realizada em 10 de setembro de 1964, o ilustre orador soube dizer com muita propriedade:

> Colhendo a vida de Waldemar Ferreira, é como se a morte houvesse morto mais de um homem. Pois os atributos de inteligência, afetividade e caráter, acumulados em sua personalidade, e os dotes, por onde se reproduzem, são tais e tão grandes; a obra e ação por ele levadas a efeito são de tanta extensão e variedade que sua figura se multiplica e avulta em muitas faces. Como um diamante lapidado[1].

1. *Revista da Faculdade de Direito*, USP, vol. 60, pp. 48-67.

Washington de Barros Monteiro
Um professor exemplar

*Rosa Maria Barreto Borriello de Andrade Nery**

Washington de Barros Monteiro era filho do Juiz Phidias de Barros Monteiro e de dona Herotides de Carvalho Monteiro. Nasceu em Areias, São Paulo, em 22 de abril de 1910. Foi casado com dona Benedita Novaes Monteiro, com quem teve as filhas Maria Cecília e Ana Cristina; viúvo, contraiu segundas núpcias com dona Lucinda Queiroz Monteiro.

Iniciou seus estudos no Grupo Escolar Várzea do Carmo, em São Paulo, e ingressou na Universidade de São Paulo, em primeiro lugar, aos 16 anos de idade, tendo se bacharelado em 1931, com distinção. Foi funcionário dos Correios e Telégrafos, no período de 20 de fevereiro de 1927 a 26 de junho de 1933 e estagiário do Ministério Público, na Curadoria de Acidentes do Trabalho, de 1931 a 1933. "Participou ativamente da Revolução Constitucionalista de 1932, tendo combatido na região de Águas da Prata" (Viana, "Oração em homenagem ao professor Washington de Barros Monteiro", *Revista da Faculdade de Direito*, USP, vol. 94/479-83).

---

* Desembargadora do Tribunal de Justiça do Estado de São Paulo. Mestre, doutora e livre-docente em Direito pela PUC/SP. Titular da cadeira nº 60 da Academia Paulista de Direito, que tem como patrono Washington de Barros Monteiro.

Enquanto aguardava idade para ingressar na magistratura, foi Delegado de Polícia nas comarcas de Itatinga, Cajuru, Rio Preto, em São Paulo, na Delegacia de Jogos, e, sucessivamente, adido do Departamento de Investigações de São Paulo, de 1933 a 1939.

Ingressou na magistratura como juiz substituto, em 1936, designado para a comarca de São José do Rio Preto, nomeado pelo Decreto de 31 de dezembro de 1935. Percorreu as comarcas de Presidente Venceslau, Barretos e Itapetininga, vindo, em seguida, para a comarca da capital, onde exerceu a judicatura na 1.ª Vara da Família e das Sucessões. Foi juiz eleitoral de 1947 a 1951 e depois promovido para o então recém-criado Tribunal de Alçada de São Paulo, em 4 de agosto de 1951, onde, por duas vezes, exerceu a presidência dessa Corte de Justiça, respectivamente nos biênios de 1952-1953 e 1956-1957.

Por decreto de 25 de fevereiro de 1959, do Senhor Governador do Estado, foi promovido ao cargo de Desembargador do Tribunal de Justiça do Estado, na vaga aberta com a aposentadoria do Senhor Desembargador Justino Maria Pinheiro, mas entrou em disponibilidade e não pôde exercer o alto cargo, porque havia empecilho de ordem regimental em decorrência do fato de um irmão seu, o eminente Senhor Desembargador Rafael de Barros Monteiro, ocupar também uma das cátedras da mais alta Corte da Justiça Bandeirante.

Começou, então, a advogar, em escritório no Prédio Glória, na Praça Ramos de Azevedo, atividade que exerceu até 1993.

Teve o seu nome indicado, entre outros juristas de mérito excepcional, para compor o Supremo Tribunal Federal e aposentou-se da Magistratura Paulista, por ato do Senhor Secretário de Justiça, de 10 de fevereiro de 1965, quando seu irmão foi nomeado Ministro do Supremo Tribunal Federal.

Em 1949, foi contratado para reger uma das cadeiras de Direito Civil da Faculdade Paulista de Direito da Pontifícia Universidade Católica, onde chegou à cátedra. Nessa ocasião, contou a seus pares que exercia a atividade de Magistrado sem imaginar que houvesse outro mundo onde também pudesse realizar seus dons; que, a convite de Agostinho Neves de Arruda Alvim, entretanto, havia iniciado a docência na Universidade Católica, que o magistério o havia impressionado e que sonhara vivenciar o magistério superior, a comunicação intelectual entre professores e alunos, *a formação espiritual destes, numa palavra, ser-lhes o iniciador, o mentor de seus estudos* (*Revista da Faculdade de Direito*, USP, vol. LV/387-91). Foi professor e paraninfo da 1ª turma de Direito da Pontifícia Universidade Católica de São Paulo e aí permaneceu como professor titular, quando então se aposentou.

Foi professor titular de Direito Civil da Faculdade de Direito da Universidade de São Paulo, de 30 de dezembro de 1959 a 23 de abril de 1980. Com a vaga decorrente da aposentadoria do professor Alvino Lima, submeteu-se ele a concurso público, tendo apresentado o trabalho "Das modalidades das obrigações". A comissão examinadora, constituída dos professores Vicente Ráo, Jorge Americano, Orlando Gomes, Caio Mário da Silva Pereira e Miguel Maria de Serpa Lopes, outorgou-lhe a cátedra e ele tomou posse em 30 de dezembro de 1959, na Congregação da Faculdade de Direito, onde foi saudado pelo professor Honório Monteiro (*Revista da Faculdade de Direito*, USP, vol. LV/385-6). Aposentou-se em 1980, quando completou 70 anos de idade.

Como professor dos cursos de pós-graduação em Direito da USP, orientou dissertações de mestrado e teses de doutorado. As dissertações de mestrado por ele orientadas foram: Rodolfo de Camargo Mancuso, *Apontamentos sobre o contrato de* leasing, 1976; Aracy Augusta Leme Klabin, *Aspectos jurídicos do transexualismo*, 1977; José Ferreira de Andrade, *Estado de perigo*, 1977; Valter Alexandre Mena, *Direito de propriedade e dever familial: direito sucessório dos filhos*, 1979; José Francisco Vieira de Faria, *Questão do instituto da substituição fideicomissária*, 1980; Celso Affonso Garreta Prats, *Sucessão hereditária: vocação dos colaterais*, 1980. As teses de doutoramento que orientou foram as seguintes: Lucy Rodrigues dos Santos, *Bens reservados*, 1978; Rui Geraldo Camargo Viana, *Parcelamento do solo urbano*, 1983.

O Professor e Desembargador Washington de Barros Monteiro foi alvo também de merecidas homenagens, tendo sido agraciado, em fevereiro de 1975, com o Colar de Mérito Judiciário, recebido o título de Cidadão Paulistano, em março de 1980, e o título de professor emérito da Faculdade de Direito do Largo de São Francisco, em 1981.

Renomados juristas escreveram em homenagem a Washington de Barros Monteiro, por ocasião de sua aposentadoria, entre os quais os eminentes Professores Álvaro Villaça Azevedo, Antonio Chaves, Antonio Junqueira de Azevedo e Fábio Maria de Mattia (*Estudos em homenagem ao professor Washington de Barros Monteiro*, Saraiva, 1982).

O Desembargador Carlos Alberto Oetterer Guedes, na sessão plenária de 2 de junho de 1999, em pronunciamento feito em homenagem à memória dos Desembargadores Washington de Barros Monteiro e Antônio Carlos Alves Braga, inserto na *Lex* (JTJ), 222/380, registrou que o nosso homenageado dedicava-se com empenho ao magistério, visando transmitir os ensinamentos indispensáveis ao exercício das profissões ligadas ao Direito, passando aos alunos os postulados de Rui, de amor à pátria, intransigência da honra e culto dos princípios. Basta que se diga que à turma de 1958, da Faculdade Paulista de Direito, como patrono, entregou a seguinte mensagem, tirando-as de Laudo de Camargo: "Procurem pela virtude e sigam pela via reta. Sem ela, tudo é nada, porque ela é tudo. É a alma da alma, a vida da vida, coroa das perfeições e perfeição de todo o ser."

E Washington de Barros Monteiro foi, de fato, um grande professor e cultor do Direito, da Justiça e da dignidade do homem. Suas obras não escondem seu perfil de cientista preocupado com o direito que obriga porque é justo.

Na desenvoltura de suas palavras, lidas por dezenas de gerações de bacharéis de Direito, sempre se encontrava semeado o gérmen da dignidade do homem e da teleologia do Direito, ciência compromissada com a Justiça.

Dele se pode dizer que cumpriu aquilo que, em precisa e feliz anotação, Bertolt Brecht precisou como sendo a finalidade da ciência: aliviar a miséria da condição humana.

Washington de Barros Monteiro escrevia para ser lido e compreendido. Seu famoso *Curso de Direito Civil* foi, e ainda é, a primeira leitura técnica da grande maioria dos estudantes de Direito de todos os quadrantes do Brasil. É verdadeiro *best-sellers*: o 1.º vol., *Parte Geral*, está na 39.ª ed. (2003); o 2.º vol., *Direito de Família*, na 37.ª ed. (2004); o 3.º vol., *Direito das Coisas*, na 37.ª ed. (2003); o 4.º vol., *Direito de Obrigações (1.ª parte)*, na 32.ª ed. (2003); o 5.º vol., *Direito de Obrigações (2.ª parte)*, na 34.ª ed. (2003); o 6.º vol., *Direito das Sucessões*, na 35.ª ed. (2003).

Seus escritos, bem cuidados e compactos, dispensavam floreios desnecessários ou citações rebuscadas. O professor Antonio Chaves, traçando o perfil de Washington de Barros Monteiro, disse que ele conseguiu fazer com que seus livros fossem um reflexo de sua personalidade: simples, informal, acessível, direto (Chaves, "Saudação ao professor Washington de Barros Monteiro", p. 248).

Cuidadoso, apontava as grandes teorias e os pensamentos dos cientistas do Direito; com habilidade de mestre demonstrava aos seus leitores de que maneira o ideário exegético da norma jurídica, dos princípios de Direito e da filosofia jurídica encontrava ocasião de ser realizado, na síntese fabulosa decorrente do encontro criador da fenomenologia jurídica com o pensamento dos Juízes e dos Tribunais.

Transportava seu jovem leitor da aridez das intermináveis discussões teóricas do Direito para a transbordante e benfazeja ocasião de realização do Direito, a partir do conhecimento das decisões dos Tribunais. Com mãos de mestre alinhavava uma a uma as decisões do acervo jurisprudencial colacionado e, a cada citação dos julgados, transmitia com precisão a lição de Direito necessária para formar o conhecimento jurídico e amoldar o caráter científico do conhecimento de seus alunos, tão necessários para a formação científica e humana do estudante.

Foi Washington de Barros Monteiro, verdadeiramente, um professor: professor paciente e culto; respeitável semeador de saber.

Tinha um jeito muito especial de ensinar e escrever.

Em certo artigo, escrito em homenagem aos quarenta anos de magistério do eminente jurista baiano Orlando Gomes, ao criticar a posição jurídica de Saignat, que invocara o princípio da liberdade para justificar a possibilidade de dualismo dos regimes de bens no casamento, cuja dicotomia a lei não proibira especificamente, tratou de afastar essa posição, invocando o princípio da indivisibilidade dos regimes, com as seguintes, incisivas, serenas e definitivas palavras: "Contudo, especiosa é semelhante argumentação, que contravém um dos princípios fundamentais do casamento, o da igualdade entre os cônjuges. Não é admissível que num só matrimônio convivam dois regimes inteiramente diferentes. A tal extremo não chega o princípio da liberdade" ("Dos regimes matrimoniais de bens", *in Estudos em homenagem ao professor Orlando Gomes*, Forense, 1979, pp. 155-66).

Sua dissertação para concurso à cátedra de Direito Civil da Faculdade de Direito da Universidade de São Paulo é preciosidade jurídica, fruto de seu trabalho de pesquisador e cientista. Escolheu para dissertar o seguinte tema: *Das modalidades de obrigações*. Enfrentou, nessa ocasião, pontos áridos e polêmicos do Direito, como, por exemplo, distinguir causa da obrigação e motivo do negócio. Ao fazer a distinção, ponderou com clareza:

> Com efeito, num sentido vulgar, causa é motivo, razão, móvel determinante de um ato, antecedente de certo evento (por exemplo, quando se diz que determinada moléstia foi a causa da morte do "de cujus"). Na linguagem jurídica, porém, causa não se confunde com motivo. Este é subjetivo, íntimo, psicológico, flexível e mutável de indivíduo para indivíduo. Tome-se o exemplo da compra e venda, sugerido por Capitant; um vende porque precisa de dinheiro, porque quer especular, ou porque a coisa não lhe interessa mais; outro compra, porque deseja fazer uma especulação, porque precisa da coisa, ou porque quer oferecê-la a um parente. Esse móvel, que determina o agente, assim variável e contingente, não constitui a causa da obrigação. Como diz Andrea Torrente, são motivos individuais, que a parte nem sequer precisa comunicar à pessoa com a qual contrata. Permanecem na esfera psíquica e escapam à cognição do outro contratante. A causa, ao inverso, é objetiva, externa, rígida e inalterável em todos os atos jurídicos da mesma natureza No citado exemplo da compra e venda, a causa que leva o vendedor a alienar se resume no seu propósito de receber o preço, enquanto para o comprador a causa vem a ser o desejo de obter o objeto alienado (*Das modalidades de obrigações*, São Paulo, 1959, pp. 35-6).

Era simples no dizer e profundo no tratar os temas de Direito Privado.

Washington de Barros Monteiro permitiu com seus escritos que o estudo do Direito se tornasse acessível a todos quantos, nos últimos cinqüenta anos, buscaram os bancos acadêmicos das Faculdades de Direito de todo o país, sonhando com um futuro mais luminoso e com a dignidade do bacharelado universitário. Esse sonho, que se fez realidade entre nós, ensejou a formação de uma sociedade voltada para o ensino e preocupada com seu aprimoramento cultural.

Outro aspecto merece ser ressaltado em Washington de Barros Monteiro. Seu viver representou a vitória do otimismo e do trabalho sobre as preocupações do cotidiano e sobre os tormentos da vida do jurista. Viveu com alegria, ao contrário da grande maioria, dos que se consomem no pessimismo de nosso tempo.

Lutou com galhardia e semeou a esperança: a esperança da possibilidade do saber; do encontro profícuo do Homem com a Ciência; da maravilhosa descoberta da genialidade do homem e de suas potencialidades naturais. Pelo estudo devotado do Direito Civil ensinou gerações para o exercício da cidadania. Não a cidadania dádiva do Estado para súditos subalternos; não esse arremedo de cidadania de permissividade leviana e inconseqüente, falsa expressão de liberdade; não essa cidadania que faz do homem refém do Estado; não essa cidadania de mendicância de benesses públicas; não essa cidadania de inserção do homem em grupos de poder; de preponderância do Estado.

Washington de Barros Monteiro contribuiu para que fôssemos felizes. Contribuiu para que compreendêssemos a extraordinária importância do Direito Privado para o exercício de direitos e para o verdadeiro exercício da cidadania. E nos ensinou essas coisas ensinando Direito Civil: ressaltando a importância da dignidade humana; a potencialidade natural do homem livre para querer e contratar; a presença do Direito nos momentos emblemáticos da vida do homem; a importância da segurança jurídica do patrimônio do sujeito de direitos. Washington de Barros Monteiro se preocupou em humanizar a Ciência do Direito e em viabilizar nossos segredos. Dele se poderia dizer que bem compreendeu o que ensinou Maritain: "o homem encontra-se a si próprio subordinando-se ao grupo, e o grupo não atinge a sua finalidade senão servindo o homem e sabendo que o homem tem segredos que escapam ao grupo e uma vocação que o grupo não contém" (*Os direitos do homem e a lei natural*, p. 29).

Era um homem simples. Quando, já aposentado, na Sessão Plenária Extraordinária do Egrégio Tribunal de Justiça do Estado de São Paulo, realizada em 3 de fevereiro de 1975, foi condecorado com o Colar de Mérito Judiciário (*In* "Noticiário", *Revista de Jurisprudência do TJSP, LEX*, 32/369), proferiu as seguintes palavras que bem demonstram seu caráter:

> O galardão constitui testemunho permanente de honra e dignidade; constitui um florão, que prestigia e sublima. Devo confessar, desde logo, que o faço dominado pelos mais complexos sentimentos, mas, decididamente, com a alma em festa e o coração aberto. O báculo, no sacerdócio, como o cetro, na realeza, e a vara, quanto ao Juiz, conferem direitos e poderes. Diz-se que provêm da árvore da ciência do bem e do mal. Assim, também esta honraria. Ela não é um prêmio que compense antigas canseiras, não é simples ostentação que nos atinja de modo descuidado. Não é um troféu a mais a ser guardado junto às nossas demais relíquias. Ela, em verdade, é uma glória, que nos dignifica; é uma chama que arde dentro de nós; é um julgamento público, é, enfim, a nossa legião de honra, isto é, uma linda coisa e uma linda coisa, como escreveu Keats, é uma alegria eterna.

Certa vez, atendendo a consulta que lhe endereçara o professor A. de Almeida Júnior, então membro do Conselho Federal de Educação, que procurava o critério legal para a seleção de professores em escola secundária oficial e em escola superior oficial ou livre, o professor Washington, sensível às dificuldades da docência e atento à importância da seleção de professores, escreveu:

> A escolha dos professores é, sem dúvida, o ato mais árduo, mais difícil e, por que não dizer, o mais importante de qualquer sistema de ensino. Nela se concentra, com todas as suas complexidades, quase todo o problema da educação. Do bom ou do mau recrutamento dos mestres resulta a boa ou má formação da juventude, de que depende o futuro da nação (*RT*, 327/50).

Seu trabalho intelectual era marcado por essa vontade de encontrar o fito, a teleologia de seu fazer. Ou seja: não concebia o escrever por escrever; o afirmar por afirmar.

Havia nas suas lições como que um dom extraordinário de encontrar a finalidade do ensinamento que ministrava.

Nessa ocasião, em que falou especificamente sobre os critérios do concurso de provas e títulos para seleção de professores, estava preocupado com o rigor ético da seleção e da investidura do professor, com o acerto da decisão, com a incansável busca do que havia de melhor para o desempenho da *ars docendi*, de acordo com a legalidade.

Antevia os resultados nefastos decorrentes do fato de instituições de ensino admitirem professores sem plano de carreira e sem concurso de provas e títulos. Antevia as conseqüências dessa prática: a má-formação profissional e humana dos alunos e as conseqüências disso para toda a sociedade.

Tinha uma maneira incisiva de dizer o que precisava ser dito. Seus pareceres jurídicos eram dados com perfeição de escrita, com singeleza de linguagem, com profundidade científica e com estofo doutrinário e legal. O que era necessário dizer ele o dizia, sem delongas.

Em determinada ocasião, em que precisava dizer que sócio remido de um elegante clube paulistano estava obrigado a concorrer para o rateio de valores atinentes a contribuição transitória para obras, disse em bom português, sem tergiversação: "Todos os sócios, inclusive os remidos, indistintamente, se sujeitam ao respectivo pagamento, sendo *data venia* descabida a invocação de direito adquirido para escapar à sua incidência" (*RT*, 424/47).

Noutra oportunidade, em que analisava – no bojo de um processo de anulação de casamento, por erro sobre a pessoa – o comportamento do noivo, que, para impressionar a noiva, havia encomendado a um jornal da cidade uma crônica laudatória de sua pessoa, não teve dúvidas de fazer as seguintes considerações:

> Ora, a prova veio evidenciar que se cuidava de um sermão encomendado, mais propriamente, de matéria paga... Percebe-se, no entanto, o escopo do réu o de exibir-se como pessoa de grandes cabedais, dotada de ótimo tino comercial, padrão de extraordinárias virtudes, querendo assim impressionar seus concidadãos e a própria jovem, que ao altar pretendia conduzir (*RT*, 362/85).

Ainda, ensinando, tratou dos direitos autorais, para revelar seus aspectos concernentes aos interesses patrimoniais e aos interesses morais, com admirável clareza:

> Sob o primeiro aspecto, a lei confere ao autor, com exclusividade, o direito de reproduzir a própria obra, dela retirando todos os resultados econômicos que seja apta a produzir. E, sob o segundo, outorga-lhe o direito de se opor a qualquer reprodução fraudulenta, seja qual for a moda-

lidade de que se revista (cópia, plágio, contrafação, esbulho) (*RT*, 433/46).

Há mais de quarenta anos alertava que "a sociedade brasileira vem evoluindo como fato natural, como fenômeno impulsionado pela força universal, e por isso mesmo o legislador acompanhando essa evolução é obrigado a ir soltando as amarras do individualismo em benefício do bem comum" (*RT*, 200/369).

Tinha uma requintada e sutil maneira de transmitir valores em seus escritos.

Certa vez, falava sobre a defesa possessória do patrimônio do Estado, no Centro de Estudos da Procuradoria-Geral do Estado (24 de abril de 1978). Em meio a erudita explanação, em que mesclava a doutrina de Hernandes Gil, Savigny, Ihering, Bourcart, Barassi e tantos outros, introduziu em sua conferência um conceito de posse que aprendera na Alta Sorocabana, onde havia sido juiz na mocidade, extraído de um arrazoado de advogado de um dos litigantes de ação que julgara (dr. Anacleto Roberto Barbosa):

> Posse, nesta região, é sinônimo de luta, de sacrifício, de litígio. É sinônimo de fé, de esforço, de vitória. Posse marcada com sangue, fincada com corpos, cercada com balas. Posse, balizada nos pleitos judiciais, sustentada em litígios onde o fraco desespera e o forte seduz; onde a autoridade se desvanece perante a prova forjada, ou onde a prova desaparece perante a autoridade desvirtuada. É mais que o valor material, é, na maioria dos casos, a própria vida, transcendência de um ideal, que se corporifica na terra outrora suja, transmitindo-se, agora, aos herdeiros, como fonte de riqueza de um povo (*RPGESP*, 12/438-9).

Entendia que a propriedade deveria ser utilizada de forma que tornasse possível a coexistência dos direitos individuais. Se por essa forma não se procede, se os proprietários se conduzem de modo egoístico, temerário ou caprichoso, a vida em sociedade periclitará, convertendo-se num verdadeiro martírio, e o próprio *jus proprietatis* correrá o risco de se esfacelar no entrechoque das faculdades dos vários proprietários (*RF*, 249/395-9).

Sua maneira de tratar as coisas com simplicidade lhe dava condições naturais de encontrar solução para problemas jurídicos a partir do bom senso e da lógica, sem deixar de cuidar com carinho das peculiaridades da alma humana e de suas multiformes maneiras de expressão.

Certa vez, na cidade de Piraçununga, faleceu um homem a quem o povo conferira a alcunha de Chico Sombração. Vivia de uma maneira singular e deixou seu epitáfio pronto: "Bípede, meu irmão. Eis o fim prosaico de um espermatozóide que há oitenta anos penetrou num óvulo, iniciou seu ciclo evolutivo e acabou virando carniça. Estou enterrado aqui. Sou o Chico Sombração. Xingai por mim. Francisco Franco de Souza." O prefeito da cidade mandou que se removesse a placa funerária. O filho do morto não se conformou com essa determinação e nosso homenageado foi chamado a dizer sobre o episódio.

Disse que a inscrição não lhe parecia atentatória desses princípios que informam o mundo em que vivemos. A inscrição reflete apenas uma concepção da vida, talvez crua, talvez irreverente, mas que nada, absolutamente nada, tem de ofensivo daqueles princípios gerais e éticos. A própria expressão final "xingai por mim" é simplesmente um desafio dirigido a quem passe pela tumba, talvez mesmo um gracejo, mas que não justifica, de modo algum, a drástica providência de sua remoção. Concluiu que à família do morto cabia reconhecer o direito de salvaguardar o culto de seus mortos perpetuando-o na última morada e com a inscrição que corresponda aos sentimentos do extinto (*RT*, 451/43-6).

E não perdia a elegância e não transigia contra suas convicções morais e religiosas. Defendeu com galhardia a indissolubilidade do casamento civil, nas vésperas da aprovação da lei do divórcio (*RF*, 255/373), mas sabia compreender o direito posto nos códigos como sistemas filosóficos, que concretizam, em forte síntese, determinada concepção do mundo vitoriosa em certos cérebros ou em certo momento histórico, satisfazendo as necessidades mentais durante algum tempo. Depois, o cabedal da experiência aumenta e forçoso é quebrar os moldes que o pensamento fundira e alargar o âmbito da doutrina (*RF*, 217/401).

Foi fiel aos seus princípios religiosos no que toca à compreensão do trato jurídico da família, preocupado que era com as numerosas tendências de ataque à estrutura daquilo que ele denominava "santuário de afetos". Mas suas idéias sempre buscavam compreender, com lúcida antecipação, problemas que ele antevia como anunciadores de fortes mudanças de rumo dos valores sociais.

Era contra a redução da idade para o começo da maioridade. Para ele essa era uma tendência "esquerdizante" do sistema, completamente inconveniente, porque aos 18 anos o jovem ainda não obteve o indispensável amadurecimento, que o credencie ao pleno gozo de sua capacidade civil (*RF*, 208/377-8), porque, conforme apreendera de Lamartine, "o espírito tem sua puberdade, como o corpo" ("Da capacidade testamentária ativa", *in Estudos de Direito Civil*, coordenação de Antonio Chaves, Revista dos Tribunais, 1978, pp. 15-23).

Quando iniciou seus estudos sobre as então novidadeiras práticas de transplante de órgãos do corpo humano, apontou sem dúvida onde estaria o ponto mais importante da questão: na consciência profissional do médico. E disse, antevendo o que poderia acontecer, mas balizando sua opinião na confiança na dignidade do homem: "Não acredito, porém, que um verdadeiro cientista, realmente digno desse nome, se disponha a jogar com a vida de seu semelhante, ainda que precária ou condenada, só por emulação ou por espírito de competição" (*RT*, 389/393).

Tinha opinião bem clara sobre o papel da jurisprudência e seus ensinamentos nos são ainda úteis, em tempos de possibilidade efetiva de introdução, em nosso sistema, da estranha técnica de castração da magistratura nacional, denominada "súmula vinculante", mecanismo de alteração profunda da organização jurídica do país e da estrutura política da nação:

> Por mais insistente que seja a jurisprudência, não constitui norma imperativa, a cujo comando se não possa fugir. O único compromisso que têm os juízes é com a lei e a própria consciência. Os precedentes, que se examinam sob o aspecto da qualidade, e não da quantidade, ainda que proferidos em tempos calmos e não de paixões, apenas constituem fontes de consulta, aliás, preciosas. Mas poder normativo eles não têm, nem podem ter, em face da nossa organização jurídica e de nossa estrutura política (*RF*, 202/374).

Intuía com facilidade as soluções jurídicas a partir de princípios, de lealdade e de boa-fé, como certa vez, ao opinar sobre o comportamento de determinada editora que pretendia irrogar-se em direitos autorais que lhe haviam sido cedidos, invocando *accessio temporis* que lei nova concedera apenas a filhos e ao cônjuge do autor, mas não a cessionários. Com aguda percepção jurídica, com elegância e precisão de soluções, delimitou os direitos da cessionária e lhe apontou as restrições que sofria, que não lhe permitiam, ao menos, figurar no pólo ativo da demanda que promovia (*RT*, 349/70-6).

Não era condescendente para com infratores da lei, nem para com quem se valia de esperteza para burlar o direito dos mais pobres. Era simples e contundente para explicar como deveria o Poder Público agir para corrigir mazelas de loteamento clandestino e prevenir convulsões sociais:

> A mesma filosofia, que levara o Governo a expedir anteriormente o decreto-lei 58, que, sem dúvida, se constitui em notável e salutar diploma legislativo, cujos resultados se revelaram os mais auspiciosos, está a preconizar o emprego de medidas cautelares, em defesa do mesmo povo. A medida preconizada será o seqüestro dessa área. No dizer de Carvalho Santos (*Código de Processo Civil interpretado,* vol. 8/14), o seqüestro pode ter lugar sempre que haja necessidade de serem tomadas providências assecuratórias do direito das partes sobre o objeto em litígio. Por força dessa providência, os adquirentes não mais pagarão aos loteadores; as respectivas prestações serão por eles judicialmente depositadas, à espera do desfecho da causa.

E arremata, profético:

> A possível malícia dos vendedores deixando de realizar diligências para registro de loteamento não pode ser considerada em benefício deles. Ou o Poder Público intervém, ou uma possível convulsão, de caráter social, capaz de afetar a própria segurança nacional, poderá eventualmente eclodir (*RT*, 439/50-1).

Ao cuidar das transformações do Direito de Obrigações, em 29 de agosto de 1974, asseverou que, por muito tempo, o Código Civil protegeu mais eficazmente os homens que possuíssem bens materiais, descurando-se, no entanto, daqueles que nada tinham, para completar que era necessário o apaziguamento dos elementos rivais, para que as democracias buscassem a harmonia mediante o respeito ao indivíduo... para obter-se um mundo melhor, em que a lei não fosse um instrumento de compressão, mas de ordem e paz (*Problemas brasileiros*, out. 1974, pp. 3-4).

Em pleno período de ditadura militar, pôs-se contra a pena de morte que o Tribunal Militar do país havia decretado:

> Constitui princípio – que nos foi legado pela moral socrática – o de que ninguém deve receber aquilo que não pode retribuir; ninguém deve deixar que lhe seja feito aquilo que não pode fazer; ninguém deve tirar aquilo que não pode dar. Desde que impotentes somos para dar a vida aos semelhantes, como ousamos tirá-la? (*Problemas brasileiros*, ago. 1971, p. 42).

Com a mesma elegância pessoal, coragem e estatura moral com que defendeu suas idéias contra as dos que transigiam valores, com a mesma enérgica valentia dos que não se deixam intimidar, saudou, no 30º dia de seu falecimento (2 de março de 1979), na Congregação de Professores da Faculdade de Direito da Universidade de São Paulo, a pedido do professor Antonio Chaves, Luis Antônio Gama e Silva. Gama e Silva tinha sido professor catedrático de Direito Internacional Privado da Universidade de São Paulo, amigo de Washington de Barros Monteiro e fora Ministro da Justiça do Governo Militar, justamente quando veio a ser editado o Ato Institucional nº 5, de 13 de dezembro de 1968.

Nosso homenageado não teve dificuldade para homenagear sua memória. Realçou suas qualidades morais e intelectuais, rebateu falsas notícias que tinham sido veiculadas quando de sua morte; compreendeu-lhe a posição política; deu-lhe digna memória; não deixou de criticar os males da longa vigência do ato político controvertido que Gama e Silva ajudara a editar e empenhou à memória do morto o tributo de sua amizade: "a amizade é alguma coisa que mora na alma, é uma coisa que a gente sente, não é retribuição de coisa alguma" (*Revista da Faculdade de Direito*, USP, vol. LXXV/15-20).

Era muito cuidadoso com sua opinião doutrinária e com a exação de sua atividade intelectual. Certa vez, quando um escrito seu foi invocado para a interpretação de uma situação jurídica, disse com clareza, sustentando a incorreção da solução dada: "A parte invocou, em abono do recurso que interpôs, conceitos que expendi em meu livro *Direito das Sucessões*. Torno a manter, porém, integralmente, o que escrevi, nada tendo a corrigir, emendar ou retificar. Mas, em verdade, eles não se adaptam à hipótese ora versada pela consulta" (*RT*, 352/29-32).

Quando, em 10 de abril de 1961, a convite do diretor da Faculdade de Direito da Universidade de São Paulo, ministrou a aula inaugural do ano escolar de 1961, contou a seus alunos uma parábola:

> Houve outrora um rei oriental, que, desejando conhecer a história do homem, recebeu de um sábio 500 volumes. Atarefado com seus múltiplos problemas, solicitou-lhe que os condensasse. Ao cabo de vinte anos volveu o sábio, e sua história não tinha agora mais que 50 volumes. Mas o rei, demasiado velho então para ler tão massudos tomos, pediu-lhe que resumisse ainda mais a história. Passaram-se outros vinte anos e o sábio, velho e encanecido, trouxe um único livro, no qual continha toda a ciência que o rei procurava. Mas este jazia em seu leito de morte e não lhe sobrava mais tempo para ler nem mesmo aquele único volume. O sábio narrou-lhe então a história do homem numa única linha, numa só frase. Era esta: nasceu, sofreu e morreu. Igualmente, no tocante ao direito, expediram-se códigos e leis, escreveram-se livros e tratados, proferiram-se lições e ensinamentos. Se alguém buscasse, como

> aquele sábio de nossa história, numa só frase condensar a ciência jurídica universal, num só período abreviar todo o direito, encontraria nos três preceitos de direito romano todo o seu resumo: "honeste vivere, neminem laedere e suum cuique tribuere" (*Revista da Faculdade de Direito*, USP, vol. LVI, fasc. I, 273-86).

Faleceu em São Paulo, em 13 de abril de 1999, aos 88 anos de idade. Ele cumpriu seu papel de cientista, não descurando de seus princípios, do respeito pelas pessoas, em tudo dando o melhor de si, conforme ele mesmo disse, em uma das numerosas ocasiões em que falou, transmitindo cultura e formando gerações: "Creiam: em cada linha que escrevi existe o sopro generoso de uma ardente e sincera convicção" ("Da capacidade testamentária ativa", *in Estudos de Direito Civil*, coordenação de Antônio Chaves, Revista dos Tribunais, 1978, p. 23).

Bibliografia

CHAVES, Antonio "Saudação ao professor Washington de Barros Monteiro". *Revista da Faculdade de Direito*, USP, vol. LXXV/239-59.

GUEDES, Carlos Alberto Oetterer. "Washington de Barros Monteiro". *Lex* (JTJ), 222/380.

MARITAIN, Jacques. *Os direitos do homem e a lei natural*. Trad. Afonso Coutinho. Rio de Janeiro, José Olympio.

MONTEIRO, Washington de Barros. "Dos regimes matrimoniais de bens". *In Estudos em homenagem ao professor Orlando Gomes*. Rio de Janeiro, Forense, 1979, pp. 155-66.

______. "Da capacidade testamentária ativa". *In Estudos de Direito Civil*. Coord. de Antônio Chaves. São Paulo, Revista dos Tribunais, 1978, pp. 15-23.

______. "Das modalidades de obrigações". Tese de cátedra, USP, São Paulo, 1959.

______. "Noticiário". *Revista de Jurisprudência do TJSP*, 32/369.

______. "A questão do divórcio no Brasil". *RF*, 255/373-7.

______. "Casamento. Erro sobre a pessoa". *RT*, 362/83-9.

______. "Defesa possessória do patrimônio imobiliário do Estado". *RPGESP*, 12/433-44.

______. "A outorga uxória". *Revista do Advogado*, 1/8-11, AASP, São Paulo, abr./jun., 1980.

______. "Sociedade civil". *RT*, 424/43-53.

______. "As cátedras universitárias e seu provimento". *RT*, 327/43-53.

______. "Caixa comum de garantia e previdência dos corretores de fundos públicos da praça de São Paulo". *RT*, 306/40-9.

______. "Epitáfio considerado desrespeitoso". *RT*, 451/43-8.

______. "Anteprojeto de Código Civil". *RF*, 208/376-82.

______. "Transplante de órgãos do corpo humano sob o aspecto jurídico". *RT*, 389/389-394.

______. "Da jurisprudência". *RF*, 202/373-4.

______. "Direitos autorais". *RT*, 349/70-7.

______. "Loteamento clandestino". *RT*, 439/49-51.

______. "Plágio, cópia, contrafação penal". *RT*, 433/45-7.

______. "Doação". *RT*, 352/29-32.

______. "O uso nocivo da propriedade". *RF*, 249/395-9.

______. "Transformações do Direito de Obrigações". *Problemas brasileiros*, out. 1974, pp. 1-7.

______. "Pena de morte: nenhuma vida é nossa. Todas são de Deus". *Problemas brasileiros*, ago. 1971, pp. 41-5.

______. "Luís Antônio da Gama e Silva". *Revista da Faculdade de Direito*, USP, vol. LXXV/15-20.

______. "Discurso". *Revista da Faculdade de Direito*, USP, vol. LV/387-91.

______. "Aspectos atuais do Direito Civil". *Revista da Faculdade de Direito*, USP, vol. LVI, fasc. I, pp. 273-86.

______. "Sucessão testamentária". *Revista do Advogado*, 6/67-71, AASP, São Paulo, jul./set. 1981

VIANA, Rui Geraldo de Camargo. "Oração em homenagem ao professor Washington de Barros Monteiro". *Revista da Faculdade de Direito*, USP, vol. 94/479-83.

IMPRESSÃO E ACABAMENTO:
YANGRAF Fone/Fax:
6195.77.22
e-mail:yangraf.comercial@terra.com.br